明紀

四部備要

史部

中華書局據江蘇書局刻本校刊

桐鄉 陸費逵 總勘

杭縣 高時顯 吳汝霖 輯校

杭縣 丁輔之 監造

明紀卷第四十八

賜進士出身工部候補主事虞衡司行走陳鶴纂

卹贈知府銜給雲騎尉世職內閣候補中書孫男克家參訂

神宗紀十（起萬曆四十三年乙卯訖萬曆四十八年庚申七月凡六年）

四十三年春正月乙丑徐州決河工成時劉士忠已卒總河閱三年不補　二月吏部出給事中張國儒及馬孟禎徐良彥於外復不咨都察院吏科國儒已陪推京卿法不當出外孟禎良彥則素忤黨人故文選郎胡來朝抑之鄭繼之不能禁也李瑾復疏爭詆繼之來朝甚力來朝等不能難其黨思以衆力勝之諸御史羣起攻瑾瑾爭之強疏三上來朝等亦三疏詆訐詞頗窮來朝乃言年例協議之旨實秉國者調停兩祖非可爲制乞改前令從事帝一無所處分瑾方奉使自引去　三月丁未朔日有食之　故事廷臣受官先面謝乃蒞任帝不視朝久皆先蒞任吳道南至不獲見不敢入直方從哲爲言

帝令先視事夏五月道南上疏言臣就列經旬僅下瑞王婚禮一疏他若儲君出講諸王豫教簡大僚舉遺逸撤稅使補言官諸事廷臣舌敝以請者舉皆杳然豈陛下簡置臣等意帝優詔答之卒不行己酉有不知姓名男子持梃入慈慶宮擊傷守門中官李鑑至前殿簷下爲中官韓本用等所執付東華門守衛指揮朱雄等收之庚戌皇太子奏聞巡皇城御史劉廷元鞫奏犯名張差薊州人止稱喫齋討封語無倫次按其跡若涉瘋癲稽其貌實係黠猾請下法司嚴訊署刑部事侍郎張問達以屬山東司郎中胡士相員外郎趙會禎勞永嘉共訊一如廷元指言差積柴草爲人所燒氣憤發癲於四月內訴冤入京遇不知名男子二人紿令執梃作冤狀由東華門入至慈慶宮前比凡向宮殿射箭放彈投甎石等律當斬加等立決稾定未上時東宮雖久定帝待之薄中外疑鄭貴妃與弟國泰以謀危太子方從哲等又頗關通戚畹以自固差被執舉朝驚駭廷元士相永嘉

皆浙人瘋癲具獄多心疑其非丙辰主事王之寀值提牢散飯獄中末至差窮詰其實差言小名張五兒有馬三舅李外父令隨不知姓名一老公說事成與汝地幾畝比至京入不知街道大宅子一老公飯我云汝先衝一遭遇人輒打死我輩能救汝與我棗木棍導我由後宰門直至宮門上擊門者墮地老公多遂被執老公內侍通稱也丁巳之寀備揭其語因問達以聞且言差不癲不狂有心有膽乞於文華殿前朝審或敕九卿科道三法司會問梃擊之議遂起員外郎陸夢龍將典試廣東杜門注籍主事傅梅過之曰人情庇奸而甘心儲皇吾雖卹刑山右當上疏極論君能共事乎夢龍曰張公遇我厚當力爭之乃偕見問達士相等亦集曰當具疏請夢龍恐疏入留中止勿請士相等曰提馬三舅李外父輩非得旨不可夢龍曰法司不能捕一編氓須天子詔耶差所供必當訊實問達以爲然戊午會士相永嘉會稹夢龍梅之寀及鄒紹先凡七人將審衆咸囁嚅夢龍呼

刑具三無應者擊案大呼始具差長身駢脅睨視傲語無瘋癲狀夢龍呼紙筆命畫所從入路梅問汝何由識路差曰我薊州人非有導者安得入問導者誰曰大老公龐公小老公劉公且曰豢我三年矣與我金銀壺各一夢龍曰何爲曰打小爺小爺者宦官宮妾以稱皇太子也於是士相推坐起曰此不可問矣立罷訊時之寀疏未下王士昌姚永濟及署禮部事侍郎何宗彥連上疏趣之行人司正陸大受言青宮何地張差何人白晝持梃直犯宮禁此乾坤何等時耶業承一內官何以不知其名業承一大第何以不知其所彼三老三太互相表裏與霸州武舉高順寧今皆匿於何地柰何不嚴竟而速斷戶部主事張庭言奸人突入大內狙擊青宮陛下宜何如震怒立窮主謀乃廷臣交章一無批答何也君側藏奸上下蒙蔽皆由陛下精神偏注皇太子召見甚稀而東宮出講郭妃卜葬諸事弗勝遲回彼宦寺者安得不妄生測度陰蓄不逞以僥倖於萬一哉俱不報廷元

復請速檢諸疏下法司訊斷過庭訓言禍生肘腋宜亟翦劉光復疏詆之案等謂不當詫之爲奇貨居之爲元功亦俱不報庭訓遂移文薊州蹤跡之知州戚延齡具言其致癲始末如士相等指丙寅刑部會十三司司官士相夢龍紹先會禎永嘉之案曾曰唯吳養源李俸曾之可柯文羅光鼎曾道唯劉繼禮吳孟登岳駿聲唐嗣美馬德灃朱瑞鳳等再審差供馬三舅名三道李外父名守才不知姓名老公乃修鐵瓦殿之龐保不知街道宅子乃住朝外大宅之劉成二人令我打上宮門打得小爺喫有着有又有姊夫孔道同謀凡五人士相主筆躊躇不敢下德灃俸夢龍力爭獄乃具刑部行薊州道提馬三道等疏請提龐保劉成對鞫吳道南以諮中允孫承宗對曰事關東宮不可不問事連貴妃不可深問龐保劉成而下不可不問也龐保劉成而上不可深問也道南如其言具揭上之何士晉及從哲等亦俱以爲言帝乃諭究主使諭法司擬罪已復諭嚴刑鞫審速正典刑

己巳嚴皇城門禁初奸人王曰乾告孔學爲巫蠱詞巳連成而大受
疏有奸戚二字國泰大懼急出揭自明中外益籍籍語侵國泰士晉
再疏言陛下與東宮情親父子勢共安危豈有禍偪蕭牆不少動念
者候命踰期旁疑轉棘竊詳大受之疏未嘗實指國泰主謀何張皇
自疑乃爾因其自疑人益不能無疑然人之疑國泰不自今日始也
陛下試問國泰三王之議何由起閨範之序何由進妖書之毒何由
構此基禍之疑也孟養浩等何由杖戴士衡等何由戍王德完等何
由錮此挑激之疑也南宗順刑餘也而陰募死士千人謂何順義王
外寇也而各宮門守以重兵謂何王曰乾逆徒也而疏中先有龐保
劉成名姓謂何此不軌之疑也三者積疑至今日忽有張差一事正
與往者舉措相符安得令人不疑且今日之疑國泰又非張差一事
已也恐騎虎難下駭鹿走險一擊不效別有陰謀陛下不急護東宮
則東宮爲孤注萬一東宮失護而陛下又爲孤注矣國泰欲釋人疑

惟明告貴妃力求陛下速執保成下吏如果國泰主謀是乾坤之大逆九廟之罪人非但貴妃不能庇即陛下亦不能庇借劍尚方請自臣始或別有主謀無與國泰事請令國泰自任凡皇太子皇長孫起居悉屬國泰保護稍有疏虞罪卽坐之則臣與在廷諸臣亦願陛下保全國泰無替恩禮若國泰畏有連引熒惑主聽久稽廷訊或潛散黨與俾之遠逃或陰斃張差以冀滅口則罪愈不容誅矣疏入帝大怒欲罪之念事已有跡外廷語不易解乃諭貴妃善爲計貴妃窘乞哀於太子自明無他帝亦數慰諭俾太子白之廷臣太子以事連貴妃大懼乃緣帝及貴妃意期速結癸酉帝親御慈寧宮太子侍御座右三皇孫雁行立左階下召從哲道南暨文武諸臣入責以離間父子諭令磔張差龐保劉成無他及因執太子手曰此兒極孝朕極愛惜既又手約太子體諭曰自襁褓養成丈夫使朕有別意何不早更置且福王已之國去此數千里自非宣召能翼而至乎因命內侍引

三皇孫至石級上令諸臣熟視曰朕諸孫俱長成更何說顧問太子有何語與諸臣悉言無隱太子具言瘋癲之人宜速決毋株連又責諸臣云我父子何等親愛而外廷議論紛如爾等爲無君之臣使我爲不孝之子帝又謂諸臣曰爾等聽皇太子語否復連聲申言之諸臣皆跪聽獨光復大聲頌揚帝以爲有所執爭下之獄諸臣遂叩首出帝還宮意中變甲戌命先磔張差於市梅慮其潛易斃請監刑其明日司禮監會廷臣鞫保成於文華門保成輾轉不承會太子傳諭曰張差情實瘋癲誤入宮門擊傷內侍罪不赦若保成乃中官欲謀害本宮何益當以雠誣從輕擬廷臣乃散去問達以鞫審未盡上疏曰奸人闖宮事關宗社今差已死二囚易抵飾文華門尊嚴之地臣等不敢刑審何由得情然差供詞故在其同謀馬三道等尚可質訊況慈寧召對面諭並決煌煌天語通國共聞二人係內臣法行自近陛下尤當嚴其銜轡乞付外廷會官嚴鞫務令輸情與天下共棄帝

以二囚涉鄭氏付外廷議益滋乃潛斃之於內言皆以創重身死又十餘日刑部議流馬三道李守才孔道從之帝不見廷臣二十有五年矣以調劑貴妃太子特一出以釋羣疑且不遽罪言者而吏部先擬出士晉爲浙江僉事候命三年未下帝乃急簡部疏命如前擬鄭繼之言闕官已補請改帝不許命調前補者繼之又以士晉積資已深秩當參議帝怒切責奪郎中以下俸其後之寀等皆以他故被罪獨夢龍以問達力獲免　六月戊寅久旱敕修省　秋七月己酉振畿內饑　甲戌停刑　梅之煥李若星張五典年例外轉吏科都察院復不與聞給事中韓光祐御史徐養量稍言之然勢孤竟不能爭世之煥廉柧自勝嘗言附小人者必小人附君子者未必君子其不欲傅會人如此　劉光復既下獄翟鳳翀上疏救之忤旨切責太僕寺少卿史孟麟駙馬都尉王昺復以爲言帝褫昺冠帶謫孟麟兩浙鹽運判官李三才乃疏請釋光復而力爲東林辨曰自沈一貫假撰

妖書擅僇楚宗舉朝正人攻之以去繼湯賓尹韓敬科場作奸孽由自取於人何尤而今之黨人動與正人爲仇王士昌及光復尤爲戎首挺身主盟力爲一貫報怨騰說百端攻訐千狀以大臣之賢者言之則葉向高去矣王象乾孫瑋王圖許宏綱去矣曹于汴胡忻朱吾弼葉茂才南企仲朱國禎等去矣近又攻陳薦汪應蛟去矣以小臣之賢者言之梅之煥孫振基段然吳亮馬孟禎湯兆京周起元史學遷錢春等去矣李朴鮑應鼇丁元薦龐時雍吳正志劉宗周等去矣合於己則留不合則逐陛下第知諸臣之去豈知諸黨人驅之乎今奸黨讎正之言一曰東林一曰淮撫所謂東林者顧憲成讀書講學之所從之游者高攀龍姜士昌錢一本劉元珍安希范岳元聲薛敷教並束身厲名行何負國家哉偶曰東林便成陷穽如鄒元標趙南星等被以此名卽力阻其進所朝上而夕下者惟史繼偕諸人耳人才邪正實國祚攸關惟陛下察焉疏入衆益恨吳亮嗣等既往勘久

之無所得第如光復言還報遂落三才職爲民　閏八月庚戌詔重建三殿於本年定期啓工俟明歲皇太后升祔陵廟從容構造　丁巳山東大旱詔留稅銀振之　丁卯河套吉能合諸部大舉入寇延綏東道高家大柏油神木柏林中道波羅西道甎井寧塞諸城堡盡被蹂躪副將孫洪謨禦之大柏油中伏被圍游擊萬化孚等不救士卒死傷過半洪謨遂降官秉忠遣游擊張榜潛劫其營又敗死四百餘人會故總兵杜松寧夏總兵杜文煥援兵至並破敵而秉忠所部亦有斬獲寇始退　冬十月辛酉京師地震　十一月戊寅振京師饑民　時邪黨愈熾正人屏斥殆盡後進當入爲臺諫者必鉤致門下以爲羽翼當事大臣莫敢攖其鋒是歲鄉試至以六經亂天下語入鄉試策問丁元薦家居馳疏極詆亂政之叛高皇邪說之叛孔子者黨人益惡之　浙江織造中官劉成死巡撫都御史劉一焜請勿遣代命歸其事於有司別遣中官呂貴錄成遺貲貴嗾奸民留己督

造中旨許之命內閣草敕方從哲吳道南具揭爭且詢疏所由進請
永杜內降一焜及巡按御史李邦華再疏力爭邦華幷刺中官進奉
之失劾左右大奄之黨貴者皆不聽貴遂條行十事多所侵擾一焜
復疏駮且禁治其爪牙貴爲稍戢
四十四年春正月壬申朔我
大清諸貝勒大臣等尊
太祖爲覆育列國英明皇帝建元天命元年　初中官冉登提督九
門誣奏市民毆門卒帝爲下兵馬司指揮歐相之於吏中官邢洪辱
御史淩漢翀於朝給事中郭尙賓等劾之帝釋洪不問及是漢翀朝
會罷至端門爲廢將淩應登所毆洪復曲庇應登翟鳳翀抗疏極論
應登洪及呂貴三人罪且曰大臣造膝無從小臣叩閽無路宦寺浸
用政令多違實開羣小假借之端成太阿倒持之勢尙賓亦言比來
擬旨不由內閣託以親裁言官稍涉同類輒云黨附將使大臣不肯

盡言小臣不敢抗論天下事尙可爲哉乞嚴斷內降容納直諫以保治安帝得疏大怒謫鳳翀山西按察司經歷尙賓江西布政司檢校閣臣及言官論救皆不納帝於章疏多不省故廷臣直諫者久不被譴至是二人同日謫官時稱二諫　三月辛未朔日有食之　畿內河南淮徐大饑山東人相食從李汝華議蠲振有差命過庭訓齎十六萬金振山東　貴州自楊應龍平後銷兵太多苗仲所在爲寇巡撫都御史張鶴鳴言仲賊乃粤西猺獞流入黔中自貴陽抵滇人以三萬計砦以千四百七十計分卽爲民合卽爲盜又有紅苗環銅仁石阡思州思南四郡數幾十萬而鎭遠清平間大江小江九股諸種皆應龍遺孽衆萬餘臣部卒止萬三千何以禦賊因列上增兵增餉九議許之　夏四月戊午河南盜起諭有司撫勦　六月壬寅河套諸部沙計吉能明愛合駐高家柏林邊要封王補賞延綏總兵官杜文煥襲其營斬首百五十西路火落赤卜言太諸部皆降攢刀立誓

獻罰九九九九者部落中罰駝馬牛羊數也　丁卯河決祥符朱家
口浸陳杞睢柘諸州縣　秋七月乙未吉能再犯高家堡沙計伏兵
沙溝誘殺都指揮王國安糾猛克什力犯雙山波羅堡杜文煥擊破
之追奔二百餘里沙計吉能明愛相繼納款　陝西旱江西廣東水
河南淮揚常鎮蝗山東盜賊大起　給事中熊明遇言去春以來天
鼓兩震於晉地流星晝隕於清豐地震二十八天火九石首雨菽河
內女妖遼東兵端吐火即春秋二百四十年間未有稠於今日者且
山東大祲人相食黃河水稽天兼以太白經天輔星湛沒熒惑襲月
金水逆行或日光無芒日月同暈為恆風為枯旱天譴愈深而陛下
所行皆詆天拂經之事此誠禽息碎首賈生痛哭之時也敢以八憂
五漸三無之說進今內庫太實外庫太虛可憂一鑛臣乏鑛邊臣開
邊可憂二套部圖王插部覬賞可憂三黃河汎濫運河膠淤可憂四
齊苦荒天楚苦索地可憂五鼎鉉不備棟梁常撓可憂六羣譁盈衢

訛言載道可憂七吳民喜亂冠履倒置可憂八八憂未已五漸繼之太阿之柄漸入中涓魁壘之人漸如隕籜制科之法漸成奸藪武庫之器漸見銷亡商旅之途漸至梗塞五漸未已三無繼之匹夫可熒惑天子小校可濫邀絲綸是朝廷無綱紀滇黔之守令皆塗窮揚粵之監司多規避是遠方無吏治讒構之口甚於戈戟傾危之禍慘於蘇張是士大夫無人心天下事可不寒心哉帝不省　先是吳道南典會試吳江沈同和第一同里趙鳴陽第六同和素不能文賄禮部吏與鳴陽同號舍文多出鳴陽手榜發都下大譁道南亟檢舉詔令覆試同和竟日構一文下吏戍煙瘴鳴陽亦謫戍道南素以發韓敬科場事爲黨人所疾李嵩與同官周師旦遂連章論道南劉文炳攻尤力道南疏辨乞休頗侵文炳文炳遂極詆張至發助之道南不能堪言臺諫劾閣臣職也未有肆口嫚罵者臣辱國已甚請立罷黜帝雅重道南謫文炳外任奪嵩等俸韓浚及同官朱堦救文炳復詆道

南道南益求去　帝遣中官至林如楚寓令修咸安宮方從哲言旨
從中出猶謂不可況突命內官傳宣於部臣之私寓臣等竟不與聞
乎不省　冬十月丁未停刑　十一月己巳隆德殿災　致仕大學
士沈鯉卒贈太師謚文端　給事中余懋孳言自利瑪竇東來中國
有天主之教南都王豐肅陽瑪諾等煽惑羣衆朔望朝拜夜聚曉散
動以千計且往來壕鏡與澳中諸番通謀宜嚴禁止南京禮部侍郎
沈㴶等亦以爲言十二月令豐肅及龐迪莪等俱遣赴廣東
四十五年春二月戊午以去冬無雪入春不雨敕修省　鎮撫司缺
理刑官獄囚久繫多死家屬聚號長安門辛未方從哲等以請不報
大計京官鄭繼之與署都察院事李誌領其事考功郎中趙士諤
及徐紹吉佐之所去留悉出紹吉等意繼之受成而已一時與黨人
異趣者陸大受李㯳丁元薦李朴王之寀麻僖及尚寶司丞蔡毅中
南京刑部郎中李廷諫等貶黜殆盡大僚王圖孫愼行等則中以拾

遺又以年例出李邦華孫居相等於外雖林居皆不免善類爲空愼行以帝察其無罪孫承宗及檢討繆昌期以掌翰林院詹事劉一燝力保持於是得免廷諫邦華父也　夏五月丙子久旱再諭修省六月丙申畿南大饑有司請振不報自是山東山西河南陝西江西湖廣福建廣東及大江南北相繼告災疏皆不發　法司閣臣請熱審不報時暑雨獄中多疫言官以熱審愆期朝審不行詔獄理刑無人交章上請錦衣衞使駱思恭言熱審二年不行鎭撫司監犯且二百多拋甎聲冤鎭撫陸逵亦言獄囚怨恨有持刀斷指者皆不報以宋儒周敦頤裔周汝忠襲翰林院五經博士　秋七月癸亥朔日有食之　吳道南杜門踰年疏二十七上帝猶勉留會繼母訃至丁卯賜道里費遣行人護歸方從哲復請推補閣臣自後每月必請帝以一人足辦迄不增置從哲輔政七年獨相幾五年其始於朝政缺失必上疏力言帝多不聽而從哲有內援以名爭而已實將順帝意

無所匡正及是帝怠荒益甚而從哲狎昵羣小三黨用事朝無正人
中外缺官日積日多文武大選急選官及四方教職數千人以吏兵
二科缺掌印不畫憑久滯都下時攀執政輿哀訴職業盡弛上下解
體　張鶴鳴合諸土兵勦洪邊十二馬頭大破紅苗猱平賊首老蜡
雞據峯巔仰天窩僭王號窩有九井地平衍容數千人下通三道各
列三關鶴鳴進勦奪其關老蜡雞授首撫降餘衆而還尋發兵擊平
定廣威平安籠諸賊威名甚著　戴士衡卒於戍所巡按御史田生
金請脫其戍籍釋樊玉衡生還帝不許　鄭繼之以篤老累疏乞休
帝輒慰留不允
四十六年春二月繼之稽首闕下出郊待命帝聞命乘傳歸　乙巳
振廣東饑　兵部尚書崔景榮封印出城　御史王象恆言十三道
御史在班行者止八人六科給事中止五人而冊封典試諸差及巡
方報滿告病求代者踵至當亟議變通之法方從哲亦言考選諸臣

守侯六載艱苦備嘗乞特允部推令受命供職皆不報　遼東三面
受敵無歲不用兵自高淮爲稅使朘削十餘年軍民益困而先後巡
撫皆庸才玩愒苟歲月帝又置萬幾不理邊臣呼籲漠然不聞致邊
事大壞夏四月甲辰我
太祖高皇帝起兵克撫順千總王命印死之巡撫李維翰趣總兵官
張承廕赴援承廕急帥副將頗廷相參將蒲世芳游擊梁汝貴等諸
營並發庚戌次撫順承廕據山險分軍爲三立營浚濠布列火器甫
交鋒
大清兵蹴之大潰承廕世芳皆戰死廷相汝貴已潰圍出見失主將
亦陷陳死將士死者萬人生還者十無一二撫安三岔兒白家衝三
堡繼失事聞詔逮維翰贈承廕少保左都督立祠曰精忠子應昌當
嗣祖職增三秩爲都司僉書廷相以下贈廕有差時中外戒嚴插部
乘隙擁衆挾賞西部阿暈妻滿旦以萬騎自石塘路入掠薊鎮白馬

關及高家馮家諸堡遊擊朱萬良禦之被圍羽書日數十至帝頗憂
懼章奏時下不數月泄泄如故　閏月庚申楊鎬爲兵部左侍郎兼
右僉都御史經略遼東太常寺少卿周永春爲右僉都御史代李維
翰李如柏以故官代張承廕劉綎柴國柱官秉忠並僉書都督府事
杜松馳援遼陽馬林以故官從征　六月壬午京師地震　有司請
熱審不報　鄭繼之之去也亓詩教以趙煥爲鄉人老而易制力引
煥代繼之年七十有七矣比至一聽詩教指揮不敢異同由是素望
益損帝終以煥清操委信之　秋七月
大清兵由鴉鶻關進圍清河堡副將鄒儲賢固守丙午城破儲賢帥
親丁鏖戰城南與參將張旆俱死部將二十人兵民萬餘殲焉詔賜
楊鎬尚方劍得斬總兵以下官鎬乃斬清河逃將陳大道高炫徇軍
中徵兵四方圖大舉　八月壬申山東巡撫李長庚奏行海運饟遼
東自登州望鐵山西北口至羊頭坳歷中島長行島抵北信口又歷

兎兒島至深井達蓋州剝運至娘娘營陸行至廣寧遼陽從之　庚辰乃蠻等七部款塞　辛巳停刑　遼東兵事興驟增饟三百萬李汝華累請發內帑不得汝華乃借支南京部帑括天下庫藏餘積徵宿逋裁工食開事例會周永春請益兵加賦壬辰汝華再請發各省稅銀不報汝華乃議天下田賦自貴州外畝增銀三釐五毫可得饟二百萬有奇從之九月辛亥加天下田賦　乙卯京師地震畿輔山西州縣一十有七及紫荊關馬水沿河二口偏頭神池同日皆震夜蚩尤旗見東南長二丈廣尺餘歷十九日乃滅方從哲言妖象怪徵層見疊出除臣奉職無狀痛自修省外望陛下大奮乾綱與天下更始朝士雜然笑之帝亦不省　冬十月乙丑彗星出於氐長丈餘指東南漸指西北埽犯太陽守星入亢度西北埽北斗璿璣文昌五車逼紫微垣右歷四十日乃滅　十一月甲午以災異敕修省御史熊化以時事多艱佐理無效劾方從哲乞用災異策免從哲懇求罷堅

臥四十餘日閣中虛無人帝慰留再三從哲乃起視事　十二月丁
巳河套部長猛克什力來降　遼東援兵大集方從哲趙興邦及兵
部尚書黃嘉善等以師久餽匱發紅旗日趣楊鎬進兵江西巡按御
史張銓馳疏言敵山川險易我未能悉知懸軍深入保無抄絶且突
騎野戰敵所長我所短以短擊長以勞赴逸以客當主非計之得也
昔臚朐河之戰五將不還奈何輕出塞爲今計不必徵兵四方但當
就近調募屯集要害以固吾圉厚撫北關以樹其敵多行間諜以攜
其黨然後伺隙而動若加賦選丁騷擾天下恐識者之憂不在遼東
因請發帑金補大僚宥直言開儲講先爲自治之本又言李如柏杜
松劉綎以宿將並起宜責鎬約束以一事權唐九節度相州之潰可
爲明監又言張承廕輕進取敗不宜卹又論鎬非大帥才而力薦熊
廷弼帝皆不省銓五典之子也
四十七年春正月鎬大會總督汪可受巡撫周永春巡按陳王庭等

定議以總兵官馬林由開原出三岔口僉事潘宗顏監其軍游擊竇永澄監北關軍並進攻北總兵官杜松以六萬兵出撫順故總兵趙夢麟保定總兵王宣爲佐攻西總兵官李如柏從鴉鶻關出趨清河攻南東南則劉綎以四萬兵出寬佃副使康應乾監之游擊喬一琦別監朝鮮軍由涼馬佃擣後號大兵四十七萬期三月二日會二道關並進宗顏上書於鎬曰林庸懦不堪當一面乞易他將以林爲後繼不從時彗星見東南長數百丈光芒下射末曲而銳未幾見於東西又未幾見於西識者以爲敗徵二月特設戶部侍郎一人兼僉都御史駐天津督遼饟以李長庚爲之長庚奏行造淮船通津路議牛車酌海道截幫運議錢法設按臣開事例嚴海防九事已又請留金花籽粒銀借稅課并應輸絲綿布帛蠟茶顏料及陝西羊絨江浙織造改折一年濟軍國急帝許借天津通州江西四川廣西稅銀餘並不許官應震上疏力爭亦不聽乙丑鎬誓師於遼陽綎鎮蜀久好用

蜀兵久待未至乙亥遂行會天大雪兵不前師期洩杜松剛愎欲立
首功癸未夜出撫順關馳百餘里抵渾河半渡河流急不能盡渡松
醉趣之將士多溺河中松遂以前軍進連克二小砦松喜三月甲申
朔乘勢趨撤爾湖谷口
大清方築城界凡山上役夫萬五千以精騎四百護之聞松軍至精
騎盡伏谷口松軍過將半伏兵尾擊之追至界凡渡口與築城夫合
據山旁吉林崖乙酉松引大軍圍崖別遣將營撤爾湖山上
大清益千人助吉林崖軍又遣二旗兵趨界凡爲援而遣六旗兵攻
撤爾湖山軍丙戌六旗兵大戰破撤爾湖山軍死者相枕藉吉林崖
兵亦直下擊松軍二旗兵前後夾擊松兵大敗松夢麟宣皆沒於陳
大清兵逐北二十里至勺琴山而還方松之攻吉林崖也林軍至尚
間崖結營浚壕嚴斥堠自衛宗顏西營飛芬山及聞松敗兵遂譁林
列火器壕外布騎兵火器外他騎士皆下馬結方陳

大清兵乘銳薄之縱精騎直前衝擊林軍大敗林以數騎遁宗顏殿後奮呼力戰膽氣彌厲自辰至午力不支宗顏丞澄副將麻巖守備江萬春林子燃熠皆戰死北關兵遂不敢進鎬聞急檄止如柏綎兩軍如柏甫至虎欄路大驚奔還軍相蹴死甚衆綎所分道獨險遠重岡疊嶺馬不成列綎深入三百餘里至深河連克牛毛馬家二砦

大清兵五百守董鄂路逆戰綎縱兵圍數重

大清兵衆寡不敵失二裨將傷五十人綎整衆復進

大清兵乃張松旗幟披其衣甲紿綎入其營庚寅綎引軍登阿布達里岡將布陳

大清兵亦登岡出其上自高馳下奮擊別遣一軍趨綎軍西夾攻綎殊死戰營內亂遂敗

大清軍乘勢追擊綎退入後營後營亦大潰綎戰死養子招孫突圍護綎手格殺數人亦死軍士脫者無幾應乾及朝鮮軍營富察之野

大清移師邀之大風起應乾發火器皆反擊己軍軍大亂死者相枕藉應乾以數百騎免朝鮮帥姜宏立全景瑞遂帥衆降一琦投崖死文武將吏前後死者三百一十餘人軍士四萬五千八百餘人亡失馬駝甲仗無算敗書聞京師大震帝遣中使祭陳亡將士厚卹綎家贈宗顏大理寺卿諡節愍立祠奉祀永澄等俱賜卹如制給事中李奇珍等連疏劾如柏帝詔如柏還聽勘用其弟如楨代鎮如柏既入都言者不已懼自殺而鎬不問　夏四月癸酉盔甲廠災　楊鶴疏劾楊鎬而薦熊廷弼張鶴鳴李長庚薛國用袁應泰言遼事之失不料彼己喪師辱國誤在經略不諳機宜馬上催戰誤在輔臣調度不聞束手無策誤在樞部至尊優柔不斷又至尊自誤又言李如楨不可鎮遼皆不報　禮部主事夏嘉遇言遼左三路喪師雖緣楊鎬失策揆厥所由則以縱貸李維翰故夫維翰喪師辱國罪不容誅乃僅令囘籍聽勘誰司票擬則閣臣方從哲也誰司糾駁則科臣趙興邦

也參貂白鏹賂遺絡繹國典邊防因之大壞惟陛下立斷疏入未報
從哲力辨嘉遇再疏劾之并及亓詩教於是詩教與邦吳亮嗣張延
登房壯麗交章力攻嘉遇詩教謂嘉遇不得考選故挾私狂逞嘉遇
言詩教於從哲一心擁戴相倚爲奸凡枚卜考選諸大政百方撓阻
專務壅蔽遏絶主聰遂至紀綱不張戎馬馳突臣竊痛之今内治盡
壞縱日議兵食談戰守究何益於事故臣爲國擊奸冀除禍本雖死
不避倘區區計升沈得喪哉方嘉遇再疏從哲求罷不敢入閣視事
於朝房帝優旨勉留及是復故而擢興邦爲太常寺少卿嘉遇憤疏
言四路奏功興邦必將預其賞則今日事敗興邦安得逃其罰且不
罰已矣反從而超擢之是臣彈章適爲薦剡國家有如是法紀哉疏
入諸御史復合詞攻嘉遇嘉遇言古人有言見無禮於君者逐之詩
教興邦謂臣不得臺諫而怒夫爵位名秩操之天子人臣何敢干必
如所言是考選予奪二臣實專之此無禮於君者一興邦先奉旨俟

遼東底寧從優敘錄而蔑棄之此無禮於君者二魏光國疏論詩教
爲通政沮格夫要截實封者斬自來奸臣不敢爲而詩教爲之此無
禮於君者三三奸每事請託一日以七事屬職方郎楊成喬成喬不
聽遂逐之去詩教以舊憾欲去其鄉知府考功郎陳顯道不從亦偪
之去夫吏兵二部天子所以馭天下而二奸敢侵越之此無禮於君
者四有臣如此臣義豈與俱生哉先是三黨之魁交甚密後齊與浙
漸相貳及嘉遇五疏力攻詩教輩頗窘唐世濟董元儒遂助嘉遇排
擊與邦竟自引去　起熊廷弼大理寺丞兼河南道御史宣慰遼東
馬林既喪師謫充爲事官俾守開原宰賽煖兔許助林兵林與結
約恃此不設備六月丁卯
大清兵臨城林列衆城外分少兵登陴
大清兵設楯梯進攻別以精騎擊破東門外軍軍士爭門入
大清兵乘勢奪門攻城兵亦踰城入城外軍遂大潰邀擊悉殲之林

及副將于化龍參將高貞游擊于守志守備何懋官等皆死林雖更歷邊鎮無大將才當事以虛名用之故敗　癸酉熊廷弼爲兵部右侍郎兼右僉都御史經略遼東　甲戌廷臣伏文華門請發章奏及增兵發餉又候旨思善門皆不報　熊廷弼言遼左京師肩背河東遼鎮腹心開原又河東根本欲保遼東則開原必不可棄敵未破開原時北關朝鮮猶足爲腹背患今已破開原北關不敢不服遣一介使朝鮮不敢不從既無腹背憂必合東西之勢以交攻然則遼瀋何可守也乞速遣將士備芻糧修器械毋窘臣用毋緩臣期毋中格以沮臣氣毋旁撓以掣臣肘毋獨遺臣以艱危以致誤臣誤遼兼誤國也疏入悉報允且賜尚方劍以重其權　李如楨之至遼也楊鎬使守鐵嶺鐵嶺故李氏墳墓宗族部曲所在及是高貲者皆西還城中空虛鎬乃召如楨還屯瀋陽令參將丁碧等防守秋七月丙午

大清兵臨城如楨擁兵不救游擊喻成名史鳳鳴李克泰俱陳没城

遂失瀋陽及諸城堡軍民一時盡竄遼陽洶洶熊廷弼方出山海關聞變兼程進遇逃者諭令歸斬逃將劉遇節王捷王文鼎以祭死節士誅貪將陳倫劾如楨十不堪罷之以李懷信代督軍士造戰車治火器濬濠繕城爲守禦計　遼左饟中絕廷臣數請發帑不報會廣東進金花銀戶部主事鹿善繼言於李汝華曰與其請不發之帑何如留未進之金汝華然之帝怒奪善繼俸一年趣補進善繼持不可以死爭乃奪汝華俸一月降善繼一級調外汝華懼卒補銀進　八月乙卯山東蝗　開原鐵嶺繼失廷臣交章劾楊鎬癸亥逮下錦衣獄論死　九月庚辰朔停刑　百僚將早朝司禮中官盧受傳免衆趨出受從後姍侮國子監博士徐大相憤歸草二疏一論遼左事一論受奸邪時接疏者卽受也見遼事疏曰此小臣亦敢言事及帝閱第二疏顧受曰此卽論汝罪者受錯愕叩頭流血請罪曰奴當死疏乃留中是日南京國子監學錄喬拱璧亦疏劾受不報　河決陽武

戊子趙煥帥廷臣伏文華門固請帝臨朝議政方從哲叩首仁德門跪俟俞旨抵暮帝遣中官諭之退從哲復請帝出御文華殿召見羣臣面商戰守方略煥疏云他日薊門蹂躪敵人叩閽陛下能高枕深宮稱疾謝卻之乎帝終不報　冬十月丁巳振京師饑　十一月吏部尚書趙煥卒　調永順保靖石砫酉陽各土司兵赴遼陽　何宗彥清修有執攝尚書事六年遇事侃侃敷奏時望甚隆十二月方從哲再請補閣臣情甚哀帝始命廷推廷臣多首宗彥獨張延登不署名乃推史繼偕沈漼以上帝遂用之或曰由從哲薦也疏仍留中不下御史張新詔劾從哲諸所疏揭委罪君父誑言欺人祖宗二百年金甌壞從哲手御史蕭毅中劉蔚周方鑑楊春茂王尊德左光斗交章繼之從哲連疏自明且乞罷帝皆不問尋以從哲言釋劉光復爲民　熊廷弼令嚴法行守備大固乃上方略請集兵十八萬分布靉陽清河撫順柴河三岔兒鎮江諸要口首尾相應小警自爲堵禦

大敵互爲應援更挑精悍者爲游徼乘間掠零騎擾耕牧更番迭出使敵疲於奔命然後相機進勦從之乃再加天下田賦畝三釐五毫初廷弼抵遼令僉事韓原善往撫瀋陽憚不肯行繼命僉事閻鳴泰至虎皮驛慟哭而返廷弼乃躬自巡歷自虎皮驛抵瀋陽復乘雪夜赴撫順總兵官賀世賢以近敵沮之廷弼曰冰雪滿地敵不料吾來鼓吹入時兵燹後數百里無人跡廷弼祭諸死事者而哭之遂耀兵奉集相度形勢而還所至招流移繕守具由是人心復固　初姚宗文服闋欲補官而吏部題請疏不下又假招徠西部屬當事薦己疏屢上不得命宗文討窮致書熊廷弼使代請廷弼不應宗文遂大恨贊畫主事劉國縉募鎮江寬佃靉陽萬七千餘人爲兵逃亡過半辛未廷弼奏之國縉亦怨廷弼故與國縉宗文同在言路排擊東林意氣相得及是不能如前會帝從方從哲言遣宗文閱視遼東兵馬遂與國縉比而傾廷弼　先是

大清兵滅宰賽及北關金台什布羊古等金台什孫女虎墩兔婦也於是薊遼總督文球與周永春等以利啗之俾聯絡炒花諸部以捍

大清兵給白金四千

四十八年春正月庚子朝鮮國王李暉言北關宰賽皆滅敵設兵牛毛寨萬遮嶺欲略寬佃鎮江等處朝鮮孤危異常乞速調大兵共爲掎角以固邊防　兵部以募兵市馬工部以制器再議增賦三月庚寅復畝增二釐爲銀百二十萬先後三增賦凡五百二十萬有奇遂爲歲額頃之張銓復疏言自軍興以來所司創議加賦畝增銀三釐未幾至七釐又未幾至九釐譬之一身遼東肩背天下腹心也肩背有患猶藉腹心之血脈滋灌若腹心先潰危亡可立待竭天下以救遼遼未必安而天下已危今宜聯人心以固根本豈可朘削無已驅之使亂哉且陛下內廷積金如山以有用之物置無用之地與瓦礫糞土何異乃發帑則叫閽不應加派則朝奏夕可臣殊不得其解不

省　夏四月癸丑皇后王氏崩時帝亦有疾方從哲哭臨畢請至御
榻前起居戊午召見宏德殿跪語良久因請補閣臣用大僚下臺諫
命帝許之乃叩頭出帝素惡言官及是考選除授者候命八年從哲
請至數十疏竟不下帝自以海宇昇平官不必備有意損之及遼左
軍興又不欲矯前失行之如舊從哲獨秉國成亦竟無所匡救也時
內廷宣索不貲工部尚書周嘉謨言喪禮有中制不當信左右言妄
耗國帑不納　五月
大清兵略地花嶺六月略王大人屯失亡將士四五百人諸將賀世
賢等亦有斬獲　秋七月丙子朔帝不豫不食者半月皇太子未得
見給事中御史楊漣左光斗等走謁方從哲趣問安從哲曰帝諱疾
即問左右不敢傳漣曰昔文潞公問宋仁宗疾左右不肯言潞公欲
下中書行法公誠日三問不必見亦不必上知第令宮中知廷臣在
事自濟公更當宿閣中曰無故事漣曰潞公不訶史志聽此何時尚

問故事耶壬辰從哲乃偕九卿臺諫詣思善門問安皇太子尙躊躇
宮門外漣光斗遣人語東宮伴讀王安帝疾甚不召太子非帝意當
力請入侍嘗藥視膳太子深納之甲午帝大漸召英國公張維賢從
哲吏部尙書周嘉謨李汝華黃嘉善署刑部事都御史張問達署工
部事刑部尙書黃克纘署禮部事侍郞孫如游入見宏德殿勉諸臣
勤職丙申帝崩年五十有八遺詔曰朕以沖齡纘承大統君臨天下
四十八載於茲享國最長夫復何憾念朕嗣服之初兢兢化理期無
負先帝付託比緣多病靜攝有年郊廟弗親朝講稀御封章多滯寮
寀半空加以礦稅煩興征調四出民生日蹙邊釁漸開夙夜思惟不
勝追悔方圖改轍與天下更新而遘疾彌留殆不可起蓋愆補過允
賴後人皇太子常洛可嗣皇帝位尙修身勤政親賢納諫以永宏圖
皇長孫由校及時冊立進學瑞王常浩惠王常潤桂王常瀛各擇善
地早就藩服大小臣工協恭和衷輔理嗣君保乂王室是皆朕惓惓

之至意也內閣輔臣亟爲簡任卿貳大僚盡行推補兩沓考選幷散
館科道官俱令授職建言廢棄及礦稅詿誤諸臣酌量起用一切榷
稅幷新增織造燒造悉停止各衙門見監人犯俱起送法司查審應
釋者釋放東師缺餉多發內帑以助軍需陣亡將士速加卹錄喪禮
一遵舊制　丁酉皇太子遵遺詔發帑金百萬犒邊盡罷天下礦稅
起建言得罪諸臣下前後考選之命己亥再發帑金百萬充邊賞
時皇太子宮中有二李選侍稱東西李而西李最有寵嘗撫視皇長
孫皇五孫鄭貴妃懼禍乃深結西李爲請封后西李喜亦爲貴妃請
封太后楊漣語孫如游曰郭妃及皇長孫生母王才人皆早薨選侍
后謫矣如皇長孫何公亟白執政用遺詔舉冊立皇太子登極三日
即援詔以請如游然之　永順保靖援遼土兵潰於通州監軍道沿
途招撫　皇太子既嗣位以明年爲泰昌元年及崩皇長孫又改明
年爲天啓元年於是有議削泰昌弗紀者或又議去萬曆四十八年

即以今年爲泰昌或議以明年爲泰昌後年爲天啓左光斗皆力排其說請從今年七月以前爲萬曆自八月朔始至十二月爲泰昌元年議遂定

明紀卷第四十八

明紀卷第四十九

賜進士出身工部候補主事虞衡司行走陳鶴纂

卹贈知府銜給雲騎尉世職內閣候補中書孫男克家參訂

光宗紀起泰昌元年庚申八月訖十二月凡五月

光宗崇天契道英睿恭純憲文景武淵仁懿孝貞皇帝泰昌元年八月丙午朔即皇帝位大赦天下蠲直省被災租賦　戊申孫如游請建東宮報可　己酉吏部侍郎史繼偕南京禮部侍郎沈㴶為禮部尚書兼東閣大學士預機務　遼東大旱　丁巳諭閣臣封鄭貴妃為皇太后孫如游言累朝典禮以配而后者乃敵體之經以妃而后者則從子之義祖宗以來豈無抱衾之愛終引去席之嫌此禮所不載也先帝念貴妃勞不在無名之位號陛下體先帝志亦不在非分之尊崇若義所不可則遵命非孝遵禮為孝臣不敢曲徇諂不忠之罪時貴妃猶居乾清宮都人喧言妃進美姬八人又使中官崔文昇

投利劑帝一晝夜三四十起外戚王天瑞郭維城遍謁朝士泣愬宮
禁危狀楊漣左光斗倡言於朝周嘉謨以大義責都督鄭養性示以
利害貴妃即移居慈寧宮封后事亦寢養性國泰子也　庚申蘭州
黄河清凡三日　辛酉帝不視朝方從哲偕廷臣詣宮門問安帝傳
諭有頭目眩暈身體軟弱語羣情益疑駭刑部主事孫朝肅徐儀世
御史鄭宗周上書從哲請保護聖體從哲候安因言進藥宜慎帝褒
答之楊漣劾崔文昇用藥無狀請推問之且曰外廷流言謂陛下興
居無節侍御蠱惑必文昇藉口以掩其用藥之奸文昇之黨煽布以
預杜外廷之口既損聖躬又虧聖德罪不容死　甲子禮部侍郎何
宗彥劉一燝韓爌爲本部尚書兼東閣大學士預機務乙丑南京禮
部尚書朱國祚如之召葉向高時史繼偕沈潅宗彥國祚皆在籍
遣使卹刑
大清兵略蒲河　丙寅帝不豫戊辰召對張惟賢方從哲等十有三

人於乾清宮楊漣亦與召且宣錦衣官校衆謂漣疏忤旨屬從哲爲解從哲勸漣引罪漣抗聲曰死卽死耳漣何罪及入帝溫言久之數目漣語外廷毋信流言命皇長子出見劉一燝韓爌面恩入直辛未再召惟賢從哲等帝御東煖閣憑几皇長子皇五子等皆侍帝命諸臣前從哲等請愼醫藥帝曰十餘日不進矣周嘉謨因以寡欲進規帝注視久之令皇長子諭外廷傳聞不可信是日命封選侍李氏爲皇貴妃甲戌帝大漸復召諸臣趣封選侍孫如游曰先奉諭上孝端皇后孝靖皇太后尊謚及封郭元妃王才人爲皇后禮皆未竣貴妃之封宜在後既聖諭諄切且有保護聖儲功卽如先所定期亦無不可從哲等因請速建儲貳帝顧皇長子曰卿等其輔爲堯舜之君又語及壽宮從哲等以先帝山陵對帝自指曰朕壽宮也諸臣皆泣選侍要皇長子入復趣之出白帝欲封后如游曰陛下欲封選侍爲皇貴妃當卽具儀進帝謾應曰卽具儀進因問有鴻臚官進藥者安在

從哲曰鴻臚寺丞李可灼自云仙方臣等未敢信帝命宣可灼至趣
和藥進所謂紅丸者也帝服訖稱忠臣者再諸臣出竢宫門外頃之
中使傳帝體平善日晡可灼出言復進一丸從哲等問狀曰平善如
前九月乙亥朔昧爽帝崩年三十有九廷臣趨入共以選侍爲慮漣
曰天子豈可託婦人請亟見皇長子卽呼萬歲擁出乾清暫居慈慶
乃共趨乾清宫閹人持挺不容入漣大罵曰帝崩若曹不聽廷臣入
欲何爲閹人卻乃入哭臨如禮一爆詰羣奄皇長子當柩前卽位今
不見何也羣奄東西走不應王安前曰爲選侍所匿耳一爆大言誰
敢匿新天子者安趨入白選侍擁皇長子出一爆趨前呼萬歲捧左
手惟賢捧右手掖升輦及門宫中厲聲呼哥兒中使追躡者三輩漣
格而呵之曰殿下四海九州之主莫非臣子何畏一爆傍輦疾行翼
升文華殿卽東宫位羣臣叩頭呼萬歲選侍復遣中官趣還一爆曰
乾清不可居殿下宜暫居慈慶皇太子然之比至嘉謨曰殿下之身

社稷是託出入不宜輕脫大小殮朝暮臨須臣等至乃發皇長子領之一爆語安曰主上冲年無母后外廷有事吾受過宮中起居公等不得辭責羣臣遂議登極期語紛紛未定或欲以三日或又欲於即日午時漣曰今海宇清晏內無嫡庶之嫌父死之謂何含殮未畢袞冕臨朝非禮也或言登極則人心安漣曰安與不安不在登極早暮處之得宜即朝委裘何害議乃定出過文華殿光斗及太僕寺少卿徐養量至責漣誤大事唾其面曰事脫不濟汝死肉足食乎漣聳然乃與光斗從嘉謨於朝房言選侍無恩德必不可同居丙子嘉謨光斗各上疏請選侍移宮御史王安舜疏論李可灼進藥之誤紅丸移宮二議自是起中官李進忠為選侍畫策必欲皇長子同居令牋奏先進乾清然後進慈慶光斗牋有武氏語選侍得之大怒遣使召光斗光斗曰我天子法官非天子召不往若輩何為者選侍益怒要皇長子議重譴光斗皇長子不肯往使使取光斗牋戊寅漣遇內豎麟

趾門內豎備言狀漣叱之曰殿下在東宮爲太子今則爲皇帝選侍
安得召見殿下已十六歲他日卽不奈選侍何若曹置身何地怒目
視之其人退給事中惠世揚御史張潑入東宮駭相告曰選侍欲垂
簾處光斗汝等何得晏然漣曰無之出皇極門九卿科道議上公疏
未決己卯諸臣畢集慈慶宮外傳聞欲緩移宮期漣語從哲趣之從
哲曰遲亦無害漣曰昨以皇長子就太子宮猶可明日爲天子乃反
居太子宮以避宮人乎卽兩宮聖母在夫死亦當從子選侍何人敢
欺藐如此時中官往來如織或言選侍亦顧命中人漣斥之曰諸臣
受顧命於先帝先帝自欲先顧其子何嘗先顧其嬖媵請選侍九廟
前質之若曹豈食李家祿者能殺我則已否則今日不移宮我雖死
不去一㷱曰本朝故事仁聖嫡母也移慈慶慈聖生母也移慈寧今
何日可姑緩耶嘉謨亦正色力持漣聲徹御座前皇長子使使宣諭
乃退漣復抗疏言選侍陽託保護之名陰圖專擅之實宮必不可不

移臣言之在今日殿下行之在今日諸大臣贊決之亦惟今日一燝嬪要從哲立宮門俟命選侍不得已移噦鸞宮漣乃謂諸大臣曰選侍不移宮非所以尊天子既移宮又當有以安選侍是在諸公調護無使中官取快私讎庚辰皇長子由校即位詔赦天下自大行崩至是凡六日漣與一燝嘉謨定宮府危疑言官惟光斗助之朝野並稱楊左而漣鬚髮盡白帝數稱其忠　丙戌禮部尚書孫如游請開講筵報可　廷臣復力攻李如楨辛卯逮下獄論死　甲午封乳保客氏爲奉聖夫人廕其子侯國興弟客光先及太監魏進忠兄釗俱錦衣千戸進忠初冒姓李及是復故姓與客氏深相結並有寵於帝自惜薪司遷司禮秉筆太監兼提督寶和三店　李選侍之移宮也其內侍李進忠劉遜等盜乾清宮珠寶事旋覺獨進忠以詭計脫餘俱下刑部黃克纘擬誅王永福姚進忠二人以下末減帝不從命并劉朝田詔等皆論死以下遣戍羣奄急乃構蜚語言帝薄待先朝妃嬪

致選侍移宮日跣足投井或又言選侍投繯皇八妹入井以熒惑朝士克纘首入其說上言姜昇鄭隱山劉尙禮不持一物劉遜拾地上珠還之選侍而與永福進忠同戮輕重失倫況選侍篋中物安知非先朝所賜帝不悅責克纘偏聽命如前旨御史賈繼春上書內閣謂不當於新君御極首導以違忤先皇逼逐庶母昔孝宗不問昭德先皇優遇鄭妃何不輔上取法左光斗言先帝晏駕陛下從乾清宮出居慈慶則選侍之當移其理明白易曉惟是移宮以後自宜存大體捐小過若復株連蔓引使宮闈不安卽於國體有損乞立誅盜寶宮奴劉遜等而盡寬其餘帝乃降諭言選侍氣毆聖母及要挾封后卽日欲垂簾聽政諸罪狀又言今奉養選侍於噦鸞宮尊敬不敢怠方從哲封還之帝復降諭數百言略如前旨末言大小臣工惟私李黨責備朕躬妄生謗議輕重失倫理法焉在朕今停選侍封號以慰聖母在天之靈厚養選侍及皇八妹以敬遵皇考之志爾諸臣可以仰

體朕心矣克纘皇恐言禮父母並尊事有出於念母之誠跡或出於彰父之過必委曲周全渾然無迹斯爲大孝御史焦源溥力駮其謬且云羣豎持貲百萬借安選侍爲名妄希脫罪克纘復疏辨乞罷略言源溥謂在神宗時爲元子者爲忠爲福藩者非忠臣敢廣之曰神宗既保護先帝授以大位則爲神考而全其貴妃富貴其愛子尤忠之大也源溥謂在先帝時爲二后者爲忠爲選侍者非忠臣亦廣之曰聖母既正名定位則光昭刑于之令德勿傳宮幃之忿爭尤忠之大也又有先帝不得正其始聖母不得正其終方可斷斯獄語疏入帝怒甚責以輕肆無忌不諳忠孝克纘皇恐引罪劉一燝等亦代爲言乃已　冬十月丙午葬顯皇帝於定陵廟曰神宗葬孝端皇后追謚王貴妃爲孝靖皇太后還祔定陵別祀奉慈殿　熊廷弼身長七尺有膽知兵善左右射自按遼即持守議爲經略主守禦益堅然性剛負氣好謾罵不爲人下物情不甚附諸將李懷信等多自引去姚

宗文歸疏陳遼土日蹙廷弼廢羣策而雄獨智軍馬不訓練將領不
部署人心不親附刑威有時窮工作無時止御史顧慥劾廷弼出關
踰年漫無定畫蒲河失守匿不上聞荷戈之士徒供挑濬尚方之劍
逞志作威會帝初立朝端方多事未及封疆議宗文乃鼓其同類力
攻御史馮三元劾廷弼無謀者八欺君者三御史張修德劾廷弼破
壞遼陽廷弼大憤連疏極辨云遼已轉危爲安臣且之生致死遂繳
還尙方劍力求罷斥而給事中魏應嘉復劾之戊申罷廷弼遼東巡
撫都御史袁應泰以兵部侍郎代爲經略而以薛國用爲巡撫廷弼
乃上疏求勘言遼師覆沒臣始驅羸卒數千踉蹌出關至杏山而鐵
嶺又失廷臣咸謂遼必亡而今且地方安堵舉朝帖席此非不操練
不部署所能致也若謂擁兵十萬不能斬將禽王誠臣之罪然求此
於今日亦豈易言令箭催而張帥殞命馬上催而三路喪師臣何敢
復蹈前軌三元應嘉修德等復連章極論廷弼卽請三人往勘帝從

之楊漣及御史吳應奇等力言不可乃改命給事中朱童蒙往廷弼復上疏曰臣蒙恩回籍聽勘行矣但臺省責臣以破壞之遼遺他人臣不得不一一陳之於上今朝堂議論全不知兵冬春之際敵以冰雪稍緩鬨然言師老財匱馬上促戰及軍敗始愀然不敢復言比臣收拾甫定而愀然者又復鬨然責戰矣自有遼難以來用武將用文吏何非臺省所建白何嘗有一效疆場事當聽疆場吏自爲之何用拾帖括語徒亂人意一不從輒怫然怒哉廷弼遂歸應泰既受事即刑白馬祀神誓以身委遼疏言臣願與遼相終始更願文武諸臣無懷二心與臣相終始有託故謝事者罪無赦帝優詔褒答應泰歷官精明強毅用兵非所長規畫頗疎廷弼用法嚴部伍整肅應泰以寬矯之多所更易會蒙古諸部大饑入塞乞食應泰言我不急救則彼必歸敵是益之兵也乃下令招降處之遼瀋二城優其月廩巡按御史張銓副使何廷魁總兵官童仲揆等力爭不聽銓歎曰禍始此矣

辛酉御經筵　壬戌孫如游以本官兼東閣大學士預機務　丁
卯噦鸞宮火帝諭內閣言李選侍暨皇八妹無恙　十一月丙子追
諡皇妣孝元貞皇后生母孝和皇太后　賈繼春之請安李選侍也
給事中周朝瑞力駮之繼春復上書有伶仃之皇八妹入井誰憐孀
寡之未亡人雉經莫訴朝瑞再與辨楊漣恐繼春說遂滋乃上疏述
移宮始末且言選侍自裁皇八妹入井蜚語何自起臣安敢無言帝
優詔褒漣志安社稷繼春等益忌詆漣結王安圖封拜漣不勝憤冬
十二月抗章乞去出城候命帝乃褒其忠直而許之歸　初方從哲
擬賚李可灼銀幣及王安舜疏上改擬罰俸一年鄭宗周劾崔文昇
罪請下法司從哲擬司禮議處於是御史郭如楚等太常寺卿曹洸
光祿寺少卿高攀龍主事呂維祺先後上疏言可灼罪不容誅從哲
庇之國法安在惠世揚言從哲獨相七年妨賢病國罪一驕蹇無禮
失誤哭臨罪二挺擊青宮庇護奸黨罪三恣行胸臆破壞絲綸罪四

縱子殺人蔑視憲典罪五阻抑言官蔽壅耳目罪六陷城失律寬議撫臣罪七馬上催戰覆沒全師罪八徇私罔上鼎鉉貽羞罪九代營榷稅蠹國殃民罪十鄭貴妃求封后舉朝力爭從哲依違兩可當誅者一受劉遜李進忠美珠欲封李選侍爲貴妃又聽其久據乾清當誅者二崔文昇李可灼用洩藥劫藥傷損先帝而擬寬其罪當誅者三疏入責世揚輕詆從哲累求去皆慰留已而張潑及御史袁化中南京御史王允成給事中程註復劾之從哲六疏求去辛酉聽致仕

詹事公鼐言近聞南北臣僚論先帝升遐一事跡涉怪異語多隱藏恐因委巷之訛傳流爲湘山之稗說臣竊痛焉皇祖在昔原無立愛之心祇因大典遲回於是繳還冊立之後有三王並封之事憂危竑議之後有國本攸關之事迨龐劉之邪謀張差之挺擊而逆亂極矣臣嘗備員宮僚目睹狂謀孔熾以歸向東宮者爲小人不向東宮者爲君子盡除朝士之清流陰翦元良之羽翼至今追想猶爲寒心

夫臣子愛君存其真不存其僞今實錄纂修在即請將先帝事蹟別爲一錄凡一月間明綸善政固大書特書其有見聞異詞及宮闈委曲之妙用亦皆直筆指陳勒成信史臣雖不肖竊敢任之疏入不許

朱童蒙勘遼事還備言遼士民垂泣而道謂數十萬生靈皆熊廷弼一人所留而論廷弼受知最深不當遽爾乞歸存遼雖有微勞負君無逃大義帝以廷弼力保危城仍令起用

明紀卷第四十九

明紀卷第五十

賜進士出身工部候補主事虞衡司行走陳鶴纂

卹贈知府銜給雲騎尉世職內閣候補中書孫男克家參訂

熹宗紀一 起天啓元年辛酉訖天啓三年癸亥凡三年

熹宗達天闡道敦孝篤友章文襄武靖穆莊勤哲皇帝天啓元年春正月庚辰享太廟　禮部奏凡點水加各字者皆改爲雒木旁加交者俱改爲較各王府及文武職官有犯廟諱御名者悉改從之　壬辰追謚伍文定忠襄李中莊介郭正域文毅周天佐沈鍊忠愍周怡恭節楊允繩忠恪楊繼宗貞肅楊源忠懷莊昺文節鄒智忠介姜洪王之誥劉一儒莊介張元禎文裕羅泰端惠黄鞏忠裕楊慎文憲毛伯温襄毅汪宗伊恭惠張文錦忠愍魏良弼張翀忠簡黄鳳翔文簡馮琦文敏沈節甫端清王遴恭肅温純恭毅魏時亮劉東星莊靖李棠恭懿王宗沐襄裕孫丕揚恭介龐尚鵬惠敏郭惟賢恭定劉臺毅

思趙用賢文毅魏允貞介肅余懋學恭穆張養蒙毅敏馮應京恭節
戚訥文定馬理忠憲張元汴文恭孟秋清憲陶望齡文簡凡八十四
人　魏進忠客氏寵日隆帝命給客氏土田二十頃爲護墳香火貲
進忠待陵工告竣並行敘錄御史王心一言陛下眷念二人加給土
田明示優錄恐東征將士聞而解體況梓宮未殯先念保姆之香火
陵工未成強入奄寺之勳勞於理爲不順於情爲失宜不報　二月
甲辰言官請復當朝口奏及召對之典從之　己未御經筵自後日
講不輟從劉一燝韓爌請也左庶子孫承宗充日講官帝聽其講輒
曰心開承宗由是受眷　袁化中疏陳時事可憂者八曰宮禁漸弛
言路漸輕法紀漸替賄賂漸章邊疆漸壞職掌漸失宦官漸盛人心
漸離　閏月乙酉以風霾諭羣臣修省　言官詆孫如游不由廷推
交章論列如游言祖宗任用閣臣多由特簡即皇考之用朱國祚亦
然特陛下沖齡臣才品又非諸臣比有累至尊知人之明因十四疏

乞去丁亥許致仕　丙申除齊泰黃子澄戚屬戍籍　戊戌昭和殿
災　袁應泰之納降也歸者日衆與民雜居潛行淫掠瀋陽總兵官
賀世賢所納尤多議者皆言降人陰爲敵用或敵雜間諜其中禍且
叵測廣寧總兵官李光榮以狀聞薛國用亦奏三可慮兵部尚書崔
景榮請拒勿納而置已納者於他所然世賢所納卒不可散時四方
宿將鱗集率縮朒不敢戰世賢數角鬭有功同列忌之謗其納降多
有異志應泰方自詡得計會三岔兒之戰降人爲前鋒死者二十餘
人應泰因以釋羣議帝賜應泰尚方劍應泰戮貪將何光先汰光榮
等十餘人遂謀城清河撫順奏陳方略用兵十八萬總兵官尤世功
陳策童仲揆等十人將之分爲三路未發三月甲寅我
大清以重兵薄瀋陽世賢世功環城樹柵設守備甚具
大清先以數十騎來偵世功兵躡之殺四人世賢勇而輕嗜酒乙卯
飲盡醉帥親丁千出城逆擊期盡敵而返

大清兵陽敗世賢乘銳進倏精騎四合世賢戰且卻抵西門身被十
四矢降人遂斷城外吊橋城中大亂或勸世賢走遼陽世賢曰吾爲
大將城破不能保何面目見袁公揮鐵鞭馳突圍中擊殺數人中矢
墮馬死世功引兵援世賢亦戰死自在知州段展自殺仲揆策自遼
陽馳救次渾河游擊周敦吉曰事急矣速驅之尚可及也已聞瀋陽
陷衆皆憤曰我輩不能救瀋陽在此三年何爲敦吉固請與石砫都
司秦邦屏先渡營橋北仲揆策及副將戚金參將張名世統浙兵三
千營橋南邦屏結陳未就
大清兵來攻卻復前者三諸軍遂敗敦吉邦屏參將吳文傑守備雷
安民等皆死他將走入浙兵營被圍數重副將朱萬良姜弼不救及
圍急始前一戰卽敗走
大清兵盡銳攻浙營營中用火器多殺傷火藥盡短兵接遂大潰策
先戰死仲揆將奔金止之乃還兵鬭力盡矢竭揮刀殺十七人

大清兵萬矢齊發仲揆金名世及總兵官楊宗業都司袁見龍鄧起龍宗業之子某酉陽土司冉見龍等並死自遼左用兵未有如此之以少敵衆力盡乃覆者萬艮奔遼陽應泰將斬之乞贖罪自効應泰乃撤奉集威寧諸軍并力守遼陽引水注濠列火器環四面張銓馳疏請令國用帥河西兵駐海州薊遼總督文球帥山海兵駐廣寧以杜聲援庚申

大清兵臨城應泰督弼萬艮及總兵官侯世祿李秉誠梁仲善出城五里迎戰軍敗多死是夕應泰宿營中不入城辛酉

大清兵掘城西閘以洩濠水分兵塞城東水口擊敗諸將兵遂渡何廷魁請乘半濟急擊應泰不從

大清兵大呼而進鏖戰良久騎來者益衆諸將俱敗望城奔殺溺死者無算應泰乃入城與銓等分陴固守諸監司高出牛維曜胡嘉棟邢愼言及督餉郎中傅國並踰城遁人心離沮壬戌攻城急應泰督

諸軍列栅大戰又敗薄暮譙樓火
大清兵從小西門入城中大亂民家多啓扉張炬以待婦女亦盛飾
迎門或言降人導之也應泰居城樓知事不濟太息謂銓曰公無守
城責宜急去保河西以圖再舉銓不從應泰佩劍印自縊死婦弟姚
居秀僕唐世明從死銓被執不屈引領以待刃乃送歸署銓衣冠向
闕拜又遙拜父母乃自縊廷魁懷印帥其妾高氏金氏投井死婢僕
從死者六人都司徐國全僉事崔儒秀自經死丞平同知陳輔堯以
督饟至或勸之去曰孰非封疆臣望闕拜拔刀自剄仲善萬良俱戰
死立功都司張神武帥親丁二百四十餘將赴遼至廣寧國用固留
之不可曰奉命守遼陽非守廣寧也曰遼陽沒矣若何之曰將以殲
敵曰二百人能殲敵乎曰不能則死之至遼河遇逃卒十餘萬神武
以忠義激其帥欲與還戰帥不從乃獨帥所部渡河抵首山去遼陽
十七里而軍將士不食已一日遇

大清兵疾呼奮擊孤軍無援盡沒於陣邦屏石砫宣撫司秦良玉之兄也　丙寅諭兵部國家文武並用頃承平日久視武弁不啻奴隸致令豪傑解體今邊疆多故大風猛士深軫朕懷其令有司於山林草澤閒愼選將材　丁卯京師戒嚴　夏四月壬申朔日有食之　甲戌禁抄發軍機　初瀋陽破廷臣多請復用熊廷弼劉一燝言廷弼守遼一載殘疆晏然不知何故翦除及下廷議又皆不敢異同嗣後軍國大事陛下當毅然主持敕諸臣洗心滌慮悉破雷同附和共憂國奉公帝優旨褒答給事中郭鞏力詆廷弼喪師誤國請并罪一燝御史江秉謙爭之且言廷弼勘覈已明議者獨以一人私情沒天下公論寧壞朝廷封疆不忘胸中畛域章下廷議會遼陽復失河南軍民盡奔自塔山至閭陽二百餘里煙火斷絕一燝曰使廷弼在遼當不至此御史方震孺一日十三疏請增巡撫通海運調邊兵易司馬日五鼓撾公卿門籌畫痛哭請加廣寧參議王化貞秩便宜從事

令與薛國用同守河西御史房可壯連疏請用李三才有詔廷臣集議通政司參議吳殿邦力言不可御史劉廷宣言國家旣惜其才則用之耳然廣寧已有化貞不若用之山海帝是之令再議公鼐及刑部侍郎鄒元標僉都御史王德完並言宜用已德完追衆議變其說及署議元標亦不敢主事遂寢丙子進國用兵部侍郎經略遼東化貞右僉都御史巡撫廣寧尋又設天津巡撫專飭海防以畢自嚴爲之而起廷弼於家貶鞏及馮三元張修德魏應嘉三秩除姚宗文名廷宣救之亦被斥左光斗言廷弼才優而量不宏昔以守遼則有餘今以復遼則不足不聽時遠近震驚謂河西必不能保廣寧止孱卒千化貞招集散亡復得萬餘人激厲士民聯絡西部人心稍定中朝謂其才足倚悉以河西事付之會國用病不任事化貞乃部署諸將議沿三岔河設六營營置參將一人守備二人畫地分守西平鎭武柳河盤山諸要害各置戍設防國用尋卒　戊寅募兵於通州天津

宣府大同甲午募兵於陝西河南山西浙江　戊戌册皇后張氏

御史劉蘭畢佐周請遣客氏出外劉一燝亦言之帝命俟皇考大葬

後　鄒元標言今日國事皆二十年諸臣醞釀所成往者不以進賢

讓能爲事日錮賢逐能而言事者又不降心平氣專務分門立戸臣

謂今日急務惟朝廷和衷而已朝臣和天地之和自應向之論人論

事者各懷偏見偏生迷迷生執執而爲我不復知有人禍且移於國

今與諸臣約論一人當惟公惟平毋輕搖筆端論一事當懲前慮後

毋輕試耳食以天下萬世之心衡天下萬世之人與事則議論公而

國家自饗安靜和平之福因薦涂宗濬李邦華等十八人居二日復

陳拔茅闡幽理財振武數事及保泰四規且請召用葉茂才趙南星

高攀龍劉宗周丁元薦而䘏錄羅大紘雒于仁等十五人帝皆優詔

褒納初元標立朝以方嚴見憚晚節務爲和易或議其遜初仕時元

標笑曰大臣與言官異風裁踔絶言官事也大臣非大利害卽當護

持國體可如少年悻動耶　先是賈繼春出按江西抵家見帝諸諭馳疏自明上書之故中有威福大權莫聽中涓旁落語嚴旨責令陳狀御史高宏圖張慎言連章爲求寬帝益怒下廷臣雜議周嘉謨等言繼春誤聽風聞慎言等又連疏瀆奏然意本無他乞宥其罪未報御史王大年張捷周宗建劉廷宣給事中王志道倪思輝等交章論救給事御史復合詞爲請劉一燝韓爌又於講筵救之帝疑諸臣爲黨一燝以天子新卽位輒疑臣下朋黨異時奸人乘閒士大夫必受其禍復具疏開帝意爲繼春解而反覆言朋黨無實帝仍停慎言宏圖大年俸宥志道等既而繼春回奏詞甚哀且隱雉經入井二語帝復降旨詰令再陳嘉謨等復力救不許繼春益窘惶恐引罪言得之風聞乃除名永錮　萬曆之末以兵事亟兵部增設二侍郎以祁伯裕王在晉任之而召張鶴鳴爲左侍郎鶴鳴等並臥家園不赴及遼陽破兵事益亟右侍郎張經世督援師出關部中遂無侍郎言官請

趣鶴鳴等章數十上帝乃剋期令兵部馬上督催鶴鳴等始履任
廢湖廣施秉縣　兵部尚書王象乾請鑄當十當百當千三等大錢
從之尋有言其弊者乃收大錢分局改鑄　五月丁未貴州紅苗平
甲寅禁訛言　辛酉陝西都指揮陳愚直以固原兵入援潰於臨
洮未幾寧夏援遼兵潰於三河　王化貞言登萊天津兵可不設諸
鎮入衞兵可止已又言金復諸衞軍民及山東礦徒多結砦自固以
待官軍其逃入朝鮮者亦不下二萬請鼓舞諸人優以爵祿俾自奮
於功名詔諭朝鮮褒以忠義勉之同仇從之　遼瀋既沒劉國縉入
南四衞以招撫軍民爲名投牒督饟侍郎令發舟南濟議者欲推爲
東路巡撫光祿寺少卿劉元珍言國縉乃李成梁義兒成梁棄封疆
國縉爲營免遂基禍本楊鎬李如柏喪師國縉甫爲贊畫即奏保二
人欲坐杜松以違制創議用遼人冒官帑二十萬金募土兵三萬曾
不得一卒之用被劾解官乃忽擁數萬衆欲問道登萊竄處內地萬

一敵中間牒闖入其間何以備之疏下兵部巡撫議始寢　時三岔
河以西四百里人煙絶文武將吏無一騎東者方震孺乃自請犒師
帝壯之發帑金二十萬六月震孺出關延見將士弔死扶傷軍民大
悅　熊廷弼入朝建三方布置策廣寧用馬步列壘河上以形勢格
之綴敵全力天津登萊各置舟師乘虛入南衛動搖其人心敵必內
顧而遼陽可復乃設登萊巡撫以陶朗先爲之進廷弼兵部尚書兼
右副都御史駐山海關經略遼東軍務節制三方一事權廷弼因請
尙方劍請調兵二十餘萬以兵馬芻糧器械之屬責成戶兵工三部
自高出胡嘉棟傅國無罪請復官任事議用遼人劉國縉爲登萊招
練副使夔州同知佟卜年爲登萊監軍僉事故臨洮推官洪敷教爲
職方主事軍前贊畫用收拾遼人心並報允廷弼又以王化貞防河
之議爲非疏言河窄難恃堡小難容今日但宜固守廣寧若駐兵河
上兵分則力弱敵輕騎潛渡直攻一營力必不支一營潰則諸營俱

潰西平諸戍亦不能守河上止宜置游徼兵更番出入示敵不測不宜屯聚一處爲敵所乘自河抵廣寧止宜多置烽堠西平諸處止宜稍置戍兵爲傳鋒哨探之用而大兵悉聚廣寧相度城外形勢掎角立營深壘高柵以俟蓋遼陽去廣寧三百六十里非敵騎一日能到有聲息我必預知斷不宜分兵防河先爲自弱之計也方震孺亦言河廣不七十步一葦可航不足恃一斬木爲排如履平地不足恃二從代子河渡守卒不滿二萬不能半渡而過之不足恃三沿河百六十里築城不能列柵無用不足恃四黃泥窪張又站沖淺之處可修守今地非我有不足恃五轉眼冰合遂成平地閒次置防猶須五十萬人不足恃六又言以退爲守則守不足以進爲守則守有餘專倚三岔作家萬一時事偶非榆關一綫遂足鎖薊門哉疏入帝命震孺巡按遼東監紀軍事而寢化貞議不用　辛巳王象乾總督薊遼軍務　公鼐以紀元甫及半載言官獲譴者至十餘人上疏切諫并規

諷輔臣忤旨譙責　先是帝命王安掌司禮監安以故事辭客氏等忌安持正急請帝許之而用王體乾客氏淫而狠魏進忠猜忍陰毒帝深信任此兩人體乾及李永貞石元雅等爲之羽翼劉朝田詔等遂進重賂於進忠而令其下李文盛等上疏鳴冤進忠即傳旨貸死劉一燝言詔等議誅久無可雪疏直下部前無此制帝不得已下其疏於閣一燝復言此疏外不由通政司内不由會極門倒不當擬旨謹封還原疏刑科給事中毛士龍亦抄參者三旨幾中寢黄克纘乃陳詔等冤狀請付之熱審進忠不從傳旨立釋士龍憤劾克纘阿旨骫法不可爲大臣且數朝詔等罪甚悉由是進忠及諸奄銜士龍及一燝刺骨客氏勸進忠殺安進忠猶豫未忍客氏曰爾我孰若西李而欲遺患耶進忠遂決嗾給事中霍維華論安降充南海子淨軍而以朝提督南海子使撲殺安　秋七月熊廷弼赴山海關帝特賜麒麟服一彩幣四宴之郊外命文武大臣陪餞異數也又以京營選鋒

五千護其行王化貞以防河議不用愠甚盡委軍事於廷弼廷弼乃
請申諭化貞不得藉口節制坐失事機時四方援遼之師化貞悉改
爲平遼遼人多不悅廷弼言遼人未叛乞改爲平東或征東以慰其
心由是化貞與廷弼有隙　廢雲南石舊縣入祿勸州蒗蕖州入北
勝府　八月熊廷弼言三方建置須聯絡朝鮮請亟發敕使往勞彼
國君臣俾盡發八道之師連營江上助我聲勢又發詔書慨卹遼人
之避難彼國者招集團練別爲一軍與朝鮮軍合勢而我使臣即權
駐義州控制聯絡俾與登萊聲息相通於事有濟更宜發銀六萬兩
分犒朝鮮及遼人而臣給與空名劄付百道俾承制拜除其東山礦
徒能結聚千人者即署都司五百人者署守備一二萬勁兵可立致
也因薦監軍副使梁之垣生長海濱習朝鮮事可充使帝立從之賜
之垣一品服以寵其行之垣乃列上重事權定職掌八事報可　都
司毛文龍襲取

大清鎮江城殺守將王化貞奏捷舉朝大喜丙子擢文龍副總兵命登萊天津發水師二萬應之化貞督廣寧兵四萬進據河上合蒙古軍乘機進取熊廷弼居中節制廷弼言三方兵力未集文龍發之太早致敵恨遼人屠戮四衛軍民殆盡灰東山之心寒朝鮮之膽奪河西之氣亂三方並進之謀誤屬國聯絡之算目爲奇功乃奇禍耳貽書中朝力詆化貞登萊總兵官沈有容亦歎曰帥一旅之師當方張之敵吾知其不克濟也無何鎮江果失各鎮兵竟不果進　戊子杭州大火詔停織造　癸巳停刑　九月壬寅葬貞皇帝於慶陵廟曰光宗　奢崇明外恭內陰鷙久蓄異志子寅尤驍桀好亂會給事中明時舉御史李達奉詔徵川兵援遼崇明請以馬步兵二萬往遂遣其壻樊龍部黨張彤等領兵至重慶久駐不發四川巡撫徐可求方駐重慶趣之行又汰其老弱龍等遂以增行糧爲名乙卯反殺可求及參政孫好古副使路日升李繼周總兵官黃守魁等知府章文炳

巴縣知縣段高選抗節死高選父汝元母劉氏妾徐氏及一子一女皆自殺僕冒死求主屍亦被害時舉達負傷遁賊遂據重慶播州遺孽及諸亡命奸人蠭起應之賊黨符國禎襲陷遵義賊分兵陷合江納溪瀘州丁卯陷興文知縣張振德一家十二人死之已又陷長寧主簿徐大禮一家四人死之崇明僭號大梁王設丞相五府等官統所部及徼外雜蠻數萬分道趨成都　先是詔延綏總兵官杜文煥援遼文煥憚行遣兵出河套擣巢以致寇諸部大恨深入固原慶陽圍延安揚言必縛文煥掠十餘日始去命解職俟勘文煥桐之子也

光宗山陵畢客氏遣出宮帝思念流涕至日旰不御食遂宣諭復入冬十月戊辰朔御史周宗建言天子成言有同兒戲法宮禁地僅類民家聖明舉動有乖內外防閑盡廢此輩一叨隆恩便思踰分狎溺無紀漸成驕恣釁孽日萌後患難杜王聖宋娥陸令萱之覆轍可爲殷鑒給事中侯震暘亦力諍俱被詰責給事中倪思輝朱欽相繼

言之貶三秩調外劉一燝周嘉謨論救不納王心一言之尤切貶官如思輝等御史馬鳴起復諫且言客氏有六不可留帝議加重譴一燝等力救乃奪俸一年儀制主事劉宗周言魏進忠導皇上馳射戲劇奉聖夫人出入自由一舉逐諫臣三人罰一人皆出中旨勢將指鹿爲馬生殺予奪制國家大命今東西方用兵奈何以天下委閹豎乎疏入亦停俸半年　先是毛士龍劾順天府丞邵輔忠奸貪南京御史李希孔王允成亦劾之輔忠大懼劉朝等因誘以超擢令攻士龍輔忠遂訐士龍官杭州時盜庫納妓魏進忠從中下其疏周嘉謨等言兩人所訐風聞應俱寬貸進忠不得已乃落輔忠職閑住而士龍竟削籍　四川左布政使朱燮元將入覲聞奢崇明反蜀王至澍要之治軍時成都兵止二千饟又絀燮元檄徵石砫羅綱龍安松茂諸道兵入援斂二百里內粟入城崇明陷新都內江盡據木椑龍泉諸隘口指揮周邦太降冉世洪雷安世瞿英戰死燮元偕巡按御史

薛敷政右布政使周著按察使林宰等分陴守賊障革裹竹牌鉤梯附城壘土山上架蓬蓽伏弩射城中燮元用火器擊敗之又遣人決都江堰水注濠賊治橋得少息搜城中通賊者二百人斬之以絕內應賊四面立望樓高與城齊燮元命死士突出擊斬三賊帥燔其樓

朝廷聞重慶變擢燮元僉都御史巡撫四川以楊愈懋爲總兵官

秦邦屏之死也秦良玉自統精卒三千赴遼所過秋毫無犯詔加二品服卽予封誥子馬祥麟授指揮使良玉陳邦屏死狀請優䘏因言臣自征播以來所建之功不滿讒妬口帝優詔報之兵部言渾河血戰首功數千實石砫酉陽二土司功邦屏冉見龍旣沒良玉卽遣使入都製冬衣一千五百分給殘卒而躬督兵抵榆關冉躍龍亦捐金二千運軍器至關振困招魂上急公家難下復私門仇忠義可嘉乃贈邦屏都督僉事與陳策等合祀愍忠祠進其弟守備民屏爲都司僉書再徵其兵二千良玉與民屏馳還抵家甫一日而樊龍反重慶

齎金帛結援𡨴玉斬其使忠州判官胡平表亦詰𡨴玉乞師號泣不
食飲者五晝夜𡨴玉卽發兵帥民屏及邦屏子翼明拱明泝流西上
度渝城奄至重慶南坪關扼賊歸路伏兵襲兩河焚其舟分兵守忠
州馳檄夔州令急防瞿塘上下賊出戰卽敗歸𡨴玉上其狀擢民屏
參將翼明拱明守備　壬辰葉向高還朝復爲首輔言臣事皇祖八
年章奏必發臣擬卽上意所欲行亦遣中使傳諭事有不可臣力爭
皇祖必曲聽不欲中出一旨陛下虛懷恭己信任輔臣然間有宣傳
滋疑議宜慎重綸音凡事令臣等擬上帝優旨報聞旋納向高請發
帑金二百萬爲東西用兵之需　王化貞駭而愎素不習兵輕視大
敵將吏進諫悉不入與熊廷弼牴牾妄意降敵者李永芳爲內應信
西部言虎墩兎助兵四十萬欲以不戰取全勝一切士馬甲仗糗糧
營壘俱置不問務爲大言罔中朝兵部尚書張鶴鳴篤信之所請無
不允以致廷弼不得行其志廣寧有兵十四萬而山海無一卒延綏

入衞兵不堪用廷弼請罪其帥杜文煥鶴鳴議寬之廷弼請用佟卜年鶴鳴上駁議廷弼奏遣梁之垣鶴鳴故稽其餉江秉謙以爲言鶴鳴怒詆爲朋黨廷弼嘗言臣既任經略四方援軍宜聽臣調遣乃鶴鳴徑自發戍不令臣知七月中臣咨部問調軍之數經今兩月置不答臣有經略名無其實遼左事惟樞臣與撫臣共爲之已又言撫臣恃西部欲以不戰爲戰計西部與我進不同進彼入北道我入南道相拒二百餘里敵分兵來應亦須我自撐拒臣未敢輕視敵人謂可不戰勝也臣初議三方布置必使兵馬器械舟車芻茭無一不備而後剋期齊舉進足戰退亦足守今臨事中亂雖樞臣主謀於中撫臣決策於外卜一舉成功而臣猶有萬一不必然之慮也帝於經筵忽問卜年係叛族何擢僉事劉國縉數經論列何起用胡嘉棟立功贖罪何在天津廷弼知左右譖之抗疏辨語頗憤激會河冰合廣寧人謂

大清兵必西渡紛然思竄化貞乃與方震孺計分兵守鎭武西平閭陽鎭寧諸城堡而以大軍守廣寧鶴鳴亦以廣寧可慮請敕廷弼出關廷弼言樞臣第知經略一出足鎭人心不知徒手之經略一出其動搖人心更甚且臣駐廣寧撫臣駐何地鶴鳴責經撫協心同力而樞臣與經略獨不當協心同力乎爲今日計惟樞臣俯同於臣臣始得爲陛下任東方事也疏上鶴鳴益恨廷弼遂出關至右屯使總兵官劉渠以二萬人守鎭武祁秉忠以萬人守閭陽副總兵羅一貴以三千人守西平令曰敵來越鎭一步者文武將吏誅無赦敵至廣寧而鎭武閭陽不夾攻掠右屯饟道而三路不救援者亦如之部署甫定化貞以諜者言遽發兵襲海州旋引退廷弼言撫臣之進及今而五矣八九月間屢進屢止猶未有疏請也十月二十五日則拜疏輒行臣疾趨出關而撫臣歸矣西平之會相與協心議守掎角設營而進兵之書又以晦日至十一月二日撫臣赴鎭武臣即以次日赴杜

家屯比至中途而軍馬又遣還矣初五日撫臣又欲以輕兵襲牛莊奪馬圈守之爲明年進兵門戶馬圈無一敵兵而牛莊我不能守縱使得之敵何損我何益會將吏力持不可撫臣亦快快回矣兵屢進屢退敵已窺盡伎倆而臣之虛名亦以輕出而損願陛下明諭撫臣愼重舉止毋爲敵人所笑化貞見疏益不悅馳奏辨且曰願請兵六萬一舉蕩平臣不敢貪天功但厚賚從征將士遼民賜復十年海內得免加派臣願足矣卽有不稱亦必殺傷相當敵不復振保不爲河西憂因請便宜行事時中外皆知經撫不和必誤疆事震孺再疏言山海無外衞宜亟駐兵中前以爲眼目不省　十二月丁丑巡撫河南都御史張我續爲兵部侍郎提督川貴軍務陝西巡撫移駐漢中鄖陽巡撫移駐夷陵湖廣官軍由巫峽趨忠涪討賊　庚辰援遼浙兵譁於玉田　辛巳日上有一物覆壓忽大風揚沙天晝赤都人駴愕所司不以聞給事中周朝瑞請帝修省而嚴敕內外臣工毋鬬爭

誤國更詰責所司不奏報之罪從之　方從哲之去也帝數稱劉一燝爲首輔一燝不敢當虛位俟葉向高及向高至入讒言謂一燝尼己頗不悅一燝先爲郎中余大成御史安伸給事中韋蕃霍維華所劾帝不問會吏部以年例出維華於外魏進忠怒嗾給事中孫杰劾周嘉謨受一燝屬爲王安報讎且以用袁應泰佟卜年等爲嘉謨罪侯震暘及御史陳九疇復劾一燝一燝嘉謨俱求去進忠矯旨許之繆昌期急詣向高言二人顧命重臣不可輕逐內傳不可奉向高怫然曰上所傳何敢不奉昌期曰公三朝老臣始至之日以去就力爭必可得若一傳而放兩大臣異日天子手滑不復可止矣向高默然昌期因備言一燝質直無他賜刑部員外郎顧大章亦言之向高意解力稱一燝有翼衞功不可去帝乃慰留一燝而嘉謨竟去嘉謨當神光之際正色立朝力持大議中外倚以爲重其秉銓任文選郎范景文王洽盡起林下諸賢天啓之初衆正盈朝嘉謨力也　張鶴鳴

既主王化貞排熊廷弼職方郎中耿如杞主事鹿善繼等多附會之會葉向高復當國化貞座主也頗右之廷臣惟太僕寺少卿何喬遠言宜專守廣寧不宜輕舉御史夏之令言蒙古不可信款賞無益給事中趙時用言李永芳必不可信與廷弼合餘俱右化貞請令毋受廷弼節制或又請授化貞尚方劍得便宜操縱廷弼憤上言臣以東西南北所欲殺之人適遘事機難處之會諸臣能爲封疆容則容之不能爲門戶容則去之何必內借閣部外借撫道以相困又言經撫不和恃有言官言官交攻恃有樞部樞部佐鬬恃有閣臣臣今無望矣辛卯帝以兩臣爭言遣兵部堂官及給事中各一人往宣諭抗違不遵者治罪命既下廷臣言不便乃命集議江秉謙言陛下再起廷弼委以重寄曰疆場事不從中制乃數月以來廷弼不得措手足呼號日聞辨駁踵至執爲詞者曰經撫不和化貞主戰廷弼主守耳夫廷弼非專言守謂守定而後可戰也化貞銳意戰卽戰勝亦須事守

況萬一戰不勝乎此中利害夫人知之乃一則無言不從一則無策不棄豈真不明於戰守之說但從化貞廷弼起見耳陛下既命廷弼節制三方則三方之進戰退守當一一聽其指揮乃化貞欲進則使廷弼從之進欲退則使廷弼從之退化貞倏進倏退則使廷弼進不知所以戰退不知所以守是化貞有節制廷弼之權廷弼未嘗有節制三方之權也故今日非經撫不和乃好惡經撫者不和非戰守之議論不合乃左右經撫者之議論不合請專責廷弼實圖戰守若兩可含糊勢必兩可掣肘安能責成功哉其末數語蓋以譏向高也

四川援兵漸集登萊副使楊述程以募兵至湖廣合安綿副使劉芬謙及秦良玉軍敗賊牛頭鎮復新都他路援兵亦連勝賊然賊亦愈增日發冢擲枯骸忽自林中大譟數千人擁物如舟高丈許長五十丈樓數重牛革蔽左右置板如平地一人披髮仗劍上載羽旗中數百人挾機弩毒矢旁翼兩雲樓曳以牛俯瞰城中城中人皆哭朱燮

元日此呂公車也用巨木爲機關轉索發礮飛千鈞石擊之又以大
礮擊牛牛返走敗去
二年春正月丁未杜文煥楊愈懋討永寧賊從張我續請也　刑部
員外郎徐大化希張鶴鳴指劾熊廷弼大言罩世嫉能妬功不去必
壞遼事諸疏幷下兵部鶴鳴乃集廷臣大議周朝瑞惠世揚議以鶴
鳴代廷弼其他多言經撫宜並任鶴鳴獨言王化貞一去毛文龍必
不用命遼人爲兵者必潰西部必解體宜賜化貞尚方劍專委以廣
寧而撤廷弼他用議上帝不從責吏兵二部再奏會
大清兵逼西平遂罷議仍兼任二臣責以功罪一體乙卯西平參將
黑雲鶴出擊
大清兵羅一貴止之不從丙辰雲鶴戰敗奔還城爲追兵所殲一貴
憑城固拒用礮擊傷者無算
大清樹旗招降且遣使來說一貴不從丁巳

大清騎益衆環城力攻一貴目中流矢不能戰火藥矢石盡乃北面
再拜曰臣力竭矣舉刀自刭都司陳尚仁王崇信亦死之化貞聞西
平圍急盡發廣寧兵以中軍游擊孫得功祖大壽爲前鋒令會祁秉
忠赴援廷弼亦遣使督劉渠進戰遇
大清兵於平陽橋得功懷異志分兵爲左右翼推渠秉忠前渠等力
戰頗有殺傷得功及副將鮑承先先奔兵遂大潰渠戰死秉忠被二
刀三矢家衆扶上馬奪圍出創重卒於途副將劉徵擊殺十餘人乃
死大壽走覺華島得功遂降廷弼次閭陽參議邢愼言勸急救廣寧
爲僉事韓初命所沮遂還右屯
大清兵頓沙嶺不進得功素爲化貞所信任欲生縛之以爲功乃還
廣寧訛言敵已薄城城中大亂奔走參政高邦佐禁之不能止化貞
方闔署理軍書參將江朝棟排闥入大呼曰事急矣請公速走化貞
莫知所爲朝棟掖之上馬二僕人徒步從遂棄廣寧踉蹌走邦佐已

請歸養母衆勸之走邦佐叱曰吾一日未去則一日封疆臣也將安之夜作書訣母走右屯謁廷弼曰城中雖亂敵尙未知亟提兵入城斬一二人人心自定公卽不行請授邦佐兵廷弼不聽邦佐乃走松山西向拜闕復拜母自經官舍僕高永從死廷弼遇化貞於大凌河化貞哭廷弼微笑曰六萬衆一舉蕩平竟何如化貞慚議守寧遠及前屯廷弼曰嘻已晚惟護難民入關可耳乃以己所將五千人授化貞爲殿盡焚積聚與初命高出胡嘉棟化貞先後入關得功迎
大清兵入廣寧化貞逃已兩日矣
大清兵追逐二百里而還事聞廷臣集議兵事鶴鳴盛氣詈廷弼自解給事中劉宏化劾之坐奪俸壬戌振山東流徙遼民癸亥鶴鳴自請行邊詔加太子太保賜蟒玉及尙方劍鶴鳴憚行遷延十七日始抵山海關至則無所籌畫惟日下令捕閒諜厚啗蒙古炒花宰賽諸部而已乙丑京師戒嚴　先是邵武知縣袁崇煥朝覲在都御史侯

恂薦其知兵請破格用之擢職方主事會廣寧師潰廷議扼山海關崇煥即單騎出閱關內外部中失袁主事訝之家人亦莫知所往已還朝具言關上形勢曰予我軍馬錢穀我一人足守此廷臣益稱其才遂超擢僉事監軍關外發帑金二十萬俾召募　時方震孺猶在前屯召水西帥張國卿謀曰敵四出搜糧而祖大壽在覺華有米豆二十餘萬兵民稱是戰艦器仗馬牛無數不宜以資敵乃航海見大壽與俱還　河套諸部復大掠延安黃花峪深入六百里殺掠居民數萬　成都有諸生陷賊中遣人言賊將羅乾象欲反正朱燮元令與乾象俱至呼飲戍樓中不脫其佩刀與同臥酣寢乾象誓死報復縋而出自是賊中舉動燮元無不知燮元遣部將詐降誘崇明至城下伏起崇明跳免會諸道援軍至燮元策賊且走投木牌數百錦江流而下令有司沈舟斷橋嚴兵待乾象自賊營縱火崇明父子遁走瀘州乾象遂以衆來歸成都圍百二日而解　安堯臣妻奢社輝奢

崇明妹也堯臣死子位幼社輝攝事與奢寅爭地相仇恨而宣慰同
知安邦彥素懷異志專兵柄陰與崇明合逆事急徵兵西南邦彥詣
貴州巡撫李橒請行橒諭止之邦彥歸益爲反謀橒累疏請增兵益
饟中朝方憂遼事置不問橒亦被劾求罷朝命王三善代爲巡撫會
崇明反重慶貴陽兵不及三千倉庫空虛橒與巡按御史史永安貸
雲南湖廣銀四萬有奇募兵四千儲粟四萬石治戰守具遣總兵官
張彥方都司許成名黃運清監軍副使朱芹提學僉事劉錫元等援
四川屢捷復遵義綏陽湄潭真安桐梓諸縣烏撒衛指揮管良相慷
慨負奇節橒召與籌兵事良相策邦彥必反尋以祖母疾乞歸泣語
橒曰烏撒孤城密邇水西且與安效良相讎水西有變禍必首及良
相願以死報國乞建長策保此一方二月癸酉或傳成都已陷邦彥
遂挾位反自稱羅甸王四十八支及他部頭目安邦俊陳其愚等蠭
起相應邦彥首襲畢節都司楊明廷固守擊斬數百人效良助邦彥

陷其城明廷敗沒賊遂分兵陷安順平壩效良亦西陷霑益邦彥統
水西軍及羅鬼苗仲數萬東渡陸廣河直趨貴陽別遣王倫等下甕
安襲偏橋以斷援兵宣慰土舍宋萬化糾苗仲九股陷龍里標永安
聞變亟議城守時藩臬守令皆入覲彥方鎮銅仁運清駐遵義城中
文武無幾人乃分兵爲五錫元及參議邵應禎都司劉嘉言故副將
劉岳分禦四門標自當北門之衝永安居譙樓團街市兵防內變學
官及諸生亦督民兵分堞守賊盡銳攻北城標迎戰敗之轉攻東門
爲錫元所卻乃日夕分番馳突以疲官兵爲三丈樓臨城用婦人雞
犬厭勝術標永安烹彘雞斗米飯投飼雞犬張虎豹皮於城樓以祓
之乃得施礮石夜縋死士燒其樓賊作竹籠萬餘土壘之高踰睥睨
永安急撤大寺鐘樓建城上賊棄籠去官軍出燒之數出城邀賊糧
賊怒盡發城外冢徧燒村砦又先後攻陷廣州普定威清普安安南
諸衛貴陽西數千里盡爲賊有　逮王化貞罷熊廷弼聽勘時廷臣

多庇化貞欲甚廷弼罪周宗建不平爲剖兩人罪案頗右廷弼周朝瑞以廷弼才可用請令戴罪守山海疏四上並抑不行江秉謙兩疏劾張鶴鳴請如世宗戮丁汝夔故事寘諸法御史何薦可亦劾鶴鳴並謫官　時有詔停經筵日講周朝瑞等言此果出聖意輔臣當引義爭如輔臣阿中涓意則其過滋大且主上沖齡志意未定獨賴朝講不輟諸臣得一覲天顏共白指鹿之奸今常朝已漸傳免儻併講筵廢之九閽既隔無謁見時司馬門之報格不入呂大防之貶不及知國家大事去矣會禮部亦以爲言乃命日講如故　戊寅免天下帶徵錢糧二年及北畿加派　初遼陽失廷臣以詹事孫承宗知兵推爲兵部添註侍郎帝不欲承宗離講筵疏再上不許以爲禮部侍郎協理詹事府及張鶴鳴出行邊帝亦急東事乃拜承宗兵部尚書兼東閣大學士預機務己丑命兼理兵部事承宗言邇年兵多不練饟多不核以將用兵而以文官招練以將臨陳而以文官指發以武

略備邊而日增文官於幕以邊任經撫而日問戰守於朝此極弊也今當重將權擇一沈雄有氣略者授之節鉞得自辟置偏裨以下勿使文吏用小見陵其上邊疆小勝小敗皆不足問要使守關無闌入而徐爲恢復計因列上撫西部卹邊民簡京軍增永平大將修薊鎮亭障開京東屯田數策已又請下熊廷弼於理與王化貞並讞以正朝士黨護逮明時舉李達以懲四川之招兵致寇者詰責方震孺梁之垣及薊州兵備邵可立以警在位之骫骳者帝皆從之　劉一燝十二疏乞去三月丁酉朔許致仕葉向高言客氏出復入一燝顧命大臣不得比保姆致使人揣摩於奧窔不可知之地其漸當防魏進忠見向高剌己恨甚　甲辰陽武侯薛濂管理募兵兵部侍郎王在晉爲尚書兼右都御史經略遼薊天津登萊軍務　丁巳敕湖廣雲南廣西官軍援貴州　吏部尚書張問達左都御史鄒元標等大計外吏去留悉協公論已元標言丁巳京察不公專禁錮異己請收錄

章家楨丁元薦史記事沈正宗等二十二人由是諸臣多獲昭雪又言明詔收召遺佚而諸老臣所處猶是三十年前應得之官宜添註三品崇秩昭陛下褒尊耆舊至意帝納其言命兩京太常太僕光祿三卿各增二員時萬曆中建言詿誤獲譴諸臣棄林下久死者已過半問達定議以廷杖繫獄遣戍者爲一等贈官廕子貶竄削籍者爲一等贈官於是吳宗堯吳寶秀華鈺王正志雒于仁何選逯中立于孔兼陳泰來錢一本等獲卹者七十五人　魏進忠勸帝選武閹練火器爲內操又日引帝爲倡優聲伎狗馬射獵沈潅嘗教習內書堂進忠及劉朝皆執弟子禮潅既入閣密結二人乃奏言遼左用兵亟臣謹於東陽義烏揚州淮安募材官勇士二百餘請以備用進忠以合於內操之說大喜詔所募士錦衣衛訓練材官授游擊以下官已王昺奉詔募兵願得帷幄重臣主其事於是惠世揚周朝瑞合給事中御史魏大中左光斗等劾潅陽託募兵陰藉通內朝等內操潅使

門客誘之曷疏疑出漼教閹人戚畹姦輔內外弄兵此肘腋之禍也漼疏辨求罷世揚等再疏盡發其賄交進忠朝及盧受客氏并侵其私人邵輔忠徐大化語過激奪疏首世揚俸時宵小屛黜殆盡大化等首附進忠欲因以傾東林而葉向高韓爌輔政鄒元標趙南星王紀高攀龍等皆居大僚光斗大中及黃尊素在言路皆力持清議進忠未克逞　夏四月甲申京師旱　壬辰大雨雹　禮部尚書孫愼行追論李可灼進紅丸劾方從哲爲弒逆詔下廷臣議議久稽魏大中疏趣之廷臣多主愼行罪從哲鄒元標持之尤力惟戎政尚書黃克纘御史王志道徐景濂給事中汪慶百右從哲公鼐持兩端從哲疏辨并及移宮事因自請削官階投四裔帝慰諭之愼行再疏爭韓爌乃特疏述進藥始末且曰舉非命之凶稱加諸考終之令主恐先帝在天之靈不無恫怨乞渙發綸音布告中外俾議法者勿以小疑成大疑編摹者勿以信史爲謗史於是張問達會戶部尚書汪應蛟

等言可灼輕易進藥非但從哲不能止在廷諸臣均有罪焉及御史
王安舜等疏論可灼而從哲先擬罰俸繼令養病則失之太輕移宮
一事九卿先公疏請言官繼之最後從哲始具揭亦失之太遲今宜
重罪可灼與崔文昇之妄投涼藥並提付法司正其刑辟從哲則應
如其自請削去官階爲法任咎庶以慰先帝服中外疏入帝謂從哲
心跡自明不當輕議止逮可灼下吏文昇已安置南京不問時王之
寀亦疏論挺擊事帝亦不問　周宗建以久旱雨雹爲陰盛陽衰之
徵歷陳四事一專譏沈㴶一請寬建言廢斥諸臣一言熊廷弼已有
定案不當因此羅織朝士陰刺張鶴鳴郭鞏一直攻魏進忠言今日
政事外廷嘖嘖咸謂奧窔之中莫可測識諭旨之下有物憑焉如魏
進忠者目不識丁而陛下假之嚬笑日與相親一切用人行政墮於
其說東西易向而不知邪正顛倒而不覺況內廷之借端與外廷之
投合互相扶同離間之漸將起於蠅營讒構之釁必生於長舌其爲

隱禍可勝言哉進忠見宗建疏銜次骨　廷臣多追述張居正鄒元標亦稱之五月戊戌詔復故官予祭葬　己亥錄方孝孺遺嗣尋予祭葬及諡　王森死其子好賢及徐鴻儒于宏志等踵其教徒黨益衆時遼東盡失四方奸民思逞好賢遂與鴻儒等約以中秋並起兵會謀洩鴻儒遂先期反自號中興福烈帝稱大成興勝元年用紅巾爲識五月戊申陷鄆城縣　成都圍既解官軍乘勢復州縣衞所四十餘惟重慶爲樊龍等所據其地三面阻江一面通陸秦良玉還軍攻二郎關秦民屏先登進攻佛圖關副使徐如珂帥兵繞出關後癸亥與良玉杜文煥合攻拔之奢崇明奢寅退據永寧同知王昌允死之崇明發卒數萬援重慶如珂迎戰檄同知越其杰躡賊後殺萬餘人監軍僉事戴君恩令守備金富廉攻斬賊將張彤樊龍亦戰死遂復重慶他將復建武長寧僞總兵張令結宋武等乘間禽僞丞相何若海帥衆以降崇明怒殺令一家夷其先墓官軍尋復瀘州　河東

之失民多逃皮島島亦曰東江在登萊大海中綿亙八十里不生草
木遠南岸近北岸海面八十里卽抵
大清界其東北海則朝鮮也毛文龍籠絡其民爲兵分布哨船聯接
登州以爲掎角計中朝是之六月戊辰加文龍總兵官島事由此起
貴陽被圍久李標史永安連疏告急詔以張彥芳爲平蠻總兵官
從王三善討賊三善始駐沅州調集兵食已次鎮遠再次平越去貴
陽百八十里方遣知府朱家民乞師四川未至不敢進疏請便宜從
事給空名部牒得隨才委任帝悉報可　徐鴻儒衆至數萬連陷嶧
縣鄒縣博士孟承光被執詬罵不屈及其母孔氏子宏略皆死之賊
進攻滕縣知縣姬士昌視事甫三日徒步驅吏卒登陴不滿三百城
遂陷士昌罵賊不屈自經死小吏魏顯照家僮李守務從死時承平
久郡縣無守備山東故不置重兵巡撫都御史趙彥任都司楊國棟
廖棟而檄所部練民兵增諸要地守卒請留京操班軍及廣東援遼

軍備征調薦故大同總兵官楊肇基可用己巳命肇基爲山東總兵
官偕游擊陳九德帥兵討賊神機營都督蕭如薰鎮徐州賊攻沛縣
知縣林汝翥堅守不下襲兗州爲滋陽知縣楊炳所卻棟等擊敗賊
復鄆城其別部犯鉅野知縣趙延慶固守不下國棟兵至敗之又敗
其犯兗州者遂偕棟等合攻鄒縣兵潰游擊張榜戰死賊遂圍曲阜
鄒城旋敗去官軍復嶧縣　熊廷弼既下吏法司諸屬二十八人共
讞多有議寬廷弼者顧大章因援議能議勞例言王化貞宜誅廷弼
宜論戍僉都御史鍾羽正上疏言向者開原鐵嶺之罪不明致失遼
陽遼陽之罪不明致失廣寧朝廷疆土堪幾番敗壞刑部尚書王紀
乃並置廷弼化貞及李維翰大辟而與鄒元標大理寺卿周應秋上
爰書微露廷弼有可矜狀自遼陽失五城及京營巡捕日以邏奸細
爲事稍有蹤跡率論死絕無左驗者尚二百餘人莫敢爲辨釋未死
者僅四之一大章一日盡讞釋之曰以一身易五十人命且甘之況

一官乎千總杜茂者齎登萊巡撫千金募兵金盡而兵未募留薊州僧舍不敢歸邏者執之謬言嘗客監軍僉事修卜年所與之謀叛挾其二僕往通李永芳張鶴鳴以聞欲藉卜年重廷弼罪朝士皆知卜年冤莫敢言及鎮撫成獄移刑部紀疑之以問諸曹郎大章曰茂既與二僕往來三千里乃拷訊垂斃終不知二僕姓名其誣服何疑卜年雖非間諜然實修養真族子流三千里可也紀議從之邏者又獲奸細劉一巘魏進忠疑爲劉一燝昆弟大章力辨其非進忠欲立誅一巘與卜年因以株連一燝紀執不可會紀劾罷徐大化中言大化誠爲朝廷擊奸則大臣中有交結權璫誅鋤正士如宋蔡京者何不登彈文而乃日與正人尋水火沈漼見之大恨大化亦疑紀疏出大章手令所親御史楊維垣訐大章妄倡八議鬻大獄因詆紀言紀所劾大臣無主名請令指實紀言漼與京生不同時而事事與之相類賄交婦寺竊弄威權中旨頻傳而上不悟朝柄陰握而下不知迷國

罔上如出一轍進忠乃與客氏爲漼泣愬帝前紀疏遂得嚴旨漼劾
紀護廷弼緩卜年等獄爲二大罪帝再責紀陳狀秋七月斥爲民紀
偕其妻騎二驢以歸葉向高言紀漼交攻均失大臣體今以讞獄斥
紀如公論何何宗彥史繼偕亦皆論救朱國祚至以去就爭漼不自
安求去皆不聽紀既斥侍郎楊東明署部事欲置卜年大辟大章力
爭卒擬流忤旨詰責竟論卜年辟瘐死獄中　奢崇明既敗遁歸永
寧杜文煥頓不進前松潘副使李忠臣家居永寧募死士密約總兵
官楊愈懋令以大兵薄城己爲內應甲辰事洩闔門遇害賊即用其
家僮紿愈懋襲殺之幷殺順慶推官郭象儀等進攻大壩游擊龔萬
祿力戰三日手刃數十人與子崇學並死賊遂再陷遵義殺推官馮
鳳雛　癸丑沈漼致仕　乙卯神宗神主祔太廟　張彥方黃運清
救貴陽敗賊於新添賊誘入龍里二將皆敗賊縱之入城曰使耗汝
糧張我續王三善擁兵不進詔旨督責之會彥方等出戰頻得利賊

退保宅溪乃遣裨將商士傑等帥九千人分控威清新添二衞且乞援兵賊謂城必拔沿山列營柵隔內外閒旬日一來攻輒敗去庚申副總兵徐時逢參將萬仲仁赴援遇賊甕城河仲仁戰不利時逢擁兵不救遂大潰諸將馬一龍白自彊等殲焉援遂絕　癸亥于宏志據武邑白家屯將取景州應徐鴻儒大津僉事來斯行方赴援山東還軍討之宏志突圍走爲諸生葉廷珍所獲伏誅趙彥視師兗州甫出城遇賊數萬彥縋入城楊肇基急迎戰楊國棟廖棟夾擊大敗之橫河賊精銳聚鄒滕中道彥欲攻鄒滕副使徐從治曰攻鄒滕難下不如擣其中堅兩城可圖也彥乃與肇基令游兵綴賊鄒城而以大軍擊賊精銳於黃陰紀王城大敗賊殲而殪之嶧山遂攻鄒築長圍以困之　張鶴鳴屢被劾抵言熊廷弼僨事由劉一燝周嘉謨黨庇不命出關所致因詆言者爲一燝鷹犬羣奸朋謀會鶴鳴與前尙書黃嘉善崔景榮俱以邊功晉宮保御史蔣允儀言鶴鳴旣以斬級微

功邀三次之賞卽當以失地大罪伏不赦之辜且前後經撫俱論辟
鶴鳴等罪卽稍殺亦何得論功御史周宗文復列鶴鳴八罪帝皆不
問及是鶴鳴竟謝病去　王在晉旣爲經略與總督王象乾深相倚
結象乾在薊門久習知西部種類情性西部亦愛戴之然實無他才
惟啖以財物相羈縻冀得以老解任而已在晉謀用西部襲廣寧象
乾甚之曰得廣寧不能守也獲罪滋大不如重關設險衞山海以衞
京師在晉乃請於山海關外八里鋪築重關用四萬人守之其僚佐
袁崇煥沈棨孫元化等力爭不能得奏記於葉向高向高曰是未可
臆度也孫承宗請身往決之抵關詰在晉曰新城成卽移舊城四萬
人以守乎在晉曰否當更設兵曰如此則八里內守兵八萬矣一片
石西北不當設兵乎且築關在八里內新城背卽舊城趾舊城之品
坑地雷爲敵人設抑爲新兵設乎新城可守安用舊城如不可守則
四萬新兵倒戈舊城下將開關延入乎抑閉關以委敵乎曰關道有

三關可入也曰若此則敵至而兵逃如故也安用重關曰將建三寨
於山以待潰卒曰兵未潰而築寨以待之是教之潰也且潰兵可入
敵亦可尾之入今不爲恢復計而重關而守畿東其有寧宇乎在晉
無以難承宗乃議守關外崇煥主寧遠衞閻鳴泰主覺華島時寧遠
以西五城七十二堡悉爲哈喇慎諸部所據聲言助守邊前哨游擊
左輔名駐中前實不出八里鋪承宗知諸部不足信而寧遠覺華可
守計已決欲自在晉發之推心告語凡七晝夜在晉持不可承宗乃
還朝言重關不宜築請築寧遠要害與覺華相掎角敵窺城令島上
卒旁出三岔斷浮橋繞其後而橫擊之卽無事亦且收二百里疆土
已於經筵面奏在晉不足任自請督師乃改在晉南京兵部尚書八
月庚辰給承宗關防敕書以原官督山海關及薊遼天津登萊軍務
便宜行事以鳴泰爲遼東巡撫承宗乃辟職方主事鹿善繼王則古
爲贊畫請帑金八十萬以行帝特御門行遣賜尙方劍坐蟒閣臣送

之崇文門外既至關令總兵江應詔定軍制崇煥建營舍廢將李秉誠練火器善繼則古治軍儲沈棨杜應芳繕甲仗司務孫元化築礮臺中書舍人宋獻羽林經歷程崙主市馬僉事萬有孚主采木令祖大壽佐金冠於覺華副將陳諫助趙率教於前屯游擊魯之甲拯難民副將李承先練騎卒參將楊應乾募遼人爲軍大閱關上兵汰逃將數百人遣還河南真定疲兵萬餘以新募軍出戍前屯寧遠咨朝鮮使助聲援犒毛文龍於東江令復四衞橵沈有容進據廣鹿島大壽嘗有罪承宗欲殺之愛其才密令崇煥救解大壽以故德崇煥有孚世德子也　九月甲午朔光宗神主祔太廟初議升祔太常寺卿洪文衡請祧睿宗曰此世宗一時崇奉之情不合古禮當時臣子過於將順因仍至今宜及時更定少卿李宗延亦以爲言禮部侍郎鄭以偉不可乃祧憲宗　壬寅御史馮英請設州縣兵按畝供饟從之　乙卯封皇弟由檢爲信王　停刑　太僕寺少卿滿朝薦言比者

風霾曀晦星月晝見太白經天四月雹六月冰山東地震畿内涇潦天地之變極矣四川則奢崇明叛貴州則安邦彥叛山東則徐鴻儒亂民人之變極矣而朝廷政令乃顛倒日甚一乞骸耳周嘉謨劉一燝顧命之元老以中讒去孫慎行守禮之宗伯以封典去王紀執法如山之司寇以平反去皆漠不顧惜獨惓惓於三十疏劾之沈漼即去而猶加異數焉祖宗朝有是顛倒乎一建言耳倪思輝朱欽相等之削籍已重箝口之嗟周朝瑞惠世揚等之拂衣又中一網之計祖宗朝有是顛倒乎一邊筴耳西部索百萬之貲邊臣猶慮其未飽健兒乞錙銖之饟度支尚謂其過奢祖宗朝有是顛倒乎一棄城耳多年議確之犯或以庇厚而緩求旬日矜疑之輩反以妬深而苛督祖宗朝有是顛倒乎一緝奸耳正罪自有常律平反原無溢條遼陽之禍起於袁應泰之大納降人降人盡占居民婦女故遼民發憤招敵攻城廣寧之變起於王化貞之誤信西部取饟金以啖插而不給卒

伍以故人心離散及敵兵過河又不聞西部策應遂至手足無措抱頭鼠竄皆事發倉卒未聞有何人獻送之說也深求奸細不過為化貞卸罪地耳王紀不欲殺人媚人反致削籍祖宗朝有是顛倒乎若夫閣臣之職在主持清議今章疏有妬才壞政者非惟不斥也輕則兩可重則竟行其言矣有殛奸報國者非惟不納也輕則見讓重則遞加黜罰矣尤可恨者沈漼賄盧受得進及受敗又交通跋扈之奄以樹威振瑾僨裂之禍皆漼作俑而放流不加他若戚畹豈不當檢何至以閹寺之讒斃其三僕三宮分有常尊何至以傾國之昵僭逼母儀此皆顛倒之甚者也顧成於陛下者什之一二成於當事大臣者什之八九臣誠不忍見神州陸沈祈陛下終覽臣疏與閣部大臣更絃易轍悉軌祖宗舊章臣即從龍逄比干於地下猶生之年疏入魏進忠激帝怒降旨切責褫職為民葉向高申救甚力帝不納　左都御史鄒元標自還朝以來不為危言激論與物無猜宵小以其東

林也猶忌之朱童蒙及同官郭允厚郭興治慮明年京察不利己潛謀驅逐會元標與副都御史馮從吾建首善書院集同志講學童蒙首請禁之元標疏辨求去帝已慰留而允厚復疏劾語尤妄誕魏進忠方竊柄傳旨謂宋室之亡由於講學將加嚴譴葉向高力辨且乞同去乃得溫旨從吾言宋之不競以禁講學故非以講學故也我二祖表章六經天子經筵皇太子出閣皆講學也臣子以此望君而己則不爲可乎先臣王守仁當兵事倥傯不廢講學卒成大功此臣等所以不卹毁譽而爲此也興治允厚復交章力攻元標興治至比之山東妖賊從吾言臣壯歲登朝卽與楊起元孟化鯉陶望齡輩立講學會京師講學昔已有之何至今日遂爲詬厲與元標皆連疏求去冬十月並罷　翰林院修撰文震孟上勤政講學疏言今四方多故無歲不蹙地陷城覆軍殺將乃大小臣工臥薪嘗膽之日而因循粉飾將使祖宗天下日銷月削非陛下大破常格鼓舞豪傑心天下事

未知所終也陛下昧爽臨朝寒暑靡輟政非不勤然鴻臚引奏跪拜起立如傀儡登場已耳請按祖宗制唱六部六科則部科以次白事糾彈敷奏陛下與輔弼大臣面裁決焉則聖智日明而百執事各有奮心若僅揭帖一紙長跪一諾北面一揖安取此鴛行豸繡橫金腰玉者爲經筵日講臨御有期學非不講然侍臣進讀鋪敘文辭如蒙師誦說已耳祖宗之朝君臣相對如家人父子咨訪軍國重事閭閻隱微情形畢照奸詐無所藏左右近習亦無緣蒙蔽若僅尊嚴如神上下拱手經傳典謨徒循故事安取此正笏垂紳展書簪筆者爲目陛下既與羣臣不洽朝夕侍御不越中涓之輩豈知帝王宏遠規模於是危如山海而閣臣一出莫輓偷安之習慘如黔圍而撫臣坐視不聞嚴譴之施近日舉動尤可異者鄒元標去位馮從吾杜門首揆冢宰相率求退空人國以營私窟幾似濁流之投詈道學以逐名賢有甚僞學之禁唐末宋季可爲前鑒疏入魏進忠屏不卽奏乘帝觀

劇摘疏中傀儡登場語謂比帝於偶人不殺無以示天下帝頷之一日講筵畢進忠傳旨廷杖震孟八十葉向高在告韓爌及諸講官力爭會庶吉士鄭鄤疏論章奏留中之弊內批俱貶秩調外給事御史交章論救不納震孟不赴調而歸　安邦彥反雲南諸土目並起李賢陷平夷祿千鍾犯嵩明張世臣攻武定邦彥女弟設科掠曲靖轉寇陸涼巡撫沈儆炌起故參將袁善令帥守備金爲貴土官沙源等馳救嵩明辛未大破賊賊轉寇尋甸復大敗去儆炌乃請復善故官與諸將分討賊數有功　徐鴻儒抗守三月食盡賊黨盡出降辛巳官軍復鄒縣鴻儒單騎走被禽撫其衆四萬七千餘人趙彥獻鴻儒於朝磔之臨刑歎曰我與王好賢父子經營二十餘年徒黨不下二百萬更遲數日孰敢攖其鋒者好賢亦捕得伏誅山東賊平　重慶既復擢杜文煥總理盡統川貴湖廣軍文煥度不能制賊謝病去壬午總兵官魯欽代爲總理援貴州　十一月癸丑錄朱燮元守城功

加兵部侍郎總督四川及湖廣荆岳鄖襄陜西漢中五府軍務兼巡撫四川以楊述中總督貴州軍務兼制雲南及湖廣辰常衡永十一府代張我續共辦奢安二賊兩督府分閫治軍川貴不相應賊益得自恣　蔣允儀請杜傳宣愼爵賞免立枷除苛政斥言官宦宮妾煬蔽之奸且云向者丁巳之察凡抗論國本繫籍正人者莫不巧加羅織陰邪熾而陽氣傷致有今日之禍今計期已迫願當事者早伐邪謀亟培善類疏入魏進忠劉朝等皆不悅以丁巳主察之人不指名直奏責令置對允儀言丁巳主察者鄭繼之李誌也考功科道則趙士諤徐紹吉韓浚也當日八法之處分臺省之例轉大僚之拾遺黑白顚倒私意横行凡抗論建藩催請之國保護先帝有功國本者靡不痛加摧抑必欲敗其名錮其身盡其倫類而後快於是方從哲獨居政府亓詩教趙興邦等分布要津凡疆圉重臣皆賄賂請託而得如李維翰楊鎬熊廷弼李如柏如楨何一不出其保舉迨封疆破壞

圄圄充塞而此輩晏然無恙臣所以痛心遼事追恨前此當軸之人也奏上中旨將重譴以葉向高言停俸半年　貴州官廩竭米升直二十金食糠覈草木敗革皆盡食死人肉後乃生食人至親屬相噉張彥方黃運清部卒公屠人市肆斤易銀一兩李橒盡焚書籍冠服戒家人急則自盡皆授以刀繯王三善屢被嚴旨將進兵賊聞益日夜攻擊長梯蟻附已登陴天將曙忽自退翼日復梯而登守城卒皆委頓荷戈強起賊纔殺一人倐驚退墮梯死者無算十二月癸亥朔三善知貴陽益困集衆計曰失城死法進援死敵等死耳盍死敵乎乃分兵爲三副使阿天麟等從清水江進爲右部僉事楊世賞等從都勻進爲左部自將二萬人與參議向日升副總兵劉超參將楊明楷劉志敏孫元謨王建中等由中路當賊鋒乙丑舟次新安抵龍頭營超前鋒遇賊衆欲退斬二人乃定賊酋阿成驍勇超帥部卒張良俊直前斬其頭賊衆披靡三善等大軍亦至遂奪龍里城諸將議駐

師觀變三善不可策馬先安邦彥疑三善有衆數十萬乃潛遁餘賊退屯龍洞官軍遂奪七里冲進兵畢節鋪元謨明楷連敗賊賊渠安邦俊中礮死生獲邦彥弟阿倫己巳明楷以烏羅兵乘勝抵貴陽城下先以五騎傳呼曰新撫至矣舉城懽呼更生標及史永安請三善入城三善曰賊兵不遠我不可即安營於南門外明日破賊宅溪賊走渡陸廣河居數日左右二部兵及湖廣廣西四川援兵先後至標乃辭兵事解官去張我續無寸功乾沒軍資六十萬言官交劾解職候勘城中戶十萬圍困三百日僅存者千餘人孤城卒定　先是光祿寺少卿高攀龍疏劾鄭養性詔令養性還籍養性逗遛不去其家奴訐其通塞外王天瑞劾養性不軌署刑部事侍郎白瑜以鄭氏得罪先朝而交通事實誣乃會都御史趙南星大理寺卿陳于廷等讞

上其獄請抵奴誣告罪勒養性居遠方制可　廷推閣臣以前禮部尚書孫慎行爲首吏部侍郎盛以宏次之時魏進忠益用事謀結外

廷禮部尚書顧秉謙南京禮部侍郎魏廣微率先詔附進忠乃抑慎
行以宏皆不用
三年春正月己酉禮部侍郎朱國禎朱延禧及秉謙廣微並禮部尚
書東閣大學士預機務命下朝論大駭葉向高連疏請用慎行以宏
不聽廣微允貞子也初趙南星與允貞友善及是歎曰見泉無子廣
微聞恨刺骨　乙卯紅夷據澎湖　江應詔被劾孫承宗請用總兵
官馬世龍代之且爲請尚方劍帝皆報可承宗乃築壇拜大將行授
鉞禮軍馬錢穀悉屬世龍而調總兵官尤世祿王世欽爲南北帥俾
世龍居中駐衞城世欽南海世祿北山並受世龍節制又令副將趙
率教孫諫領前後部兵各萬五千人率教駐前屯招流亡至五六萬
擇其壯者爲兵餘給牛種大興屯田　王三善以二萬人破賊十萬
有輕敵心欲因糧於敵舉劉超爲總兵官令渡陸廣趨大方擣安位
巢以楊世賞監之張彥方渡鴨池擣安邦彥巢以阿天麟監之漢土

兵各三萬別將都司線補袞出黃沙渡剋期並進超等至陸廣連戰皆捷彥方部將秦民屏亦破賊五大寨諸將益輕敵邦彥先合奢崇明安效良兵誘官軍深入超渡陸廣賊薄之獨山土官蒙詔先遁官軍大敗爭渡河超走免楊明楷被執諸將姚旺等三十六人殲焉賊遂攻破鴨池軍部將覃宏化先逃諸營盡潰彥方退保威清惟補袞軍獨全諸苗見王師失利復蠭起土酋何中尉進據龍里而邦彥使李阿二圍青巖斷定番饟道令宋萬化吳楚漢爲左右翼自將趨貴陽遠近大震三善急遣游擊祁繼祖等取龍里王建中劉志敏救青巖繼祖燔上中下三牌及賊百五十砦建中亦燔四十八莊龍里定番路皆通三善又夜遣建中繼祖擣楚漢八姑蕩燔莊砦二百餘薄而攻之賊溺死無算萬化不知楚漢敗詐降三善陽許而令諸將捲甲趨之萬化倉皇出戰被禽邦彥爲奪氣羣苗復效順三善給黃幟令樹營中邦彥望見不敢出增兵守鴨池陸廣諸要害　先是郭鞏

復爲給事中深結魏進忠知進忠最惡周宗建乃疏詆廷弼及朝臣之薦廷弼者南京御史涂世業和之詆宗建誤廷弼且誤封疆宗建憤疏駁世業語侵鞏抉其結納進忠事鞏亦上疏數千言詆宗建益力并及劉一燝鄒元標周嘉謨楊漣周朝瑞毛士龍方震孺江秉謙熊德陽輩數十人悉指爲廷弼逆黨宗建益憤抗疏力駁其謬且曰李維翰楊鎬袁應泰王化貞皆壞封疆之人也亓詩教趙興邦及薦維翰鎬化貞者皆誤封疆之人也鞏胡不一擊之而獨詆薦廷弼者爲逆黨哉時進忠勢益盛宗建慮內外合謀其禍將大二月抗疏直攻進忠略言臣於去歲指名劾奏進忠無一日忘臣乘鞏入都嗾以傾臣并傾諸異己者鞏乃創爲新幽大幽之說把持察典編廷臣數十人姓名爲一冊思一網中之又爲匿名書羅織五十餘人投之道左欲以快報復之私釋進忠之恨幸直道在人鞏說不行始別借廷弼以爲穽陷先朝汪直劉瑾雖皆梟獍以言路清明臣僚隔絕故非

久卽敗今權璫報復反借言官以伸言官聲勢反借權璫以重數月
以來熊德陽江秉謙侯震暘王紀滿朝薦升矣鄒元標馮從吾罷矣
文震孟鄭鄤逐矣近且扼孫愼行盛以宏而絕其揆路摘瓜抱蔓正
人重足舉朝各愛一死無敢明犯其鋒者臣若尙顧微軀不爲入告
將內有進忠爲之指揮旁有客氏爲之羽翼外有劉朝輩典兵示威
而又有鞏輩蟻附蠅集內外交通驅除善類天下事尙忍言哉疏入
進忠帥朝等環泣帝前乞自髡以激帝怒乃令宗建陳交通實狀將
加重譴宗建回奏益侃直進忠議廷杖之閣臣力爭會給事中劉宏
化御史方大任等交章助宗建攻進忠鞏鞏復力詆諸人詔下諸疏
平議廷臣爲兩解之乃嚴旨切責奪鞏宗建俸三月　乙酉贈卹鄒
縣死難博士孟承光及其母孔氏子宏略等　停南京進鮮　三月
癸卯朝鮮國人廢其王琿立琿姪綾陽君倧以昭敬王妃之命權國
事議政府移文督撫轉奏毛文龍爲之揭報登萊巡撫袁可立言琿

果不道宜聽太妃具奏以待中國更立不報　趙彥請振山東被兵州縣蠲鄒滕賦三年鄆城嶧滋陽曲阜一年鉅野半之皆報許　大計京官趙南星以故給事中亓詩教趙興邦官應震吳亮嗣先朝結黨亂政議黜之吏科給事中魏應嘉力持不可南星著四凶論卒與考功郎程正己置四人不謹他所澄汰一如爲考功時　帝好察邊時令東廠遣人詣關門具事狀奏報名曰較事魏進忠遂遣其黨劉朝胡良輔紀用等四十五人齎內庫神礮甲仗弓矢之屬數萬至關門爲軍中用又以白金十萬蟒麒麟獅子虎豹諸幣頒賚將士而賜孫承宗蟒服白金慰勞之實覘軍也承宗方出關巡寧遠中路聞之立疏言中使觀兵自古有戒帝溫旨報之而不能用已朝復謀行邊周宗建極陳三不可九害會朝與進忠有隙其事乃寢　刑部左侍郎白瑜卒　夏四月庚申朔京師地震　己巳朱國祚致仕　朱燮元謀直取永寧集將佐曰我久不得志於賊我以分賊以合也乃盡

掣諸軍會長寧連破麻塘坎觀音庵青山崖天蓬洞諸砦與秦良玉
兵會進攻永寧擊敗奢寅於土地坎追至老君營凉繖鋪盡焚其營
寅被二創遁樊虎亦中槍死復追敗之於橫山入青崗坪抵城下五
月辛丑拔之禽叛將周邦太降賊二萬副總兵秦衍祚等亦攻克遵
義奢崇明及寅並逃入紅崖大囤官軍蹙而拔之連拔天台白崖楠
木諸囤撫定紅潦四十八砦賊奔入舊藺州城　閻鳴泰之爲巡撫
也孫承宗薦之後知其無實軍事多不與議鳴泰怏怏求去承宗亦
引疾言官共留承宗詆鳴泰巡關御史潘雲翼復論劾之帝乃罷鳴
泰擢遵化參政張鳳翼代承宗方銳意修復關外八城而版築未興
鳳翼疑其欲還朝以遼事委己懼甚疏請專守關門葉向高韓爌抑
之弗果上　御史宋師襄言自劉朝營脫死與沈漼謀以內操爲固
寵計宮府內外知有朝不知有天子天牖聖聰一旦發露屏之南京
然朝雖去而三千虎旅安歸世未有蓄怨藏怒之人潛布左右而不

為患者今惟有散之而已又陳足財之策請減上供汰冗官覈營造
省賚賞皆格不行　故事奄人冬衣隔歲一給六月羣奄千餘人請
預給譁擁入工部署碎公座毆掾史肆罵而去尚書鍾羽正疏聞因
求罷詔司禮太監杖謫羣奄而諭羽正出視事羽正求去益堅因言
今帑藏殫虛九邊壯士日夜荷戈寢甲弗獲一飽慶陵工卒負重乘
高暴炎火赤日中求傭錢不得而獨內官請乞朝至夕從此輩聞之
其誰不含憤臣奉職不稱義當罷黜復三疏自引歸　秋七月辛卯
南京大內災　徐如珂奉檄擣藺州土城安邦彥遣兵十萬來援前
軍少卻捍子軍覃懋勳輓白竹弩連中之賊大潰轉戰數十里斬首
萬餘級參將羅乾象進克藺州壬辰奢崇明奢寅帥餘衆走水西龍
場客仲壩邦彥復遣二軍窺遵義永寧官軍敗走之總兵官李維新
等遂攻破客仲巢崇明竄深箐維新偕副使李仙品僉事劉可訓參
將林兆鼎等擣龍場生禽崇明妻安氏弟崇輝寅及符國禎被創走

時四川兵十六萬土漢各半漢兵不任戰而土兵驕淫利養寇寇窘迫輒縱之遠竄朱燮元以四川已無賊遂不窮追永寧旣拔拓地千里劃膏腴歸永寧衞以其餘地爲四十八屯給諸降賊有功者令歲輸賦於官曰屯將隸於敘州府增設同知一人領之移敘州兵備道於衞城與貴州參將同駐蜀中遂靖　丁酉安南寇廣西巡撫都御史何士晉禦卻之　己亥史繼偕致仕　詔客氏子侯國興及王體乾宋晉魏進忠等十二人有舊勞所廕錦衣官皆予世襲兵部尙書董漢儒據祖制力爭給事中御史程註汪泗論等合疏諫給事中朱大典周之綱御史胡良機宋師襄各特疏繼之皆不納進忠益無忌增置內操萬人衷甲出入恣爲威虐矯旨賜光宗選侍趙氏死選侍以光宗賜物列案上西向禮佛痛哭自經裕妃張氏以有娠封性直烈進忠及客氏恚其不附己幽於別宮絕飲食天雨妃匍匐飲簷溜而死慧妃范氏失寵成妃李氏爲乞憐客氏進忠知之怒亦幽成妃

於別宮妃預藏食物簷瓦間閉半月不死斥爲宮人皇后有娠客氏進忠盡逐宮人異己者以私人承奉墮其胎帝由此乏嗣他所害宮嬪馮貴人等太監王國臣劉克敬馬鑑等甚衆禁掖事祕莫詳也進忠尋改名忠賢　魯欽等勦禽何中尉張彥方追賊鴨池賊乘間陷普安楊述中駐沅州畏賊不進朝命屢趣始移鎮遠議與王三善左三善連疏求退不許　八月朝鮮故王妃金氏疏請封倧禮部尚書林堯俞言朝鮮廢立之事內外諸臣抒忠發憤有謂宜聲罪致討者有謂勿受方貢覈顛末者或謂當責以大義察輿情之向背或謂當令倧討敵自洗衆論咸有可采其謂琿實悖德倧討叛臣以赤心奉朝廷者惟毛文龍一人皇上奉天討逆扶植綱常此正法也毋亦念彼素稱恭順迥異諸裔則更遣貞臣信士會同文龍公集臣民再四詢訪勘辨既明再請聖斷報可　廷推南京吏部尚書以余懋衡副李三才推吏部侍郎以曹于汴副馮從吾帝皆用副者葉向高等力

言不可弗聽楙衡于汴自以資後三才從吾力辭新命引疾歸　浙
江巡按御史張素養薦部內人材及姚宗文邵輔忠劉廷元等趙南
星劾其謬素養坐奪俸先是巡按有提薦之例南星已奏止之而陜
西高宏圖山西徐揚先宣大李思啓河東劉大受復踵行如故南星
並劾奏之巡方者始知畏法　張鳳翼出關閱前屯寧遠諸城上疏
極頌孫承宗經理功且曰八城畚牐非一年可就之工六載瘡痍非
一時可起之疾今日議勦不能言戰不得計惟固守當以山海爲根
基寧遠爲門戶廣寧爲哨探承宗以其異議不悅乃復出關巡視寧
遠集將吏議所守衆多如鳳翼指獨馬世龍請守中後所袁崇煥鹿
善繼及副將茅元儀力請守寧遠承宗然之議乃定令祖大壽興工
九月承宗集諸將議守者世龍薦孫諫李承先承宗皆不許崇煥元
儀曰滿桂可但爲公中軍不敢請耳承宗曰旣可安問中軍呼桂語
之慨然請行世龍猶疑其不可承宗不聽卽日置酒親爲之餞令偕

崇煥往大壽之築城也度中朝不能遠守疏薄不中程崇煥乃定規制高三丈二尺雉高六尺址廣三丈上二丈四尺大壽與參將高見賀謙分督之柱事事與崇煥協心寧遠遂屹然成重鎮　癸巳給事中陳良訓疏陳防微四事譏切奄宦魏忠賢摘其疏中國運將終語下錦衣衛獄窮治主使葉向高以去就爭乃奪俸而止　御史李應昇請復早午晚三朝時御便殿咨訪時政報聞已又言自登萊增巡撫而侵冒百餘萬增招練監軍而侵冒又十餘萬邊關內地將領如蟻剝軍侵饟又不知幾十萬增置總督何補塞垣增置京堂何裨政本樞貳添註矣孰慷慨以行邊司空添註矣孰拮据以儲備大將添註矣衹工媒孽而縱逋逃禮兵司屬添註二三十人矣誰儲邊才而精典禮濫開邊俸捷徑燃灰則吏治日壞白衣攘臂邪人入幕則奸弁充斥請斷自聖心一切報罷又言今事下部曹十九寢閣宜重申國典明正將領之罪錦衣旗尉半歸權要宜遣官巡視如京營之制

衞官襲職比試不嚴宜申明舊章無使倖進將校蠶食逃軍不招私募乞兒半分其饟宜力爲創懲窮民敲扑號哭滿庭奸吏侵漁福堂安坐宜嚴其法制時不能用　河決徐州青田大龍口徐邳靈睢河並淤呂梁城南隅陷沙高平地丈許雙溝決口亦滿上下百五十里悉成平陸　冬十月乙亥京師地震　丁丑停刑　趙南星爲吏部尙書時苞苴恣行言路橫尤甚每文選郎出輒邀之半道爲人求官不得即加以惡聲或逐之去南星銳意澄清獨行己志政府及中貴亦不得有所干請諸人憚其剛嚴不敢犯魏廣微既入閣三及南星門閽人辭不見廣微咈然曰他人可拒相公尊不可拒也益恨南星

閏月壬寅以皇子生詔赦天下復倪思輝朱欽相王心一馬鳴起等故官葉向高請幷召江秉謙侯震暘賈繼春滿朝薦文震孟熊德陽毛士龍等不納　王三善議會師進討安邦彥等楊述中暨諸將多持不可三善排羣議自將六萬人渡烏江次黑石連敗賊斬覃宏

化以徇賊乃柵漆山日遣游騎掠樵采者軍中乏食諸將請退師三善怒曰汝曹欲退不如斬吾首級詰賊降諸將乃不敢言三善募壯士逼漆山緋衣戟冠肩輿張蓋自督陳語將士曰戰不捷此卽吾致身處也旁一山頗峻麾左軍據其顛賊倉皇拔柵登山將士殊死戰賊大敗邦彥狼狽走三善渡渭河降者相繼師抵大方入居安位第位偕母奢社輝走火灼堡邦彥竄織金楊明楷始得還位遣使詣述中請降述中令縛奢崇明父子自贖三善責幷獻邦彥往返之間賊得用計爲備三善以賊方平議郡縣其地諸苗及土司咸惴恐益合於邦彥三善先約李維新滅賊維新以饟乏辭賊遣其心腹陳其愚詐降三善信之與籌兵事由是軍中虛實賊無不知御史徐卿伯上疏曰邦彥招四方奸宄多狡計撫臣得勝驟進視蠢苗不足平不知宅溪以西渡陸廣河皆鳥道深林叢箐彼誘我深入以木石塞路斷其郵書阻饟道遮援師則彼不勞一卒不費一矢而我兵已坐困矣

後悉如其言　十一月丁巳朔祀天於南郊　十二月戊戌京師地震　庚戌魏忠賢總督東廠　初貴陽圍解李檼等當敘功蔣允儀言安位襲職時檼索其金盆致啓釁章下貴州巡按侯恂覈未報御史張應辰上疏頌檼恂覈上亦白其誣而史永安與檼及劉錫元有隙上章詆之檼錫元亦疏辨趙南星及掌都察院尚書孫瑋等力爲三人解言永安功第一當不次大用檼已進官當召還錫元已進參政當更優敘詔可

明紀卷第五十

明紀卷第五十一

賜進士出身工部候補主事虞衡司行走陳鶴纂

卹贈知府銜給雲騎尉世職內閣候補中書孫男克家參訂

熹宗紀二起天啓四年甲子訖天啓七年丁卯凡四年

四年春正月丙辰朔長興民吳野樵殺知縣石有恆主簿徐可行尋伏誅　王三善屯大方久食盡楊述中弗爲援不得已議退師乙丑盡焚大方廬舍而東賊躡之中軍參將王建中副總兵秦民屏戰沒官軍行且戰至內莊後軍爲賊所斷三善還救士卒多奔比遇賊陳其愚故縱轡衝三善墜馬三善知有變急解印綬付家人拔刀自刎不殊羣賊擁之去駡不屈遂遇害同知梁思泰職方主事田景猷等四十餘人皆死賊拘監軍副使岳具仰以要撫具仰遣人馳蠟書於外被殺三善倜儻負氣多權略好交四方奇士俠客輒得其用救貴陽時得邸報不視曰吾方辦賊奚暇及此且朝議戰守紛紛閱之徒

亂人意其堅決如此然性卞急不能持重故及於敗　庚午何宗彥卒贈太傅謚文毅　癸未日赤無光有黑子一二盪於旁漸至百許凡四日初虎部竊出盜掠趙率教捕斬四人王象乾欲斬率教謝虎部孫承宗不可王楹戍中右護其兵出采木爲西部朗素所殺承宗怒遣馬世龍勦之象乾恐壞撫局令朗素縛逃人爲殺楹者以獻而增市賞千金承宗方疏爭會象乾以憂去承宗乃言總師總督可勿兼用請罷己不可則弗推總督弁請以遼撫移駐寧遠帝命止總督推而張鳳翼謂承宗置己死地大恨與潘雲翼萬有孚等力毀世龍以撼承宗時有傳中左所被兵者永平吏民洶洶思竄鳳翼心動亟遣妻子西歸承宗曰我不出關人心不定遂以是月東行而有孚爲薊撫岳和聲所劾益疑世龍與袁崇煥構陷共爲浮言撓出關計給事中解學龍遂極論世龍罪承宗憤抗疏陳守禦策言拒敵門庭之中與拒諸門庭外勢既辨我促敵二百里外敵促我二百里中勢又

辨蓋廣寧我遠而敵近寧遠我近而敵遠我不進逼敵敵將進而逼
我今日即不能恢遼左而寧遠覺華終不可棄請敕廷臣雜議主客
之兵可否久戍本折之饟可否久輸關外之土地人民可否捐棄屯
築戰守可否興舉再察敵人情形果否坐待可以消滅臣不敢爲百
年久計祇計及五年間究竟何如復爲世龍辨而發有孚等交構狀
有孚被斥鳳翼亦以憂去廷臣言總督不可裁乃命吳用先督薊遼
代象乾而以喻安性代鳳翼承宗惡兵部尚書趙彥多中制稱疾求
罷舉彥自代廷議不可乃止　李應昇疏陳外番內盜小人三患譏
切近習己復陳民隱言有十害宜急除五反宜急去帝爲戒飭所司
二月丁酉薊州永平山海關地震壞城郭廬舍　辛丑大風揚沙
晝晦天鼓鳴數日乃止　甲寅京師地震宮殿動搖有聲自是屢震
帝不豫御史黃尊素力陳時政十失末言陛下厭薄言官人懷忌諱
遂有剽竊皮毛莫犯中扃者今阿保重於趙嬈禁旅近於唐末蕭牆

之憂慘於敵國廷無謀幄邊無折衝當國者昧安危之機誤國者護恥敗之局不於此時進賢退不肖而疾剛方正直之士如仇讎陛下獨不爲社稷計乎疏入魏忠賢大怒謀廷杖之韓爌力救乃奪俸一年三月丁巳帝瘳　庚申杭州兵變　魏忠賢數以事恨葉向高朝士與忠賢抗者率倚向高忠賢乃時時毛舉細故責向高以困之向高數求去趙南星之長吏部也有給事爲貲郎求鹽運司郎注貲郎王府出給事於外知縣石三畏素貪黷緣將行取南星亦置之王府時進士無爲王官者南星不卹也忠賢嘗於帝前稱南星能任事一日遣其甥傅應星介一中書贄見南星麾之去嘗並坐宏政門選通政司參議正色語忠賢曰主上沖齡我輩內外臣子宜各努力爲善忠賢默然怒形於色魏廣微積憾南星乃與忠賢比而齮之南星以職方郎中鄒維璉賢調之稽勳又調之考功言路方横恣用吏部郎必咨其同鄉科道給事中傅櫆陳良訓章允以南星不先咨己大怒

共詬誶維璉又以江西有吳羽文例不當用兩人迫羽文去以窘辱維璉維璉憤拜疏求罷即日出城南星奏留之僉都御史缺熊明遇徐良彥皆欲得之而南星請用左光斗吏科都給事中亦缺當遷者首周士樸次阮大鋮次魏大中大鋮邀中旨勒士樸不遷以爲己地乃傾心附忠賢與霍維華楊維垣倪文煥造百官圖因文煥達諸忠賢南星惡其人欲例轉之大鋮懼急引疾而大中得掌吏科大鋮疑光斗發其私恨甚語所親曰我善歸也未知左氏何如耳檝等以維璉之留也滋欲去南星中書舍人汪文言者初爲縣吏智巧任術于玉立遣入京刺事輸貲爲監生用計破齊楚浙三黨納結王安爲清流効力安死褫監生下獄益游公卿間向高用爲內閣中書南星光斗大中等頗與往來大鋮遂與允儒定計夏四月檝上疏劾文言幷劾大中貌陋心險色取行違與光斗維璉交通文言招權納賄肆爲奸利疏入忠賢大喜立下文言錦衣獄光斗等上疏力辨御史袁化

中給事中甄淑等相繼爲光斗等辨向高言文言內閣辦事實臣具
題光斗等交文言事曖昧臣用文言顯然乞陛下止罪臣而稍寬其
他以消搢紳之禍因力求速罷黃尊素亦語鎮撫劉僑曰文言無足
惜不可使搢紳禍由此起僑領之獄詞無所連忠賢亦憚向高舊臣
止罪文言廷杖褫職牽及者皆獲免大中許履吏科新任已大中報
名面恩忠賢復矯旨責大中互訐未竣不得履新任故事鴻臚報名
狀無批諭旨者𢭏乃言中旨不宜旁出大中復視事然忠賢益思大
逞羣小亦益伺隙清流之禍自此起矣　王三善之敗也朝廷以撫
治鄖陽都御史蔡復一爲兵部侍郎貴州巡撫尋起前御史傅宗龍
巡按其地兼監軍兵燹之餘斗米值一金復一勞徠拊循人心始定
薦江西副使陸夢龍爲右參政監軍祁門教諭邱禾嘉爲翰林院待
詔參軍事雲南巡撫閔洪學令參政謝存仁參將袁善及土官普名
聲沙如玉等以兵千人送宗龍宗龍直渡盤江戰且行寇悉破乃謝

遣存仁善以名聲等土兵七百人入貴陽禽斬陳其愚軍民大快宗龍盡知黔中要害及土酋逆順將士勇怯復一倚信之請敕宗龍專理軍務設中軍旗鼓裨將以下聽賞罰報可宗龍乃條上方略請大發饟金又以監軍道臣節制諸將文武不和進退牽制令監軍止給芻糧覈功罪不得專進止由是諸將用命　封李倧爲朝鮮國王

五月甲寅朔福寧兵變有司撫定之　毛文龍遣將沿鴨綠江越長白山侵

大清國東偏爲守將擊敗衆盡殲　魏忠賢益横李應昇以內操諫給事中霍守典以祠額諫御史劉廷佐以濫廕諫給事中沈惟炳以立枷諫皆矯旨詰責六月癸未朔左副都御史楊漣劾忠賢二十四大罪略言忠賢本市井無賴中年淨身竄入內地初猶謬爲小忠小信以市恩繼乃敢爲大奸大惡以亂政祖制以擬旨專責閣臣而忠賢多出傳奉或徑自內批逐去顧命大臣劉一燝周嘉謨大臣孫愼

行鄒元標王紀鍾羽正羣臣滿朝薦文震孟熊德陽江秉謙徐大相毛士龍侯震暘等於枚卜則力阻首推之孫愼行盛以宏更爲他辭以錮其出於廷推則南太宰北少宰皆用陪推所陷害則上自裕妃下及內臣王安等擅殺擅逐不知凡幾甚至中宮有慶已經成男而忽焉告殞又創用立枷法戚畹家人駢首畢命意欲誣陷國戚動搖中宮其餘良鄉生員章士魁以煤窯王思敬等以牧地並致之死縱野子傅應星陳居恭傅繼教輩投匭設阱日行傾陷片語稍違駕帖立下鎮撫劉僑不肯殺人媚人則削其籍而奸細韓宗功潛入長安實主其司房之邸又與奸相沈潅創立內操藪匿奸宄安知無大盜刺客爲敵國窺伺者潛匿其中其濫恩僭擬則中書錦衣襲廕日衆奬賞祠額要挾無窮又於河間毀人居屋起建牌坊鏤鳳雕龍干雲插漢所營塋地亦僭擬陵寢其進香涿州警蹕傳呼淸塵墊道及歸改駕四馬羽幢靑蓋夾護環遮儼然乘輿一切政務必星夜馳請待

其既旋詔旨始下甚至走馬御前不自伏罪進有傲色退有怨言從
來亂臣賊子只爭一念放肆遂至不可收拾乃內廷畏禍而不敢言
外廷結舌而莫敢奏間或奸狀敗露又有奉聖夫人爲之彌縫無恥
之徒攀附枝葉依託門牆更相表裏迭爲呼應積威所劫致掖廷之
中但知有忠賢不知有陛下都城之內亦但知有忠賢不知有陛下
陛下春秋鼎盛生殺予奪豈不可以自主何爲受制么麼小醜令中
外大小惴惴莫保其命伏乞大奮雷霆集文武勳戚會刑部嚴訊以
正國法幷出奉聖夫人於外用消隱憂疏上忠賢懼甚求解於韓爌
爌不應遂趨帝前泣訴且辭東廠帝令王體乾誦漣疏體乾置疏中
切要語皆不讀客氏又從旁爲剖析帝憒然不辨也遂溫諭留忠賢
甲申下漣疏令魏廣微調旨切責於是給事中魏大中陳良訓許譽
卿陳奇瑜等御史袁化中黃尊素李應昇等郎中鄒維璉等太常寺
卿胡世賞陳伯友太僕寺卿朱欽相等祭酒蔡毅中等撫寧侯朱國

弼等兵部尚書趙彥戶部侍郎鄭三俊等南京兵部尚書陳道亨侍
郎岳元聲等七十餘人交章論忠賢不法皆不納初漣疏就欲早朝
面奏值次日免朝恐再宿機洩遂於會極門上之故忠賢得為計漣
既被責愈憤擬對仗復劾之忠賢詗知遏帝不御朝者三日及帝出
羣閹數百人衷甲夾陛立敕左班官不得奏事漣乃止漣之上疏也
繆昌期適過葉向高向高曰楊君此疏太率易其人於上前時有匡
正烏飛入宮中上乘梯手攫之其人輓衣不得上有小璫賜緋者叱
曰此非汝分雖賜不得衣也其強直如此是疏若行安得此小心謹
慎之人在上左右昌期愕然曰誰為此言以誤公可斬也向高色變
昌期徐起去及廷臣相繼抗章或勸向高下其事可決勝也至有詬
誶向高者向高慍甚朱國禎請容之向高念忠賢未易除閣臣從中
輓回猶冀無大禍具奏稱忠賢勤勞朝廷寵待甚厚盛滿難居宜解
事權聽歸私第保全終始禮部尚書翁正春亦以為請忠賢不悅矯

帝旨敘己功勤累百餘言向高駁曰此非奄人之所能必有代爲草者探之則徐大化也向高決計去謂國禎曰我去蒲州更非其敵公亦宜早歸蒲州謂爌也忠賢欲盡殺異己者而畏外廷勢盛其黨或導以興大獄體乾復昌言用廷杖威脅廷臣忠賢意遂決　丙申大雨雹　工部郎中萬燝言忠賢性狡而貪膽麤而大口銜天憲手握王爵縻子弟則一世再世賚廝養則千金萬金毒痡士庶斃百餘人威加搢紳空十數署一切生殺予奪之權盡爲所竊又其甚者於先帝陵工略不厝念臣嘗屢請廢銅靳不肯予而自營墳墓規制擬於陵寢費金錢幾百萬其罪可勝誅哉疏入忠賢大怒矯旨廷杖一百斥爲民內閣及科道論救皆不聽忠賢欲借燝立威乃命羣奄至燝邸捽而毆之比至闕下氣息纔屬杖已絕而復甦羣奄更肆蹴踏越四日卽卒黃尊素言律例非叛逆十惡無死法今以披肝瀝膽之忠臣竟殞於磨牙礪齒之凶豎此輩必欣欣相告吾儕借天子威柄可

鞭笞百僚後世有秉董狐筆繼朱子綱目者書曰某月日郎中燝以
言事廷杖死豈不上累主德哉進廷杖之說者必曰祖制不知二正
之世王振劉瑾爲之世宗神宗之朝張璁嚴嵩張居正爲之奸人欲
有所逞憚忠臣義士掣其肘必借廷杖以快其私於是乎爲所欲爲
莫有顧忌耳燝今已矣辱士殺士漸不可開乞復其故官破格優卹
俾遺孤得扶櫬還鄉燝死且不朽李應昇亦極言廷杖不可再士氣
不可折忠賢益忿羅織燝罪誣以贓賄三百燝廉吏破產乃竣燝恭
之孫也　京城民曹大妻與人奴角口服毒死內豎曹進傅國興帥
衆掠奴主家巡視御史林汝翥捕得進進懼請受杖國興詈於道汝
翥收繫亦杖之魏忠賢大怒立傳旨廷杖言官詰內閣爭其事小璫
數百擁入閣中攘臂肆罵黃尊素厲聲曰內閣經綸地即司禮非奉
詔不敢至若輩安得無禮或言汝翥葉向高甥也羣奄遂圍向高邸
大譟都御史孫瑋御史潘雲翼等交章論救不聽卒杖汝翥削籍歸

向高乞歸已二十餘疏至是請益力秋七月辛酉命加太傅遣行人護歸尋聽辭太傅有司月給米五石輿八人韓爌爲首輔　癸亥河決徐州魁山堤東北灌州城城中水深一丈三尺一自南門至雲龍山西北大安橋入石狗湖一由舊支河南流至鄧二莊歷租溝東南達小河出白洋仍與黃會徐民苦淹溺議集資遷城給事中陸文獻上徐城不可遷六議而勢不得已遂遷州治於雲龍山置河事不講振山東饑　臨漳民耕地得玉璽龍紐龜形方四寸厚三寸文曰受命於天既壽永昌以獻巡撫都御史程紹紹聞於朝略言秦璽不足徵久矣今璽出適在臣疆既不當復埋地下又不合私祕人間欲遣官恭進闕廷跡涉貢媚故先奏聞昔王孫圉不寶玉珩齊威王不寶照乘陛下尊賢愛士所寶在德尚有一代名賢如鄒元標馮從吾王紀周嘉謨盛以宏孫慎行鍾羽正余懋衡曹于汴等及詞林臺諫一錮不起者願汲致明廷亟圖登進八月詔紹進璽於朝魏忠賢欲

侈其事命由大明門進行受璽禮百僚表賀黃尊素言宋哲宗得璽蔡確等競言祥瑞改年元符宋祚卒不競本朝弘治時陝西獻玉璽止令取進給賞五金此祖宗故事也乃止　吏部尚書掌左都御史孫瑋疾篤上疏言今者天災迭見民不聊生內而城社可憂外而牖戶未固法紀淩遲人心瓦解陛下欲圖治平莫如固結人心登用善類舊輔臣劉一燝憲臣鄒元標尚書周嘉謨王紀孫慎行盛以宏鍾羽正侍郎曹于汴詞臣文震孟科臣侯震暘臺臣江秉謙寺臣滿朝薦部臣徐大相並老成蹇諤跧伏草野良可歎惜倘蒙簡擢必能昭德塞違爲陛下收拾人心尤望寡欲以保聖躬勤學以進主德優容以廣言路明斷以攬大權臣遘疾危篤報主無期敢竭微忱用當屍諫遂卒贈太子太保　毛文龍遣兵從義州城西渡江入島中屯田

大清守將覺潛師襲擊斬五百餘級島中糧悉被焚　先是寧遠城工竣關外守具畢備孫承宗圖大舉奏言前哨已置連山大凌河速

畀臣鑲二十四萬則功可立奏帝命所司給之兵工二部相與謀曰鑲足渠即妄爲不如許而不與文移往復稽緩之承宗再疏促具以情告帝爲飭諸曹而師竟不果出方震孺游士任李達明時舉之譴也承宗實劾之後皆爲求宥復稱楊鎬熊廷弼王化貞之勞請免死遣戍朝端譁然給事中顧其仁及許譽卿袁化中交章論駮帝皆置弗省會承宗敘五防效勞諸臣且引疾乞罷九月進袁崇煥滿桂趙率教等秩遣中官劉應坤等齎帑金十萬犒將士而賜承宗坐蟒膝襴金幣魏忠賢以承宗功高欲親附之令應坤等申意承宗不與交一言忠賢由是大恨崇煥偕馬世龍王世欽帥水陸馬步軍萬二千東巡廣寧謁北鎮祠歷十三山抵右屯請即復錦州右屯諸城承宗以爲時未可乃由水道汎三岔河而還　封光宗選侍李氏爲康妃

初御史崔呈秀巡按淮揚卑汚狡獪不修士行見東林勢盛將出都力薦李三才求入其黨在淮揚贓私狼籍霍邱知縣鄭延祚貪將

劾之以千金賄免延祚知其易與再行千金卽薦之其行事多類此比還朝左都御史高攀龍盡發其貪汚狀趙南星議戍之詔革職候勘呈秀大窘求解於李應昇昏夜款門長跪乞哀不得乃走魏忠賢所叩頭涕泣乞爲養子因言南星攀龍及楊漣等皆東林挾私排陷不去之我兩人未知死所忠賢方思藉外廷爲助得呈秀恨相見晚遂用爲腹心日與計畫　山東江西浙江湖廣福建考官皆以策問譏刺魏忠賢降諭切責福建檢討顧錫疇給事中董承業山東給事中熊奮渭主事李繼貞江西檢討丁乾學給事中郝土膏浙江編修陳子壯湖廣編修方逢年並貶三秩調外已並削其籍子壯父給事中熙昌亦被斥復使人詐爲校尉往逮乾學挫辱之乾學憤鬱而卒

冬十月太廟時享魏廣微偃蹇後至魏大中抗疏糾之廣微恚辨疏詆言者李應昇言廣微父允貞爲言官得罪輔臣以去聲施至今廣微奈何比言官路馬斥爲此輩夫不與此輩爲伍者必別與一輩

爲緣乞陛下戒諭廣微退讀父書保其家聲毋倚三窟與言官爲難他日庶可見乃父地下廣微益怒謀之魏忠賢將鐫應昇秩韓爌力救乃奪俸一年　山西缺巡撫河南布政使郭尚友欲得之其門生潘雲翼等爲之請魏大中以尚友數問遺朝貴執不可趙南星亦以太常寺卿謝應祥有清望首列以請得旨擢用魏忠賢方與顧秉謙魏廣微崔呈秀等日夜聚謀伺外廷隙御史陳九疇受廣微指上疏言應祥嘗知嘉善大中出其門故謀於文選員外郎夏嘉遇而用之徇私當斥大中嘉遇疏辨語侵九疇九疇因再疏力詆命並下部院議南星及高攀龍言應祥以人望推舉大中嘉遇無私九疇妄言不可聽忠賢大怒矯旨鐫大中嘉遇三級出之外幷謫九疇而責南星等朋謀結黨南星遽引罪求去忠賢復矯旨切責放歸明日攀龍亦引去給事中沈惟炳論救亦出之外許譽卿偕同官繼言之鐫秩歸韓爌言陛下一日去兩大臣臣民失望且中旨徑宣不復到閣而攀

龍一疏經臣等擬上者又復更易大駭聽聞有傷國體忠賢益不悅
傳旨切責　廷推吏部尚書楊漣注籍不與魏廣微以魏忠賢意喻
吏部欲用其私人侍郎陳于廷執不可以喬允升馮從吾汪應蛟名
上忠賢大怒矯旨責漣大不敬無人臣禮又以所推仍南星遺黨切
責于廷等于廷漣及左光斗並斥為民文選郎中張光前御史袁化
中房可壯並坐貶　故事閣中止首輔一人秉筆魏廣微欲分韓爌
權屬魏忠賢傳旨諭爌同寅協恭而責次輔毋伴食十一月己巳爌
抗疏乞休略言臣備位綸扉咎愆日積如詰戎宜先營衛而觀兵禁
掖無能抒宵旰憂忠直尚稽召還而榜掠朝堂無能回震霆怒後先
諸臣之罷斥諭旨中出之紛更不能先時深念有調劑之方又不能
臨事執持為封還之戇皆臣罪之大者陛下釋此不問責臣以協恭
責同官以協贊同官奉詔以從事臣欲補過無由矣乞亟褫臣官為
佐理溺職之戒得旨卿親承顧命當竭忠盡職乃歸非於上退有後

言今復悻悻求去可馳驛還籍諸輔臣請如故事加以體貌不報纘疏謝有左右前後務近端良重綸綍以重仕途肅紀綱以肅朝宁語忠賢及其黨益恨　都勻凱里土司者運道咽喉世安邦彥結諸蠻困其城長官楊世蔚等不能守會朝命蔡復一代楊述中總督雲南貴州湖廣軍務兼巡撫貴州賜尚方劍便宜從事復一乃召集將吏申嚴紀律遣魯欽及總兵官劉超救凱里拔賊巖頭寨遂移師克平茶斬賊衆五百餘已邦彥盡驅玀鬼結四十營於班鳩灣後寨互二十餘里分犯普定等處復一遣前參政尹伸副使楊世賞救普定欽與總兵官黃鉞分道禦賊欽帥部將張雲鵬劉志敏鄧玘等大敗賊汪家沖鉞偕陸夢龍以三千人曉行大霧中直前搏賊大敗之於蔣義寨合追至河斬首千五百餘級搜山復斬六百餘級伸亦解普定圍擣賊巢斬千二百級再會大軍通盤江路斬逆酋沙國珍及從賊五百邦彥勢窘渡河西奔欽鉞督諸將窮追夢龍等分駐三岔河岸

爲後勁雲鵬玘等深入織金織金者邦彥巢也緣道皆重關疊隘木石塞山徑將士用巨斧開之或舉藤穿寶而入賊敗遁深箐先後斬千餘級焚賊巢數十里獲牛馬甲仗無算窮搜不得邦彥乃班師復一上欽等功因言鄰境不協討致賊未滅請敕四川出兵遵義抵水西雲南出兵霑益抵烏撒掎角平賊帝悉可之命廣西雲南四川諸郡鄰貴州者聽復一節制　楊漣等之逐也孫承宗方西巡薊昌請以賀聖壽入朝面奏機宜魏廣微聞之奔告魏忠賢曰承宗擁兵數萬將清君側兵部侍郎李邦華爲內主公立齏粉矣忠賢悸甚繞御牀哭帝亦心動令顧秉謙調旨責之曰無旨離信地非祖宗法違者不宥夜啓禁門召兵部尚書入令三道飛騎止之又矯旨諭九門守奄承宗若至齊化門反接以入御史李蕃至比之王敦李懷光承宗抵通州聞命而返忠賢遣人偵之一襆被置輿中後車鹿善繼而已承宗乃杜門求罷邦華引疾去未幾或言巡撫甘肅都御史李若星

將起義兵清君側之惡若星遂得罪　十二月辛巳御史梁夢環復
劾汪文言逮下鎭撫獄　時朱國禎代韓爌爲首輔魏廣微視之蔑
如李蕃復上疏劾之國禎三疏引疾魏忠賢謂其黨曰此老亦邪人
但不作惡可令善去丙申加國禎少傳廕子中書舍人遣行人護歸
月廩輿夫皆如制顧秉謙遂爲首輔楊漣之劾忠賢也疏有門生宰
相語秉謙見之恨甚及魏大中劾廣微助祭後期二人決意傾善類
點搢紳便覽一冊以葉向高趙南星等百餘人爲邪黨而以黃克纘
王永光等六十餘人爲正人由奄人王朝用進之俾忠賢據是爲黜
陟忠賢先後矯旨召用朱童蒙郭允厚爲太僕少卿呂鵬雲孫杰爲
大理丞復霍維華郭興治給事中徐景濂賈繼春楊維垣御史免崔
呈秀戍亦復御史徐兆魁王紹徽喬應甲徐紹吉阮大鋮陳爾翌張
養素李應薦李嵩楊春懋徐大化邵輔忠姚宗文郭鞏陸卿榮等一
時並起呈秀尋督三殿工忠賢以閱工故日至外朝相與屏人密語

呈秀造天鑒同志諸錄紹徽造點將錄皆以鄒元標顧憲成葉向高趙南星劉一燝等爲魁盡羅入不附忠賢者號曰東林黨人獻於忠賢清流之禍於斯烈矣廣微以札通忠賢簽其函曰內閣家報時稱曰外魏公　癸卯南京地震如雷　致仕左都御史鄒元標卒　黎維祺發兵擊莫敬寬克之殺其長子掠其妻妾及少子以歸敬寬與次子逃入山中已而復回高平　初福建東大海中有地曰臺灣爲紅毛夷所據築室耕田久留不去紅毛夷者海外雜種紺服赤鬚髮卽所謂和蘭國也已復出據彭湖築城求市巡撫商周祚拒之不能靖會南居益代周祚爲巡撫賊方犯漳泉招日本大泥咬𠺕吧及海寇李旦等爲助居益使人招旦說擕大泥咬𠺕吧賊懼遣使求款斬之乃遣將先奪鎮海港築城其地且戰且築賊退保風櫃城居益增兵往攻數月寇不退復大發兵諸軍齊進賊窮蹙始汎舟去諸將禽賊渠帥高文律等十二人獻於朝居益乃築城彭湖設游擊統兵三

千築礮臺以守而紅毛之據臺灣者猶自若也

五年春正月癸亥

大清兵取旅順守將朱國昌戰死　戊寅以慶陵工成予魏忠賢等

廕賜　卹貴州殉難諸臣安順推官徐朝綱等　魯欽等自織金旋

師渡陸廣河賊從後襲擊諸營盡潰死者數千人

三月我

大清

太祖高皇帝自遼陽移都瀋陽是爲

盛京　甲寅釋奠於先師孔子魏忠賢欲先一日聽祭酒講又議裁

諸聽講大臣賜坐賜茶禮吏部尚書崔景榮力持不可乃止景榮由

是浸忤忠賢指　魯欽等既敗傅宗龍上言不合滇蜀則黔不能平

賊不專總督任則不能合滇蜀兵請召還朱燮元以蔡復一兼督四

川開府遵義而移蜀撫駐永寧滇撫駐霑益黔撫駐廣陸沅撫駐偏

橋四面並進發鑲二百萬金給之更設黔蜀巡撫帝以復一新敗令解官甲戌命燮元總督雲貴川湖廣西軍務討安邦彥而以尹同皋撫四川王瑊撫貴州閔夢得亦移鎮一如宗龍議　河套松山諸部犯鎮番參將官惟賢丁孟科大敗之斬首二百四十餘級　汪文言下獄千戶吳孟明頗爲之左右掌司都指揮僉事許顯純怒誣孟明藏匿亡命下本司拷訊削籍歸孟明兌之孫也初魏忠賢日謀殺楊漣至於朝臣爭三案及辛亥癸亥兩京察本無與也宵小欲藉忠賢力誅鋤正人乃相率乞爲義兒且曰東林欲害翁以故忠賢欲甘心焉徐大化又獻策曰彼但坐移宮罪則無贓可指若坐納楊鎬熊廷弼賄則封疆事重殺之有名忠賢大悅從之顯純略曉文墨性殘酷嚴鞫文言使引漣等受賄狀文言仰天大呼曰世豈有貪贓楊大洪哉備受五毒至死不承大洪漣別字也顯純乃手作文言供狀坐漣及左光斗贓二萬魏大中三千周朝瑞萬袁化中六千顧大章四萬

詞連趙南星李若星毛士龍繆昌期鄒維璉鄧渼盧化鼇錢士晉夏之令王之寀徐良彥熊明遇黃龍光李三才惠世揚施天德黃正賓等文言垂死張目大呼曰爾莫妄書異時吾當與面質顯純遂卽日斃文言丁丑爰書上忠賢卽矯旨逮漣等六人削南星等籍下撫按提問南星之去也忠賢及其黨惡之甚每矯敕諭必目爲元凶於是御史張訥劾南星十大罪幷劾維璉及程國祥夏嘉遇王允成爲南星黨得旨幷削籍令再奏南星私黨訥復列上李邦華孫鼎相等十四人並貶黜自是爲南星擯棄者無不拔擢其素所推獎者率遭奇禍諸干進速化之徒一擊南星輒遂所欲時先後削籍者周宗建黃尊素李應昇高攀龍御史張愼言編修姚希孟侍郎郭尙賓錢龍錫孫居相光祿寺卿錢春大理寺少卿易應昌太常寺少卿程註布政使張光縉員外郎孫必顯等三百餘人諸宵小爭務搏擊追奪之命無虛日註子良籌方舉進士除命永不錄敘未出仕而除名前此未有

也春一本子光縉光前兄必顯振基子也　夏四月己亥魏忠賢矯
旨責前大學士劉一燝誤用熊廷弼削官追奪誥命勒令養馬忠賢
不識字王體乾李永貞等爲之謀主遇票紅文書及改票動請御筆
體乾獨奏忠賢默然也帝性機巧好親斧鋸髹漆之事積歲不倦每
引繩削墨忠賢輩輒奏事帝厭之謬曰朕已悉矣汝輩好爲之忠賢
以是恣威福惟己意　御史田景新誣劾兩廣總督侍郎何士晉納
安邦彥十萬金阻援兵遂除士晉名徵賄助饟士晉憤鬱而卒　孫
承宗杜門久給事中郭興治請令廷臣議去留論冒饟者復踵至遂
下廷臣雜議崔景榮力言承宗不可去乃下詔勉留而以簡將汰兵
清饟三事責承宗奏報承宗遣諸將分戍錦州大小凌河松杏右屯
諸要害拓地復二百里罷王世欽尤世祿李秉誠孫諫汰軍萬七千
餘人省度支六十八萬　五月癸亥給事中楊所修請以梃擊紅丸
移宮三案編次成書從之　乙丑祀地於北郊　庚午行宗室限祿

法　六月丙戌朱延禧致仕　陸廣敗後諸苗復蠢動蔡復一方侯
代與傅宗龍謀討破烏粟螺螄長田及十五砦叛苗斬七百餘級安
效良約安邦彥犯曲靖尋甸復一遣許成名往援賊乃遁長田苗天
保阿秧受安邦彥僞都督爲諸苗魁監軍按察使來斯行誘斬阿秧
阿秧弟阿買與天保乞邦彥兵復讎復一以兵事屬貴陽同知周鴻
圖及魯欽等三道進大戰米墩山生禽天保及阿買先後斬賊魁五
十四人獲首功二千三百五十破焚百七十四寨盛夏興師將士冒
暑雨衝嵐瘴劇寇盡除　楊漣等之被逮也士民數萬人擁道攀號
聲震原野緹騎亦爲雪涕漣所歷村市悉焚香建醮祈祐生還魏大
中子諸生學洢號慟欲隨行大中曰父子俱碎無爲也乃微服間行
刺探起居過蘇州員外郎周順昌方家居聞大中至出餞與同臥起
者三日許以女字大中孫旂尉屢趣行順昌瞋目曰若不知世間有
不畏死男子耶歸語忠賢我故吏部郎周順昌也因戟手呼忠賢名

罵不絕口漣等先後至許顯純酷刑拷訊責以受賄皆不承顯純已與羣小成謀第自爲諸人誣服狀上之而已魏忠賢乃矯旨仍令顯純五日一追比不下法司崔景榮懼諸人立死杖下移書魏廣微勸其申救廣微不得已疏言漣等在今日誠爲有罪之人在前日實爲卿寺之佐縱使贓私果真亦當轉付法司據律論罪豈可逐日嚴刑令鎭撫追比身非木石重刑之下就死直須臾耳以理刑之職使之追贓官守安在勿論傷好生之仁抑且違祖宗之制將朝政日亂與古之帝王大不相侔矣疏入大忤忠賢意廣微懼急出景榮手書自明而忠賢怒已不可解乃具疏乞休不許御史倪文煥門克新劾景榮陰護東林媚奸邪而邀後福秋七月削景榮籍爲民左光斗嘗督畿輔學校鹿善繼之父正與舉人孫奇逢倡議醵金諸生爭應之得金數千謀代輸緩其獄學泮亦變姓名晝伏夜出稱貸以完父贓與光斗弟光明皆主正家　壬戌毀首善書院　壬申給事中李魯生

劾前大學士韓爌削其籍又假他事坐贓二千斃其家人於獄爌鬻田宅貸親故以償乃棲止先墓上御史周維持劾前尚書周嘉謨曲庇王安前尚書張問達力引王之寀植黨亂政並削籍御史牟志夔復誣問達贓私命捐貲十萬助軍興頃之問達卒以巡撫張維樞言免其半涇陽知縣路振飛復遲其追比然問達家遂破　甲戌御史石三畏追論萬曆辛亥丁巳癸亥三京察力詆李三才王圖孫丕揚曹于汴楊兆京王宗賢顧憲成胡忻王元翰王淑抃趙南星張問達王允成涂一榛王象春而薦喬應甲徐兆魁等於是三才等生者除名死者追奪誥命　八月壬午張訥請毀東林關中江右徽州諸書院痛詆鄒元標馮從吾余懋衡孫慎行并及侍郎鄭三俊畢懋良等從之元標等並削奪　楊漣等繫獄月餘五日爲一限輸金不中程者受全刑五毒備具呼謈聲沸然血肉潰爛宛轉求死不得許顯純叱咤自若漣左光斗魏大中周朝瑞袁化中先後爲獄卒所斃大中

屍至潰敗不可識學洢一慟幾絶扶櫬歸晨夕號泣家人以漿進輒麾去曰詔獄中誰半夜進一漿者竟死漣時年五十四素貧產入官不及千金母妻止宿譙樓二子至乞食以養徵贓令急鄉人競出資助下至賣菜傭亦爲輸助其節義感人如此光斗贓未竟撫按繫其羣從十四人長兄光霽坐累死母以哭子死都御史周應秋以所司承追不力疏趣之由是諸人家族盡破顧大章贓亦未竟羣小謂諸人潛斃無以厭人心宜付法司定罪明詔天下乃移之刑部獄由是漣等慘死狀外人始聞比對簿大章詞氣不撓刑部尚書李養正等一如鎮撫原詞以移宮事牽合封疆坐六人大辟魏忠賢大喜矯詔布告四方仍移大章鎮撫大章慨然曰吾安可再入此獄呼酒與弟諸生大韶訣趣和藥飲之不死投繯而卒　戊子禮部尚書周如磐兼東閣大學士侍郎丁紹軾黃立極爲禮部尚書少詹事馮銓爲禮部右侍郎並兼東閣大學士預機務　魏忠賢矯詔責切廷臣中言

朕方率循舊章而曰朝政日亂朕方祖述堯舜而曰大不相侔魏廣微見之益懼丐顧秉謙爲解忠賢意少釋廣微復三疏乞休己亥許之去加少傅太子太師廕子中書舍人典禮優渥猶用前好故也

邏者獲武弁蔣應暘謂與熊廷弼子出入禁獄陰謀叵測御史門克新卓邁石三畏郭興治連疏趣誅廷弼馮銓素憾廷弼與顧秉謙等侍講筵出市刊遼東傳譜於帝曰此廷弼所作希脫罪耳帝怒壬寅殺之傳首九邊應暘極言廷弼冤亦誅死已梁夢環謂廷弼侵盜庫貲十七萬御史劉徽謂廷弼家貲百萬宜籍以佐軍魏忠賢卽矯旨嚴追罄貲不足姻族家俱破江夏知縣王爾玉責廷弼子兆珪等貂裘珍玩不獲將撻之兆珪自剄死其母稱冤爾玉去其兩婢衣撻之四十遠近莫不嗟憤

降人劉伯漒言耀州可取狀馬世龍以爲然遣前鋒副總兵魯之甲參將李承先帥師襲之九月壬子之甲等敗沒於柳河死者四百餘人初孫承宗求去不得忌者多擊世龍以撼

之承宗請以百口保世龍帝遂不問及是言者復譁起劾世龍並及承宗章疏數十上嚴旨令世龍戴罪圖功承宗求去益力冬十月己卯兵部尚書高第經略遼薊登萊天津軍務　丙戌停刑　庚寅孫承宗致仕加特進光祿大夫廕子中書舍人喻安性亦罷遂廢遼東巡撫不設承宗在關四年修復大城九堡四十五練兵十一萬立車營十二水營火營二前鋒後勁營八造甲冑器械弓矢礮石渠答鹵楯之具合數百萬開屯五千頃　編修吳孔嘉與其族人中書舍人吳懷賢有隙楊漣之劾魏忠賢也懷賢書其疏後曰宜如韓魏公治任守忠故事即時遣戍又與工部主事吳昌期書有事極必反反正不遠語及是孔嘉誘懷賢奴告其主隱占黃山弁及前語忠賢大怒曰何物小吏亦敢謗我丙申矯旨逮下鎮撫獄拷掠死遣主事呂下問評事許志吉先後往徽州籍其家株累者數百家徽州知府石萬程不能堪棄官去李曾生反劾萬程罷之徽州幾亂時東廠番役橫

行所緝訪無論虛實輒糜爛甚至剝皮刲舌所殺不可勝數有四人夜飲密室一人酒酣謾罵忠賢其三人噤不敢出聲罵未訖番役攝四人至忠賢所即磔罵者而勞三人金三人者魄喪不敢動後軍府經歷張汶被酒詆忠賢亦下獄拷掠死　庚子以皇子生詔赦天下

前總督雲貴湖廣軍務兼貴州巡撫侍郎蔡復一卒於平越軍中贈兵部尚書諡清憲任一子官復一好古博學善屬文耿介有大節既沒橐無餘資　十一月壬子周如磐致仕　高第謂關外必不可守令盡撤錦右諸城守具移其將士於關內督屯通判金啟倧上書袁崇煥曰錦右大凌三城皆前鋒要地倘收兵退已得之封疆再歸淪沒關內外堪幾次退守耶崇煥亦力爭言兵法有進無退三城已復安可輕撤錦右動搖則寧前震驚關門亦失保障今但擇良將守之必無他慮第意堅且欲幷撤寧前二城崇煥曰我寧前道也官此當死此我必不去第無以難乃撤錦州右屯大小淩河及松山杏山

塔山守具盡驅屯兵入關委棄米粟十餘萬死亡載途哭聲震野民
怨而軍益不振崇煥先以父憂奪情及是遂乞終制帝不許十二月
進按察使視事如故　乙酉御史盧承欽言東林自顧憲成李三才
趙南星而外如王圖高攀龍等謂之副帥曹于汴湯兆京史記事魏
大中袁化中謂之先鋒丁元薦沈正宗李朴賀烺謂之敢死軍人孫
丕揚鄒元標謂之土木魔神請悉以姓名罪狀榜示天下魏忠賢大
喜從之　趙南星之下撫按問也適郭尚友巡撫保定而巡按馬逢
皋亦憾南星乃相與庭辱之笞其子清衡及外孫王鍾龐繫之獄坐
南星贓萬五千得親故捐助始獲竣戊子戍南星代州清衡莊浪鍾
龐永昌南星嫡母馮氏生母李氏並哀慟而卒子生七齡驚怖死時
先後坐贓遣戍者熊明遇鄒維璉貴州黃正賓大同何棟如滁陽張
慎言肅州李若星廉州毛士龍平陽凡數十人夏嘉遇亦逮訊論徙
憤恨發疾卒　毛文龍言朝鮮逆黨李适韓明璉等起兵昌城直趨

王京被臣禽獲餘孽韓潤鄭梅等竄入建州有左議政府尹義立約
爲內應期今冬大舉犯朝鮮臣已咨國王防守暫移鐵山之衆就雲
從島柴薪　御史夏之令嘗疏論邊事力詆毛文龍不足恃及巡皇
城劾治內使馮忠等魏忠賢深銜之御史倪文煥希指論劾逮下鎮
撫獄坐贓拷死　御史吳裕中熊廷弼姻也廷弼之死丁紹軾有力
焉馮銓使人嗾裕中劾紹軾而先報魏忠賢曰裕中必爲廷弼報讎
疏上命於午門杖之百昇至家死
六年春正月戊午修三朝要典始用楊所修之言也以顧秉謙黃立
極馮銓爲總裁侍郎施鳳來楊景辰孟紹虞曾楚卿副之崔呈秀疏
陳要典之源追論並封妖書之藩三事凡擁衛光宗者悉加醜詆魏
忠賢悅宣付史館　我
大清知經略易與舉大軍西渡遼河袁崇煥聞卽偕總兵官滿桂副
總兵左輔朱梅參將祖大壽守備何可剛等集將士誓死守崇煥刺

血爲書激以忠義爲之下拜將士咸請效死乃盡焚城外民居攜守
具入城清野以待令同知程維楧詰奸金啓倧具守卒食辟道上行
人檄前屯守將趙率教山海守將楊麒將士逃至者悉斬人心始定
丁卯
大清兵圍寧遠進攻之戴楯穴城矢石不能退崇煥令閩卒羅立發
西洋巨礮傷城外軍戊辰再攻復被卻圍遂解啓倧亦以然礮死啓
倧起小吏官經歷主賞功事勤敏有志介孫承宗重之用爲通判核
兵馬錢糧督城工理軍民詞訟大得民心死贈光祿寺少卿世廕錦
衣試百戶
大清既解圍分兵數萬人略覺華島殺參將金冠等及軍數萬崇煥
方完城力竭不能救也　二月蒙古以寧遠被圍乘間入犯平川三
山堡趙率教禦之斬首百餘級奪馬二百匹追至高臺堡乃還　高
第之鎮關門也大反孫承宗之政務折辱諸將遇楊麒若偏裨麒至

見侮其卒會寧遠被圍第擁兵不救疏言關門兵止存五萬言者益以爲承宗罪承宗告戶部曰第初涖關嘗給十一萬七千人饟今但給五萬人饟足矣第乃以妄言引罪時中外謂寧遠必不守兵部尙書王永光大集廷臣議戰守無善策已袁崇煥以圍解聞舉朝大喜乙亥立擢崇煥僉都御史專理軍務仍駐寧遠璽書奬勵滿桂等進秩有差褫第官以王之臣代爲經略而以率教代麒　魏忠賢恨繆昌期不置矯旨責昌期已削籍猶冠蓋延賓令緹騎逮問會吳中訛言黃尊素欲效楊一清誅劉瑾用蘇杭織造太監李實爲張永授以私計忠賢大懼遣刺事者至吳中凡四輩侍郎沈演方家居寓書忠賢曰事有蹟矣忠賢卽遣使譙訶實取其空印疏令李永貞李朝欽爲詞誣故蘇松巡撫周起元乾沒帑金十餘萬日與昌期尊素及高攀龍周順昌李應昇周宗建往來講學因行居閒戊戌分遣緹騎逮之初考功郎中蘇繼歐以楊漣黨削籍及是緹騎四出忠賢黨遣人

怵之曰逮者至矣繼歐竟縊死　己亥祭日於西郊　三月丁未設
各邊鎮監軍內臣太監劉應坤紀用鎮守山海關丁紹軾王永光及
袁崇煥等屢諫不聽　論寧遠解圍功封魏忠賢從子良卿肅寧伯
初朝議命朱燮元移鎮遵義合四川貴州雲南廣西軍討安邦彥
燮元赴重慶邦彥偵知之謀乘官軍未發分犯雲南遵義而令奢寅
犯永寧寅凶淫甚有阿引者受燮元金錢乘寅醉殺之邦彥乃大舉
寇貴州魯欽禦之河上連戰數日殺傷相當會大軍無糧乘夜皆潰
庚戌賊夜半直逼欽壘將士逃竄欽遂自剄欽勇敢善戰爲西南大
將之冠既沒賊勢復張燒劫諸堡苗兵復助逆貴陽三十里外樵蘇
不行全黔震動已傳宗龍擊破邦彥趙官屯斬老蟲添邦彥復屢敗
諸苗皆引歸邦彥乃遣人詣燮元乞撫燮元聞於朝許之遣參將楊
明輝往　壬子復設遼東山海巡撫以袁崇煥爲之　班記剌麻台
吉復糾松山銀定歹成及矮木素三兒台吉以三千騎犯鎮番官惟

賢再敗之獲首功二百有奇三兒台吉被創死　夏四月丁丑命南
京守備內臣搜括應天各府貯庫銀充殿工兵餉從操江巡撫范濟
世之請也南京內庫頗藏金銀珍寶魏忠賢矯旨取進盜竊一空
戊戌丁紹軾卒　周順昌好爲德於鄉有冤抑及郡中大利害輒爲
所司陳說以故士民德順昌甚緹騎至衆咸憤怒號冤者塞道比開
讀不期而集者數萬人咸執香爲周吏部乞命諸生文震亨楊廷樞
王節劉羽翰等前謁巡撫都御史毛一鷺巡按御史徐吉請以民情
上聞旂尉厲聲罵曰東廠逮人鼠輩敢爾大呼囚安在手擲琅璫於
地聲琅然衆益憤曰始吾以爲天子命乃東廠耶蠭擁大呼勢如山
崩旂尉東西竄衆縱橫毆擊斃一人餘負重傷踰垣走一鷺吉不能
語知府寇慎吳縣知縣陳文瑞素得民曲爲解諭衆始散會旂尉往
浙江逮黃尊素過蘇州橫肆甚城外人復羣擊之旂尉失駕帖不敢
復往順昌尊素皆自詣吏高攀龍聞逮者至晨謁宋儒楊時祠以文

告之歸與二門生一第飲後園池上笑曰吾視死如歸今果然矣入
與夫人語如平時出書二紙告二孫曰明日以付官校因遺之出扃
戸移時諸子排戸入一燈熒然已衣冠自沈於池矣發所封紙乃遺
表也云臣雖削奪舊為大臣大臣受辱則辱國謹北向叩頭從屈平
之遺則復別門人華允誠書云一生學問至此亦少得力時年六十
五遠近聞其死莫不傷之旂尉乃欲逮攀龍子葉茂才力救得免常
州知府曾櫻乃助繆昌期李應昇資而經紀攀龍身後事昌期應昇
尊素順昌及周宗建皆北行一鷺飛章告變東廠刺事者言吳人盡
反謀斷水道劫漕舟魏忠賢大懼已一鷺言縛得倡亂者顏佩韋馬
傑沈揚楊念如周文元等亂已定忠賢乃安然自是緹騎不出國門
矣昌期等先後下鎮撫獄昌期慷慨對簿詞氣不撓竟坐贓三千五
毒備至辛丑瘐斃於獄　五月戊申王恭廠災地中霹靂聲不絕火
藥自焚煙塵障空白晝晦冥凡四五里死者甚衆　己酉以旱災勅

羣臣修省　癸亥朝天宮災　毛文龍遣兵襲鞍山驛喪其卒千餘
越數日又遣兵襲撒爾河攻城南爲
大清守將所卻　六月丙子京師地震靈邱地震經月壓死人民無
算　壬午河決廣武　辛卯三朝要典成刊布中外顧秉謙擬御製
序冠其首極意詆諸黨人惡梃擊事以王之寀爲罪首紅丸之案以
孫愼行爲罪首移宮以楊漣左光斗爲罪首議開棺僇屍有解之者
乃免　周順昌每被掠治必大罵魏忠賢許顯純椎落其齒自起問
曰復能罵魏上公否順昌噀血唾其面罵益厲遂於夜中潛斃之顯
純又呵周宗建曰復能罵魏上公一丁不識乎黃尊素李應昇先後
爲獄卒所害尊素年四十三應昇年甫三十四宗建死徵贓急所親
福建副使蔣英代之輸亦坐削籍蘇州諸生朱祖文爲順昌納饘粥
湯藥徵贓令急奔走稱貸諸公間及順昌櫬歸哀慟發病死顏佩韋
等論斬皆延頸就刃語寇愼曰公好官知我等好義非亂也及忠賢

敗吳人感佩韋等義即毛一鷺所建忠賢生祠址合葬之題曰五人之墓祖文先之孫也　閏月辛丑巡撫浙江僉都御史潘汝楨請建魏忠賢生祠許之　馮銓釋褐十三年登宰輔爲魏忠賢所暱崔呈秀妬之孫杰霍維華亦以呈秀最得忠賢懽欲令入閣兵部郎中吳淳夫疏攻銓壬寅銓罷去杰等又慮王紹徽爲吏部不肯推呈秀御史袁鯨張文熙乃疏詆紹徽朋比鯨再疏列其鬻官穢狀紹徽亦落職由是羣小分途日相軋　壬子朱燮元以憂去偏沅巡撫閔夢得代之　京師大水江北山東旱蝗　袁崇煥既解圍志漸驕與滿桂不協請移之他鎮乃召桂僉書中軍府事令趙率教盡統關內外兵移鎮寧遠王之臣力言桂不可去而召命已下乃請用之關門崇煥又以爲不可與之臣亦不協中朝慮僨事命之臣專督關內以關外屬崇煥畫關守崇煥恐廷臣忌己上言陛下以關內外分責二臣用遼人守遼土且守且戰且築且屯屯種所入可漸減海運大要堅壁

清野以爲體乘間擊瑕以爲用戰雖不足守則有餘守既有餘戰無不足顧勇猛圖敵敵必讎奮迅立功衆必忌任勞則必召怨蒙罪始可有功怨不深則勞不著罪不大則功不成謗書盈篋毀言日至從古已然惟聖明與廷臣始終之帝優旨褒答未幾崇煥亦自悔請仍用之臣言帝可之命桂挂印移鎭關門兼統關外四路及燕河建昌諸軍賜尚方劍以重事權　秋七月辛未朔日當食陰雲不見　初揚州知府劉鐸作詩書僧扇有陰霾國事非句偵者得之聞於魏忠賢倪文煥復構之遂逮治鐸雅善魏良卿事得解許還故官良卿從容問鐸曩錦衣往逮索金幾何曰三千良卿令錦衣還之錦衣怒曰夜伺鐸隙言鐸繫獄時與囚方震孺同謀居間辛巳再下鐸鎭撫獄會鐸家人有夜醮者參將張體乾誣鐸呪詛忠賢刑部尚書薛貞坐以大辟竟殺之　丙戌禮部侍郎施鳳來張瑞圖詹事李國𣚴俱禮部尚書東閣大學士預機務　八月我

大清
太祖高皇帝晏駕袁崇煥遣使弔且以覘虛實我
太宗文皇帝遣使報之崇煥欲議和以書附使者還報　先是王瑊
建議謂督臣移鎮貴陽有十便朝議從之閔夢得陳用兵機宜請自
永寧始次普市摩泥赤水百五十里皆坦途赤水有城可屯兵進白
巖層臺畢節大方僅二百餘里我既宿重兵諸番交通之路絕然後
貴陽遵義軍剋期進賊必不能支疏未報夢得召還代以尚書張鶴
鳴議遂寢　陝西流賊起由保寧犯廣元　周起元逮至京許顯純
酷刑榜掠竟如李實疏懸坐贓十萬親故多爲之破家九月斃之獄
吳士民及其鄉人無不垂涕者　庚寅顧秉謙致仕　壬辰皇極殿
成　停刑　己亥魏良卿晉封肅寧侯　楊明輝奉制書至水西僅
云招撫安位不赦安邦彥邦彥怒殺明輝撫議遂絕邦彥自號四裔
大長老諸稱元帥者不可勝計　江北大水河南蝗　冬十月戊申

進魏忠賢爵上公魏良卿寧國公予誥券加賜莊田一千頃己酉以
皇極殿成詔天下官匠雜流陞授者九百六十五人工部尚書崔呈
秀加太子太保兼左都御史仍督大工母死不奔喪奪情視事　癸
丑改修光宗實錄事關三案者皆以要典爲據　皇后張氏性嚴正
數於帝前言客氏魏忠賢過失帝嘗過后宮后方讀書帝問何書對
曰趙高傳也又嘗召客氏至欲繩以法以故客魏交恨會有張匿名
榜於厚載門者列忠賢反狀幷其黨七十餘人忠賢疑出后父太康
伯國紀及被逐諸人手邵輔忠孫杰謀因此興大獄盡殺東林諸人
而借國紀以搖中宮事成則立魏良卿女爲后草一疏募人上之諸
人慮禍不敢應順天府丞劉志選年老謂己必先忠賢死竟上之極
論國紀謀占宮婢韋氏矯中宮旨鬻獄諸罪而末言毋令人訾及丹
山之穴藍田之種疏上事叵測帝伉儷情篤但令國紀自新而已后
爲故司禮劉克敬所選忠賢遷怒克敬謫發鳳陽縊殺之　十一月

庚寅予魏良卿鐵券編修陳仁錫當視草持不可羣小以威劫之毅然曰世自有視草者何必我不數日太倉生員孫文豸武進士顧同寅以作詩悼熊廷弼爲兵馬司緝獲門克新指爲妖言鍛鍊成獄詞連仁錫及文震孟罪將不測有密救者乃削仁錫震孟及庶吉士鄭鄤籍文豸同寅並棄市　袁崇煥偕劉應坤紀用趙率教巡歷錦州大小凌河議大興屯田漸復高第所棄舊土魏忠賢與應坤等並因是廕錦衣崇煥亦進所廕爲指揮僉事崇煥言遼左之壞雖人心不固亦緣失有形之險無以固人心兵不利野戰祗有憑堅城用大礮一策今山海四城既新當更修松山諸城班軍四萬人缺一不可帝報從之　十二月戊申南京地震　安邦彥帥衆二十萬寇雲南至馬龍後山去會城十五里總兵官遣景東土舍陶明卿帥兵伏路左賊分道并至官軍禦之賊拒戰勢甚銳明卿以象陣從左翼衝出橫擊賊乃潰追奔十餘里巡撫上功推明卿第一　毛士龍既遣戍劉

徽復撫邵輔忠前奏劾其納訪犯萬金魏忠賢即矯旨逮治士龍知忠賢必殺己夜中踰牆遁其妾謂有司殺之被髮號泣於道有司無如之何士龍乃潛至家載妻子浮太湖會樓復保護之竟免　銀定歹成等以三兒台吉之死挾憤圖報益糾河套土巴台吉等分道入掠副總兵官惟賢及鎭將徐永壽等分道拒之獲首功百有六十

時內外大權一歸忠賢崔呈秀田吉吳淳夫李夔龍倪文煥主謀議號五虎田爾耕許顯純孫雲鶴楊寰崔應元主殺僇號五彪吏部尚書周應秋等號十狗又有十孩兒四十孫之號而爲呈秀輩門下者又不可數計自內閣六部至四方總督巡撫徧置死黨太監陶文奏築喜峯隘口成督師王之臣奏築山海城刑部奏大盜王之錦獄南京修孝陵工竣甘肅奏捷薊育署丞張永祚獲盜並言忠賢區畫方略忠賢又自奏三年緝捕功詔書褒奬半歲中所廕錦衣指揮使四人同知三人僉事一人授其姪希孟世襲錦衣同知甥傅之琮馮繼

先都督僉事呈秀弟凝秀爲薊鎮副總兵其同類盡鎮薊遼山西宣大諸阸要地總兵梁柱朝楊國棟等歲時賂名馬珍玩弗絶

七年春正月辛未振鳳陽饑　太監涂文輔總督太倉銀庫節愼庫崔文昇李明道提督漕運河道覈京師通州諸倉初戚臣李承恩者寧安大長公主子也家藏公主賜器魏忠賢誣以盜乘輿服御物論死文輔遂奪公主第爲公廨署曰戶工總部騶從常數百人部郎以下皆庭參勢燄出羣閹上文昇亦以忠賢故復用幷免李可灼戍徐大化請起方從哲從哲不出　辛卯免榷潼關咸陽商稅　二月壬戌修隆德殿　癸酉豐城侯李承祚請開采珠池銅礦不許　先是遼左用兵逃軍悍不敢歸伍相聚剽掠至是關中饑喬應甲爲陜西巡撫朱童蒙爲延綏巡撫皆貪黷不詰盜戊子白水王二鳩衆墨其面闖入澄城殺知縣張斗耀是爲流寇之始　梁夢環駁疏極論張國紀罪且摘劉志選丹山藍田二語爲詰難冀以傾皇后李國榗言

於魏忠賢曰君后猶父母也安有勸父構母者王體乾亦以危言沮之事乃止國紀放歸故郡　先是
大清將征朝鮮并規勦毛文龍乃再遣使答袁崇煥而大興兵渡鴨綠江南討廷議以崇煥與王之臣不相能召之臣還罷經略不設以關內外盡屬崇煥及劉應坤紀用並便宜從事崇煥銳意恢復乃乘
大軍之出遣將繕錦州中左大淩三城而再使使持書議和
大清兵已入安州都司王三桂等赴援陳亡朝鮮節度使南以興自焚死文龍及朝鮮同告急朝命崇煥發兵救援崇煥以水師援文龍又遣左輔趙率教朱梅等九將將精卒九千先後逼三岔河爲牽制之勢三月
大清兵克義州分兵夜擣文龍於鐵山文龍敗遁還皮島兵死者千人朝鮮兵死者六萬焚糧百餘萬
大清進破郭山凌漢山城直抵中和游騎出入黃鳳之間平壤黃州

不戰自潰朝鮮國王李倧及士民遷於江華以避難
大清遣使諭之倧納款
大清遂班師率教等皆無功而還　銀定賓兔矮木素班記剌麻合
土賣火力赤等由黑水河入官惟賢及西路副將陳洪範大破之斬
首百八十餘級　山東牛產犢如麒麟巡撫李精白圖象以聞黃立
極票旨曰廠臣修德故仁獸至時中外上疏咸稱魏忠賢爲廠臣立
極等票旨亦然無敢名忠賢者　先是劉志選疏頌要典力詆王之
寀孫慎行楊漣左光斗而極譽劉廷元岳駿聲黃克纘徐景濂范濟
世賈繼春及傅櫆陳九疇且云慷慨憂時力障狂瀾於既倒者魏廣
微也當還之揆席以繼五臣之盛事赤忠報國弼成巨典於不日者
廠臣也當增入簡端以揚一德之休風又言之寀宜正典刑慎行宜
加遣戍魏忠賢大悅夏四月丁酉下之寀鎮撫司獄坐贓八千瘐死
獄中　緬甸侵孟艮孟艮就車里求救車里宣慰刀韞猛遣兵象萬

餘赴之緬遂興兵攻車里韞猛不能支遁至思毛地緬追執之以去車里遂亡　袁崇煥之議和也中朝不及知及奏報優旨許之會朝鮮被兵言官謂和議所致崇煥言關外四城雖延袤二百里北負山南阻海廣四十里爾今屯兵六萬商民數十萬地狹人稠安所得食錦州中左大凌三城修築必不可已業移商民廣開屯種倘城不完而敵至勢必撤還是棄垂成功也故乘敵有事東江姑以和之說緩之敵知則三城已完戰守尙在關門四百里外金湯益固矣帝優旨報聞　自潘汝楨始建魏忠賢生祠諸方效尤幾徧天下其尤甚者閻鳴泰總督薊遼保定建至七所劉詔爲巡撫倪文煥爲巡按建至四所宗室則楚王華奎外戚則武清侯李誠銘博平侯郭振明功臣則總督史永安巡撫袁崇煥等皆爲題請一祠之費多者數十萬少者數萬河南巡撫郭增光等毀民舍二千餘間創宮殿九楹儀如帝者延綏巡撫朱童蒙用琉璃瓦詔建祠薊州金像用冕旒督餉尙書

黃運泰迎忠賢像五拜三稽首稱九千歲請以游擊一人守祠凡疏
詞揄揚一如頌聖稱以堯天帝德至聖至神或曰民心依歸卽天心
向順而閣臣輒以駢語褒答中外若響應五月己巳監生陸萬齡言
孔子作春秋誅少正卯而廠臣亦作要典誅東林黨人請建祠太學
旁歲祀如孔子其無忌憚至此初汝楨上疏御史劉之待會稾遲一
日湖廣建祠或言上梁文出洗馬賀逢聖手忠賢大喜詰逢聖逢聖
曰誤借銜陋習耳或建於內城東街工部郎中葉憲祖竊歎曰此天
子幸辟雍道也土偶能起立乎萬齡旣上疏具簿醵金請司業林釬
爲倡釬援筆塗抹卽夕掛冠櫺星門徑歸並削籍而薊州參議胡士
容以不具建祠文遵化副使耿如杞以入祠不拜皆下獄論死故天
下風靡　趙率教駐錦州護版築朝命尤世祿代之又以左輔爲前
鋒總兵官駐大凌河世祿未至輔未入大凌丙子
大清兵直抵錦州四面合圍率教偕輔及朱梅紀用嬰城固守而遣

使議和欲緩師以待救使三返不決圍益急滿桂聞警遣兵救被圍笊籬山桂與世祿赴之大戰相當遂入寧遠城與袁崇煥爲守禦計崇煥以寧遠兵不可動選精騎四千以世祿及祖大壽將之將繞出大軍後決戰別遣水師東出相牽制且請發薊鎮宣大兵東護關門朝廷已命桂移前屯三屯總兵官孫祖壽移山海關宣府總兵官黑雲龍移一片石閻鳴泰移鎮關城又發昌平天津保定兵馳赴上關檄山西河南山東守臣整兵聽調癸巳

大清兵分攻寧遠崇煥與劉應坤副使畢自肅督將士登陴守列營濠內用礮距擊而桂世祿大壽大戰城外士多死桂身被數矢

大軍亦旋引去益兵攻錦州以溽暑不能克城中發大礮士卒多損傷六月庚子圍解毀大小凌河二城而還時稱寧錦大捷桂率教功爲多魏忠賢使其黨論崇煥不救錦州爲暮氣崇煥遂乞休　秋七月乙丑朔帝不豫　丙寅罷袁崇煥以王之臣代爲督師兼遼東巡

撫駐寧遠　己卯封魏忠賢從孫鵬翼爲安平伯敘寧錦功也文武增秩賜廕者數百人袁崇煥止增一秩初霍維華由忠賢至尚書所親爲近侍宮禁事皆與知因進仙方靈露飲帝甚甘之及得疾體腫忠賢以咎維華維華懼且慮後患欲先自貳於忠賢乃力辭寧錦恩廕乞以讓崇煥忠賢覺其意降旨頗厲　壬戌戍孫慎行於寧夏會櫻緩其行　丁亥海賊寇廣東　浙江大水　八月丙申加魏良卿太師魏鵬翼少師　戊戌中極建極二殿成　乙巳召見閣部科道諸臣於乾清宮諭以魏忠賢王體乾忠貞可計大事再論三殿功封忠賢從子良棟爲東安侯　甲寅帝大漸乙卯崩於乾清宮年二十三遺詔以皇第五弟信王由檢嗣皇帝位廷臣入臨內使十餘人傳呼崔尚書甚急呈秀入見魏忠賢密謀久之語祕不得聞或言忠賢欲篡位呈秀以時未可止之也信王入居宮中素稔忠賢惡深自儆備丁巳卽皇帝位大赦天下　致仕大學士葉向高卒年六十九贈

太師諡文忠　江西巡撫楊邦憲請建魏忠賢生祠毀周程三賢祠弁鸞先賢澹臺滅明祠曳其像碎之比疏至帝且閱且笑忠賢覺帝意具疏僞辭帝卽報允揚州生祠方上梁而哀詔至旣哭臨巡鹽御史許其孝等釋縗易吉相率往拜見者咋舌　九月甲申追諡生母賢妃劉氏曰孝純皇太后遷葬慶陵尋封太后弟效祖新樂伯母徐氏瀛國太夫人　丁亥停刑　庚寅冊妃周氏爲皇后　蒙古炒花諸部離散王之臣等多收置之麾下帝詔之臣毋蹈袁應泰王化貞故轍並責滿桂阿之臣意桂遂請病乞休不許　冬十月甲午朔享太廟　癸丑南京地震　先是羣小知魏忠賢必敗內相攜副都御史楊所修首請允崔呈秀守制御史楊維垣繼之賈繼春方督學南畿馳疏劾呈秀及尚書田吉順天巡撫單明詡副都御史李夔龍呈秀乞罷帝猶慰留章三上溫諭令乘傳歸山陰監生胡煥猷劾黃立極施鳳來張瑞圖李國㯳等身居揆席漫無王持甚至顧命之重臣

斃於詔獄五等之爵上公之尊加於閹寺而生祠碑頌靡所不至律以逢奸之罪夫復何辭帝除煥猷名下之吏立極等內不自安各上疏求罷帝猶優詔報之帝一日問左右立枷何爲王體乾對曰以罪巨奸大憝耳帝愀然曰雖如此終可憫忠賢爲縮頸主事陸澄原錢元慤交章論忠賢帝猶未發於是嘉興貢生錢嘉徵劾忠賢十大罪一並帝二蔑后三弄兵四無二祖列宗五剋削藩封六無聖七濫爵八掩邊功九朘民十通關節疏上帝召忠賢使內侍讀之忠賢大懼急以重寶啗信邸太監徐應元求解應元故忠賢博徒也帝知之斥應元十一月甲子安置忠賢於鳳陽　戊辰撤各邊鎮守內臣崔文昇等並召回　魏忠賢既行尋命逮治己巳忠賢行至阜城聞之與李朝欽偕縊死崔呈秀自知不免列姬妾羅諸奇異珍寶呼酒痛飲盡一卮即擲壞之飲已自縊　癸酉免天啓時逮死諸臣贓釋其家屬　詔曰廠衛深文附會鍛鍊朕深痛焉其赦耿如杞予復原官胡

士容等改擬於是如杞上疏言臣自入鎮撫司五毒並施縛赴市曹者日有聞矣幸陛下赦臣以不死驚魂麤定乞放臣還家養疾帝不許立擢如杞右僉都御史巡撫山西　癸巳黃立極致仕　上林苑典簿樊維城言高皇帝定律人臣非有大功朦朧奏請封爵者所司及受封之人俱斬今魏良卿良棟鵬翼自丁乳臭兒並叨封爵當按律誅忠賢所積財半盜內帑籍還太府可裕九邊數歲之饟因請褒卹楊漣萬燝等一十四人召還賀逢聖文震孟孫必顯等三十二人亟正張體乾許顯純楊寰等罪已又言崔呈秀雖死宜剖棺戮屍五虎五彪之徒乃或賜馳驛或僅令還鄉何以服人心昭國典末斥給事中陳爾翼請緝東林遺孽之非乞釋御史方震孺罪帝並采納之維城玉衡之子也　帝以施鳳來張瑞圖李國楷皆魏忠賢所用不足倚十二月詔廷臣推舉列十人以上帝倣古枚卜典貯名金甌焚香肅拜以次探之首得前南京吏部侍郎錢龍錫次禮部侍郎李標

尚書來宗道吏部侍郎楊景辰鳳來等以天下多故請益一二人復
得前禮部侍郎周道登少詹事劉鴻訓並拜禮部尚書兼東閣大學
士預機務時惟宗道景辰在朝龍錫家居遣行人召之鴻訓三辭不
允　魏良卿及客氏子都督侯國興客光先等並伏誅笞殺客氏於
浣衣局籍客家得宮女八人蓋將效呂不韋所爲人尤疾之　前尚
書趙南星遇赦當還魏忠賢黨牟志夔爲巡撫故遲遣之竟卒於戍
所李若星張愼言並得還朝士爲毛士龍稱寃詔盡赦其罪士龍詣
闕謝且陳被陷之故帝憐之命復官致仕　時魏忠賢旣敗霍維華
楊維垣賈繼春等彌縫百方力扼正人維垣首上疏並指東林崔魏
爲邪黨會阮大鋮自家函兩疏馳示維垣其一專劾崔魏其一以七
年合算爲言謂天啓四年以後亂政者忠賢而翼以呈秀四年以前
亂政者王安而翼以東林傳語維垣若時局大變上劾崔魏疏脫未
定則上合算疏維垣得大鋮疏大喜爲投合算疏以自助

明紀卷第五十一

明紀卷第五十二

賜進士出身工部候補主事虞衡司行走陳鶴纂

卹贈知府銜給雲騎尉世職內閣候補中書孫男克家參訂

莊烈紀一 起崇禎元年戊辰訖崇禎三年庚午凡三年

莊烈愍皇帝崇禎元年春正月編修倪元璐言臣頃閱章奏見攻崔魏者必與東林並稱邪黨夫以東林為邪黨將以何者名崔魏崔魏既邪黨矣擊忠賢呈秀者又邪黨乎哉東林天下才藪也而或樹高明之幟繩人過刻持論太深亦所不免且天下議論寧假借必不可失名義士人行己寧矯激必不可忘廉隅自以假借矯激為大咎於是彪虎之徒公然背畔名義決裂廉隅頌德建祠效尤不已而人猶寬之曰無可奈何充此無可奈何之心又將何所不至哉今大獄之後湯火僅存屢奉明綸俾之酌用而當事者猶以道學封疆持為鐵案臣以為過矣因極言韓爌文震孟宜召用書院當修復疏入責以

論奏不當維垣復疏駁之元璐再疏曰臣前疏原爲維垣發也陛下明旨曰分別門戶已非治徵曰化異爲同曰天下爲公而維垣倡爲孫黨趙黨熊黨鄒黨之說是陛下於方隅無不化而維垣實未化陛下於正氣無不伸而維垣不使伸也維垣怪臣盛稱東林以東林嘗推李三才而護熊廷弼也抑知東林有力擊忠賢之楊漣首劾呈秀之高攀龍乎忠賢窮凶極惡維垣又尊稱之曰廠臣公廠臣不愛錢廠臣知爲國爲民而何爲責三才五虎五彪之罪刑官僅擬削奪維垣不駁正而何爲責廷弼維垣又怪臣盛稱韓爌夫舍爌昭然忤璫之大節而加以罔利莫須有之事已爲失平況廷弼行賄之說特忠賢造作以誣清流爲楊左諸人追贓地耳天下誰不知維垣猶守是說乎維垣又怪臣盛稱文震孟夫震孟忤璫削奪其破帽策蹇傲蟒玉馳驛語何可非維垣又怪臣盛稱鄒元標夫忠賢驅逐諸人毀廢書院正欲箝學士大夫之口恣行不義耳自元標以僞學見驅而逆

璫遂以眞儒自命學宮之內儼然揖先聖爲平交使元標諸人在豈
遂至此維垣又駮臣假借矯激夫當崔魏之世人皆任眞率性頌德
建祠使有一人假借矯激不頌不建豈不猶賴是人哉維垣以爲眞
小人待其貫滿可攻去之臣以爲非計也必待其貫滿其敗壞天下
事已不可勝言雖攻去之不已晚乎且如忠賢呈秀貫滿久矣不遇
聖明誰攻去之維垣又以無可奈何爲頌德建祠者解臣以爲非訓
也假令呈秀舞蹈稱臣於逆璫或逆璫以兵劫諸人使從叛逆亦將
靡然從之以爲無可奈何乎維垣又言今日之忠直不當以崔魏爲
對案臣謂正當以崔魏爲對案夫人品試之崔魏而定矣故有東林
之人爲崔魏所恨其抵觸畏其才望而必欲殺之逐之者此正人也
有攻東林之人雖爲崔魏所借而勁節不阿或遠或逐者亦正人也
總之東林之取憎於逆璫獨深其得禍獨酷在今日當曲原其被抑
之苦不當毛舉其尺寸之瑕疏上以互相詆訾兩解之時忠賢雖斃

柄國者悉其遺黨無敢頌言東林者自元璐兩疏出清議漸明善類
亦稍登進矣　給事中顏繼祖疏論工部冗員及三殿敘功之濫汰
去加秩寄俸二百餘人　辛巳詔內臣非奉命不得出禁門　壬午
尊皇后張氏爲懿安皇后　丙戌戮魏忠賢及崔呈秀尸懸忠賢首
於河閒　二月乙未禁章奏冗蔓　癸丑御經筵　丁巳戒廷臣交
結近侍　三月己巳葬悊皇帝於德陵廟曰熹宗　戊辰施鳳來張
瑞圖致仕　乙酉贈卹冤陷諸臣楊漣太子太保兵部尙書左光斗
右都御史周起元兵部右侍郎繆昌期詹事兼侍讀學士周朝瑞大
理寺卿魏大中周順昌並太常寺卿袁化中周宗建黃尊素李應昇
顧大章並太僕寺卿萬燝光祿寺卿皆官其一子已從給事中瞿式
耜言諡漣曰忠烈大中忠節順昌忠介又贈趙南星太子太保諡忠
毅鄒元標太子太保吏部尙書諡忠介高攀龍太子少保兵部尙書
諡忠憲馮從吾太子太保諡恭定攀龍亦授一子官王之寀復官賜

卹又贈張問達太保予一子官夏嘉遇太常寺少卿丁乾學侍讀學士吳裕中吳懷賢劉鐸蘇繼歐張汶等並獲贈卹　御史吳煥劾崔文昇疏甫上文昇卽結同黨伏宮門號哭聲徹御座帝大怒並其黨皆杖一百充孝陵淨軍　夏四月甲午袁崇煥爲兵部尚書督師薊遼王之臣罷　庚戌指揮卓銘請開礦不許　五月己巳李國𣚴致仕　先是大興知縣饒可久疏請更三朝要典爲奄黨所忌謫光祿寺典簿已侍講倪元璐言梃擊紅丸移宮三議鬨於清流而要典一書成於逆豎其議可兼行其書必當速毀蓋當事起議興盈廷互訟主梃擊者力護東宮爭梃擊者計安神祖主紅丸者仗義之言爭紅丸者原情之論主移宮者弭變於幾先爭移宮者持平於事後數者各有其是不可偏非總在逆黨未用之先雖甚水火不害塤篪此一局也旣而楊漣二十四罪之疏發魏廣微此輩門戶之說興於是逆黨殺人則借三案羣小求富貴則借三案經此二借而三案全非矣

故凡推慈歸孝於先皇正其頌德稱功於義父又一局也綱已密而猶疑有遺鱗勢已重而或憂其翻局崔魏諸奸始創立私編標題要典以之批根今日則衆正之黨碑以之免死他年卽上公之鐵券又一局也由此而觀三案者天下之公議要典者魏氏之私書三案自三案要典自要典也今爲金石不刊之論者誠未深思臣謂翻卽紛囂改亦多事惟有毀之而已帝命禮部會詞臣詳議庚午議上詔焚其板侍講孫之獬詣閣大哭力爭天下笑之　甲戌裁各部添注官

辛巳禱雨　乙酉復外吏久任及保舉連坐之法禁有司私派

王之臣之罷也袁崇煥未至霍維華謀行邊自固帝已可之顏繼祖言維華璫熾則借璫璫敗則攻璫擊楊左者維華也楊左逮而陽爲救者亦維華以一給事中三年躐至尚書無敘不及有賚必加卽維華亦難以自解乃寢前命時魏忠賢黨猶盛言路新進者羣起抨擊且請召用韓爌而爲楊維垣等所扼李國楷來宗道楊景辰嘗事忠

賢不敢有所別白會李標劉鴻訓相繼還朝鴻訓毅然主持斥維華維垣及李恒茂楊所修田景新孫之獬阮大鋮徐紹吉張訥李蕃賈繼春等帝乃遣行人召爌六月削馮銓魏廣微籍壬寅許顯純田爾耕伏誅壬子宗道景辰罷時錢龍錫亦至標爲首輔龍錫鴻訓協心輔理朝政稍清御史袁宏勛言所修繼春維垣夾攻表裏之奸有功無罪而誅鋤自三人始又詆鴻訓使朝鮮滿載貂參而歸錦衣衛僉事張道濬亦訐攻鴻訓鴻訓奏辨繼祖言鴻訓先朝削奪朝鮮一役舟敗僅以身免乞諭鴻訓入直共籌安攘之策至宏勛之借題傾人道濬之出位亂政非重創未有已也帝是之給事中鄧英盡發宏勛贓私且言宏勛以千金贄維垣得御史帝怒落宏勛職候勘已御史高捷言鴻訓斥擊奸之維垣所修繼春大鋮而不納之獬流涕忠言謬主焚燬要典以便私黨孫慎行進用帝責以妄言停其俸御史史埊復佐捷攻鴻訓言路多不直捷埊捷埊遂罷去　張鶴鳴視師年

餘未嘗一戰瞿式耜及給事中胡永順萬鵬以鶴鳴由魏忠賢進連章劾之鶴鳴求去御史毛羽健言安邦彥巢在大方黔其前門蜀遵永其後戶由黔進兵必渡陸廣奇險七晝夜始抵賊巢一夫當關千人自廢王三善蔡復一所以屢敗也遵義距大方三日程而畢節止百餘里地平衍從此進兵何患不克因畫上足兵措餉方略幷薦前總督朱燮元閔夢得等帝乃罷鶴鳴起燮元總督貴湖雲川廣諸軍務兼巡撫貴州仍賜尚方劍錄前功進少保世廕錦衣指揮使 尚寶司少卿黃正賓言徐大化楊維垣已罷官猶潛居輦下交通奄寺請勒歸田里從之 秋七月袁崇煥入都先陳奏兵事帝召見平臺慰勞甚至咨以方略對曰方略已具疏中臣受陛下特眷願假以便宜計五年全遼可復帝曰復遼朕不吝封侯賞卿努力解天下倒懸卿子孫亦受其福崇煥頓首謝帝退少憩給事中許譽卿問崇煥五年之略崇煥曰聖心焦勞聊以是相慰爾譽卿曰帝英明安可漫對

異日按期責效奈何崇煥憮然自失頃之帝出即奏言東事本不易竣陛下既委臣臣安敢辭難但五年內戶部轉軍餉工部給器械吏部用人兵部調兵選將須中外事事相應方克有濟帝爲飭四部臣如其言崇煥又言以臣之力制全遼有餘調衆口不足一出國門便成萬里忌能妬功夫豈無人即不以權力掣臣肘亦能以意見亂臣謀帝起立傾聽諭之曰卿勿疑慮朕自有主持劉鴻訓等請收還王之臣滿桂尚方劍以賜崇煥假之便宜帝悉從之賜崇煥酒饌而出崇煥以前此熊廷弼孫承宗皆爲人排構不得竟其志復上疏言恢復之計不外臣昔年以遼人守遼土以遼土養遼人守爲正著戰爲奇著和爲旁著之說法在漸不在驟在實不在虛此臣與諸邊臣所能爲至用人之人與爲人用之人皆至尊司其鑰何以任而勿貳信而勿疑蓋馭邊臣與廷臣異軍中可驚可疑者殊多但當論成敗之大局不必摘一言一行之微瑕事任既重爲怨實多諸有利於封疆

者皆不利於此身者也況圖敵之急敵亦從而間之是以爲邊臣甚難帝優旨答之賜蟒玉銀幣疏辭蟒玉不受　壬午浙江風雨海溢漂没數萬人　海上多劇盜袁進李忠先降楊六楊七及鄭芝龍繼起李魁奇鍾斌既降復叛福建總兵官俞咨臯招六七降獨芝龍猖獗如故芝龍嘗敗都司洪先春釋不追獲一游擊不殺咨臯戰敗縱之走當事知其可撫遣使諭之癸未芝龍降會朝命布政使熊文燦爲巡撫文燦善遇芝龍使爲己用先後擊禽魁奇蹙斌於大洋投海死海警遂息　大同久恃款弛備插漢虎墩兎西侵順義王遂入境大掠巡撫侍郎張翼明總兵官渠家楨並坐死插部遂挾賞不去帝御平臺召總督王象乾詢以方略對曰禦插之道宜令其自相攻今卜失兎西走套内自言台吉挺身免哈喇嗔所部多被擄不足用獨永邵卜最彊約三十萬人合卜失兎所部幷聯絡朵顔三十六家及哈喇嗔餘衆可以禦插漢然與其構之不如撫而用之帝曰插漢意

不受撫奈何對曰當從容籠絡帝曰不款如何象乾復密奏帝善之命往與袁崇煥共計象乾至邊與崇煥議合皆言西靖而東自寧虎不款而東西並急因定歲予插金八萬一千兩以示羈縻　甲申川湖兵戍寧遠者以缺餉四月大譁餘十三營起應之縛巡撫畢自肅總兵官朱梅通判張世榮推官蘇涵淳於譙樓自肅傷重兵備副使郭廣躬自翼之括撫賞及朋樁二萬金以散不厭貸商民足五萬乃解自肅疏引罪走中左所自經死八月袁崇煥抵關聞變馳至與廣密謀宥首惡楊正朝張思順令捕十五人戮之市斬知謀中軍吳國琦責參將彭簪古黜都司左良玉等四人發正朝思順前鋒立功世榮涵淳以貪虐致變亦斥之都司程大樂一營不從變特為獎勵一方乃靖　袁崇煥請合寧錦為一鎮令祖大壽駐錦州加中軍副將何可剛都督僉事代朱梅駐寧遠而移薊鎮趙率教於關門關內外止設二大將因極稱三人之才謂臣自期五年專藉此三人當與臣

相終始屆期不效臣手戮三人而身歸死於司敗已又請罷寧遠及登萊兩巡撫不設帝皆從之崇煥遂留鎮寧遠　乙未詔非盛暑祁寒日御文華殿與輔臣議政　戶部尚書畢自嚴以度支大絀請覈逋賦督屯田嚴考成汰冗卒停薊密昌永四鎮新增鹽菜銀二十二萬俱報可　帝好察邊事頻遣旂尉偵探宣府巡撫李養沖疏言旂尉往來如織蹤跡難憑且慮費無所出帝以示李標等曰邊情危急遣旂尉偵探奈何以爲僞且祖宗朝設立廠衛奚爲者標對曰事固宜愼養沖以爲不賂恐毀言日至賂之則物力難勝耳錢龍錫曰舊制止行於都城內外若遠遣恐難委信帝默然　九月丁卯京師地震　工部主事徐爾一疏訟熊廷弼冤請賜昭雪不聽　給事中韓一良言陛下平臺召對有文官不愛錢語而今何處非用錢之地何官非愛錢之人向以錢進安得不以錢償以官言之則縣官爲行賄之首給事爲納賄之尤今言者俱咎守令不廉然守令亦安得廉俸

薪幾何上官督取過客有書儀考滿朝覲之費無慮數千金此金非從天降非從地出而欲守令之廉得乎臣兩月來辭卻書帕五百金臣寡交猶然餘可知矣伏乞陛下大爲懲創逮治其尤者帝得疏大喜召見廷臣卽令一良宣讀讀已以疏徧視閣臣曰一良忠鯁可僉都御史吏部尚書王永光請令指實一良唯唯無所指帝令密奏越五日一良以周應秋閻鳴泰舊事爲言語侵永光帝乃再召見一良永光手前疏循環頌音琅然至此金非從天降非從地出掩卷而歎問一良五百金誰之饋也一良卒無所指固問對如前帝大不懌謂劉鴻訓曰都御史可輕授耶叱一良前後矛盾褫其官　左僉都御史楊鶴言陛下圖治甚殷用人若渴平臺召對言路大開誠千古一時也然其要在培元氣自大兵大役加派頻仍公私交罄小民之元氣傷自遼左黔蜀喪師失律暴骨成丘封疆之元氣傷自搢紳構黨彼此相傾逆奄乘之誅鋤善類士大夫之元氣傷譬如重病初起百

脈未調風邪易入道在培養而陛下事事勵精臨軒面質或問之而未必盡知事下六曹或呼之而未必立應致干聖怒數取譴訶竊以爲過矣今一切民生國計吏治邊防宜取祖宗成法委任責成嚴爲之程寬爲之地圖之以漸鎮之以靜何慮不臻太平哉時以爲名言給事中張國維陳時政五事言陛下求治太銳綜核太嚴拙者蹈蹐以避咎巧者委蛇以取容誰能展布四體爲國家營職業者故治象精明而腹心手足之誼實薄此英察宜斂也祖宗朝閣臣有封還詔旨者有疏揭屢上而爭一事者今一奉詰責則俛首不遑一承改擬則順旨恐後儻處置失宜亦必不敢執奏此將順宜戒也召對本以通下情未有因而獲罪者臣同官熊奮渭還朝十日旁措一詞遂蒙譴謫不可稍加薄罰示優容之度乎此上下宜洽也其二請平刑罰溥膏澤帝不能盡用　冬十月錦州兵譁袁崇煥請給饟帝御文華殿召問諸大臣皆請發內帑禮部侍郎周延儒揣帝意獨進曰關

門昔防敵今且防兵寧遠譁饟之錦州譁復饟之各邊且效尤帝曰卿謂何如延儒曰事迫不得不發但當求經久之策帝頷之降旨責羣臣居數日復召問延儒曰饟莫如粟山海粟不缺缺銀耳何故譁譁必有隱情安知非驕弁構煽以脅崇煥耶帝方疑邊將要挾聞延儒言大悅由此屬意延儒　帝數召見廷臣劉鴻訓應對獨敏謂民困由吏失職請帝久任責成帝初甚向之及關門兵譁帝意責戶部而鴻訓請發帑三十萬示不測恩由是失帝指惠安伯張慶臻總督京營敕有兼轄巡捕營語非故事也捕營提督鄭其心以侵職論之命覈中書賄改之故下舍人田佳璧獄給事中李覺斯言稾具兵部送輔臣裁定乃令中書繕寫寫訖復審視進呈兵部及輔臣皆當問戊戌帝御便殿問閣臣皆謝不知帝怒令廷臣劾奏畢自嚴等亦謝不知帝益怒給事中張鼎延御史王道直言慶臻行賄有迹不知誰主使御史吳玉言主使者鴻訓也慶臻曰改敕乃中書事臣實不預

知且增轄捕卒取利幾何乃行重賄帝叱之閱兵部揭有鴻訓批西司房語佳璧亦供受鴻訓指侍郎張鳳翔遂力詆鴻訓及慶臻李標錢龍錫言鴻訓不宜有此請更察訪帝曰事已大著何更訪爲促令擬旨標等逡巡未上禮部尚書何如寵爲鴻訓力辨帝意卒不可回乃革鴻訓慶臻兵部尚書王在晉職候勘　十一月會推閣臣禮部侍郎錢謙益以同官周延儒方言事蒙眷慮並推則己絀謀沮之廷議亦以延儒望輕置弗推推成基命鄭以偉李騰芳孫愼行何如寵薛三省盛以宏羅喻義王永光曹于汴而列謙益第二疏上帝以延儒不與大疑初謙益主試浙江有奸人僞作關節授舉子錢千秋千秋故有文獲薦覺奸人詐與之鬨事傳京師爲給事中顧其仁所發謙益亦自檢舉法司戍千秋及奸人奪謙益俸事已七年矣協理詹事府尚書温體仁者外曲謹而中猛鷙機深刺骨亦以望輕弗及推體仁以延儒不與揣帝意必疑遂上疏訐謙益關節受賄神奸結黨

不當與閣臣選翌日帝召對閣部科道諸臣於文華殿命體仁謙益皆至謙益不虞體仁之劾己也辭頗屈而體仁盛氣詆謙益言如泉湧因進曰臣職非言官不必言會推不與宜避嫌不當言但枚卜大典宗社安危所係謙益結黨受賄舉朝無一人敢言者臣不忍見陛下孤立於上是以不得不言帝久疑廷臣植黨聞體仁言輒稱善執政皆言謙益無罪給事中章允儒爭尤力且言體仁熱中觖望如謙益當糾何俟今日體仁曰前此謙益皆閑曹今者糾之正爲朝廷慎用人耳如允儒言乃眞黨也帝怒命禮部進千秋卷閱竟責謙益謙益引罪帝歎曰微體仁朕幾誤遂叱允儒下鎭撫獄幷切責諸大臣時大臣無助體仁者李標亦力爲謙益允儒解帝不從延儒奏曰會推名雖公主持者止一二人餘皆不敢言即言徒取禍耳且千秋事有成案不必復問諸臣帝乃即日罷謙益官命議罪允儒及瞿式耜御史房可壯等皆坐謙益黨降謫有差　癸未祀天地於南郊故事

扈蹕用軍八萬五千人至是增至十萬有奇總督勳臣缺協理侍郎李邦華兼攝其事所設雲輦龍旌寶纛金鼓旂幟甲胄劍戟煥然一新帝悅　十二月丙申韓爌還朝復爲首輔帝御文華後殿閱章奏召爌等諭以擬旨務消異同開誠和衷期於至當爌等頓首謝退言上所諭甚善而密勿政機諸臣參互擬議不必顯言分合至臣等晨夕入直勢不能報謝賓客商政事者宜相見於朝房一切禁私邸交際帝即諭百寮遵行　革廣寧及薊鎮塞外諸部賞諸部饑告糴不許　陝西大饑民苦加派府谷賊王嘉允漢南賊王大梁階州賊周大旺安塞賊高迎祥宜州賊王左挂飛山虎大紅狼等一時並起與白水賊王二等相應分掠鄜州延安諸處延綏缺餉固原兵劫州庫與賊合迎祥自稱闖王大梁自稱大梁王時承平久卒被兵人無固志大吏惡聞賊曰此饑民徐自定耳　時大治魏忠賢黨又值京察御史吳甡言此輩罪惡非考功法所能盡宜先定其罪毋混察典給

事中張愼言亦請先治媚璫者附逆之罪其他始付考功帝納之命韓爌李標錢龍錫定逆案爌等不欲廣搜樹怨僅以四五十人上帝少之令再議又以數十上帝不懌令以贊導擁戴頌美諂附爲目因慨然歎曰忠賢一人耳外廷諸臣附之遂至於此其罪何可勝誅又諭以內侍同惡者亦當入爌等以不知內事對帝曰豈皆不知特畏任怨耳閱日召入便殿案有布囊盛章疏甚夥指之曰此皆奸黨頌疏可按名悉入爌等知帝意不可回乃曰臣等職在調旨三尺法非所習帝召王永光問之永光以不習刑名對乃詔喬允升曹于汴同事

二年春正月丙子釋奠於先師孔子　掌國子監少詹事孔貞運進講書經帝以聖裔故從優賜一品服　丁丑定逆案首逆凌遲者二人魏忠賢客氏首逆同謀決不待時者六人崔呈秀魏良卿侯興國太監李永貞李朝欽劉若愚交結近侍秋後處決者十九人劉志選

梁夢環倪文煥田吉劉詒薛貞吳淳夫李夔龍曹欽程大理寺正許
志吉順天府通判孫如洌陸萬齡豐城侯李永祚都督田爾耕許顯
純崔應元楊寰孫雲鶴張體乾交結近侍次等充軍者十一人魏廣
微周應秋閻鳴泰霍維華徐大化潘汝楨李魯生楊維垣張訥都督
郭欽孝陵衛指揮李之才交結近侍又次等論徒三年輸贖爲民者
顧秉謙馮銓張瑞圖來宗道尚書王紹徽郭允寬張我續曹爾楨孟
紹虞馮嘉會李春曄邵輔忠呂純如徐兆魁薛鳳翔孫杰楊夢袞李
養德劉廷元曹思誠南京尚書范濟世張樸總督尚書黃運泰郭尚
友李從心巡撫尚書李精白及李蕃李恒茂賈繼春石三畏盧承欽
門克新劉徽智鋌阮大鋮等一百二十九人交結近侍減等革職閒
住者黃立極施鳳來楊景辰等四十四人忠賢親屬及內官黨附者
王體乾等五十餘人帝爲詔書頒示天下　劉鴻訓之罷也御史田
時震劾鴻訓納田仰二千金屬王永光用爲四川巡撫給事中閻可

陛劾副都御史賈毓祥由賂鴻訓擢用鴻訓數被重劾連章力辨因
言都中神奸狄姓者詭誑張慶臻千金致臣無辜受禍帝不聽下廷
臣議罪承光等言鴻訓慶臻罪無可辭而律有議貴條請寬貸王在
晉及職方郎中苗思順贓證未確難懸坐韓爌亦疏救帝不許謫鴻
訓戍代州在晉思順並削籍慶臻停俸三年仰亦罷李覺斯等各以
直言增一秩鴻訓銳意任事帝有所不可退而曰主上畢竟是沖主
帝聞深銜之故及　周道登罷　二月戊子祀社稷　庚寅皇長子
慈烺生赦天下韓爌請盡蠲天下積逋報可　言者爭擊王永光南
京禮部主事王永吉言之尤力帝怒將罪永吉韓爌等言永吉不宥
永光必不安乃止奪祿一年工部尚書張鳳翔奏廠庫積弊帝怒召
對廷臣詰責巡視科道王都高賚明都賚明力辨爌等救解不聽永
光以毛羽健劾己請帝究主使者爌退申救都等因言永光不宜請
究言官帝亦不納而羽健獲免　先是御史毛九華劾溫體仁居家

時以抑買商人木爲所訴賂崔呈秀以免又因杭州建逆祠作詩頌
魏忠賢帝下浙江巡撫核實已御史任贊化劾體仁娶娼受金奪人
産諸不法事帝怒其語褻貶一秩調外體仁乞罷因言比爲錢謙益
故排擊臣者百出而無一人左袒臣臣孤立可見帝再召內閣九卿
質之體仁與九華贊化詰辨良久言二人皆謙益死黨帝心以爲然
獨召韓爌等於內殿諭曰諸臣不憂國而植黨挾私相攻自名東林
於朝事何補當繩以重法體仁復力求去以要帝帝優詔慰答焉爌
上言人臣不可以黨事君人君亦不可以黨疑臣但當論才品臧否
職業修廢而黜陟之若戈矛妄起於朝堂畛域横分於宮府非國之
福也又率同官力救贊化帝不納御史黃宗昌言體仁熱中枚卜欲
以結黨二字破從前公論之不予且箝後來言路之多口毛羽健言
彼附逆諸奸既不可用勢不得不用諸奸擯斥之人如以今連袂登
進者爲相黨而來抑將以昔之鱗次削奪者爲相黨而去乎今日語

太平則不足語剔弊則有餘諸臣亦何負國家而一夫高張輒疑舉
朝皆黨則株連蔓引不且一網盡哉給事中祖重曄南京給事錢允
鯨南京御史沈希詔相繼極論帝皆不聽法司上錢千秋獄言謙益
自發在前不宜坐詔令再勘體仁復疏劾法司六欺言獄詞皆出謙
益手於是刑部尚書喬允升左都御史曹于汴大理寺卿康新民太
僕寺卿蔣允儀府丞魏光緒給事中陶崇道御史樊尚璟吳甡劉廷
佐各疏言臣等雜治千秋觀聽者數千人非一手一口所能掩體仁
乃不復論千秋事惟詆于汴爲謙益座主黨護而已帝卒坐謙益杖
贖而謂體仁孤立益嚮之　三月召對周延儒於文華殿漏下數十
刻乃出語祕不得聞黃宗昌劾延儒生平穢行御史李長春論獨對
之非毛羽健言召見不以盈廷而以獨侍清問不以朝參而以燕閒
更漏已沈閤門猶啓漢臣有言所言公公言之所言私王者不受私
疏入切責南京御史劉之鳳等言臣等待罪陪京去延儒原籍三百

里其立身居鄉不堪置齒頰今乃特蒙眷注必將曰舉朝盡欺獨延
儒一人捐軀爲國使陛下眞若廷臣無可信而延儒乃得翦所忌樹
所私爲馮銓霍維華等翻局此一召也於國事無纖毫益而於聖德
有邱山之損亦被詰責　三邊總督武之望卒久之廷臣莫肯往乃
推副都御史楊鶴帝召見鶴問方略對曰清愼自持撫卹將卒而已
遂拜兵部右侍郎總督陝西三邊軍務鶴未至參政劉應遇擊斬王
二王大梁參議洪承疇亦擊破王左挂賊稍稍懼而繼起者益衆
曹于汴等大計京官貶黜二百餘人坐不謹者百人南京戶部尚書
鄭三俊都御史陳于廷亦力汰魏忠賢遺黨仕路爲清　薊州兵久
缺饟戊寅譟而甲圍巡撫王應豸於遵化布政使飭薊州兵備徐從
治單騎馳入陰部署夷丁標兵分營四門按甲不動登城而呼曰給
三月糧趣歸守汛地否將擊汝衆應聲而散應豸置毒飯中欲誘而
盡殺之諸軍復大亂帝命巡按方大任廉得應豸剋饟狀論死　畢

自嚴言諸邊年例自遼鑲外爲銀三百二十七萬八千有奇今薊密諸鎭節省三十三萬尙應二百九十四萬八千統計京邊歲入之數田賦百六十九萬三千鹽課百一十萬三千關稅十六萬一千雜稅十萬三千事例約二十萬凡三百二十六萬五千有奇而逋負相沿所入不滿二百萬卽盡充邊鑲尙無贏餘乃京支雜項八十四萬遼東提塘三十餘萬薊鎭撫賞十四萬遼東舊鑲改新鑲二十萬出浮於入已一百十三萬六千況內供召買宣大撫賞及一切不時之需又有出常額外者乞敕下廷臣各陳所見於是廷臣爭效計畫自嚴擇其可者先列上十二事曰增鹽引議鼓鑄括雜稅覈隱田稅寺產核牙行停修倉廒止葺公署南馬協濟崇文鋪稅京運撥兑板木折價已復列上十二事曰增關稅捐公費鬻生祠酌市稅汰冗役核虛冒加抵贖班軍折銀吏胥納班河濱灘蕩京東水田殿工冠帶帝悉允行

兵部尙書王洽言祖宗養兵百萬不費朝廷一錢屯田是也

今遼左永平天津登萊沿海荒地及寶坻香河豐潤玉田三河順義
諸縣閒田百萬頃元虞集有京東水田之議本朝萬曆初總督張佳
胤巡撫張國彥行之薊鎭爲豪右所阻其後巡撫汪應蛟復行之河
間今已墾者荒未墾者置不用遺天施地生之利而日講生財之術
爲養軍資不大失策乎乞敕諸道監司遵先朝七分防操三分屯墾
之制實心力行庶國計有裨軍食無缺帝稱善卽命行之　套寇大
入甘肅患豌豆創環大黃山而病諸將請擊之巡撫都御史梅之煥
不可曰幸災不仁乘危不武不如舍之因以爲德遂不戰踰月羣寇
望邊城搏顙涕泣而去　先是毛羽健陳驛遞之害言兵部勘合有
發出無繳入士紳遞相假一紙洗補數四差役之威如虎小民之命
如絲帝卽飭所司嚴加釐革已朝議汰各鎭兵給事中劉懋復請裁
驛卒帝以問韓爌爌言汰兵止當清占冒及增設宂兵爾衝地額兵
不可汰也驛傳疲累當責按臣核減以甦民困其所節省仍還之民

帝然之夏四月甲午裁驛站　王象乾之撫插漢也大同巡撫張宗衡初與同議已而變其說上疏言插來宣大駐新城去大同僅二百里三閱月未敢近前饑餓窮乏插與我等耳插恃撫金爲命兩年不得資用已竭食盡馬乏暴骨成莽插之望款不啻望歲而我遺之金繒牛羊茶果米穀無算是我適中其欲也插炰烋悖慢耳目不忍睹聞方急款尚如是使插士馬豐飽其憑陵狂逞可勝道哉象乾言款局垂成而復梦之旣示插以不信亦非所以爲國謀宗衡再疏言宜戰不宜款帝欲振威塞上頗善其言召諸大臣平臺詰問良久王洽及諸執政並主象乾策款議乃定　閏月癸亥流賊犯三水游擊高從龍戰沒　癸未祀地於北郊　五月乙酉朔日有食之禮部侍郎徐光啓依西法預推順天府見食二分有奇瓊州食旣大寧以北不食大統回回所推食分時刻與光啓互異已而光啓法驗餘皆疏帝切責欽天監官五官正戈豐年等言大統卽郭守敬授時曆元大德

三年八月己當食不食六年六月又食而失推是時守敬方知院事
尙不能無差況斤斤守法者哉庚子禮部請開局修改曆法從之以
光啓督修光啓言近世言曆諸家大都宗守敬法至若歲差環轉歲
實參差天有緯度地有經度列宿有本行月五星有本輪日月有眞
會視會皆古所未聞惟西曆有之而舍此數法則交食淩犯終無密
合之理宜取其法參互考訂使與大統法會同歸一蕣又上曆法修
正十事其一議歲差每歲東行漸長漸短之數以正古來百年五十
年六十六年多寡互異之說其二議歲實小餘昔多今少漸次改易
及日景長短歲歲不同之因以定冬至以正氣朔其三每日測驗日
行經度以定盈縮加減眞率東西南北高下之差以步日躔其四夜
測月行經緯度數以定交轉遲疾眞率東西南北高下之差以步月
離其五密測列宿經緯行度以定七政盈縮遲疾順逆違離遠近之
數其六密測五星經緯行度以定小輪行度遲疾留逆伏見之數東

西南北高下之差以推步淩犯其七推變黃道赤道廣狹度數密測二道距度及月五星各道與黃道相距之度以定交轉其八議日月去交遠近及真會視會之因以定距午時差之真率以正交食其九測日行考知二極出入地度數以定周天緯度以齊七政因月食考知東西相距地輪經度以定交食時刻其十依唐元法隨地測驗二極出入地度數地輪經緯以求晝夜晨昏永短以正交食有無先後多寡之數因舉南京太僕寺少卿李之藻西洋人龍華民鄧玉函報可　熊廷弼子疏請歸葬韓爌等言廷弼之死由逆奄欲殺楊漣魏大中誣以行賄因盡殺漣等復懸坐廷弼贓銀十七萬刑及妻孥冤之甚者詔許其子持首歸葬　毛文龍所居東江形勢雖足牽制其人本無大略動輒敗衄而歲糜饟無算無事則鬻參販布貿易禁物名濟朝鮮寔闌出塞袁崇煥始受事卽欲除之嘗疏請遣部臣理饟爲文龍所駮及來謁接以賓禮文龍又不讓崇煥計益決遂以閱兵

爲名泛舟抵雙島文龍來會崇煥與相燕飲每至夜分文龍不覺也崇煥議更營制設監司文龍怫然崇煥以歸鄉動之文龍曰向有此意但惟我知東事東事畢朝鮮衰弱可襲而有也崇煥益不悅六月戊午崇煥邀文龍觀將士射先設幄山上令參將謝尚政等伏甲士幄外文龍至其部卒不得入崇煥曰予詰朝行公當海外重寄受予一拜交拜畢登山崇煥問從官姓名多毛姓文龍曰此皆予孫崇煥笑因曰爾等積勞海外月米止一斛言之痛心亦受予一拜爲國家盡力衆皆頓首謝崇煥因詰文龍違令數事文龍抗辨崇煥厲色叱之命去冠帶縶縛文龍猶倔彊崇煥曰爾有斬罪十二知之乎一專制一方軍馬錢穀不受核二奏報盡欺罔殺降人難民冒功三奏疏稱牧馬登州取南京如反掌四侵盗軍糧五擅開馬市私通外番六部將數千人悉冒己姓濫給札付千走卒輿夫盡金緋七剽掠商船八彊取民間子女不知紀極部下效尤九驅難民遠竊人參不從則

餓死島上白骨如莽十拜魏忠賢爲父塑冕旒像於島中十一鐵山之役喪軍無算十二開鎮八年不能復寸土數畢文龍喪魂魄不能言但叩頭乞免崇煥召諭其部將曰文龍罪狀當斬否皆惶怖唯唯中有稱文龍數年勞苦者崇煥叱之曰文龍一布衣耳官極品滿門封廕足酬勞何悖逆如是乃頓首請旨取尚方劍斬之帳前出諭其將士曰誅止文龍餘無罪時文龍麾下健校悍卒數萬憚崇煥威莫敢動者崇煥命棺殮文龍而祭之分其卒二萬八千爲四協以文龍子承祚副將陳繼盛參將徐敷奏游擊劉興祚主之收文龍敕印尙方劍令繼盛代掌犒軍士檄撫諸島盡除文龍虐政而還事聞帝意殊駭以文龍既死且方倚崇煥乃優旨褒答俄傳諭暴文龍罪以安崇煥心其爪牙伏京師者令所司捕崇煥言文龍之衆合老稚四萬七千勝兵者不能二萬妄稱十萬設將領千今不宜更置帥即以繼盛攝之於計便又言東江一鎮牽制所必資今定兩協馬軍十營步

軍五歲鑲銀四十二萬米十三萬六千帝頗以兵減鑲增為疑以崇煥故特如其請然島弁失主帥心漸攜貳不可用其後有叛去者
癸亥以久旱齋居文華殿敕羣臣修省　黃河大決淹泗州沒睢寧城秋七月總河侍郎李若星請修祖陵移睢寧縣治他所而開邳州壩洩水入故道且塞曹家口匙頭灣偪水北注以減睢寧之患從之
　貴陽寇亂久里井蕭條民不及五百家山谷悉苗仲將士多殺降報功苗不附朱燮元招流移廣開墾募勇敢用閔夢得前議檄雲南兵下烏撒四川兵出永寧下畢節而親帥大軍駐陸廣偪大方總兵官許成名參政鄭朝棟由永寧復赤水衞安邦彥聞之分守陸廣鴨池三岔諸要害別以一軍趨遵義與奢崇明合兵十餘萬先犯赤水燮元授計成名陽退至永寧賊追至銳甚燮元度賊已深入即分遣總兵官林兆鼎從三岔副將王國楨從陸廣劉養鯤從遵義各進兵攻賊巢羅乾象復以奇兵繞其背急擊之賊黨驚潰邦彥恃勇欲先

破永寧軍還拒諸將爭索戰八月甲子四川總兵官侯良柱副使劉
可訓遇賊十五萬於五峯山桃紅壩戰敗賊成名亦來援賊奔據山
巔越數日良柱乘賊不備與副將鄧玘等侵早霧迫之賊大潰成名
聞山上呼譟聲亦出賊奔紅土川鵝項嶺徑長而陿人馬不能容良
柱玘軍至賊復大敗死者數萬人崇明邦彥及僞都督莫德並授首
俘其黨杓作等水西賊平時稱西南奇捷四川巡撫張論上其功不
及黔將成名等怒言邦彥德乃己部將趙國璽所斬且崇明猶未死
燮元信之奏於朝兵部不能決已御史孫徵蘭言訊俘囚阿癡杓作
等咸云邦彥卽時授首灼然非黔兵力帝卽命獻俘告廟傳首九邊
川中撫按及毛羽健皆訟良柱可訓功詆燮元燮元疏辨且求去賞
遂格不行良柱怨燮元不爲用至與相訐奏解職候勘　甲戌熹宗
神主祔太廟　王永光力薦高捷史𡎴錢龍錫扼之故事御史起官
必都察院咨取曹于汴惡捷𡎴憸邪久弗咨永光憤再疏力爭已得

請于汴猶以故事持之捷蓮遂投牒自乞于汴益惡之卒持不予韓爌請聽于汴言帝方眷永光不從捷蓮竟以部疏起官　丁未楊鎬棄市　九月癸卯開曆局　順天府尹劉宗周言陛下勵精求治宵旰靡寧然程效太急不免見小利而速近功何以致唐虞之治夫今日所汲汲於近功者非兵事乎誠以屯守爲上策簡卒節餉修政刑而威信布之需以歲月未有不望風束甲者而陛下方銳意中興刻期出塞當此三空四盡之秋竭天下之力以奉饑軍而軍愈驕聚天下之軍以博一戰而戰無日此計之左也今日所規規於小利者非國計乎陛下留心民瘼惻然痌瘝而以司農告匱一時所講求者皆掊克聚斂之政正供不足繼以雜派科罰不足加以火耗水旱災傷一切不問敲扑日峻道路吞聲小民至賣妻鬻子以應有司以掊克爲循良而撫字之政絕上官以催徵爲考課而黜陟之法亡欲求國家有府庫之財不可得已功利之見動而廟堂之上日見其煩苛事

事糾之不勝糾人人摘之不勝摘於是名實紊而法令滋煩者特嚴贓吏之誅自宰執以下坐重典者十餘人而貪風未盡息所以導之者未善也賈誼曰禮禁未然之先法施已然之後誠導之以禮將人人有士君子之行而無狗彘之心所謂禁之於未然也今一切詿誤及指稱賄賂者卽業經昭雪猶從吏議深文巧詆絕天下還改之途益習爲頑鈍無恥矯飾外貌以欺陛下士節日隳官邪日著陛下亦安能一一察之且陛下所以勞心焦思於上者以未得賢人君子用之也而所嘉予而委任者率奔走集事之人以摘發爲精明以告訐爲正直以便給爲才諝又安所得賢者而用之得其人矣求之太備或以短而廢長責之太苛或因過而成誤且陛下所譬畫動出諸臣意表不免有自用之心臣下救過不給讒諂者因而間之猜忌之端遂從此起夫恃一人之聰明而使臣下不得盡其忠則耳目有時壅憑一人之英斷而使諸大夫國人不得衷其是則意見有時移方且

爲內降爲留中何以追喜起之盛乎數十年以來門戶殺天下幾許正人猶蔓延不已陛下欲折君子以平小人之氣用小人以成君子之公前日之覆轍將復見於天下也陛下求治之心操之太急醞釀而爲功利功利不已轉爲刑名刑名不已流爲猜忌猜忌不已積爲壅蔽正人心之危所潛滋暗長而不自知者誠能建中立極默正此心使心之所發悉皆仁義之良仁以育天下義以正萬民自朝廷達於四海莫非仁義之化陛下已一旦躋於堯舜矣帝以爲迂闊而歎其忠　冬十月太常寺少卿呂維祺奏防微八事言陛下初勤批答今或留中留中多則疑慮起當防一初虛懷商榷今擬旨一不當改擬徑行豈無當執奏者當防二初事無疑厭疑厭皆諸臣自取今偏黨說起共夔並進當防三初日御經筵今始傳免當防四初寡嗜欲愼宴游今或偶涉當防五初愼刑獄今有下詔獄者且登聞頻擊恐長囂訟風當防六初重廷推今間用陪非常典當防七初樂讜言今

或譴呵時及當防八帝優旨報之　初烏撒土官安效良死其妻改適霑益土官安邊欲兼有烏撒部議將聽之錢龍錫言效良有子其爵立之以收烏撒存亡繼絕於理爲順安邊淫亂不可長也乃不許朱燮元旣平安邦彥以兵威脅走邊令其爵署烏撒知府其祿署霑益知州烏撒陷賊八年至是始復燮元以境内賊略盡不欲窮兵乃移檄安位赦其罪許歸附位豎子不能決其下謀合潰兵來拒燮元集將吏議曰水西地深險多箐篁蠻煙瘴雨莫辨晝夜深入難出今當扼其要害四面迭攻賊乏食將自斃於是攻之百餘日斬首萬餘級復得嚮導輒發窖粟就食賊益饑劉養鯤遣人入大方燒其室廬位大恐　南京禮部尚書周嘉謨卒年八十四贈少保　戊寅大清兵數十萬分道入龍井關大安口十一月壬午朔京師戒嚴大清兵臨遵化巡撫王元雅推官何天球遵化知縣徐澤先任知縣武起潛憑城拒守保定推官李獻明以察核官庫駐城中或勸之去

正色曰莫非王土安敢見危避難請守東門甲申城破元雅等並死之山海關總兵趙率教聞警馳援三晝夜抵三屯營總兵官朱國彥不令入遂策馬而西乙酉戰於遵化中流矢陳亡一軍盡沒三屯亦被兵國彥偕妻張氏投繯死　丁亥總兵官滿桂帥五千騎入衞次順義與宣府總兵官侯世祿俱戰敗遂趨都城　廷臣爭請召孫承宗吏部侍郎成基命亦以爲言並請省一切浮議倣嘉靖朝故事增設樞臣帝並可之己丑基命爲禮部尚書兼東閣大學士預機務承宗以原官兼兵部尚書視師通州仍入朝陛見　辛卯袁崇煥督祖大壽何可綱等入援次薊州所歷撫寧永平遷安豐潤玉田諸城皆留兵守帝聞其至甚喜溫旨褒勉發帑金犒將士令盡統諸道援軍戊戌宣大保定兵相繼入援徵天下鎭巡官勤王承宗至召對平臺問方略對言臣聞袁崇煥駐薊州滿桂駐順義侯世祿駐三河此爲得策又聞尤世威回昌平世祿駐通州似未合宜帝問卿欲守三河

何意對曰守三河以沮西奔遏南下帝稱善曰若何爲朕保護京師
承宗言當緩急之際守陴人苦饑寒非萬全策請整器械厚犒勞以
固人心所條畫俱稱旨帝曰卿不須往通其爲朕總督京城內外守
禦事務仍參帷幄趣韓爌草敕下所司鑄關防承宗出漏下二十刻
矣即周閱都城五鼓而畢復出閱重城明日夜半傳旨守通州時烽
火徧近郊承宗從二十七騎出東便門道亡其三疾馳抵通門者幾
不納既入城與保定巡撫解經傳御史方大任總兵官楊國棟登陴
固守　辛丑
大清兵越薊州而西薄德勝門世祿兵潰桂獨前搏戰城上發大礮
助之誤傷桂軍桂亦負傷令入休甕城承宗遣游擊尤岱以騎卒三
千赴援旋遣副將劉國柱督軍二千與岱合發密雲兵三千營東直
門保定兵五千營廣寧門以其閒遣將復馬蘭三屯二城崇煥自薊
州急引兵入護京師營廣渠門外甲辰帝召見崇煥於平臺深加慰

勞咨以戰守策賜御饌及貂裘又令桂解衣視其創周延儒言本兵備禦疏忽調度乖張檢討項煜繼之且曰世宗斬一丁汝夔將士震悚彊敵宵遁帝頷之下王洽獄又以軍械不具下張鳳翔獄四司郎中瘐死者三罷李邦華閑住崇煥以士馬疲敝請入休城中不許出與

大軍鏖戰互有殺傷時所入隘口乃薊遼總理劉策所轄崇煥甫聞警即千里赴援自謂無罪然都人驟遭兵怨謗紛起謂崇煥縱敵朝士因前通和議誣崇煥引敵脅和將為城下之盟帝頗聞之不能無惑會我

大清設間謂崇煥密有成約令所獲宦官知之陰縱使去其人奔告於帝帝信之不疑十二月辛亥朔再召崇煥於平臺下錦衣衛獄大壽在旁戰栗失措基命叩頭請慎重者再帝曰慎重即因循何益基命復叩頭曰敵在城下非他時比帝終不省　擢遵化巡撫都御史

梁廷棟爲兵部侍郎總督薊遼保定軍務及四方援軍　桂總理關寧將卒營安定門外前總兵官孫祖壽散家財招回部曲以從桂　甲寅大壽與可綱等帥所部萬五千人東潰遠近大震承宗聞急遣都司賈登科齎手書慰諭大壽而令游擊石柱國馳撫諸軍大壽見登科言麾下卒連戰大捷冀得厚賞而城上羣詈爲賊投石擊死數人所遣邏卒指爲間諜而殺之勞而見罪是以奔還當出擣朵顏然後東身歸命柱國追及諸軍其將士持弓刀相向皆垂涕言督師既戮又將以大礮擊斃我軍故至此柱國復前追大壽去已遠乃返承宗言大壽危疑已甚又不肯受滿桂節制因譌言激衆東奔非部下盡欲叛也當大開生路曲收衆心遼將多馬世龍舊部曲臣謹用便宜遣世龍馳諭其將士必解甲歸大壽不足慮也帝喜從之　乙卯命承宗移鎮關門關門爲敗兵所劫掠閉門罷市承宗至人心始定諸將亦多自拔來歸者　帝用基命言取崇煥獄中手書招大壽大

壽妻左氏亦以大義責其夫大壽斂兵待命承宗密札諭大壽急上
章自列且立功贖督師罪大壽如其言帝優詔報之　庚申帝不視
朝章奏多留中不報傳旨辦布囊八百中官競獻馬騾又令百官進
馬劉宗周曰是必有以遷幸動上者乃詣午門叩頭諫曰國勢彊弱
視人心安危乞陛下出御皇極門延見百僚明言宗廟山陵在此固
守外無他計俯伏待報自晨迄暮中官傳旨乃退時米價騰躍宗周
請罷九門稅修賈區以處貧民爲粥以養老疾嚴行保甲之法人心
稍安　庶吉士金聲上書得召見薦同官劉之綸僧申甫知兵帝立
召之綸甫之綸言兵了了口辨甫亦奏對稱旨帝大悅授甫京營副
總兵資之金十七萬召募新軍便宜從事改聲御史監其軍授之綸
兵部右侍郎副尚書閔夢得協理京營戎政甫倉卒募數千人皆市
井游手所需軍裝戎器又不時給帝命基命閱其所部兵基命極言
不可用帝不聽甫乃出營柳林桂所部降丁間擾民甫軍捕之桂輒

索去發矢驚甫營有死者聲以聞帝命聲調護
大清兵克良鄉知縣黨還醇力屈被執與訓導李廷表典史史之棟驛丞楊其禮並死之教諭安上達闔門死難　帝拜桂武經略盡統入衞諸軍賜尚方劍趣出師桂曰敵勁援寡未可輕戰中使趣之急桂不得已督孫祖壽及總兵官黑雲龍麻登雲等移營永定門外二里許列柵以待
大清兵自良鄉回丁卯昧爽以精騎四面蹙之諸將不能支大敗桂及祖壽戰死雲龍登雲被執甫連敗於柳林大井乃結車營盧溝橋
大清兵繞出其後御車者恇懼不能轉殲戮殆盡甫亦陳亡之綸乃請行乞京營及關外兵皆不許命之召募聲恥無功請帥參將董大勝兵七百人甫遺將古壁兵百人及豪傑義從數百人練成一旅爲之綸奇兵不許桂率教稱一時良將相繼戰沒乃以世龍代爲總理賜尚方劍盡統諸鎭援師　崇煥之赴召也嘗與錢龍錫語微及欲

殺毛文龍狀及崇煥欲成和議龍錫嘗移書止之龍錫故與韓爌定逆案爲羣小所忌爌又崇煥座主及崇煥下獄王永光等欲藉是興大獄高捷首疏攻龍錫言崇煥通款殺將皆龍錫發縱指示大壽師潰而東亦龍錫挑激所致帝以龍錫忠慎戒無苛求龍錫疏辨乞罷帝慰諭之龍錫卽起視事捷再疏攻帝意頗動壬申龍錫再辨引疾遂放歸　大名府知府盧象昇募萬人入衛河南巡撫都御史范景文帥所部八千人至饟皆自賫抵涿州移駐都門再移昌平紀律嚴明遠近恃以無恐耿如杞帥總兵官張鴻功以勁卒五千人赴援軍令兵至之明日汛地定而後給饟如杞兵至兵部令守通州明日調昌平又明日調良鄉汛地累更兵三日不得饟癸酉譟而大掠帝聞大怒逮如杞鴻功下獄刑部獄囚劉仲金等百七十人破械出欲踰城被獲帝震怒下喬允升及左侍郎胡世賞提牢主事敖繼榮獄欲置之死宗周言國事至此諸臣負任使無所逃罪陛下亦宜分任咎

禹湯罪己興也勃焉曩陛下以情面疑羣臣羣臣盡在疑中日積月累結爲陰痞識者憂之今日當開示誠心爲濟難之本御便殿以延見士大夫以票擬歸閣臣以庶政歸部院以獻可替否予言官不效從而更置之無坐錮以成其罪乃者朝廷縛文士如孤雛而視武健士不啻驕子漸使恩威錯置文武皆不足信乃專任一二內臣閫以外次第委之自古未有宦官典兵不誤國者又劾世龍及張鳳翼吳阿衡等罪忤帝意　都人桀黠者請以私財聚衆助官軍朝議壯之獨何如寵力言其叵測不善用必啓內釁乃止　禮部侍郎錢象坤工部員外郎華允誠奉命登陴分守祁寒不懈帝偵知之丁丑命延儒如寵象坤俱禮部尙書兼東閣大學士預機務賜允誠白金加俸一年山海關城故十六里衞城止二里

大清兵在內關城無可守衞城連關可步屧而上也承宗別築牆橫亙於關城穴之使礮可平出城中水不足一晝夜穿鑿百井舊汰牙

門將僑寓者千人窮而思亂皆廩之於官使巡行街衢守臺護倉均
有所事內間不得發外來者輒爲邏騎所得由是關門守完乃遣世
龍督步騎兵萬五千人入援令游擊祖可法等帥騎軍四營西戍撫
寧
三年春正月大壽入關謁承宗親軍五百人甲而候於門承宗開誠
與語卽日列其所統步騎三萬於教場行誓師禮羣疑頓釋
大清兵自京師東行先使人伏永平府文廟承塵上主者不覺也甲
申黎明登城有守將左右之副使鄭國昌覺其異捶之至死須臾北
樓火發城遂破國昌自縊城上中軍守備程應琦從之應琦妻奔告
國昌妻與之偕死知府張鳳奇推官盧成功盧龍縣教諭趙允殖副
總兵焦延慶東勝衛指揮張國翰里居中書舍人廖汝欽武舉唐之
俊諸生韓洞原周祚新馮維京胡起鳴胡光奎田種玉等十數人皆
死國昌鳳奇一門盡死　陝西諸路總兵官吳自勉等帥師入衞延

綏甘肅兵潰西去與流賊合　之綸募兵得萬人遂行抵通州守者不納天大雨雪宿古廟中奏軍機七上不報御史董羽宸劾其行留之綸乞削官賜骸骨不許之綸乃進次薊州　京師解嚴帝召對諸大臣於文華殿言法紀廢弛宜力振刷基命對曰治道去太甚譬理亂絲當覓其緒驟紛更益擾亂帝曰慢則糾之以猛何謂紛更　丙戌瘞城外戰士骸　戊子

大清兵拔遷安遂下灤州分兵攻撫寧可法等堅守不下

大清兵遂向山海關庚寅至鳳凰店離關三十里列三營副總兵官惟賢參將陳維翰等設兩營以待合戰互有殺傷

大清兵乃還攻撫寧及昌黎俱不下逮總督薊遼都御史劉策總兵官張士顯下獄論死時京師道梗承宗大壽軍在東世龍及四方援軍在西承宗募死士沿海達京師始知關城尚無恙關西南三縣曰撫寧昌黎樂亭西北三城曰石門臺頭燕河皆東護關門西繞永平

爲近關要地承宗飭諸城嚴守而遣將戍開平復建昌聲援始接乙
未禁抄傳邊報中書舍人加尙寶司卿原抱奇劾爌主款誤國招寇
欺君郡邑殘破宗社阽危不能設一策拔一人坐視成敗以人國僥
倖宜與龍錫並斥帝重去爌貶抱奇秩而左庶子丁進工部主事李
逢申劾疏繼上爌即三疏引疾詔賜白金綵幣馳驛遣行人護歸爌
先後作相老成愼重引正人抑邪黨天下稱其賢進逢申則皆其會
試所舉士也勤王軍數萬在薊之綸與世龍自勉約由薊趨永平牽
之無動自帥兵八路進攻遵化營娘娘山世龍自勉不赴約世龍令
維賢帥維翰及游擊張奇化等襲遵化城中兵出擊前鋒殊死戰
大清兵收入城後隊乘勢進攻城上矢石如雨尋復遣兵出戰惟賢
陷陳中箭死士卒殺傷者三百餘人奇化亦戰沒壬寅
大清兵自永平趨三屯營驍騎三萬望見之綸山上軍縱擊之之綸
發礮礮炸軍營自亂左右請結陳徐退以爲後圖之綸叱曰毋多言

吾受國恩吾死耳嚴鼓再戰自辰至酉短兵接流矢四集之綸戰死一軍皆哭拔營野戰皆死之事聞賜之綸祭葬任一子久之贈尚書之綸部將吳應龍等結營毛山規取羅文谷關師敗游擊金日觀遣二將馳援亦敗沒

大清兵乘勝據府君玉皇二山進攻馬蘭城甚急日觀堅守不下

王左挂王子順苗美等攻宜州爲知縣成材所卻轉攻韓城楊鶴命洪承疇禦之俘斬三百餘人圍解賊走清澗時五鎮總兵並以勤王行軍中無帥鶴令故總兵杜文煥任之　梁廷棟入爲兵部尚書銜馬世龍違節制將更置之以撼孫承宗成基命力調劑時薊遼總督張鳳翼未至順天巡撫方大任老病不能軍監軍主事邱禾嘉議通關門聲援帥軍入開平二月

大清兵攻之禾嘉力拒守乃引去已分略古治鄉雙望何可綱及副將張洪謨金國奇游擊劉光祚等迎戰頗有斬獲

大清兵復攻牛門水門又攻鐵廠欲據以絶豐潤糧道守三屯總兵官楊肇基遣都司劉澤清援鐵廠世龍以尚方劍畀參將曹文詔令帥參將王承允張叔嘉都司左良玉等援玉田豐潤文詔等伏枯樹洪橋鏖戰有功自大塹山轉戰偪遵化而返　庚申立皇長子慈烺爲皇太子大赦　鄭三俊言皇上憂勞少過人情鬱結未宣百職庶司救過不贍上下睽孤足爲隱慮願保聖躬以保天下收人心以收封疆帝褒納之　原抱奇再劾韓爌曹于汴及尚書孫居相侍郎程啓南府丞魏光緒目爲西黨請皆放黜以五人籍山西也帝絀抱奇言不聽工部主事陸澄源復劾于汴帝謫澄源于汴亦謝事去　延安知府張輦都司艾穆蹙賊延川降其魁王子順張述聖姬三兒等王嘉允掠延安慶陽楊鶴撫之不聽匿不以奏而給降賊王虎小紅狼一丈青掠地虎混江龍等免死牒安置延綏河曲間賊淫掠如故

三月壬午李標致仕　刑部尚書韓繼思侍郎張慎言讞耿如杞

獄不稱旨皆削職下獄如杞尋棄市　喬允升等之下獄也中書沈自植乘間劾允升他罪章并下按問掌都察院副都御史易應昌以允等無死罪執奏再三帝怒下應昌獄鐫僉都御史高宏圖大理寺卿金世俊級奪少卿周邦基以下俸令再讞宏圖等及坐允升絞而微言其老病可矜乃命與敎繼榮俱戍邊胡世賞贖杖爲民已刑部尙書胡應台等上應昌罪帝以爲輕杖郎中徐元嘏于廷鐫應台秩視事應昌論死允升赴戍所未幾死允升端方廉直歷中外具有聲績以詿誤獲重譴天下惜之　戊申王嘉允從神木渡河犯山西時秦地所徵曰新餉曰均輸曰間架其目日增民大困又裁驛站山陝游民仰驛糈者無所得食俱從賊　兵部郎中李繼貞請發帑金糴米輸軍前且令四方贖鍰及捐納事例者輸粟於邊以撫饑民又言兵法撫勦並用非撫賊也撫饑民之從賊者耳今斗米銀四錢已從賊者猶少未從賊而勢必從賊者無窮請賚三十萬石以往安輯

饑民使不爲賊以孤賊勢帝不聽　安位遣使請降朱燮元與約四
事一貶秩二削水外六目地歸之朝廷三獻殺王巡撫者首四開畢
節等九驛位請如約遂帥四十八目出降貴州乃靖燮元遂上言水
西自河以外悉入版圖沿河要害臣築城三十六所近控苗蠻遠聯
滇蜀皆立郵舍繕郵亭建倉廩賊必不敢猝入爲寇鴨池安莊傍河
可屯之土不下二千頃諸將士身經數百戰咸願得尺寸地長子孫
請劃新疆以授之使知激勸報可　夏四月乙卯以久旱齋居文華
殿諭百官修省　劉宗周進祈天永命之說請除詔獄除新餉未言
君者天之宗子輔臣者宗子之家相陛下置輔率由特簡亦願體一
人好生之心毋驅除異己構朝士以大獄結國家朋黨之禍毋寵利
居成功導人主以貪強釀天下土崩之勢周延儒溫體仁見疏不懌
以時方禱雨而宗周稱疾指爲偃蹇激帝怒擬旨詰之且令陳足兵
足食之策宗周條畫以對延儒體仁不能難　丁丑流賊陷蒲縣

王洽瘐死尋論罪復坐大辟洽清修伉直雅負時望而應變非所長遵化陷再日始得報帝怒其偵探不明又以廷臣玩愒擬用重典故於洽不少貸云　五月諭德文震孟言羣小合謀欲借邊才翻逆案天下有無才誤事之君子必無懷忠報國之小人今有平生無恥慘殺名賢之呂純如且藉奧援思辨雪王永光爲六卿長假竊威福倒置用舍無事不專而濟以狠發念必欺而飾以樸以年例大典而變亂祖制以考選盛舉而擯斥清才舉朝震恐莫敢訟言臣下雷同豈國之福帝令指實再奏震孟言殺名賢者故吏部周順昌年例則抑吏科給事陳良訓考選則擯中書舍人陳士奇潘有功也永光窘甚密結內臣王永祚謂士奇出姚希孟門震孟希孟舅也帝心疑之永光辨疏得温旨而責震孟任情牽詆震孟在講筵最嚴正時大臣數逮繫震孟講魯論君使臣以禮一章反覆規諷帝即出喬允升胡世賞於獄帝嘗加足於膝適講五子之歌至爲人上者奈何不敬以目

視帝足帝卽袖掩之徐爲引下時稱眞講官　遵化永平遷安灤州
失守數月昌平尤世威薊鎭楊肇基保定曹鳴雷山海宋偉山西王
國樑固原楊麒延綏吳自勉臨洮王承恩寧夏尤世祿甘肅楊嘉謨
所將皆諸邊銳卒內地則山東河南南京湖廣浙江江西福建四川
諸軍先後至者二十萬皆壁於薊門及近畿莫利先進詔旨屢督趣
給事中張第元言馬世龍非若衞霍之儔功名足以服人諸帥宿將
非世龍偏裨不能驅策節制帝以世龍方規進取不聽秦良玉與秦
翼明奉詔勤王出家財濟饟帝優詔褒美召見平臺賜良玉綵幣羊
酒賦四詩旌其功世龍請先復遵化孫承宗曰不然遵化在北易取
而難守不如姑留之以分其勢而先圖灤今當多爲聲勢示欲圖遵
之狀以牽之諸鎭赴豐潤開平聯關兵以圖灤得灤則以開平兵守
之而騎兵決戰以圖永得灤永則關永合而取遵易易矣議旣定乃
令何可綱督諸將營雙望諸山以綴永平之師令祖大壽諸軍直趨

灤州東西諸營並進承宗親詣撫寧以督之己丑大壽及邱禾嘉永平參議張春先抵灤城下世龍世祿自勉麒承恩繼至辛卯克之壬辰副將王維城游擊靳國臣等入遷安我

大清兵守永平者盡撤而北還癸巳承宗及可綱入永平乙未副將謝尚政曹文詔等入遵化四城俱復捷聞帝告謝郊廟大行賞賚加承宗太傅賜蟒服白金世襲錦衣衛指揮僉事加世龍太子太保蔭本衛世千戶餘論功進秩有差承宗力辭太傅不受屢疏稱疾乞休優詔不允世龍尋謝病歸永平當兵燹之餘閭閻困敝春盡心撫卹人皆懷之初大壽之潰還也寧前兵備參議孫元化調劑令復入關時永平失守關內外隔絕者半年軍食久虛將士單弱列城得無虞元化力也梅之煥入衛及抵京師已後時矣有詔入朝翌日又詔落職候勘初溫體仁訐錢謙益之煥移書中朝右謙益至是體仁修隙之煥遂得罪之煥雖文士負材武善射既廢無所見所居縣阻山

多盜無事輒帥健兒助吏捕無脫者　楊鶴移駐耀州賊攻破金鎖
關殺都司王廉　六月王嘉允襲破黃甫川清水木瓜三堡殺副將
李釗游擊李顯宗癸丑陷府谷杜文煥擊走之張獻忠者隸延安鎮
爲軍犯法當斬主將陳洪範奇其狀貌爲請總兵王威釋之獻忠乃
逃去至是聚衆據米脂十八寨稱八大王以應嘉允又有神一元不
沾泥可天飛郝臨菴紅軍友點燈子李老柴混天猴獨行狼諸賊所
在蜂起　己未授宋儒程頤邵雍後裔程接道邵繼祖五經博士世
襲　辛酉禮部尚書温體仁吳宗達並兼東閣大學士預機務　梁
廷棟以試礮而炸劾工部郎中王守履失職守履懼詆兵部郎中王
建侯誣己廷議不如守履言守履遂下獄工部尚書南居益疏救帝
以爲徇私削其籍廷杖守履六十斥爲民　皮島副將劉興治兇狡
好亂與陳繼盛不相能其兄參將興祚陣亡繼盛誤聽諜報謂未死
興治憤擇日爲興祚治喪諸將咸弔繼盛至興治伏兵執之又執理

鑲經歷楊應鶴等十一人並殺之又僞爲島中商民奏請優卹興祚而令興治鎮東江舉朝大駭以海外未遑詰也興治遂與諸弟兄放舟長山島大肆殺掠時登萊總兵官張可大方援永平帝令副將周文郁撫定興治會復設登萊巡撫以孫元化爲之黃龍爲皮島總兵官興治尋爲島衆所殺　寧遠自畢自肅遇害遂廢巡撫官以經略兼之至是議復設兵部尚書梁廷棟力推邱禾嘉才乃擢禾嘉僉都御史任之

大清兵以二萬騎圍錦州禾嘉督何可綱及游擊楊振等赴救戰於鄄馬山有功城獲全　袁崇煥獄未竟史𡌴言錢龍錫主張崇煥斬帥致兵倡爲款議以信五年成功之說賣國欺君其罪莫逭龍錫出都以崇煥所畀重賄數萬轉寄姻家巧爲營幹致國法不伸袁弘勳亦力攻龍錫帝怒敕刑部五日具獄於是錦衣衛使劉僑上崇煥獄詞法司坐崇煥謀叛帝召諸臣於平臺責龍錫私結邊臣蒙隱不舉

令廷臣議罪是日羣議於中府謂斬帥雖龍錫啓端而兩書有處置
愼重語意不在擅殺殺毛文龍乃崇煥過舉至講款倡自崇煥龍錫
始答以酌量繼答以天子神武不宜講款然軍國大事私自商度不
抗疏發奸何所逃罪秋八月癸亥磔崇煥於市帝欲族崇煥以何如
寵救免兄弟妻子流三千里籍其家崇煥無子家亦無餘資天下冤
之九月乙卯遣使逮龍錫　先是李逢申劾成基命欲脫袁崇煥罪
故乞愼重基命求罷帝爲貶逢申一秩方崇煥之議罪也基命病不
入直張道濬以委卸劾之陸澄源劾疏繼上基命奏辨曰澄源謂臣
嘗兩疏廷推皆韓爌等欲藉以救崇煥當廷推時崇煥方倚任安知
後日之敗預謀救之其說祖逢申道濬不逐臣不止乞放歸帝慰留
之卒三疏致仕去基命性寬厚每事持大體爲首輔者數月周延儒
温體仁比而傾之帝亦欲委政延儒遂爲其黨所逐　冬十月癸亥
停刑　丙寅巡撫延綏都御史洪承疇總兵官杜文煥敗賊張獻忠

於清澗十一月壬寅破賊於懷寧　甲午山西總兵官王國樑擊王嘉允於河曲大敗賊入據其城會部議設山陝提督令文煥爲之乃偕延綏副總兵曹文詔馳至河曲絕饟道以困賊　梁廷棟言今日閭左雖窮然不窮於遼饟也一歲中陰爲加派者不知其數而曰民窮於遼饟何也臣考九邊額設兵饟兵不過五十萬饟不過千五百三十餘萬何憂不足故今日民窮之故惟在官貪不在加派疏入帝下戶部協議畢自嚴阿廷棟意言今日之策無踰加賦請畝加九釐之外再增三釐禮部侍郎羅喻義疏言其害不聽十二月乙巳朔增田賦充饟於是舊增五百二十萬之外復增百六十五萬有奇海內益咨怨矣　戊午神一元陷新安寧塞柳樹澗等堡寧塞杜文煥所居宗人多死文煥遂還救　錢龍錫逮至下獄悉封上袁崇煥原書及所答書且疏辨帝不省時羣小麗名逆案者聚謀指崇煥爲逆首龍錫及諸異己者爲逆黨更立一逆案相抵溫體仁與周延儒王永

光圭謀既定欲自兵部發其事梁廷棟憚帝英明不敢任而止乃議
龍錫大辟帝以龍錫無逆謀令長繫體仁既藉延儒力入閣務爲柔
佞帝意漸向之而體仁陽曲謹媚延儒陰欲奪其位延儒不知也體
仁與永光謀起王之臣呂純如等或謂延儒曰彼將翻逆案而外歸
咎於公延儒愕然會帝以之臣問延儒對曰用之臣亦可雪崔呈秀
矣帝悟乃止

明紀卷第五十二

卹贈知府銜給雲騎尉世職內閣候補中書孫男克家補纂

莊烈紀二 起崇禎四年辛未訖崇禎七年甲戌凡四年

四年春正月己卯神一元棄寧塞陷保安　丁酉御史吳甡振延綏饑民以十萬金往李繼貞少之帝不聽　己亥召對內閣九卿科道及入覲兩司官於文華殿命都察院嚴核巡按御史　中允黃道周三疏言錢龍錫不宜坐死罪忤旨貶秩調外倪元璐請以己代道周謫帝不允檢討徐汧疏頌道周元璐賢因自請罷黜帝詰責汧汧言推賢讓能藎臣所務難進易退儒者之風聞者陛下委任之意希注外廷防察之權輒逮閹寺默窺聖意疑貳漸萌萬一士風日賤宸嚮日移明盛之時爲憂方大不聽　寧夏總兵官賀虎臣副將李卑救保安賊引河套數千騎挫虎臣軍會副將張應昌偕游擊左光先擊斬神一元一元弟一魁代領其衆棄城去二月壬子圍慶陽分兵陷

合水　三月丁丑張應昌等擊敗神一魁慶陽圍解總督陝西三邊軍務侍郎楊鶴移駐寧州一魁求撫送還合水知縣蔣應昌別賊拓先齡金翅鵬過天星田近菴獨頭虎等亦先後降癸未鶴設御座於城樓賊跪拜呼萬歲鶴宣聖諭令設誓或歸伍或歸農賊陽應之立赦其罪鶴又以一魁最彊致其壻帳中同臥起一魁果至數以十罪則稽首謝即宣詔赦之畀以官處其衆四千餘人於寧塞使守備吳宏器護焉已而羣賊相繼復叛　御史姜思睿陳天下五大弊曰加派病民曰郵傳過削曰搜剔愈精頭緒愈亂曰徵歛愈甚頹廢愈多曰督責愈急蒙蔽愈深忤旨切責思睿應麟從子也　吏部尚書王永光罷温體仁用都御史閔洪學代之凡異己者率以部議論罷而體仁陰護其事又用史𡏖高捷及侍郎唐世濟副都御史張捷爲腹心　夏四月庚戌禱雨　辛丑詔廷臣條時政多請緩刑乃免張鳳翔易應昌李如楨等死遣戍邊衛　洪承疇受降卒命守備賀人龍

勞以酒伏兵擊斬三百二十人　巡撫陝西都御史練國事帥參將張全昌趙大允等連破點燈子於中部郃陽韓城又破別賊於宜君雒川降其魁李應蠶王承恩張應昌擊走不沾泥於米脂時杜文煥等分勦賊澄城宜川耀州白水斬首千九百有奇　是月曹文詔克河曲王嘉允脫走　五月甲戌大旱步禱於南郊　胡應台等乞宥錢龍錫給事中劉斯琜繼言之庚辰戍龍錫定海衞龍錫出獄周延儒言帝甚怒解救殊難溫體仁陽曰帝固不甚怒也　梁廷棟居中樞所陳兵事多中機宜帝甚倚之然頗挾數行私不爲朝論所重給事中葛應斗劾袁宏勛納參將胡宗明金請屬兵部廷棟亦劾宏勛及張道濬通賄狀宗明道濬俱下獄兩人者王永光私人也廷棟謀并去永光以己代之得釋兵事永光遂由此去御史水佳允宏勛郡人也兩疏力攻廷棟廷棟疏辨求去帝猶慰留初廷棟薦通判安國棟爲職方主事主插漢撫賞事國棟頗爲奸利廷棟庇之會佳允坐

他事左遷行人司副復發兩人交通狀幷列其賄鬻將領數事事俱有跡廷棟危甚賴中人左右之得閒住去　錢象坤素負物望與溫體仁同相無附和跡梁廷棟之被劾也不待旨即奏辨廷棟故出象坤門水佳允疑象坤泄之語侵象坤周延儒以廷棟嘗發其私人贓罪惡之幷惡象坤象坤遂五疏引疾六月丁未致仕　王嘉允轉掠至陽城南山曹文詔追及之其下斬以降其黨乃推王自用號紫金梁者爲魁自用結羣賊老𤞤𤞤曹操八金剛掃地王射塌天閻正虎滿天星破甲錐邢紅狼上天龍蝎子塊過天星混世王及高迎祥張獻忠等三十六營衆二十餘萬聚山西米脂人李自成者迎祥甥也與獻忠同歲生充銀川驛卒善騎射鬭狠無賴數犯法知縣晏子賓捕之將置之死脫去爲屠至是往從迎祥號闖將　秋七月甲戌王承恩敗賊於鄜州降賊首上天龍　李老柴獨行狼攻陷中部田近菴以六百人守馬欄山應之　點燈子入山西初沁水張銓父五典

度海內將亂築所居寶莊爲堡堅甚及是賊至五典已沒銓子道濬等官京師獨銓妻霍氏在衆請避之曰避賊而出家不保出而遇賊身更不保等死耳盍死於家乃帥僮僕堅守賊環攻四晝夜不克而去副使王肇生名其堡曰夫人城鄉人避賊者多賴以免　八月癸卯賀虎臣擊斬賊劉六於慶陽　初登萊巡撫孫元化議撤島上兵於關外規復廣寧及金海蓋三衞遼東巡撫邱禾嘉議用島兵復廣寧義州右屯梁廷棟慮其難以咨孫承宗承宗奏言廣寧去海百八十里去河百六十里陸運難義州地偏去廣寧遠必先據右屯乃可漸逼廣寧又言右屯城已隳修築而後可守築之敵必至必復大小凌河以接松杏錦州錦州繞海而居敵難陸運而右屯之後卽海據此則糧可給兵可聚始得以漸而進奏入廷棟力主之遂築大凌城命祖大壽何可綱督工部檄促城甚急大壽以兵四千據其地發班軍萬四千人築之護以石硅土兵萬人禾嘉往視之條九議以上會

廷棟罷去廷議大凌荒遠不當城撤班軍赴薊責撫鎮矯舉令回奏
禾嘉懼盡撤防兵留班軍萬人輸糧萬石濟之及是工竣我
大清以十萬衆至丁未圍數周掘濠築牆別遣一軍截錦州大道城
外堠臺皆下城中兵出悉敗還承宗聞之馳赴錦州禾嘉亦至承宗
遣總兵官吳襄宋偉與禾嘉合兵往救離松山三十餘里與
大清兵遇大戰長山小凌河間互有損傷詔尤世威赴援世威護陵
不得行言左良玉可代帥兵往昌平督治侍郎侯恂遂薦良玉爲副
將良玉戰香山杏山下錄功第一　丙辰何如寵致仕　給事中傅
朝佑劾周延儒以機械變詐之心運刑名督責之術結袁宏勛張道
濬爲腹心擯錢象坤劉宗周於草莽傾陷正士加之極刑曰上意不
測也攘竊明旨播諸朝右曰吾意固然也陛下因旱求言則恐其揚
己過故削言官以立威陛下愼密兵機則用以箝人口故挫直臣以
怵衆往時糾其罪惡者盡遭斥逐而親知鄉曲徧列要津大臣之道

固如是乎御史路振飛劾周延儒卑汚奸險黨邪醜正祈立斥以清揆路給事中吳執御亦劾其姻親陳于泰幕客李元功等交關爲奸利皆被旨切責　御史謝三賓言楊鶴謂慶陽撫局既畢賊散遣俱盡中部之賊寧自天降疏下巡按御史吳甡覈奏甡言鶴主撫誤國帝怒甲午逮鶴下獄以洪承疇代之練國事戴罪自贖　臨洮總兵官曹文詔帥參將艾萬年連敗點燈子於桑落鎮花地窯霧露山都司王世虎守備姚進忠戰死文詔追及於稷山諭降七百人點燈子遁　帝初即位鑒魏忠賢禍敗盡撤諸方鎮守中官委任大臣既而廷臣競門戶兵敗饟絀不能贊一策帝方銳意綜核疑其朋黨營私乃思復用中官九月庚辰遣王應朝監軍關寧張國元監軍東協王之心監軍中協鄧希詔監軍西協　神一魁之黨茹成名者尤桀驁楊鶴令一魁誘殺之於耀州其黨張孟金黃友才猜懼挾一魁以叛參政張福臻帥張應昌及都司馬科擊之斬首千七百餘級友才走

一魁守不下　丁酉司禮太監張彝憲總理戶工錢糧又命唐文征
提督京營戎政王坤監鑲宣府劉文忠監鑲大同劉允中監鑲山西
以彝憲有心計故令鉤校出入如涂文輔故事爲建專署名曰戶工
總理其權視外總督內團營提督給事中宋可久馮元飈熊開元御
史李世祺工部主事馮元颺及姜思睿等十餘人相繼論諫南京戶
部侍郎呂維祺疏責輔臣不能匡救禮部侍郎李孫宸以召對力諫
俱不聽彝憲遂按行兩部議設座於部堂工部尚書曹珖不可彝憲
命郎中以下謁見工部主事金鉉再疏爭弁約兩部諸僚私謁者衆
唾其面彝憲慍甚元飈元颺弟也　羅喻義嘗與成基命錢謙益同
推閣臣有物望會進講義中及時事有左右不得其人語溫體仁欲
去之喻義執不可體仁因自劾言故事惟經筵進規多於正講日講
則正多規少今喻義以日講而用經筵之制駁改不從由臣不能表
率帝下吏部議喻義奏辨閔洪學等希體仁指議革職閒住喻義遂

罷歸　路振飛陳時事十大弊曰務苛細而忘政體喪廉恥而壞官方民愈窮而賦愈亟有事急而無事緩知顯患而忘隱憂求治事而鮮治人責外重而責內輕嚴於小而寬於大臣日偷而主日疑有詔旨而無奉行疏入詔付有司

大清兵薄錦州分五隊直抵城下吳襄宋偉出戰不勝已監軍太僕寺少卿張春會襄偉兵過小凌河東五里築壘列車營爲大凌聲援

大清兵扼長山不得進邱禾嘉遣副將張洪謨祖大樂靳國臣孟道等出戰五里莊亦不勝春等夜渡小凌河戊戌至長山距大凌城十五里

大清兵以二萬騎逆戰兩軍交鋒火器競發聲震天地春營被衝諸軍遂敗襄先走春復收潰衆立營時風起黑雲見春命縱火風順火甚熾天忽雨反風士卒焚死甚衆少頃雨霽兩軍復鏖戰偉力不支亦走遂大敗春洪謨及參將楊華徵游擊薛大湖等三十三人俱被

執副將張吉甫滿庫王之敬等戰沒士卒死者無算是役也禾嘉屢
易師期偉與襄又不相能故大敗祖大壽守大凌城不敢出外援自
此絕事聞舉朝震駭先是調禾嘉南京太僕卿以孫穀代未至而罷
改命謝璉璉懼久不至兵事急召璉駐關外禾嘉留治事及是移駐
松山圖再舉言官以推委詆之帝以禾嘉獨守松山非卸責戒飭而
已春等諸人見我
太宗文皇帝皆行臣禮春獨植立不跪至晚遣使賜以珍饌春曰忠
臣不事二君禮也我若貪生亦安用我遂不食越三日復以酒饌賜
之春仍不食守者懇勸始一食令薙髮不從居古廟服故衣冠迄不
失臣節而死春之被執也帝以其守志不屈遙遷右副都御史卹其
家春妻翟氏聞之慟哭六日不食自縊死當春未死時我
大清有議和意令春上書於朝春曰此事必不可言我係被執又非
所宜言

大清遂不復彊會朝中有詆春降敵者誠意伯劉孔昭遂劾之乞削其所遷職朝議不從而有司繫其二子死於獄　點燈子屯石樓之康家山綏德知州周士奇守備孫守法伏兵含峪渡河襲殺之　冬十月辛丑朔日有食之　武會試榜發命中允方逢年倪元璐再試逢年元璐以時方需才請殿試傳臚悉如文榜例賜王來聘等及第出身有差武舉殿試自此始　練國事王承恩圍中部久慶陽賊郝臨菴劉道江援之會曹文詔西旋與張福臻合勦馘李老柴及其黨一條龍餘黨奔摩雲谷副將張宏業游擊李明輔戰死　大凌糧盡食人馬

大清屢移書招祖大壽大壽及諸將皆欲降獨何可綱不從戊辰大壽令二人掖可綱出城外殺之可綱顏色不變不發一言含笑而死大壽遂與副將張存仁等三十九人投誓書約降是夕出見以妻子在錦州請設計誘降錦州守將而留諸子於

大清邱禾嘉聞大淩城礮聲謂大壽得脫與吳襄及中官李明誠高
起潛發兵往迎適大壽僞逃還己巳俱入錦州大淩城人民商旅三
萬有奇僅存三之一悉爲
大清所有城亦被毀十一月乙亥
大清兵復攻杏山明日攻中左所城上用礮擊乃退大壽入錦州未
得聞禾嘉知其納款狀以聞於朝因初奏大壽突圍出前後不讎引
罪請死於是言官交劾帝嚴旨飭禾嘉而於大壽欲羈縻之弗罪也
會廷議山海別設巡撫詔禾嘉仍以僉都御史任之令方萬藻巡撫
寧遠廷臣追咎築城招釁交章論禾嘉及孫承宗承宗連疏引疾詔
賜銀幣乘傳歸　丙戌太監李奇茂監視陝西茶馬呂直監視登島
兵鑲朝臣具公疏爭癸巳召對於文華殿帝曰苟羣臣殫心爲國朕
亦何需乎此輩衆莫敢對南京御史李曰輔疏言邇者一日遣內臣
四尋又遣用五非兵機則要地也廷臣方交章而登島陝西又有兩

閹之遺假專擅之心駭中外之聽啓水火之隙開依附之門灰任事之心藉委卸之口臣愚實爲寒心陛下踐阼初盡撤內臣中外稱聖昔何以撤今何以遣天下多故擇將爲先陛下不築黃金臺招頗牧乃汲汲內臣是遣曾何補理亂之數哉帝怒謫曰輔廣東布政司照磨張彝憲撫火器不中程劾金鉉落職時中璫勢復大振王坤至宣府以册籍委頓劾巡按御史胡良機帝奪良機官令坤按核給事中魏呈潤言我國家設御史巡九邊秩卑而任鉅良機在先朝以糾逆黨削籍今果有罪則有回道考核之法在而乃以付坤且邊事日壞病在十羊九牧既有將帥又有監司既有督撫有巡方又有監視一官出增一官擾中貴之威又復十倍御史偶獲戾且莫自必其命誰復以國事抗者異日九邊聲息監視善惡奚從而聞之乞召還良機毋使仰鼻息於中貴帝以呈潤黨比貶三秩出之外　置開州復置施秉縣　閏月乙丑陝西降賊復叛陷甘泉殺知縣郭永固參政

張允登力禦不敵死時延安慶陽大雪民饑賊益熾　流賊譚雄陷安塞據其城王承恩李卑擊降雄戮之斬首五百三十餘級　游擊孔有德耿仲明偏裨李九成皆毛文龍帳下卒也文龍死走入登州孫元化官遼久素言遼人可用乃授有德等官大凌城被圍部檄元化發勁卒泛海趨耀州鹽場示牽制有德詭言風逆改從陸路赴寧遠與九成子千總應元統千餘人以行丁卯抵吳橋縣人罷市衆無所得食一卒與諸生角有德抶之衆大譁九成先齎元化銀市馬塞上用盡無所償適至吳橋聞衆怨遂與應元謀劫有德相與爲亂連陷陵縣臨邑商河齊東巡撫都御史余大成聞之託疾不出已遣中軍沈廷瑜參將陶廷鑨往十二月丙子禦賊於阮城店敗績大成恐遂議撫賊會元化軍亦至元化故善西洋大礮者也至是亦主撫檄賊所過郡縣無邀擊賊圍德平陷青城屠新城整衆而東無敢一矢加者而陽許元化降元化師次黃山館而返賊遂抵登州張可大已

僉書南京左府登人泣留之未行而友德反可大急往勦元化檄止之不聽次萊州遇元化復爲所阻乃還鎮元化遣將張燾帥遼兵駐城外可大帥南兵拒賊元化猶招降賊不應　流賊陷宜君又陷葭州僉事郭景嵩死之　總督三邊侍郎洪承疇巡撫延綏都御史張福臻督曹文詔楊嘉謨及游擊左光先崔宗元李國奇等分勦綏德宜君清澗米脂賊戰於懷寧川思泉峪綿湖峪封家溝皆大捷掃地王授首時張獻忠羅汝才已就撫復叛入山西帥羣賊焚掠寧鄉石樓稷山聞喜河津間汝才賊號曹操者也　曹文詔張應昌偕參政戴君恩討神一魁於寧塞數敗賊賊棄城走又擊敗之駙馬溝一魁誅死黃友才尋爲應昌所禽　言者追論孫承宗丁丑奪官閑住弁奪寧遠世蔭貶邱禾嘉二秩巡撫如故承宗復列上邊計十六事極言禾嘉軍謀牴牾之失帝報聞而已禾嘉持論每與承宗異不爲所喜時有詆諆既遭喪敗廷論益不容堅以疾請未幾卒承宗家居七

年中外屢請召用不報　庶吉士太倉張溥與同里臨川知縣張采
共學齊名溥集郡中名士相與復古學名其文社曰復社既成進士
以葬親乞假歸四方噉名者爭走其門盡名爲復社溥亦傾身結納
交游日廣聲氣通朝右所品題甲乙頗能爲榮辱諸奔走附麗者輒
以嗣東林自矜執政大僚由此惡之　孫元化之撫登萊也以關外
八千人爲牙兵彊半皆遼人張可大慮有變屢言於元化不聽及孔
有德薄城可大請擊之元化持撫議不許可大陳利害甚切元化期
明歲元日發兵合擊
五年春正月庚子朔元化兵不發辛丑合兵戰城東可大兵屢勝遼
兵與賊多親黨無鬬志張燾先走可大兵亦敗中軍管維城游擊陳
良謨守備盛洛姚士良戰死燾兵多降賊有德遣歸爲內應元化開
門納之可大諫不聽日夕城中火起耿仲明等導賊入自東門城遂
陷可大時守水城撫膺大慟解所佩印付旗鼓間道走濟南上之令

弟可度子鹿徵奉母航海趨天津而以佩劍付部將盡斬諸婢妾遂投繯死里居州判張瑤揮石擊賊被執大罵死之元化自刎不殊與參議宋光蘭僉事王徵及府縣官悉被執先是仲明之黨李梅者通洋事覺總兵官黃龍繫之獄仲明弟都司仲裕在龍軍謀作亂帥部卒假索餉名圍龍署擁至演武場折股去耳鼻將殺之諸將爲救免龍捕斬仲裕疏請正仲明罪會元化劾龍剋餉致兵譁帝命龍充爲事官而歸仲明主使狀仲明遂偕有德反事聞贈可大太子少傅諡莊節初登州被圍鐫元化及余大成三級令辦賊及登失守革元化職有德既據登州推李九成爲主己次之仲明又次之用巡撫印檄州縣兵餉趣元化移書大成曰畀以登州一郡則解大成聞於朝巡按御史王道純憤疏爭之帝怒革大成職逮下獄以參政徐從治代之謝璉爲登萊巡撫道純監軍詔璉駐萊州從治駐青州從治曰吾駐青不足鎮萊人心駐萊足係全齊命乃與璉同受事於萊賊尋縱

元化等還詔逮之辛亥有德陷黃縣知縣吳世揚罵賊死縣丞張國
輔參將張奇功等皆力戰死　孔有德招島中諸將旅順副將陳有
時廣鹿島副將毛承祿皆往從之黃龍急遣將尚可喜金聲桓等撫
定諸島而躬巡其地慰商民誅叛黨縱火焚其舟賊黨高成友者據
旅順斷關寧天津援師龍令游擊李惟鸞偕可喜等擊走之卽移駐
其地援始通賊拘龍母妻及子以脅之龍不顧承祿文龍族家子也
混天猴陷宜君　黃道周方候補遘疾求去瀕行上疏言臣自幼
學易以天道爲準上下載籍二千四百年考其治亂百不失一陛下
御極之元年正當師之上九其爻云大君有命開國承家小人勿用
陛下思賢才不遽得懲小人不易絕蓋陛下有大君之實而小人懷
干命之心臣入都以來所見諸大臣皆無遠猷動尋苛細治朝宁者
以督責爲要談治邊疆者以姑息爲上策序仁義道德則以爲迂昧
而不經奉刀筆簿書則以爲通達而知務一切磨勘則葛藤終年一

意不調而連株四起陛下欲振頓紀綱斥攘外患諸臣用之以滋章
法令摧抑搢紳陛下欲剔弊防奸懲一警百諸臣用之以借題修隙
斂怨市權且外廷諸臣敢誑陛下者必不在拘攣守文之士而在權
力謬巧之人內廷諸臣敢誑陛下者必不在錐刀臬布之微而在阿
柄神通之大惟陛下超然省覽旁稽載籍自古迄今決無數米量薪
可成遠大之猷吹毛數睫可奏三五之治者彼小人見事智每短於
事前言每多於事後不救凌圍而謂凌城必不可築不理島民而謂
島衆必不可用兵逃於久頓而謂亂生於無兵饟糜於漏巵而謂功
銷於無饟亂視熒聽浸淫相欺馴至極壞不可復輓臣竊危之自二
年以來以察去弊而弊愈多以威創頑而威滋殫是亦反申商以歸
周孔捐苛細以崇惇大之時矣帝不懌摘葛藤株連數語令具陳道
周言邇年諸臣所目營心計無一實爲朝廷者其用人行事不過推
求報復而已自前歲春月以後盛談邊疆實非爲陛下邊疆乃爲逆

璫而翻邊疆也去歲春月以後感言科場實非爲陛下科場乃爲仇隙而翻科場也此非所謂葛藤株連乎自古外患未弭則大臣一心以憂外患小人未退則大臣一心以憂小人今獨以遺君父而大臣自處於催科比較之末行事而事失則曰事不可爲用人而人失則曰人不足用此臣所謂舛也三十年來釀成門戶之禍今又取搢紳稍有器識者舉網投阱即緩急安得一士之用乎凡絕餌而去者必非鮨魚戀棧而來者必非駿馬以利祿豢士則所豢者必嗜利之人以箠楚驅人則就驅者必駑駘之骨今諸臣之才具心術陛下其知之矣知其爲小人而又以小人矯之則小人之焰益張知其爲君子而更以小人參之則君子之功不立天下總此人才不在廊廟則在林藪臣所知識者有馬如蛟毛羽健在贊化所聞習者有惠世揚李邦華在仕籍者有徐良彥曾櫻朱大典陸夢龍鄒嘉生皆卓犖駿偉使當一面必有可觀語皆刺周延儒溫體仁帝益不懌斥道周爲民

楊鶴戍袁州　署山東總兵官楊御蕃與保定總兵劉國柱天津總兵王洪帥師討孔有德丙寅遇賊新城鎮敗績洪先走御蕃突圍出遂入萊州二月己巳朔孔有德圍之巡撫都御史徐從治謝璉知府朱萬年偕御蕃等固守辛巳賊分兵陷平度知州陳所聞自縊賊益攻萊輦孫元化所製西洋大礮日穴城城多頹從治等投火灌水穴者死無算使死士時出掩擊之毀其礮臺斬獲多御蕃肇基子也

工部侍郎高宏圖履任張彝憲欲共設公座曹珖與宏圖約比彝憲至皆曰事竣矣撤座去彝憲怏怏宏圖七疏乞休帝怒削其籍

吳執御陳內外陰陽之說言今九邊中原廟堂之上無非陰氣心膂大臣不皆君子帝以所稱陽剛君子無主名令指實執御乃以前所薦黃克纘劉宗周鄭鄤及姜曰廣文震孟陳仁錫黃道周倪元璐曹于汴惠世揚羅喻義易應昌對會御史吳彥芳言執御所舉固真君子他若侍郎李瑾李邦華畢茂康倪思輝程紹皆忠良當用通政使

章光岳邪媚當斥帝怒其朋比執政復從中構之遂削二人籍下法
司訊時御史王績燦方以薦邦華宗周等下獄而執御彥方復繼之
舉朝震駭言官爲申救不聽卒坐三人贖徒三年　混天猴陷鄜州
兵備副使郭應響戰死　吳甡劾杜文煥殺延川難民冒功給事中
張承詔復劾之下獄奪職　徐從治等爲賊困惟王道純在外調度
賊遣人僞乞撫道純焚書斬使馳疏言萊州被圍我軍屢挫安能復
戰乞速發大軍拯此危土周延儒及兵部尚書熊明遇惑余大成撫
議道純反被責讓明遇遣職方主事張國臣贊畫軍事曰安輯遼人
之在山東者以國臣亦遼人也國臣至萊先遣廢將金一鯨入賊營
已而國臣亦入招諭賊陽許之國臣遣一鯨還報曰毋出兵壞撫局
從治等知賊詐叱退一鯨從治遣間使三上疏力言賊不可撫毋爲
國臣所誤時外圍日急劉國柱王洪及山東援軍俱頓昌邑不敢進
於是廷議更設總督一人三月壬寅以兵部侍郎劉宇烈任之調薊

門四川兵統以總兵官鄧玘調密雲兵統以副將牟文綬右布政使楊作楫監之援萊州　紅軍友李都司杜三楊老柴者神一魁餘黨也屯鎮原將犯平涼練國事自涇趨固原檄楊嘉謨及副將王性善扼之嘉謨殺賊塘馬斷其偵探賊乃走慶陽曹文詔從鄜州間道與嘉謨性善合大戰西濠斬千級生禽杜三楊老柴餘黨糾他賊掠武安監陷華亭攻莊浪屯張麻村官軍掩擊之賊走高山游擊曹變蛟馮舉劉成功平安等譟而上賊潰走變蛟文詔從子也　督理山東軍務侍郎劉宇烈監軍楊作楫王道純及劉國柱王洪鄧玘副將劉澤清參將劉永昌朱廷祿監紀推官汪惟效監視中官呂直等並集昌邑玘國柱洪澤清等至萊州馬步軍二萬五千氣甚盛而宇烈無籌略抵沙河日遣人入賊中議撫縱還所獲賊陳文才賊盡得官軍虛實益以撫紿之而潛兵繞其後盡焚輜重宇烈懼夏四月甲戌走青州撤國柱洪玘三將兵就食玘等夜半拔營散賊乘之大敗國柱

洪走青濰玘走昌邑澤清接戰於萊城傷二指亦敗走平度惟作楫能軍事聞舉朝譁然熊明遇見官軍不可用撫議益堅先是張可大死以副將吳安邦代之安邦尤怯鈍耿仲明揚言以城降遽信之離登二十五里而軍中軍徐樹聲薄城被禽安邦走寧海癸未徐從治中礮死萊人大臨守陴者皆哭　王性善偕副將李鴻嗣參將莫與京等共擊賊敗之咸寧關又敗之關上嶺追至隴安與楊嘉謨曹變蛟夾擊復敗之賊餘衆數千欲走漢南爲游擊趙光遠所遏乃由長寧驛走張家川其逸出清水者副將蔣一陽遇之敗都司李宮用被執曹文詔乃縱反間紿其黨殺紅軍友遂蹙敗之水落城賊奔據唐毛山變蛟先登殲其衆　張福臻帥參政樊一衡及艾萬年馬科賀人龍等討不沾泥守備孫守法禽之　金鉉馮元颺之劾張彝憲也彝憲疑出曹珖日摭其隙始劉宇烈爲山東巡撫請料價萬五千兩鉛五萬斤工部無給銀例與鉛之半宇烈怒奏鉛皆濫惡彝憲取

鑛鉛進日庫鉛盡然欲以罪珧嚴旨盡鎔庫鉛司官中毒死者三人內外官多獲罪彝憲乃糾巡事科道許國榮等十一人珧疏救忤旨詰責彝憲又指閘工冒破齮齕之珧屢疏乞歸五月得請去　丙午參政朱大典爲僉都御史巡撫山東詔駐青州　辛亥禮部尚書鄭以偉徐光啓並兼東閣大學士預機務以偉修潔自好書過目不忘文章奧博而票擬非其所長章疏中有何況二字誤以爲人名也擬旨提問帝駮改始悟自是詞臣爲帝輕閣臣不專用翰林矣光啓雅負經濟才有志用世年已老不能有所建白　李世祺言諸臣言未當輒蒙詰責詰責不已貶黜隨之言者前瞻後顧恐干嚴譴依阿得策樸直摧心折檻牽裾寧可復見且君職要臣職詳天子一日萬幾神太運則疲精太用則竭一言之謬一事之訛必待聖明摘發無乃主獨勞臣獨逸乎聖人爲治責其人不侵其事課其效不紊其權需之歲月寧謐之理自致奚必效後世察察之治哉帝不能用　山東

士官南京者合疏攻劉宇烈請益兵於是調昌平兵三千以總兵官陳洪範統之洪範亦遼人也天津舊將孫應龍者大言於衆曰我與耿仲明兄弟善能令其縛孔有德李九成來巡撫鄭宗周予之兵二千從海道往仲明聞之僞函他死人頭紿之曰此有德也應龍帥舟師抵水城賊延之入猝縛斬之無一人脫者賊得巨艦勢益張黃龍攻之不克而還賊遂破招遠圍萊陽知縣梁衡固守賊敗去　六月京師大水　壬申河決孟津　華允誠以温體仁閔洪學亂政疏陳三大可惜四大可憂言當事借陛下剛嚴而佐以舞文擊斷之術倚陛下綜核而逞其訟逋握算之能以聖主圖治之盛心爲諸臣鬬智之捷徑可惜一帥屬大僚驚魂於回奏認罪封駁重臣奔走於接本守科遂使直指風裁徒徵事件長吏考課惟問錢糧以多士靖共之精神爲案牘鉤較之能事可惜二廟堂不以人心爲憂政府不以人才爲重四海漸成土崩瓦解之形諸臣但有角戶分門之念意見互

觭議論滋擾遂使勦撫等於築舍用舍有若舉碁以興邦啓聖之歲時爲卽聾從昧之舉動可惜三人主所以總一天下者法令也喪師誤國之王化貞與楊鎬異辟潔己愛民之余大成與孫元化並逮一言一事之偶誤執訊隨之遂使刑罰不中鈇鉞無威一可憂也國家所恃以爲元氣者公論也直言敢諫之士一鳴輒斥指佞薦賢之章目爲奸黨不惟不用其言幷錮其人又加之罪遂使喑默求容是非共蔽二可憂也國家所賴以防維者廉恥也近者中使一遣妄自尊大羣僚趨進惟恐後時陛下以近臣可倚而不知倖竇已開以操縱惟吾而不知屈辱士大夫已甚遂使阿諛成風羞惡盡喪三可憂也國家所藉以進賢退不肖者銓衡也我朝罷丞相以用人之權歸之吏部閣臣不得侵焉今次輔體仁與冢臣洪學同邑朋比惟冀己之驅除閣臣兼操吏部之權吏部惟阿閣臣之意造門請命夜以爲常黜陟大柄祇供報復之私甚至庇同鄉則逆黨公然保舉而白簡反

爲罪案排正類則講官借題逼逐而薦剡遂作爰書陛下惡諸臣之
欺欺莫大於此矣怒諸臣之擅擅莫專於此矣厭諸臣之黨黨莫固
於此矣威福下移舉措倒置四可憂也疏入帝詰其別有指使允誠
乃列上洪學徇私數事且言體仁生平紾臂塗顔廉隅掃地陛下排
衆議而用之意其倖直寡諧豈知包藏禍心陰肆其毒又有如洪學
者爲之羽翼徧植私人戕盡善類無一人敢犯其鋒臣復受何人指
使帝以體仁純忠亮節摘疏中握定機關語再令陳狀允誠復言二
人朋比舉朝共知帝亦悟二人同里有私乃奪允誠俸半年而洪學
復爲路振飛所劾尋亦罷去　秋七月辛丑太監曹化淳提督軍營
戎政　劉宇烈復至昌邑陳洪範牟文綬等亦至萊州推官屈宜陽
請入賊營講撫賊陽禮之宜陽使言賊已受命宇烈奏之得請乃手
書諭賊令解圍賊邀宇烈宇烈懼不往營將嚴正中舁龍亭及河賊
擁之去而令宜陽還萊請文武官出城開讀圍卽解楊御蕃力言不

可謝璉曰圍且六月旣已無可奈何宜且從之壬寅偕朱萬年及監視中官徐得時翟昇出孔有德叩頭扶伏涕泣交頤璉慰諭久之而還癸卯賊復令宜陽入請璉御蕃同出御蕃曰我將家子知殺賊何知撫事璉等遂出有德執之萬年曰爾等執我無益盍以精騎從我呼守者出降賊乃以五百騎擁萬年至城下萬年大呼曰我被禽誓必死賊精銳盡在此急發礮擊之毋以我爲念御蕃不忍萬年復頓足大呼賊怒殺之城上人見之遂發礮賊死過半賊送璉得時昇至登州囚之正中宜陽皆死帝聞震怒逮宇烈下獄召王道純還用李繼貞言調關外兵入勦罷總督及登萊巡撫不設專任朱大典宇烈旣下吏引道純分過道純疏駁其所奏十餘事帝命所司幷按道純又劾熊明遇張國臣交通誤國十罪語侵周延儒疏未下延儒洩之國臣國臣亦劾道純十罪帝皆不問

大清兵入宣府巡撫沈棨與監視中官王坤等遣使議和饋金帛牢

醴師乃旋事聞帝惡棨專擅召對熊明遇等於平臺明遇曲爲棨解帝不悅逮棨下吏給事中孫三杰力詆明遇棨交關誤國同官陳贊化呂黄鐘御史趙繼鼎連劾之明遇再疏乞罷帝責以疏庸僨事命解任候勘尋以故官致仕　給事中趙東曦言宣塞失事陛下赫然震怒逮巡撫沈棨罷本兵熊明遇乃監視王坤方會飲城樓商榷和議邊臣倚庇欺蔽日甚坤不得辭扶同罪反後邊烽已熄爲己功且請代夫內臣之遣陛下間一用之非不易之典今卽盡撤之猶謂不早坤顧請代圖彌縫於去後願陛下正坤罪撤各使還京帝言宣鎮擅和實坤奏發何謂欺隱謫東曦福建布政司都事　劉宇烈視師無功言路指周延儒庇宇烈孫三杰馮元飇及御史余應桂衞景瑗尹明翼王象雲等屢劾延儒應桂並謂延儒納巨盜神一魁賄給事中李春旺亦論延儒當去延儒數上疏辨帝慰留之　己未孫元化棄市　王化貞棄市　混天猴攻合水李卑馬科追至甘泉山破之

延水關其地東限黃河賊溺死者無算科部卒斬混天猴　可天飛
郝臨菴劉道江爲王承恩所敗退保鐵角城獨行狼李都司走與合
可天飛劉道江再圍合水曹文詔往救賊匿精銳以千騎逆戰誘抵
南原伏大起城上人言曹將軍已沒文詔持矛左右突四馬縈萬衆
中諸軍望見夾擊賊大敗僵屍蔽野餘走銅川橋文詔帥曹變蛟馮
舉楊嘉謨帥參將方茂功等追及之大戰陷陳賊復大敗尋與賀虎
臣楊麒破賊甘泉之虎兕凹麒復追賊安口河崇信窰白茅山皆大
獲八月甲戌洪承疇斬可天飛李都司於平涼降其將白廣恩　巡
撫山東都御史朱大典督主客兵數萬合勦孔有德以副將靳國臣
劉邦域參將祖大弼祖寬張韜游擊柏永福及故總兵吳襄襄子三
桂等關外兵四千八百餘人令總兵官金國奇帥之中官高起潛監
護軍饟抵德州賊復犯平度副將何維忠牟文綬等救之殺賊魁陳
有時維忠亦被殺巡按監軍御史謝三賓請斬逃帥王洪劉國杜詔

逮治之已三賓又請絶口勿言撫專國臣大弼寬韜至昌邑大典獲
賊書約國臣等爲内應大典以示國臣等皆誓滅賊以自明乃分兵
三路用國臣寬等爲前鋒鄧玘步兵繼之從中路灰埠進陳洪範及
副將劉澤清方登化從南路平度進參將王之富王文偉等從北路
海廟進檄游擊徐元亨等帥萊陽師來會以文綬守新河諸軍皆持
三日糧盡抵新河東岸亂流以濟甲申至沙河有德迎戰寬先進衆
寡不敵稍卻會國臣至拔刀大呼直前寬大弼韜殊死戰大敗賊兵
諸軍乘勝追至城下賊夜半東遁乙酉萊州圍解南路兵始至國臣
等進兵黄縣癸巳賊傾巢出戰復大敗之斬首萬三千俘八百逃散
及墮海死者數萬有德竄歸登州李九成殺謝璉及徐得時翟昇官
軍進築長圍守之　淫雨損山陵昌平地動李世祺言輔理精神爲
固寵之用國家緩急無可恃之人願撤回各邊監視以明陰不干陽
之分然後采公論以進退大臣酌情事以衡量小臣釋疑忌之根開

功名之路庶天變可回時艱可濟帝以借端瀆奏切責之　建義諸口築塞未成河水大發黃淮奔注興化鹽城爲壑海潮復壞范公隄死者無算　賊見陝西兵盛多流入山西巡撫宋統殷下令殺賊者抵死王自用混世王姬關鎖張獻忠羅汝才闖塌天興加哈利七大部多者萬人少亦半之分道四出陷大寧已連陷隰州澤州壽陽王肇生以便宜署歙人吳開先爲將使擊賊戰澤州城西賊敗去從沁水轉掠陽城開先恃勇渡沁戰北留墩下擊斬數百人礮盡無援一軍盡沒賊乃再犯澤州里居參政張光奎與兄守備光璽千總劉自安等帥衆固守八日援兵不至城陷並死之澤大州也全晉震動朝廷聞警罷統殷以許鼎臣代之與宣大總督張宗衡分督諸將宗衡督虎大威賀人龍左良玉等兵八千人駐平陽責以平陽澤潞四十一州縣鼎臣督張應昌頗希牧艾萬年等兵七千人駐汾州責以汾太沁遼三十八州縣自用欲因故錦衣僉事張道濬求撫約未定官

兵襲之賊怒敗約去　九月丁酉海盜劉香寇福建巡撫都御史鄒維璉遣游擊鄭芝龍擊破之　浙江巡鹽御史祝徽廣西巡按御史畢佐周並擅撻指揮事聞帝方念疆埸多故欲倚武臣旨下參劾左都御史陳于廷等言軍官起世胄率不循法度概列彈章將不勝擾故小故薄責以懲凡御史在外者盡然不自二臣始帝以指揮秩崇非御史得杖令會兵部稽典制以聞而杖指揮無故事乃引巡撫敕書提問四品武職語以對帝以比擬不倫責令再核于廷等終右御史所援引悉不當帝意疏三上三卻遂削于廷籍于廷端亮有守周延儒其里人無所附麗與溫體仁不合故獲重譴　賊之破澤州也分其衆入河南掠濟源清化圍懷慶廷議令副將左良玉將昌平兵往勦　詹事姚希孟爲東林所推以才望爲講官韓爌等定逆案參其議羣小遂惡希孟溫體仁亦惡其逼及華允誠劾體仁體仁疑出希孟手會希孟主順天鄉試有武生二人冒籍中式爲給事中王猷

所論體仁遂擬旨覆試黜兩生下所司論考官罪擬停俸半年體仁意未慊令再擬乃貶希孟爲少詹事掌南京翰林院馮元飈言希孟孤忠獨立不當奪講官不聽體仁荷帝殊寵益忮橫而中阻深所欲推薦陰令人發端己承其後欲排陷故爲寬假中上所忌激使自怒帝往往爲之移初未嘗有跡　十一月戊戌劉香寇浙江　官軍圍登州分番戍賊不能出發大礮官軍多死傷會李九成出搏戰降者洩其謀官軍合擊之馘九成於陣賊乃曉夜哭孔有德欲棄登州入海黃龍遣副將龔正祥帥舟師邀之廟島颶風破舟正祥陷賊中後居登州謀爲內應事露被殺是月金國奇卒以吳襄代之　曹文詔及副總兵張全昌參將馬科擊賊隴川平鳳閣三戰三敗之遂蹙賊耀州錐子山其黨殺獨行狼郝臨菴以降洪承疇戮四百人餘散遣關中稍靖練國事免戴罪時關中五鎮大帥各督邊軍協勦承疇尤善調度賊魁多殲巡按御史范復粹彙奏首功凡三萬六千六百有

奇文詔功第一楊嘉謨次之王承恩楊麒又次之文詔在陜諸戰功
承疇不爲敘吳甡推奬甚至及粹復疏上兵部抑其功卒不敘　初
唐王碩熿惑於嬖人囚世子器墭及其子聿鍵於承奉司聿鍵年二
十八未請名器墭中毒死乃立聿鍵爲世孫碩熿薨聿鍵嗣封唐王
御史祁彪佳上合籌天下全局疏以策關寧制登海爲二大要分
析中州秦晉之流賊江右楚粵之山賊浙閩東粵之海賊滇黔楚蜀
之土賊爲四大勢極陳控制駕馭之宜而歸其要於戢行伍以節饟
實衞所以銷兵復陳民間十四大苦曰里甲曰虛糧曰行伍曰搜贓
曰欽提曰隔提曰訐訟曰窩訪曰私稅曰私鑄曰解運曰馬戶曰鹽
丁曰難民帝善其言下之所司　阿迷州土官普名聲素驕恣巡按
御史趙洪範按部名聲不出迎己出戈甲旗幟列數里洪範大怒謀
之巡撫王伉請討得旨名聲遂作亂謀三路出兵至昆明會戰令頭
目何天衢自維摩羅平入以礟手三百人助之天衢慨然曰此大丈

夫報國秋也吾豈爲逆賊用哉坑殺礮手數十人帥衆歸附伉上其事授爲守備名聲已陷彌勒州聞之大懼急撤兩路兵歸官軍進圍州城名聲使人約降而陰以重賄求援於元謀土官吾必奎時必奎隨官軍征勦與名聲戰兵始合陽敗走官軍望見遂大潰布政使周士昌戰死名聲遂陷曲江所攻臨安及寧州監紀同知楊于陛副將秦拱明皆敗死遠近震動朱燮元遣兵臨之伉以啓釁逮治名聲乃就撫　賊寇修武清化者竄入平陽左良玉入山西禦之河南巡撫樊尚璟請以良玉駐澤州扼豫晉咽喉可四面爲援兵詔從之並令良玉受尚璟節制與曹文詔同心討賊有急則秦兵東豫兵西良玉從中橫擊　賊入磨盤山分衆爲三闖王虎據交城文水窺太原邢紅狼上天龍據吳城窺汾州王自用張獻忠突沁洲武鄉陷遼州知州李呈章里居主事張友程行人楊于楷等並死之

六年春正月尤世祿李卑賀人龍等至王自用棄城去諸軍入城多

殺良民冒功卑獨嚴戢其下無所擾　御史張宸極言賊自秦中來秦將曹文詔威名素著士民爲之謠曰軍中有一曹西賊聞之心膽搖且嘗立功晉中而秦賊滅且盡宜敕令入晉協勦癸卯命文詔節制山陝諸將討賊文詔抵霍州敗賊汾河盂縣追及於壽陽巡撫都御史許鼎臣遣謀士張宰先大軍嘗賊賊驚潰游擊猛如虎敗之黑山覆姬關鎖軍　庚申遣使分督直省逋賦　修撰陳于泰疏陳時弊王坤狂躁敢言承溫體仁指上疏力詆于泰謂其盜竊科名并劾周延儒庇于泰吏部尙書李長庚帥同列言陛下博覽古今曾見有內臣參論輔臣者否自今以後廷臣拱手屏息豈盛朝所宜有臣等溺職祈賜譴斥終不忍開內臣輕議朝政之端流禍無窮爲萬世口舌給事中傅朝佑言中官不當劾首揆輕朝廷疑有邪人交構御史李日宣亦帥同官言之帝皆不問左副都御史王志道言近者內臣舉動幾於手握皇綱而輔臣終不敢一問至於身被彈擊猶忍辱不

言何以副明主之知皆責備延儒欲以動帝帝怒二月壬申削志道籍延儒不能救時帝方一意用內臣故言者多得罪　癸酉流賊犯畿南據臨城之西山大掠順德真定間大名兵備副使盧象昇擊卻之　孔有德耿仲明等屢爲官軍所敗又糧絕有德先遁載子女財帛入海仲明以水城委副將王秉忠已亦以單舸遁官軍遂入大城攻水城未下游擊劉良佐獻轟城策匿人永福寺中穴城置火藥發之城崩將士踴入輒爲賊擊退副將王來聘復先登中傷而死戊子陳洪範等克水城賊退保蓬萊閣朱大典招降始釋甲俘千餘人獲秉忠及僞將七十五人自縊及投海死者不可勝計辛卯山東平有德等走旅順黃龍周文郁邀擊之有德幾獲而逸斬李應元生禽毛承祿蘇有功陳光福及其黨高志祥等十六人獲首級一千有奇奪還婦女無算獻俘於朝磔之傳首九邊復龍官戍劉宇烈余大成斥王道純爲民　賊自邢臺摩天嶺西下抵武安大敗左良玉兵守備

曹鳴鶚戰死遂犯輝縣知縣張克儉乘城固守賊不能下三日乃去
曹文詔追賊西堰斬混世王於碧霞村猛如虎與頗希牧逐賊餘黨壽陽東賊遇文詔兵方山復敗五臺盂定襄壽陽賊盡平許鼎臣命文詔軍平定備太原東張應昌軍汾州備太原西如虎又與陳國軍馬杰破來遠寨從文詔連敗賊太谷范村榆杜太原賊幾盡帝以文詔功多敕所過地多積糗糧以犒　山西總兵官張應昌在關中威名甚著及是選懦逗撓張宗衡五檄之不赴奏諸朝三月癸巳敕限應昌與曹文詔三月平賊應昌避賊不擊殺良民冒功爲巡按御史李嵩給事中祝世美所劾　縣令將行取者詔戶部先核其錢穀徵賦不及額不得考選給事中周瑞豹考選而後完賦帝怒貶謫之命如瑞豹者悉以聞於是給事中熊開元御史鄭友元等並貶二秩調外畢自嚴爲友元辨帝益怒下自嚴獄御史李若讜疏救不納尋給事中吳甘來復論救乃釋之　賊從河內上太行曹文詔大敗之

澤州賊走潞安文詔至陽城遇賊不擊自沁水潛師還擊之芹池劉村寨斬首千餘張道濬設伏三纏凹禽其渠滿天星等　賊再入河內左良玉自輝縣逐之賊奔修武殺游擊越效忠追參將陶希謙希謙墜馬死良玉擊之萬善驛至柳樹口大敗之禽賊首數人賊遂西奔　夏四月己巳免延安慶陽平涼新舊遼餉　河南額兵僅七千數被賊折亡殆盡左良玉將昌平兵二千餘勢孤甚壬申命鄧玘將四川兵往以石砫土司馬鳳儀兵益之又命昌平副總兵湯九州協勦　賊屯潤城其他部陷平順知縣徐明揚不屈死曹文詔至賊乃走文詔夜半襲潤城斬賊千五百王自用老𤞑𤞑自榆杜走武鄉過天星走高澤山文詔皆擊敗之　五月乙巳太監陳大金閻思印謝文舉孫茂霖等分監曹文詔張應昌左良玉鄧玘軍　盧象昇與總兵官梁甫參議寇從化連敗賊賊走還西山圍游擊董維坤冷水村象昇設伏石城南大破之青龍岡又破之武安連斬賊魁十一人殲

其黨收還男女二萬象昇雖文士嫻將略能治軍每臨陣身先士卒
與賊格鬭刀矢皆弗顧失馬卽步戰嘗逐賊危崖一賊自巔射中象
昇額又一矢僕夫斃馬下象昇提刀戰益疾賊駴走相戒曰盧廉使
遇卽死不可犯大名廣平順德三郡之民安堵者數歲　壬子孔有
德耿仲明等帥士卒二萬航海降於我
大清　插漢虎墩兔合套寇五萬騎自清水横城分道入犯守備姚
之夔等不能禦沙井驛副將史開先臨河保參軍張問政岳家樓守
備趙訪皆潰逃寇遂進薄靈州寧夏總兵官賀虎臣急領千騎入守
旋盡勒城中兵出擊次大沙井癸丑寇從漢伯堡突至虎臣軍未及
陳且衆寡不敵遂戰沒詔起馬世龍代之寇踰月始去賊犯沁水曹
文詔大敗之禽其魁大虎又敗之遼城毛嶺時陳國威擊賊介休之
紅山嶺虎大威及猛如虎等殲其魁九條龍李卑敗賊陽城之郎家
山又與艾萬年連敗之南獨泉土河村復敗之菰塸村賀人龍連敗

賊水頭鎮花池塞湯湖村劉光祚連敗賊石樓臨縣永寧撲天飛等詐降光祚設伏斬之官兵屢戰皆大捷賊避文詔鋒多去山西遁據輝林武涉山中許鼎臣令文詔自黎城入大威如虎自皋落山入勦東犯之賊　鄧玘至濟源射殺王自用於善陽山賊走隰州玘拒之彭城鎮又與左良玉擊賊清池柳莊賊走林縣玘部將楊遇春邀賊中伏死賊用其旗弁誘殺他將自是輕玘會帝命曹文詔移師河北文詔率五營軍夜襲破之　六月辛酉朔太監高起潛監視寧錦兵饟　乙丑鄭以偉卒贈太子太保謚文恪　温體仁嗾給事中陳贊化劾周延儒昵武弁李元功等招搖圖利言陛下特恩停刑元功以爲延儒功索獄囚賄謝而延儒至目陛下爲羲皇上人此成何語帝怒下元功錦衣衞獄且窮詰贊化語所自得贊化言得之上林典簿姚孫渠給事中李世祺而副使張鳳翼亦具述延儒語帝益怒錦衣衞帥王世威拷掠元功無所承獄上鐫世威五級令窮治其事延儒

覬體仁爲援體仁卒不應且陰黜與延儒善者延儒大困引疾乞歸

庚辰許致仕　甲申延綏副將李卑援勦河南時賊勢已熾懷慶彰德衞輝三府焚刧殆徧潞王常淓上疏告急兼請衞鳳泗陵寢詔遣總兵官倪寵王樸帥京營兵六千人往以太監楊應朝盧九德監其軍李繼貞言左良玉李卑身經百戰位反在寵樸下恐聞而解體乃命良玉卑爲援勦總兵官與寵等合勦賊聞之欲從河內走太行曹文詔邀擊之不敢進高迎祥李自成張獻忠羅汝才老𤞤𤞤等俱奔河北合營　庚寅張彝憲言天下逋賦至一千七百餘萬請遣科道官督徵帝大怒責撫按回奏給事中范淑泰言民貧盜起逋賦難以督追不聽　紅夷襲陷廈門城大掠鄒維璉急發兵水陸進參政曾櫻請用鄭芝龍爲軍鋒芝龍焚其三舟官軍傷亦衆寇乃泛舟大洋轉掠青港荆嶼石灣巡按御史路振飛懸千金勵將士諸將禦之銅山連戰數日始敗去　黃龍之邀擊孔有德等也賊大憤欲報之會

賊舟泊鴨綠江龍盡發水師赴勦秋七月有德等偵知旅順空虛引
大清兵來襲龍數戰皆敗火藥矢石俱盡甲辰語部將譚應華曰敵
衆我寡今夕城必破若速持吾印送登州應華出龍帥李維鸞等力
戰圍急知不能脫自刎死維鸞及諸將項祚臨樊化龍張大祿尚可
義俱死之
大清兵遂取旅順　曹文詔在洪洞時與里居御史劉令譽忤及是
令譽巡按河南會馬鳳儀軍敗沒於侯家莊文詔馳退賊甫解甲與
令譽相見語復相失文詔拂衣起面叱之令譽怒遂以鳳儀之敗爲
文詔罪部議文詔恃勝而驕癸丑改文詔大同總兵官許鼎臣請留
文詔勦賊不許鼎臣又言晉賊王自用雖死老𤞑𤞑過天星大天王
蝎子塊闖塌天諸渠未滅曹變蛟驍勇絕人才乃文詔亞乞留之晉
中許之　左良玉鄧玘破賊於官村沁河清化萬善良玉又扼之武
安八德斬獲尤多七月己巳曹文詔大敗賊懷慶柴陵村馘其魁滾

地龍又追斬老狪狪於濟源　九月庚戌南京禮部侍郎錢士升爲
禮部尚書兼東閣大學士預機務　周延儒既罷廷臣惡溫體仁當
國勸帝復召何如寵如寵屢辭給事中黃紹傑言君子小人不並立
如寵瞻顧不前則體仁宜思自處帝爲謫紹傑於外如寵卒辭不入
體仁遂爲首輔南京御史郭維經言執政不患無才患有才而用之
排正人不用之籌國事國事日非則委曰我不知坐視盜賊日猖邊
警日急止與二三小臣爭口舌角是非平章之地幾成聚訟可謂有
才耶帝切責之　大學士徐光啓以病辭曆務以山東參政李天經
代之　左良玉湯九州與京營兵共擊賊良玉敗之濟源河內又敗
之永寧青山嶺銀洞溝又自葉縣追至小武當山皆斬賊魁甚衆時
倪寵王樸梁甫鄧玘良玉九州諸軍足殄賊諸將勢相軋彼此觀望
託山深道歧以自解莫利先入又各有內侍爲監軍事易掩飾所報
功多不以實諸監軍多侵剋軍資臨敵輒擁精兵先遁諸將亦恥爲

之下緣是皆無功　冬十月戊辰徐光啓卒贈少保謚文定　帝素
服御建極殿論因召閣臣商榷再三諮問溫體仁無所平反陝西華
亭知縣徐兆麒抵任七日以城陷坐死帝心憫之體仁不爲救　給
事中莊鼇憲上太平十二策極論東廠之害忤旨貶浙江布政司照
磨　鄧玘移師畿南敗賊白草關賊犯平山玘敗之紅子店馬種川
賊遁青石嶺敗之紅澗村醉漢口犯臨城敗之魚桂嶺張應昌會勦
畿南監視中官劉允中劾其僞報首功巡按御史馮明玠真定巡撫
周堪賡又劾之帝令應昌圖功自贖　十一月癸巳禮部侍郎王應
熊何吾騶俱禮部尚書兼東閣大學士預機務應熊谿刻彊很人多
畏之以酗酒貪汚屢爲馮元飈所劾廷推望輕不與溫體仁力援之
特旨與吾騶並入命下朝野胥駭給事中章正宸言應熊彊愎自張
縱橫爲習小才足覆短小辨足濟貪今大用必且芟除異己報復恩
讎混淆毀譽況狠藉封靡倫於市行願收還成命別選忠良且詆言

謂左右先容由他途以進使天下薰心捷足之徒馳騁而起爲聖德
累不小帝大怒下正宸錦衣獄拷訊削籍歸　賊之合營河北也左
良玉湯九州等扼其前京營兵蹙其後連戰於青店石岡石坡牛尾
柳泉猛虎村屢敗之賊欲逸阻於河大困張妙手賀雙全等三十六
家詭詞乞降於分巡布政使常道立楊應朝爲之入奏諸將俟朝命
不出戰先是給事中李夢辰慮賊南犯請敕河南諸道監司急防渡
口移巡撫駐衞輝與山西保定二巡撫犄角急擊帝下兵部議辛亥
詔保定河南山西會兵勦賊會天寒河冰合壬子賊突從毛家寨策
馬徑渡諸軍無扼河者乙卯陷澠池十二月連陷伊陽盧氏盧氏知
縣棄城遁里居主事李正中力戰死舉人靳謙吉被執不屈死中州
承平久不設備驟聞賊至吏民惶駭巡撫都御史元默帥良玉九州
李卑鄧玘兵待之境上嵩洛以南名城數十賊避不敢攻乃竄盧氏
山中由間道犯內鄉知縣艾毓初殪大礅名滾地龍者於城外城中

燃線發之賊死無算遂解去分略南陽汝寧入襄陽當陽陷鄖西上津而是時畿輔賊亦南遁　元默帥湯九州乘雪夜大敗過天星於吳城鎮追敗闖天王等五華集斬首千餘　先是巡撫延綏都御史陳奇瑜遣參政張伯鯨戴君恩巡檢羅聖楚副將盧文善游擊常懷德羅世勛都司賀思賢守備閻士衡郭金城郭太把總白士祥及他將禽斬賊魁百七十七人及其黨千有奇羣賊多解獨鑽天哨開山斧據永寧關數年不下奇瑜謂是不可以力取乃陰簡銳士陽言總制檄發兵令都司賀人龍將之而西身爲後勁直抵延川俄策馬東向潛師疾走入山賊不虞大兵至驚潰焚其巢斬首千六百有奇二賊俱馘分兵擊斬一座城延水羣盜盡平奇瑜威名著關陝　析和平長寧河源及翁源縣地置連平縣復升爲州以和平河源二縣改屬之析平遠縣地置鎮平縣以程鄉縣地益之　初山西既中賊其土寇亦乘間起三關王剛孝義通天柱臨縣王之臣皆殘破城邑後

見賊衰相繼歸順然陰結黨不散巡撫都御史戴君恩新視事謀誅之

七年春正月召剛宴殺之并殺通天柱於他所艾萬年亦捕殺之臣與其黨領兵王生禽翻山動姬關鎖掌世王獻俘京師劉光祚復敗剛餘黨山西巨盜略靖有議君恩殺降者張第元力言諸賊蹂躪之慘請錄萬年功　己丑廣鹿島副將尚可喜降於我大清島中勢益孤　初廷議設河南山陝川湖五省總督專辦流賊兵部侍郎彭汝楠汪慶百當行憚不敢往温體仁庇二人罷其議及是再議多推薦洪承疇以承疇方督三邊不可易乃擢陳奇瑜兵部侍郎爲之　庚寅張應昌渡河敗賊於靈寶　壬辰賊自鄖陽渡漢癸巳犯襄陽賊之陷當陽也副總兵楊正芳以鎮筸兵敗賊班鳩灘復其城湖廣巡撫唐暉以獻陵惠藩爲重歛兵守境而令正芳與總兵官許成名專護荆州承天賊遂破洵陽逼興安連陷紫陽平利白

河由荊州入四川他賊陷房縣又陷竹溪訓導王紹正死之再陷保康知縣方國儒大罵被殺撫治鄖陽都御史蔣允儀兵少不能禦賊上疏乞援且請罪會賊入川鄖得少緩陳大金與左良玉來援副使徐景麟見其多攜婦女疑爲賊用礮擊之士馬多死大金怒訴諸朝命逮景麟責允儀陳狀已并逮允儀下獄論戍　大學士錢士升入朝請停事例罷鼓鑄嚴贓吏之誅止遣官督催新舊餉第責成於撫按帝悉從之　李世祺論溫體仁絕世之奸大貪之尤大學士吳宗達仰他人鼻息危不持顛不扶幷劾兵部尚書張鳳翼溺職狀帝怒謫世祺福建按察司檢校　致仕左都御史曹于汴卒年七十七贈太子太保于汴篤志正學操履粹白立朝正色不阿崇獎名教有古大臣風　插漢部長及套寇入犯寧夏總兵官馬世龍遣參將卜應第大破之斬首二百有奇巡撫延綏都御史張伯鯨督王承恩等分道擊破於雙山魚河二堡斬首三百時二部勢弱故易以見功　二

月賊犯歸巴夷陵諸處興山知縣劉定國城陷死之犯夔州城中倉
猝無備通判推官知縣悉遁攝府事同知何承光帥吏民固守戊寅
城陷承光整冠帶危坐賊入殺之己卯陷巫山通江巡檢郭纘化陳
沒指揮王永年力戰死其他部自漢中犯大寧知縣高日臨被執大
罵賊碎其體焚之遂攻廣元園太平自賊起陝西陷州縣以數十計
未有破大郡者至是天下爲震動　建義決口工成　振登萊饑蠲
逋賦　甲申耕耤田　三月丁亥朔日有食之　總督五省侍郎陳
奇瑜檄諸將會兵陝州老𤞤𤞤過天星滿天星闖塌天混世王五大
營既陷夔州阻險復走還湖廣分爲三一犯均州往河南一犯鄖陽
往淅川一犯金漆坪渡河犯商南奇瑜馳至均州檄四巡撫會討陝
西練國事駐商南遏其西北鄖陽盧象昇駐房竹遏其西河南元默
駐盧氏遏其東北湖廣唐暉駐南漳遏其東南　乙巳張應昌擊賊
均州五嶺山敗績身中一矢退還河南庚戌副總兵楊世恩追敗賊

於石湖口　山西自去年不雨至於是月民大饑吳甘來請發粟振之而言張應昌等半殺難民以冒功中州諸郡畏曹變蛟兵甚於賊陛下生之而不能武臣殺之而不顧臣實痛之又言賞罰者將將大機權也乃封疆之罰武與文二內與外二士卒與將帥二受命建牙或逮或逐以封疆罪罪之而跋扈將帥罪狀已暴止於戴罪偏裨不能令士卒將帥不能令偏裨督撫不能令將帥將聽賊自來自去誰爲陛下翦凶逆者　夏四月賊自湖廣走盧氏靈寶時賊自四川入陝西者由陽平關奔鞏昌洪承疇禦之秦州賊遂越兩當襲破鳳縣分爲二一向漢中取間道犯城固洋縣一由鳳縣奔寶雞汧陽於是賊在平利洵陽間者數萬自四川入西鄉者二三萬犯城固洋縣者又東下石泉漢陰羣賊悉會漢興窺商雒　先是海寇鍾凌秀既降復叛爲鄭芝龍所禽其黨潰入長汀轉掠江西屬邑芝龍屢敗賊會福建有紅夷之患劉香乘之連犯閩廣沿海邑總督兩廣侍郎熊文

燦不能討議招撫漳州知府施邦曜縶香毋以誘賊賊陽許之乃令
參政洪雲蒸副使康承祖參將夏之本張一傑入賊舟宣諭雲蒸等
俱被執文燦懼罪奏諸臣信賊自陷給事中朱國棟劾之帝令戴罪
自効　癸酉發帑振陝西山西饑　五月丙申副將賀人龍等敗賊
於藍田　黃紹杰言漢世災異策免三公宰執亦引罪以求罷今者
久旱陛下修政治納讜言可謂應天以實矣而雨澤不降何哉天有
所甚怒而不解也輔臣溫體仁者秉政數載上干天和無歲不旱暵
無日不風霾無處不盜賊無人不愁怨秉政既久窺瞷益工中外趨
承益巧一人當用則曰體仁意未遽爾也一事當行則曰體仁聞恐
不樂也覆一疏建一議則曰慮體仁意有他屬不然則體仁忌諱毋
嬰其凶鋒也凡此皆召變之尤願陛下罷體仁以回天意體仁罷而
甘霖不降殺臣以正欺君之罪帝貶紹杰一秩體仁力辨且訐其別
有指授紹杰言廷臣言事指及乘輿猶荷優容一字涉體仁必遭貶

黜誰不自愛而爲人指授耶因列其罪狀六且言臣所仰祝聖明洞燭體仁奸欺者其說則有兩端下惟朋黨一語可以箝言官之口挑善類之禍上惟票擬一語可以激聖明之怒蓋憤誤之愆體仁猶辨且以朋黨爲言紹杰遂言體仁受銅商王誠金體仁長子受沈棨及巡鹽高欽順等金皆萬計體仁用門幹王治東南之利皆其轉輸體仁私邸兩被盜失黃金寶玉無算匿不敢言帝怒謫紹杰上林苑署丞　故大學士劉鴻訓卒於戍所　六月臨洮總兵官李卑卒於軍卑善持紀律所至軍民安堵爲人有器度當倉猝鎮靜如常　辛未陳奇瑜與撫治鄖陽都御史盧象昇會師於上津時蜀寇返楚者駐鄖之黃龍灘督將士從竹山竹溪白河分道夾擊至平利之烏林關十餘戰皆大獲越七日大破之乜家溝又連戰石泉壩唐家坪蚋谿獅子山太平河竹木砭箐口諸處皆捷鄧玘楊世恩功爲多別將楊化麟周任鳳楊正芳等分道擊賊禽其魁闖王翻山虎等斬馘五千

六百有奇奇瑜上言於朝帝嘉勞之又督副將劉遷等搜竹谿平利
賊追至五狼河禽其魁十二人遣參將賀人龍等追八晝夜至紫陽
賊死者萬餘人　甲戌河決沛縣　秋七月插漢犯棗園堡馬世龍
大敗之俘斬一千有奇其後套寇歲入寧夏甘涼境官兵輒擊敗之
而套部干兒罵亦爲尤世祿所斬
大清大會韃靼諸部於兀蘇河南岡西征插漢旋師入大同境攻拔
得勝堡參將李全自經參將曹變蛟北援遇
大清兵廣武有戰功總督宣大侍郎張宗衡總兵官曹文詔移駐懷
仁固守壬辰
大清兵入上方堡至宣府總兵官張全昌嬰城固守乙未詔總兵官
陳洪範守居庸巡撫保定都御史丁魁楚等守紫荊雁門辛丑京師
戒嚴
大清兵攻圍龍門新城赤城庚戌克保安知州閻生斗被執死之判

官李師聖吏目王本立訓導張文魁亦同死已而
大清兵西行攻圍懷仁及井坪堡應州全昌進兵應州　陳奇瑜以
湖廣賊盡引兵而西謂賊不足平有驕色遣游擊唐通防漢中以護
藩封參將夏鎬賀人龍劉遷扼略陽沔縣防賊西遁副將余世任楊
正芳扼褒城防賊北遁又檄練國事盧象昇元默各守要害截賊奔
逸始賊自澠池渡河高迎祥最彊李自成屬焉及入河南自成與兄
子過結李牟俞彬李雙喜顧君恩高傑等自為一軍及奇瑜兵至賊
見官軍肆集大懼張獻忠等奔商雒自成等遁入興安之車箱峽諸
渠魁咸在峽四山巉立中亙四十里易入難出賊誤入其中山上居
民下石擊之或投以炬火山口累石塞路賊無所得食困甚又大雨
兩月弓矢盡脫馬乏芻死者過半時官軍壓之可盡殲自成等見勢
絀用顧君恩計以重寶賄奇瑜左右及諸將帥偽請降奇瑜遽許之
先後籍三萬六千餘人悉勞遣歸農每百人以安撫官一護之檄所

過州縣具糗糧傳送諸將毋邀阻撓撫事諸賊甫出棧道卽大譟不受約束盡殺安撫官五十餘人敗人龍及副將周天禮軍張應昌自清水追賊亦大敗自成陷隴州而去大掠鳳翔麟游寶雞扶風汧陽乾州涇陽醴泉而略陽賊數萬亦來會賊勢愈張關中大震自成之名始著奇瑜乃悔失計賊初叛猝至鳳翔誘開城守城者知其詐紿以縋城上殺其先登者三十六人餘譟而去其犯寶雞亦爲知縣李嘉彥所挫奇瑜遂劾嘉彥及鳳翔鄉官孫鵬等撓撫局撫按官亦異心帝怒責撫按逮嘉彥及士民五十餘人　帝以張全昌孤軍八月命寧遠總兵官吳襄山海總兵官尤世威及張應昌等赴援戊辰命張宗衡節制各鎮援兵襄世威擁兵不進全昌至渾源以捷聞還軍葛峪羊房口襄等復不援應昌援之亦無功懷仁圍解曹文詔返大同

大清兵再入其境文詔挑戰敗還時沿邊諸城堡多不守靈邱知縣

將兼采合門死之典史張標教諭路登甫守備于世奇把總陳彥武馬如豸並戰死　李長庚不植黨援與温體仁不甚合因推郎中王茂學爲真定知府帝不允復推爲順德知府帝怒責以欺蒙並追咎冠帶監生授職事責令長庚回奏奏上削其籍時左都御史亦缺體仁陰使吏部侍郎張捷舉逆案呂純如以嘗帝朱國棟范淑泰等極論其謬帝亦甚惡之捷氣沮體仁不敢言乃薦南京吏部尚書謝陞右都御史唐世濟爲之　閏月甲戌賊陷隆德殺知縣費彥芳遂圍靜寧州固原參議陸夢龍率游擊賀奇勛都司石崇德禦之老虎溝所將止三百人被圍數重不得出奇勛崇德抱夢龍泣夢龍揮之曰何作此婦孺態大呼奮擊手馘數人與奇勛崇德俱戰死時涇州知州婁琇崇信知縣龐瑜山陽知縣董三謨麟游知縣呂名世甘泉知縣蒲來舉鳳縣主簿吉永祚教諭李之蔚鄉官魏炳皆城陷死之

大清兵再入宣府境丁亥克萬全左衛庚寅旋師出塞　九月庚申

盔甲廠災　帝怒山西大同宣府守臣失機下兵部論罪部議巡撫
戴君恩胡沾恩焦原清革職贖杖張宗衡閒住帝以爲輕責張鳳翼
對狀嘗自裕亦言文臣重論而武臣輕貸非法於是宗衡君恩沾恩
源清曹文詔張全昌及總兵睦自彊俱遣戍張應昌解職候勘監視
中官劉允中劉文中王坤充淨軍　陳奇瑜遣賀人龍救隴州李自
成復至圍之四十餘日洪承疇檄總兵官左光先與人龍合擊大破
之庚辰圍解　甲戌以賊聚陝西詔河南兵入潼華湖廣兵入商雒
四川兵由興漢山西兵出蒲州韓城合勦初賊既渡河去春夏閒中
州幸無事既而賊軼車箱峽元默檄左良玉湯九州等各陳兵要害
守備尙固諸將斬獲多及是高迎祥李自成竄入終南山已乃分軍
三一向慶陽一趨鄖陽一出關趨河南趨河南者又分爲三郡邑所
在告急而三晉畿輔獨不受賊禍者十年　陳奇瑜請敕陝西鄖陽
湖廣河南山西五巡撫各守要害有失則治諸臣罪冀以分己過又

委罪練國事以自解國事言漢南賊盡入棧道奇瑜檄止兵臣未知
所撫實數及見奇瑜疏八大王部萬三千餘人蠍子塊部萬五百餘
人張妙手部九千一百餘人八大王又一部八千三百餘人夫一月
內撫強寇四萬餘盡從棧道入內地食飲何自出安得無剽掠且大
帥將三千人而一賊魁反擁萬餘衆安能受紀律即藉口回籍延安
州縣驟增四萬餘人安集何所合諸征勦兵不滿二萬而降賊踰四
萬豈內地兵力所能支宜其連陷名城而不可救也若咎臣不堵勦
則先有止兵檄矣若云賊已受撫因誤殺使人致然則未誤殺之先
何爲破麟游永壽今事已至此惟急調大軍致討若仍以願回原籍
禁兵勿勦三秦之禍安所終極哉疏入帝不省逮國事下獄久之遣
戍廣西　賊謀再入山西左良玉迎擊於商南湯九州遣部將趙柱
周爾敬逆之雒南賊至商州返已復侵閿鄉九州病遣部將淩元機
胡良翰等搜山悉敗沒冬十月庚戌楊正芳及部將張上選援雒南

皆戰死一軍盡沒　工部尚書周士樸恥與張彝憲共事數相齟齬以不赴彝憲期被詰問士樸疏對詞直帝無以難會駙馬都尉齊贊元以遂平長公主塋價士樸不引瑞安大長公主例而壽寧大長公主薨則引瑞安例上疏醜詆之帝遂削士樸籍　給事中顧國寶劾陳奇瑜誤封疆十一月庚辰詔解任候勘乙酉洪承疇兼攝河南山西湖廣軍務言官以承疇勢難兼顧請別遣一人爲總督張鳳翼不能決　倪元璐上制實八策曰間插部曰繕京邑曰優守兵曰靖降人曰益寇饟曰儲邊才曰奠輦轂曰嚴教育又上制虛八策曰端政本曰伸公議曰宣義問曰一條教曰慮久遠曰昭激勸曰勵名節曰假體貌其端政本悉規切溫體仁其伸公議則詆張捷薦呂純如謀翻逆案事捷大怒上疏力攻元璐元璐疏辨帝俱不問　河南府推官湯開遠上言陛下臨御以來明罰勅法自小臣至大臣蒙重譴下禁獄者相繼幾於刑亂國用重典矣見廷臣薦舉不當疑爲黨徇惡

廷臣執奏不移疑爲藐抗以策勵望諸臣於是戴罪者多而不開以立功之路以詳慎責諸臣於是引罪者衆而不諒其致誤之由墨吏宜逮然望稍寬出入無絀能臣至三時多害五方交警諸臣怵參罰惟急催科民窮則易爲亂陛下寬一分在臣子卽寬一分在民生此可不再計決者尤望推諸臣以心待諸臣以禮諭中外法司以平允至錦衣禁獄非寇賊奸宄不宜輕入帝怒摘其疏中桁楊慘酷徧施勞臣語責令指實開遠復言時事孔棘諸臣有過可議亦有勞可準有罪可程亦有情可原究之議過不過懲過而後事轉因前事以灰心聲罪不足復罪而過者更藉誤者以實口綜核太過則要領失措懲創太深則本實多缺往往上以爲宜詳宜新之事而下以爲宜略宜仍之事朝所爲縲辱擯棄不少愛之人又野所爲推重愾歎不可少之人上與下異心朝與野異議欲天下治平不可得也又歷言蘇州僉事左應選給事中馬思理御史高倬宣大巡按胡良機監兒主

事吳澧皆以小過得罪未復爲陳于廷易應昌申辨帝切責之開遠顯祖子也　李自成陷陳州靈寶　賊在河南者欲乘冰北渡參將虎大威猛如虎扼之河濱左良玉扼新安澠池他將陳治邦駐汝州陳永福扼南陽皆坐甲自保不能創賊也賊每營數萬兵番進皆因糧宿飽我兵寡備多饋饟不繼賊介馬馳一日夜數百里我步兵多騎少行數十里輒疲乏以故多畏賊而良玉在懷慶時與督撫議不合因是生心緩追養寇多收降者以自重督撫檄調不時應命　十二月左良玉遇賊於磁山大戰數十追奔百餘里　巡撫山西都御史吳甡薦曹文詔知兵善戰請用之晉中并以張全昌爲請帝命文詔全昌爲援勦總兵官時帝已允兵部議敕文詔馳勦河南賊甡疏爭之請令先平晉賊後入豫帝不許文詔以甡有恩竟取道太原爲甡所留甡之出爲巡撫也温體仁謂之曰流賊癬疥疾勿憂也

卹贈知府銜給雲騎尉世職內閣候補中書孫男克家補纂

莊烈紀三起崇禎八年乙亥訖崇禎十年丁丑凡三年

八年春正月京察南京吏部尚書鄭三俊及考功郎中徐石麒斥罷八十八人時服其公　乙卯賊陷上蔡連陷汜水滎陽固始聞左良玉將至移壁梅山溱水間拔下蔡燒汝寧郛　己未總督五省侍郎洪承疇出關討賊與巡撫山東侍郎朱大典并力合擊賊偵知之老回回羅汝才革裏眼左金王改世王射塌天橫天王混十萬過天星九條龍順天王高迎祥張獻忠共十三家七十二營大會於滎陽議拒敵未決老回回欲北渡獻忠嗤之老回回怒李自成解之曰一夫猶奮況十萬衆乎官兵無能爲也宜分兵定所向利鈍聽之天皆曰善乃議革裏眼左金王當川湖兵橫天王混十萬當陝兵羅汝才過天星扼河上迎祥獻忠及自成等略東方老回回九條龍往來策應

陝兵銳益以射塌天改世王所破城邑子女財帛維均衆如自成言
老回回者馬守應之號也獻忠始與迎祥並起自成乃迎祥偏裨不
敢與獻忠並及是遂相頡頏與俱東掠陷霍邱縣丞張有俊教諭倪
可大訓導何炳死之他賊燔壽州辛酉獻忠陷穎州屠其民知州尹
夢鼇通判趙士寬皆力戰投水死衛指揮李從師王廷俊千戶孫升
田三震百戶羅元慶田得民王之麟俱乘城戰死里居尚書張鶴鳴
等死難者共一百三人城中婦人死節者三十七人烈女八人壽州
賊犯鳳陽鳳陽故無城軍民素疾守陵太監楊澤貪虐引賊來攻丙
寅留守朱國相帥指揮袁瑞徵呂承蔭郭希聖張鵬翼周時望李郁
岳光祚千戶陳宏祖陳其忠金龍化等以兵三千逆戰上窯山多斬
獲俄賊數萬至矢集如蝟遂大敗國相自刎死餘皆陳沒賊焚皇陵
樓殿燒龍興寺燔公私邸舍二萬二千六百五十殺指揮使程永寧
千戶陳永齡百戶盛可學等四十一人諸生六十六人殺軍民數萬

人知府顏容暄詈於獄賊釋囚獲之大罵被殺霍山教諭龔元祥訓
導姚允恭並死之賊大書幟曰古元真龍皇帝合樂大飲自成從獻
忠求皇陵監小奄善鼓吹者獻忠不與自成怒偕迎祥西趨歸德與
羅汝才過天星合獻忠獨東圍廬州百方力攻知府吳大樸堅守不
下陷巢縣知縣嚴寬一門皆死犯舒城教諭孫士美亦堅守犯廬江
士民具財帛求免賊僞許之俄襲陷其城里居參政盧謙等不屈被
殺無爲亦繼陷壬申徐州副總兵馬爌援兵至鳳陽會賊去以恢復
告爌芳之孫也先是賊將南犯南京兵部尚書呂維祺等議令淮撫
操江移鎮鳳陽溫體仁格其議及賊驟至總督漕運淮揚巡撫楊一
鵬在淮安遠不及救帝聞變大驚素服避殿哭親告太廟并召對廷
臣禮部侍郎陳子壯言今日所急在收人心宜下罪己詔激發忠義
帝納之一鵬王應熊座主巡按御史吳振纓體仁姻也體仁應熊恐
帝震怒留一鵬振纓疏未上俟恢復報同奏之擬旨令一鵬振纓戴

罪給事中何楷主事鄭爾說胡江交章詆應熊體仁朋比誤國初潁
川陷給事中許譽卿請急調五千人守鳳陽疏入而鳳陽已陷譽卿
憤直發張鳳翼固位失事及體仁應熊玩寇速禍罪馮元飇及御史
張纘曾吳履中張肯堂行人司副黃紹杰等復交章劾體仁等三人
帝皆不聽以苛求責譽卿而鐫楷纘曾一秩視事謫爾說江官再謫
紹杰應天府檢校鳳翼引罪乞罷帝不許令戴罪視事子壯會諸臣
列上蠲租清獄使過宥罪等十二事吏部以在獄臣百餘人各上體
仁靳之言於帝僅釋十餘人而令刑部尚書馮英以逆案入詔內文
選郎中吳羽文執止之而議起錢龍錫李邦華等偵事者誣羽文納
龍錫邦華賕下之獄時賊分陷鹿邑柘城寧陵通許者左良玉在許
州不能救別賊圍桐城官軍覆沒命鄧玘自黃州援之玘竟不至游
擊潘可大知縣陳爾銘等守桐不下賊乃攻潛山知縣趙士彥重傷
卒攻太湖知縣金應元訓導扈永寧被殺又攻宿松會巡撫應天都

御史張國維帥副將許自強赴援桐圍乃解二月國維遣守備朱士允趨潛山把總張其威趨太湖士允戰死自強遇賊宿松殺傷相當安慶山民桀石以投賊賊多死獻忠乃越英山霍山而遁甲午逮一鵬振纓澤下獄澤先自殺詔大典總督漕運兼巡撫廬鳳淮揚四郡移鎮鳳陽謇卿又言皇上臨御有年法無假貸獨於誤國輔臣不一問今者一鵬振纓且相繼就逮矣輔臣獨可超然事外乎范淑泰言一鵬恢復疏以正月二十一日核察失事情形疏以正月二十八日天下有未失事先恢復者哉應熊改填月日欺誑之罪難辭且劾其他受賄事帝不聽慰諭應熊應熊亦屢疏辨謂座主門生誼不容薄敢辭比之名票擬實臣起草敢辭誤之罪楷益憤 帝援祖訓詔郡王子孫文武堪任用者得考驗授職陳子壯慮爲民患立陳五不可會唐王聿鍵歷引前代故事疏詆子壯子壯嘗面責溫體仁遂除名下獄鄭三俊疏救之贖徒歸 御史傅永淳劾陳奇瑜解隴州圍報

首功不實詔除奇瑜名遣錦衣官逮訊　賊陷新蔡丁酉鄧玘追敗之羅山犯真陽知縣王信被執不屈斷頭剖腹而死先是羅田知縣梁志仁日夕備賊羅汝才謂左右曰羅田城小易克然梁君長者吾當俟其去取之會邑豪江猶龍下獄潛導汝才別校來攻城陷志仁巷戰殺六賊賊碎其支體焚之妻唐氏被偪大罵奪賊刀被殺典史單思仁教諭吳鳳來訓導羅大受並不屈死汝才聞之馳至斬其別校以錦繡斂志仁夫婦屍　副總兵艾萬年疏言滅賊之法不外勦撫今勦撫俱未合機宜臣不得不極言夫勦賊不患賊多患賊走蓋疊嶂重巒皆其淵藪兵未至而賊先逃所以難滅其故則兵寡也當事非不知兵寡因糗糧不足爲苟且計日引月長以至於今雖多措饟多設兵而已不可救矣宜合計賊衆多寡用兵若干饟若干度其足用然後審察地利用正用奇用伏用間或擊首尾或衝左右有不即殄滅者臣不信也次則行堅壁清野之法困賊於死地然後可以

言撫蓋羣賊攜妻挈子無城柵無輜重暮楚朝秦傳食中土以剽掠爲生誠令附近村屯移入城郭儲精兵火器以待之賊衣食易盡生理一絶烏驚鼠竄然後選精銳據要害以擊之或體陛下好生之心誅厥渠魁誘其脅從不傷仁不損威乃勦撫良策帝深嘉之下所司議行卒不能用　三月洪承疇次汝寧召曹文詔爲中軍令張應昌以私家士馬從征次信陽文詔應昌皆至承疇大喜令文詔擊賊隨州追斬首三百八十有奇　山西大盜賀宗漢劉浩然高加計皆前戴君恩所撫擁衆自恣吳甡陽爲撫慰密令虎大威猛如虎等圖之大威如虎大破加計追至忻代山中加計馬上舞三十觔長梃突陳大威射殺之追斬其衆五百人宗漢號活地草見加計及浩然破滅僞乞降劉光祚伏兵斬之餘黨悉平甡行軍樹二白旂脅從及老弱婦女跪其下卽免死全活甚衆　夏四月丁亥副總兵鄭芝龍合廣東兵擊劉香於田尾遠洋香脅洪雲蒸止兵雲蒸大呼曰我矢死報

國急擊勿失遂被殺香勢蹙自焚溺死康成祖等脫還賊黨千餘人
詣浙江降海寇盡平　辛卯洪承疇會師於汝州時賊見河南兵盛
張獻忠老回回羅汝才蝎子塊過天星等先後悉走陝西承疇議還
顧根本諸將分地遮賊以尤世威部下皆勁旅令與參將徐來朝分
守雒南扼蘭草川朱陽關之險令陳永福控盧氏永寧鄧玘張應昌
許成名副將尤翟文防漢江南北以吳村瓦屋乃內鄉淅川要地令
左良玉湯九州以五千人扼之令總兵官侯良柱扼賊入川路已而
來朝所部三千人不肯入山大譟乙巳玘部將王允成以剋饟鼓譟
於樊城殺玘二僕玘懼登樓越牆墮地死玘久戍觖望恣其下淫掠
殺良冒功爲御史錢守廉所劾大學士王應熊以鄉里庇之益無所
憚其死也人以爲逸罰云承疇師副總兵賀人龍西還以賊必由鳳
縣棧道直入略陽改命應昌翟文自鄖陽轉赴興安漢中以會左光
先趙光遠諸軍而檄曹文詔入關丙午駐師靈寶文詔謁承疇承疇

以賊在商雒聞官兵至必先走漢中而大軍由潼關入反在其後乃令文詔由閿鄉取山路至雒南商州直擣賊巢復從山陽鎮安洵陽馳入漢中遏其奔軼五月甲寅文詔抵商州賊去城三十里營火滿山文詔夜半率從子參將變蛟守備鼎蛟都司白廣恩等敗賊深林中追至金嶺川賊據險以千騎逆戰變蛟大呼陷陳諸軍並進賊敗走變蛟勇冠三軍賊中聞大小曹將軍名皆怖慴會商雒賊馬光玉等薄西安距大軍五十里承疇命人龍至子午谷邀賊之南副將劉成功王永祚邀賊之北張全昌從咸陽繞興平東賊以此不敢南進盡走武功扶風又渡渭走郿縣承疇追至王渠鎮賊方掠南山人龍成功等與戰追奔三十里至大泥峪賊棄馬登山復由藍田走盧氏扼於世威仍入商雒山中時獻忠及高迎祥諸賊犯鳳翔趨汧陽隴州全昌與人龍敗老𤞑𤞑於秦王嶺解鳳翔圍文詔自漢中馳赴賊盡向靜寧秦安清水秦州閑衆且二十萬承疇以文詔所部合全昌

及副將張外嘉軍止六千人告急於朝　乙亥吳宗達致仕　洪承
疇迫六月滅賊之期急進戰諸將見賊衆兵寡咸自揣不敵而勢不
可止六月己丑副總兵艾萬年劉成功柳國鎮游擊王錫命等合兵
三千遇賊亂馬川敗績前鋒中軍劉宏烈被執壬辰萬年等遇李自
成於寧州之襄樂大戰斬首數百伏兵驟起圍之數重萬年國鎮力
戰不支皆陳沒成功錫命負重傷歸士卒死者千餘人曹文詔聞之
瞋目大罵亟詣承疇請行承疇喜曰非將軍不能滅此賊顧吾兵已
分無可策應者將軍行吾將由涇陽趨淳化爲後勁文詔乃以三千
人自寧州進丙午遇賊真寧之湫頭鎮曹變蛟先登斬首五百追三
十里文詔帥步兵繼之賊伏數萬騎合圍矢蝟集賊不知爲文詔也
有小卒縛急大呼曰將軍救我賊中叛卒識之㬥賊曰此曹總兵也
於是賊圍益急文詔左右跳蕩手擊殺數十人轉鬬數里力不支拔
刀自刎死游擊平安以下死者二十餘人承疇聞撫膺大哭帝亦痛

悼贈文詔太子太保左都督賜祭葬世廕指揮僉事有司建祠文詔
忠勇冠時稱明季良將第一其死也賊皆相慶而官軍益衰　張全
昌賀人龍破賊清水張家川都司田應龍張應春戰死　楊一鵬棄
市吳振纓戍邊　故事講筵不列春秋帝以有裨治亂令擇人進講
少詹事文震孟春秋名家爲温體仁所忌隱不舉錢士升指及之體
仁陽驚曰幾失此人遂以震孟名上及進講果稱帝旨帝將增置閣
臣廷推屢不如旨命吏部推在籍者以孫慎行劉宗周林釬名上詔
所司敦趣而以翰林不習世務思用他官參之召廷臣數十人各授
一疏令擬旨震孟引疾不入秋七月甲戌帝特擢震孟與刑部侍郎
張至發俱禮部侍郎兼東閣大學士預機務震孟兩疏固辭不許自
世宗朝許讚後外僚入閣自至發始體仁不能沮震孟故薦至發以
間之閣臣被命即投刺司禮太監兼致羲狀震孟獨否掌司禮者曹
化淳故屬王安從奄雅慕震孟令人輾轉道意卒不往　致仕大學

士成基命卒贈少保諡文穆　羣賊乘勝趨西安洪承疇急檄張應昌左光先還救張全昌曹變蛟先赴渭華格其前躬禦之涇陽三原間決死戰賊不得過南入商雒承疇又命全昌及趙光遠以兵三千截潼關大峪口張獻忠老狪狪等乃由他道轉突朱陽關徐來朝逃一軍盡沒尤世威及游擊劉肇基羅岱與賊戰俱負重傷軍大潰賊遂越盧氏奔永寧元默被逮未去檄左良玉自內鄉與陳邦治馬良文等援盧氏並令全昌援之全昌不聽光遠擅歸關中於是羣賊皆出關分十三營復走河南而高迎祥李自成獨留陝西　我
大清平察哈爾國旋師略朔州直抵忻代守將屢敗總督宣大侍郎楊嗣昌遣將自代州往偵亦敗走嗣昌及大同巡撫葉廷桂鐫三級吳甡鐫五級俱戴罪視事先是定襄縣地震者再甡曰此必有東師也飭有司繕守具已而果入定襄以有備獨不被兵嗣昌鶴之子也
八月李自成陷永壽殺知縣薄匡宇尋陷咸陽殺知縣趙躋昌越

二日張應昌左光先兵至擊斬四百四十餘級獲軍師一人時關中州縣多殘破隴州知州胡爾純扶風知縣王國訓主簿夏建忠典史陳紹南教諭張宏綱訓導陳縉延長知縣萬代芳驛丞羅文魁教諭譚恩階州學正孫仲嗣華陰鄉官楊呈秀皆先後死事　壬辰詔曰往以廷臣不職故委寄內侍今兵制粗立軍餉稍清其盡撤諸鎮監視總理惟京營及關寧如故姜思睿請並撤之不聽　辛丑巡撫湖廣都御史盧象昇總理江北河南山東湖廣四川軍務仍兼巡撫張鳳翼言勦賊之役原議集兵七萬二千隨賊所向以殄滅爲期督臣洪承疇以三萬人分布豫楚數千里力薄又久戍生疾故尤世威徐來朝俱潰以二萬人散布三秦千里內勢分又孤軍無援故艾萬年曹文詔俱敗今既益以祖寬李重鎮倪寵牟文綬兵萬二千又募楚兵七千合九萬有奇兵力厚矣請以賊在關內者屬承疇在關外者屬象昇倘賊盡出關則承疇合勦於豫盡入關則象昇合勦於秦臣

更有慮者賊號三四十萬更迭出犯勢衆而力合我零星四應勢寡
而力分賊所至因糧於我人皆宿飽我所至樵蘇後爨動輒呼庚賊
馬多行疾一二日而十舍可至我步多行緩三日而重繭難馳衆寡
饑飽勞逸之勢相懸如此賊何日平乞嚴飭督理二臣選將統軍軍
各一二萬人俾前茅後勁中權聯絡相貫然後可制賊而不爲賊制
今賊大勢東行北有黃河南有長江東有漕渠彼無舟楫豈能飛越
我兵從西北窮追猶易爲力此防河扼險目前要策所當申飭者也
帝稱善命速行之鳳翼自請督師討賊優詔不允初賊之犯江北也
給事中孫晉以鄉里爲憂鳳翼曰公南人何憂賊賊起西北不食稻
米賊馬不飼江南草聞者笑之時賊蹂躪數千里渠帥衆無專主遇
官軍人自爲鬭勝則爭進敗則竄山谷不相顧官軍遇賊追殺亦不
知所逐何賊也賊或分或合東西奔突勢日強盛　高迎祥略武功
扶風以西李自成略富平同州以東洪承疇遣將追自成小捷至醴

泉初自成以賀人龍同里遣其將高傑貽書約人龍反人龍不報使者歸先見傑後見自成及圍隴州不拔自成心疑傑令歸守營自成妻邢氏趫武多智掌軍資傑每日支糧仗邢氏偉其貌與之通恐自成覺謀來歸至是傑竊邢氏以降承疇令人龍及游擊孫守法挾傑趨富平乘夜擊敗賊取立效爲信九月辛亥承疇督副將曹變蛟等追自成大戰渭南臨潼破之關山鎮逐北三十里自成大敗東走

壬戌張全昌追蝎子塊於沈邱瓦店戰敗被執賊挾之攻蘄黃全昌因代賊求撫盧象昇不許責全昌喪師辱國曰賊果欲降可滅其黨示信賊不聽命全昌部卒潰歸關中久之全昌脫歸　何楷屢疏糾王應熊言應熊體仁奏辨明自引門生姻婭乞諭輔臣毋分別恩仇以國事爲戲應熊復奏辨楷言故事奏章非發抄外人無由聞非奉旨邸報不許抄傳臣疏六月初十日上十四日始奉明旨應熊乃先一日奏辨必有漏禁中語者且旨下必由六科發抄臣疏十四日下

而百戶趙光修先送錦衣堂上官則疏可不由科抄矣帝意動令應
熊自陳應熊始懼具疏引罪帝下其家人及直日中書七人於獄獄
具家人戍邊中書貶二秩應熊乃屢疏乞休壬申許致仕帝亦知應
熊不協人望特己所拔擢不欲以人言去也　初駱馬湖運道潰淤
霍維華創輓河之議言於總河尚書劉榮嗣請自宿遷至徐州別鑿
新河二百餘里引黃河水通漕冀以敘功復職榮嗣然其計費金錢
五十餘萬而其所鑿邳州上下悉黃河故道濬尺許其下皆沙挑掘
成河經宿沙落河坎復平如此者數四迨引黃水入其中波流迅急
沙隨水下率淤淺不可以舟及漕舟將至而駱馬湖之潰適平舟人
皆不願由新河榮嗣自往督之入者輒告淤淺弁卒多怨巡漕御史
倪于義劾榮嗣欺罔誤工南京給事中曹景參復重劾之逮問坐贓
榮嗣父子皆瘐死郎中胡璉分工獨多亦坐死維華意乃沮其後駱
馬湖復潰舟行新河無不思榮嗣功者時河患日急帝又重法懲下

李若星以修濬不力罷官朱光祚以建議蘇嘴決口逮繫六年之中河臣三易給事中王家彥嘗切言之光祚亦竟瘐死　冬十月庚辰下詔罪己避居武英殿減膳撤樂示與將士同甘苦　丙戌戶部尚書侯恂請嚴徵新舊逋賦從之　遼東總兵官祖寬督關外兵援勦河南巡撫陳必謙監紀湯開遠令與左良玉合兵抵靈寶挫張獻忠於澗口焦村焦村朱陽關地也　曹變蛟尤翟文孫守法追高迎祥與戰鳳翔之官亭斬首七百餘級又與左光先敗迎祥乾州迎祥中箭遁斬首三百五十餘級已而迎祥自華陰南原絕大嶺偕李自成夜出朱陽關光先戰不利賴變蛟陷陳軍獲全　湯開遠言比年寇賊縱橫凡有失事陛下於撫臣則懲創之於鎮臣則優遇之試觀近日諸撫臣有不褫奪不囚繫者乎諸帥臣及偏裨有一禮貌不崇陞廕不遂者乎卽觀望敗衄罪狀顯著者有不寬假優容者乎夫懲創撫臣欲其惕而戒也優遇武臣欲其感而奮也然而封疆日破壞寇

賊日蔓延者分別之法少也撫臣中清操如沈棨幹練如練國事捍
禦兩河身自為將如元默拮据兵事沮賊長驅如吳甡或麗爰書或
登白簡其他未可悉數而武臣桀驁恣睢無日不上條陳爭體統一
旦有警輒逡巡退縮即嚴旨屢頒褎如充耳如王樸尤世勛王世恩
輩其罪可勝誅哉秦撫甘學闊請正縱賊諸弁以法明旨顧切責之
然則自今以後敗將當不問矣文臣未必無才能乃有寧甘斥黜必
不肯任不敢任者以任亦罪不任亦罪不任之罪猶輕而任之罪更
重也誠欲使諸臣踴躍任事在寬文法原情實分別去留毋以一眚
棄賢才至鞅鞈之夫不使怯且欺者倖乎其間則賞罰以平文武用
命矣帝以撫臣不任者無所指實責令再陳開遠復言朝廷賞罰無
章於是諸臣之不肯任不敢任者罪而肯任敢任者亦罪且其罪反
重勸懲無當欲戡定大亂未之前聞從來無詘督臣以伸庸帥者至
今而楊嗣昌不得闢其說從來無抑言路以伸劣弁者至今而王肇

坤不得保其秩王樸恇怯暴著聽敵飽去猶得與吳甡並論播之天下不大爲口實哉若撫臣之不肯任不敢任者如陝西之胡廷晏山西之仙克謹宋統殷許鼎臣何以當日處分視後皆輕練國事元默承大壞極敝之後竭力撐持何以當日處分較前更重且近日爲辦寇而誅督臣者一逮督臣撫臣者二褫撫臣者亦二甚至巡方與撫臣並議而幷逮兩按臣計典與失事牽合而幷褫南樞臣若監司守令之獲重譴者不可勝紀試問前後諸帥臣有一誅且逮者乎即降而偏裨有一誅且逮者乎甚至避寇縱寇養寇助寇者皆置弗問即或處分不過降級戴罪而已然則諸將之不肯任不敢任者直謂之無罪可乎是陛下於文武二途委任同責成不同明旨所謂一體者終非一體矣不特此也按臣曾週當舊撫鄭去力障寇鋒初非失事乃竟從逮配將來無肯任敢任之按臣矣道臣祝萬齡拮据兵食寢餌俱廢至疽發於背而遽行削籍將來無肯任敢任之監司矣史洪

謨作令宜陽戰守素備賊渡澠池不敢薄城及知六安復有全城之績而褫奪驟加將來無肯任敢任之州縣矣賊薄永寧舊蜀撫張論與子給事鼎延傾貲募士夙夜登陴及論物故鼎延請卹幷其子官奪之將來無肯任敢任之鄉官矣吏部惟雜職多弊臣鄉吳羽文竭力釐剔致刀筆胥豎鬨然而起羽文畧不爲撓乃以起廢一事長繫深求將來無肯任敢任之部曹矣臣讀明旨謂諸事皆經確核以議處有銓部議罪有法司稽核糾舉有按臣也不知詔旨一下銓部郎議降議革有肯執奏曰此不當處者乎一下法司郎擬配擬戍有肯執奏曰此不當罪者乎至查核失事按臣不過據事上聞有原功中之罪罪中之功乞貸於朝廷者乎是非諸臣不肯分別也知陛下一意重創言之必不聽或反以甚其罪也所以行閒失事無日不議處議罪而於蕩寇安民豪無少補則今日所少者豈非大公之賞罰哉帝得奏大怒命削開遠籍撫按解京訊治河南人聞之若失慈母左

良玉偕將士七十餘人合奏乞留巡按御史金光辰亦備列其功狀以告帝爲動容乃命釋還戴罪辦賊　文震孟旣入直溫體仁每擬旨必商之有所改必從震孟喜謂人曰溫公虛懷何云奸也何吾騶曰此人機深詎可輕信越十餘日體仁窺其疏所擬不當輒令改不從則徑抹去震孟大慍以諸疏擲體仁前體仁亦不顧許譽卿以資深當擢京卿體仁以譽卿數論己憾之吏部尚書謝陞希體仁意出譽卿南京震孟慍語侵陞陞亦慍適山東布政使勞永嘉賄營登萊巡撫主給事中宋之普家陞等列之舉首爲張第元所發帝以詰陞言路因欲攻陞及都御史唐世濟譽卿以世濟恃體仁惡尤甚當先去之而張纘曾獨先劾陞陞疑出譽卿及震孟意之普又構之陞先是福建布政使申紹芳亦欲得登萊巡撫譽卿曾言之陞陞遂疏攻譽卿謂其營求北缺不欲南遷爲把持朝政地并及屬紹芳事體仁擬旨貶謫而故重其詞帝果命譽卿削籍紹芳逮問震孟力爭之吾

騶助爲言不得震孟咈然曰科道爲民是天下極榮事賴公玉成之體仁遽以聞帝怒責吾騶震孟徇私撓亂十一月庚戌吾騶罷震孟落職閒住方震孟之入閣也即有旨撤鎮守中官及王應熊之去忌者謂震孟爲之由是有譖其居功者帝意遂移震孟方剛貞介有古大臣風而未竟其用既去體仁憾未釋滋陽知縣成德震孟門人以彊直忤巡按御史禹好善好善體仁客也誣德貪虐逮入京滋陽民詣闕訟冤震孟在閣亦爲之稱枉德道中具疏極論體仁罪而震孟已去好善再劾德言其疏出震孟手帝不之究德母張伺體仁長安街繞輿大罵拾瓦礫擲之體仁恚疏聞於朝詔五城御史驅逐移德鎮撫獄掠治杖六十午門外戍邊坐贓六千有奇而給體仁校尉五十人護出入　庚申祀天於南郊　張獻忠久據靈寶以待高迎祥李自成迎祥自成至與獻忠合兵復東攻閿鄉左良玉祖寬赴救賊解而趨靈寶斷良玉寬軍不相應良玉不能支賊遂攻陜州知州史

記言以少室僧所訓士禦之斬賊數十級生禽二十餘人老猶猶憤帥數萬人乘雪夜來襲城陷記言被殺指揮李君賜戰死訓導王誠心里居教諭張敏行姚艮弼指揮楊道泰阮我疆鎮撫陳三元並不屈死賊進攻洛陽陳必謙督艮玉寬援救賊乃去迎祥自成走偃師鞏縣獻忠走嵩汝艮玉出洛追迎祥自成寬分擊獻忠救汝州賊部衆三十餘萬連營百里勢甚盛寬夜督副將祖克勇等趨葛家莊黎明遇賊大破之賊奔嵩縣九皐山寬伏二軍於山溝誘之賊趨下伏發斬馘九百有奇尋與劉肇基羅岱遇賊汝州圪料鎮復大敗之伏屍二十餘里斬馘千六百有奇獻忠憤再合迎祥自成兵與寬戰龍門白沙截官軍爲二寬自斷後士卒殊死鬬自晨迄夜分復大捷斬馘一千有奇艮玉亦令裨將破賊於宜陽黃澗口會盧象昇自湖廣倍道馳入汝州督副將李重鎮雷時聲等擊迎祥於城西用強弩射殺賊千餘人迎祥自成乃走十二月略魯山葉縣陷光州象昇督寬

及副將李輔明躡其後乙酉賊走攻確山寬等馳救大破之斬馘五
百八十有奇自成等遂東走而老𤞑𤞑羅汝才諸賊各盤踞鄖陽商
洛山中不能救張獻忠亦遁山中戊子良玉敗賊於閿鄉自曹文詔
艾萬年陳亡尤世威敗衂諸將率畏賊不敢前象昇每慷慨灑泣激
以忠義軍中嘗絕三日饟象昇亦水漿不入口以是得將士心戰輒
有功乃進象昇兵部侍郎加督山西陝西軍務解巡撫任進洪承疇
兵部尚書並賜尚方劍便宜行事　城鳳陽　癸巳賊犯江北圍滁
州　乙巳老𤞑𤞑諸賊自河南犯陝西洪承疇敗之於臨潼　前禮
部尚書孫愼行至都卒贈太子太保諡文介
九年春正月總理七省軍務侍郎盧象昇大會諸將於鳳陽上疏言
賊橫而後調兵賊多而後增兵是爲後局兵至而後議饟兵集而後
請饟是爲危形況請饟未敷兵將從賊而爲寇是八年來所請之兵
皆賊黨所用之饟皆盜糧也又言總督總理宜有專兵專饟請調咸

寧甘固之兵屬總督薊遼關寧之兵屬總理又言各直省撫臣俱有封疆重任毋得有一賊警卽求援求調不應則吳越也分應則何以支又言臺諫諸臣不問難易不顧死生專以求全責備雖有長材從何展布臣與督臣有勦法無堵法有戰法無守法言皆切中事宜於是高迎祥李自成攻圍廬州七晝夜不克南京兵部尙書范景文遣兵援之賊分道陷含山犯和州知州黎宏業與在籍御史馬如蛟募死士出擊賊兩戰皆捷賊將奔會風雪大作不辨人色守者皆潰宏業中刃死判官錢大用吏目景一高學正康正諫訓導趙世選並死之如蛟力戰死兄運判如蚪諸生如虹及家屬十四人亦皆死自成進圍滁州連營百餘里知州劉大鞏南京太僕寺卿李覺斯堅守不下象昇遣祖寬羅岱援救甲寅大戰於城東五里橋寬等奮擊大呼諸軍無不一當百自晨至晡斬賊首搖天動奪其駿馬賊連營俱潰逐北五十里至關山之朱龍橋橫屍枕藉水爲不流象昇親督楊世

恩馳至復大破之總督漕運侍郎朱大典會象昇追賊賊北趨鳳陽
急還兵遏之賊始退北攻壽州故御史方震孺倡士民堅守賊突潁
霍蕭碭靈璧虹窺曹單總兵官劉澤清拒之河乃掠考城儀封而西
其犯亳者折入歸德永寧總兵官祖大樂邀擊之賊乃北向開封陳
永福敗之朱仙鎮　盧象昇請加官戸田賦十之一糧十兩以上同
之侯恂請於未破寇之地士大夫家賦銀兩者加二錢民間五兩以
上者兩加一錢王家彥言民賦五兩上者率百十家成一戸非富民
不可以朘削既而概徵每兩一錢名曰助饟　劉宗周入朝帝問人
才兵食及流寇猖獗狀宗周言陛下求治太急用法太嚴布令太煩
進退天下士太輕諸臣畏罪飾非不肯盡職業故有人而無人之用
有饟而無饟之用有將不能治兵有兵不能殺賊流寇本朝廷赤子
撫之有道則還爲民今急宜以收拾人心爲本收拾人心在先寬有
司參罰重則吏治壞吏治壞則民生困盜賊由此日繁帝又問兵事

宗周言禦外以治內爲本內治修遠人自服干羽舞而有苗格願陛
下以堯舜之心行堯舜之政天下自平對畢趨出帝顧溫體仁迂其
言　丁卯前禮部侍郎林釬以原官兼東閣大學士預機務　授宗
周工部左侍郎　二月賊走密登封左良玉敗之於郜城鎮走石陽
關與伊嵩之賊合前副將湯九州期良玉夾擊良玉中道遁歸九州
以孤軍千二百人由嵩縣深入屢敗賊窮追四十餘里誤入深崖遇
賊數萬據險攻圍九州勢不敵夜移營爲賊所乘遂戰沒良玉反以
捷聞賊分趨裕州南陽陳必謙援南陽帥知縣何騰蛟破賊安皋山
斬首四百餘級盧象昇援裕州合祖寬祖大樂羅岱兵大破賊七頂
山殲李自成精騎殆盡已象昇移軍南陽　山西大饑人相食　乙
酉寧夏饑兵變殺巡撫都御史王楫副使丁啓睿斬首惡六人撫定
之　武舉陳啓新上書言天下三大病士子作文高談孝弟仁義及
服官恣行奸慝此科目之病也國初典史授都御史貢士授布政秀

才授尚書嘉靖時猶三途並用今惟一途而舉貢不得至顯官一舉進士橫行放誕此資格之病也舊制給事御史教官得爲之其後途稍隘而舉人推官知縣猶與其列今惟以進士選彼受任時先以給事御史自待監司郡守承奉不暇剝下虐民恣其所爲此行取考選之病也請停科目以黜虛文舉孝廉以崇實行罷行取考選以除積橫之習蠲災傷田賦以蘇民困專拜大將以節制有司便宜行事捧疏跪正陽門三日辛卯中官取以進帝大喜立擢吏科給事中　劉宗周言陛下銳意求治而二帝三王治天下之道未暇講求施爲次第猶多未得要領者首屬意於邊功而罪督遂以五年恢復之說進是爲禍胎己巳之役謀國無良朝廷始有積輕士大夫之心自此耳目參於近侍腹心寄於干城治術尚刑名政體歸叢脞天下事日壞而不可救廠衞司譏察而告訐之風熾詔獄及士紳而堂廉之等夷人人救過不給而欺罔之習轉甚事事仰成獨斷而諂諛之風日長

三尺法不伸於司寇而犯者日衆詔旨雜治五刑歲躬斷獄以數千
計而好生之德意泯刀筆治絲綸而王言褻誅求及瑣屑而政體傷
參罰在錢穀而官愈貪吏愈橫賦愈逋敲扑繁而民生瘁嚴刑重斂
交困而盜賊益起總理任而臣下之功能薄監視遣而封疆之責任
輕督撫無權而將日懦武弁廢法而兵日驕將懦兵驕而朝廷之威
令弁髦於督撫朝廷勒限平賊而行間日殺良報功生靈益塗炭一
旦天牖聖衷撤總監之任重守令之選下弓旌之招收酷吏之威布
維新之化方與二三臣工洗心滌慮以聯泰交而不意君臣相遇之
難也得一文震孟而以單詞報罷使大臣失和衷之誼得一陳子壯
而以過戇坐辜使朝宁無吁咈之風此關於國體人心非淺鮮者陛
下必體上天生物之心以敬天而不徒倚風雷必念祖宗鑑古之制
以率祖而不輕改作以簡要出政令以寬大養人才以忠厚培國脈
發政施仁收天下泮渙之人心而且還內廷掃除之役正懦帥失律

之誅慎天潢改授之途遣廷臣齎內帑巡行郡國爲招撫使赦其無
罪而流亡者陳師險隘堅壁清野聽其窮而自歸誅渠之外猶可不
殺一人而畢此役奚待於觀兵哉疏入帝怒甚諭閣臣擬嚴旨再四
每擬上帝輒手其疏覈閱起行數周既而意解降旨詰問謂大臣論
事宜體國度時不當效小臣歸過朝廷爲名高且奬其清直焉　三
月振南陽饑蠲山西被災州縣新舊二饟　盧象昇之攻南陽也令
祖寬備鄧州祖大樂備汝寧而躬帥諸軍蹙賊遣使告湖廣巡撫王
夢尹鄖陽撫治宋舜祖曰賊疲矣東西邀擊前阻漢江可一戰殲也
夢尹舜祖竟不能禦賊遂自光化潛渡漢江入鄖襄分部再入陝西
高迎祥趨興安漢中李自成由南山踰商雒走延綏犯鞏昌北境左
光先曹變蛟等破之澄城追至靖虜衛轉戰安定會寧抵靜寧固寧
屢挫之自成走環縣賊自滁州歸德兩敗後盡趨永寧盧氏內鄉淅
川大山中關中賊亦由閿鄉靈寶與之合張鳳翼請敕河南鄖陽陝

西三巡撫各督將吏扼防毋使軼出四川湖廣兩巡撫移師近界聽援勦而督理二臣以大軍入山蹙之且嚴遏米商通販賊可盡殄帝深然之尅期五月蕩平老師費財督撫以下罪無赦及賊渡漢入鄖餘衆三萬仍匿內鄉淅川山中象昇命寬大樂與總兵官秦翼明等由南漳穀城入山搜討寬大樂部下皆邊軍性強憝異他卒不可繩以法往時官軍多闒中人與賊鄉里臨陳相勞苦拋生口棄輜重即縱之去謂之打活仗邊軍不通言語逢賊即殺故多勝然所過焚廬舍淫婦女恃功不戢又騎軍利野戰不利阻險且見賊遠竄非旬朔可定自以爲客將無持久心寬卒方過河譟而逸象昇激勸再三始聽命至黨子口仍按甲不行總兵官李重鎭素恇怯冀卸責衆益思歸夏四月副將王進忠軍譁羅岱劉肇基兵多逃追之則彎弓內嚮象昇乃調四川及筸子土兵搜捕均州賊而力陳入山搜勦之難帝操切溫體仁以刻薄佐之上下囂然錢士升因撰四箴以獻大指

謂寬以御衆簡以臨下虛以宅心平以出政其言深中時病帝雖優旨報聞意殊不懌也無何武生李璡請括江南富戶報名輸官行首實籍沒之法士升惡之擬旨下刑部提問帝不許體仁遂改輕擬士升曰此亂本也當以去就爭之乃言自陳啓新言事擢置省闥比來借端倖進者實繁有徒然未有誕肆如璡者也其曰搢紳豪右之家大者千百萬中者百十萬以萬計者不能枚舉臣不知其所指何地就江南計之富家數畝以對百計者什六七千計者什三四萬計者千百中一二耳江南如此何況他省且郡邑有富家固貧民衣食之源也地方水旱有司令出錢粟均糶濟饑一遇寇警令助城堡守禦富家未嘗無益於國周禮荒政十二保富居一今以兵荒歸罪於富家朘削議括其財而籍沒之此秦皇不行於巴清漢武不行於卜式者而欲行於聖明之世乎今秦晉楚豫已無寧宇獨江南數郡稍安此議一倡無賴亡命相率而與富家爲難不驅天下之民胥爲流寇

不止或疑此輩乃流賊心腹倡橫議以搖人心豈直借端倖進已哉疏入而璡已下法司提問帝報曰卽欲沽名前疏已足致之毋庸汲汲前疏謂四箴疏也士升惶懼引罪乞休帝卽許之戊子致仕士升初入閣體仁頗援之體仁薦謝陞唐世濟士升皆爲助文震孟被擠士升弗能救論者咎之先是士升弟雲南巡撫士晉爲經歷吳鯤化所訐體仁卽擬嚴旨且屬同官林釬弗洩欲因士晉以逐士升命下而士晉已卒事乃已至是士升以讜言去位御史詹爾選言輔臣引咎求黜遽奉回籍之諭夫人臣所以不肯言者其源在不肯去耳輔臣肯言肯去臣實榮之獨不能不爲朝廷惜此一舉也璡以非法導主上輔臣執奏謂當嘉許不暇顧以爲疑君要譽耶人臣無故疑其君非忠也乃謂吾君萬舉萬當者第容悅之借名亦必非忠人臣沽名義所不敢出也乃人主不以名譽鼓天下使其臣尸位保寵寡廉鮮恥亦必非國家利況今天下疑陛下者不少矣將驕卒惰尙方不

靈則或疑過於右武穿札與操觚並課非是者弗錄則或疑緩於敷
文免覲之說行上意在甦民困也而或疑朝宗之大議不敵數萬路
用之金錢駁問之事煩上意在懲奸頑也而或疑明啓之刑書幾禁
加等之紛亂其君子憂驅策之無當其小人懼陷累之多門明知一
切苟且之政或拊心愧恨或對衆欷歔輔臣不過偶因一事代天下
發憤耳而竟鬱鬱以去恐後之大臣無復有敢言者矣大臣不敢言
而小臣愈難望其言矣所日與陛下言者惟苛細刻薄不識大體之
徒似忠似直如狂如癡售則挺身招搖敗則潛形逋竄駭心志而擒
耳目毀成法而釀隱憂天下事尚忍言哉疏入帝震怒召見武英殿
詰之曰輔臣之去前旨甚明汝安得爲此言爾選對曰皇上大開言
路輔臣乃以言去國恐後來大臣以言爲戒非皇上求言意帝曰建
言乃諫官事大臣何建言對曰大臣雖在格心然非言亦無由格大
臣止言其大者決無不言之理大臣不言誰當言者帝曰朕如此焦

勞天下尚疑朕乎卽尚方劍何嘗不賜彼不能用何言不靈對曰誠
如聖諭但臣見督理有參疏未蒙皇上大處分與未賜何異帝曰刑
官擬罪不合朕不當駁乎對曰刑官不職但當易其人不當侵其事
帝曰汝言一切苟且之政何者爲苟且對曰加派帝曰加派因賊未
平賊平何難停汝尚有言乎對曰搜括抽扣亦是帝曰此供軍國之
用非輸之內帑汝更何言對曰卽捐助亦是帝曰本令願捐者聽何
嘗強人時帝聲色俱厲左右皆震懾而爾選詞氣不撓帝又詰發憤
諸語及帖黃簡略斥爲欺罔命錦衣官提下爾選叩頭曰臣死不足
惜皇上幸聽臣事尚可爲卽不聽亦可留爲他日思帝愈怒罪且不
測諸大臣力救乃命繫於直廬明日下都察院議罪議止停俸帝以
語涉誇詡并罪視草御史張三謨令吏部同議部院請鐫五級以雜
職用復不許爾選竟削籍歸　先是吏部議舉孝廉言祖宗朝皆偶
一行之未有定制今宜通行直省加意物色其懷才抱德經明行修

之士由司道以達巡按覆核疏聞驗試錄用詔從之時薦舉徧天下
皆授以殘破郡縣卒無大效　五月壬子詔赦脅從諸賊願歸者護
還鄉有司安置願隨軍自効者有功一體敘錄　官軍敗於羅家山
盡亡士馬器仗丙辰延綏總兵官俞冲霄擊李自成於安定敗績死
之自成勢復振進圍綏德欲東渡河山西兵遏之復西掠米脂呼知
縣邊大綬曰此吾故鄉也勿虐我父老遺之金令修文廟將襲榆林
河水驟長賊淹死甚衆賀人龍復擊敗之乃改道從韓城而西　時
楚豫賊及高迎祥等俱在秦楚蜀之交萬山中盧象昇自南陽趨襄
陽進兵賊多兵少會河南大饑饟乏邊兵洶洶象昇議關中平曠
利騎兵請令祖寬李重鎮隸洪承疇討賊會承疇亦請之寬等遂移
軍入陝左良玉軍最強又率中州人故獨久留象昇以良玉驕亢難
用用孔道興代其偏將趙柱駐靈寶防雒西良玉與羅岱駐宜水防
雒東而襄陽均宜穀上津南漳環山皆賊　癸酉免畿內五年以前

逋賦　太僕缺馬價有詔願捐者聽溫體仁及成國公朱純臣以下皆有捐助又議罷明年朝覲劉宗周以輸貲免覲爲大辱國帝雖不悅心善其忠益欲大用體仁患之募山陰人許瑚疏論之謂宗周道學有餘才諝不足帝以瑚同邑知之宜真遂已不用　六月乙亥林釬卒諡文穆　甲申禮部尚書賀逢聖黃士俊以原官吏部侍郎孔貞運爲禮部尚書兼東閣大學士預機務溫體仁欲重治復社值其在告貞運從寬結之體仁怒語人曰句容亦聽人提索矣貞運句容人也自是不敢有所建白　乙亥總兵官解進忠撫賊於淅川被殺　陳奇瑜戍邊　故大學士文震孟卒　秋七月我大清兵入喜峯口巡關御史王肇坤帥衆往禦不敵退保昌平甲辰遣太監李國輔許進忠等分守紫荊倒馬諸關孫惟武劉元斌防馬水河庚戌命朱純臣巡視邊關癸丑詔諸鎮星馳入援大清兵由間道踰天壽山圍昌平肇坤與總兵官巢丕昌督鑲主事

王一桂趙悅攝知州事通判王禹佐守陵太監王希忠分門守有降
丁二千爲內應己未城破肇坤被四矢兩刃而死一桂悅禹佐希忠
及判官胡惟忠吏目郭永學正解懷亮訓導常時光守備咸貞吉皆
死之一桂一門死者二十七人　盧象昇渡淅河而南追賊至鄖西
陝西賊有名字者以十數高迎祥最強拓養坤黨最衆養坤所謂
蝎子塊者是也壬戌巡撫都御史孫傳庭帥賀人龍親擊迎祥於盩
厔之黑水峪禽之及其僞領哨黄龍總管劉哲獻俘闕下磔死賊黨
乃推李自成爲闖王　國子監祭酒倪元璐負時望帝意嚮之深爲
温體仁所忌一日帝手書其名下閣令以履歷進體仁益恐會劉孔
昭謀掌戎政體仁餌孔昭使攻元璐言其妻陳尚存而妾王冒繼配
復封敗禮亂法并言庶子許士柔族子重熙私撰五朝注略將以連
士柔士柔亦體仁所惡也詔下吏部核奏禮部尚書姜逢元兵部侍
郎王業浩工部侍郎劉宗周與元璐同里御史倪元珙元璐從兄也

皆言陳氏以過被出繼妻王非妾體仁意沮會部議行撫按勘奏體
仁卽擬旨云登科錄二氏並列罪跡顯然何待行勘元璐遂落職閒
住士柔卽以注略進乃得解孔昭京營不可得體仁以南京操江償
之　京師戒嚴癸亥諭廷臣助饟王家彥以陵寢震驚劾張鳳翼坐
視不救鳳翼懼自請督師甲子賜鳳翼尚方劍盡督諸鎮勤王兵命
中官盧維寧監督通津臨德軍務以天壽山後地乃宣大總督梁廷
棟所轄命戴罪入援又高起潛爲總監給金三萬賞功牌千以司禮
太監張雲漢韓贊周副之帝以諸臣類萎腇不任故仍分遣中官出
監而意頗諱言之御史金光辰疏請罷遣帝怒八月召對平臺風雨
驟至侍臣立雨中至以袖障霤久之帝召光辰責之光辰對曰皇上
以文武諸臣無實心任事委任內臣臣愚以任內臣諸臣益弛卸不
任帝大怒聲色俱厲將重譴光辰迅雷直震御座風雨聲大作光辰
因言臣往在河南見皇上撤內臣而喜語未終帝沈吟卽云汝言毋

復爾意亦稍解兵部右侍郎張元佐出守昌平同時內臣提督天壽山者即日往帝顧閣臣曰內臣即日往侍臣三日未出朕之用內臣過耶翼日鑄光辰三級調外癸酉括勳戚文武諸臣馬盧象昇奉詔入衛再賜尚方劍乙未次真定丙申唐王聿鍵起兵勤王勒還國劉澤清王樸祖寬虎大威皆統兵入援令澤清駐新城為南北控扼賚樸蟒衣綵幣時勇衛營參將孫應元游擊周遇吉黃得功戰畿輔數有功張鳳翼梁廷棟盧維寧三人相犄角退怯不敢戰高起潛惟割死人首冒功於是寶坻順義文安永清雄安肅定興諸縣及安州定州相繼失守順義知縣上官藎游擊治國器都指揮蘇時雨訓導陳所蘊寶坻知縣趙國鼎主簿樊樞典史張六師訓導趙士秀定興教諭熊嘉志里居太常寺少卿鹿善繼知州薛一鶚安肅知縣鄭延任教諭耿三麟皆死之言官交章劾鳳翼廷棟疏五六上二人憂甚知必罹重譴日服大黃藥求死八月十九日

大清兵出塞都城解嚴九月朔鳳翼卒踰旬日廷棟亦卒時中樞皆不久獲罪鳳翼善溫體仁獨居位五年法司議罪奪其官坐廷棟大辟以既死不究廢聿鍵爲庶人幽之鳳陽以其弟聿鏌嗣封唐王辛酉改盧象昇總督宣大山西軍務以兵部侍郎王家禎兼右僉都御史總理河南湖廣山西陝西四川江北軍務代象昇討賊會陳必謙罷命家禎兼河南巡撫　李自成出汧隴洪承疇敗之於隴州賊走慶陽鳳翔渡渭河　劉宗周請告去至天津聞都城被兵遂留養疾冬十月上疏言己巳之變誤國者袁崇煥一人小人競修門戶之怨異己者概坐以崇煥黨日造蜚語次第去之自此小人進而君子退中官用事而外廷浸疏文法日繁欺罔日甚朝政日墮邊防日壞今日之禍實己巳以來釀成之也且張鳳翼之溺職中樞也而俾之專征何以服王洽之死以丁魁楚等之失事於邊也而責之戴罪何以服劉策之死諸鎮勤王之師爭先入衞者幾人不聞以逗遛蒙詰

責何以服耿如杞之死今且以二州八縣之生靈結一飽颺之局則廷臣之累累若若可幸無罪者又何以謝韓爌張鳳翔李邦華諸臣之或戍或去豈昔爲異己驅除今不難以同己相容隱乎臣於是而知小人之禍人國無已時也昔唐德宗謂羣臣曰人言盧杞奸邪朕殊不覺羣臣對曰此乃杞之所以爲奸邪也臣每三復斯言爲萬世辨奸之要故曰大奸似忠大佞似信頻年以來陛下惡私交而臣下多以告訐進陛下錄清節而臣下多以曲謹容陛下崇厲精而臣下奔走承順以爲恭陛下尙綜核而臣下瑣屑吹求以示察凡若此者正似忠似信之類究其用心無往不出於身家利祿陛下不察而用之則聚天下之小人立於朝有所不覺矣天下卽乏才何至盡出中官下而陛下當緩急必委以大任三協有遣臨津通德有遣又重其體統等之總督中官總督置總督何地總督無權置巡按何地是以封疆嘗試也且小人每比周小人以相引重君子獨岸然自異故自

古有用小人之君子終無黨比小人之君子陛下誠欲進君子退小人決理亂消長之機猶復用中官參制之此明示以左右袒也有明治理者起而爭之陛下即不用其言何至并逐其人而御史金光辰竟以此逐若惟恐傷中官心者尤非所以示天下也至今日刑政之最舛者成德傲吏也而以贓戍何以肅懲貪之令申紹芳十餘年監司也而以莫須有之鑽刺戍何以昭抑競之典鄭鄤之獄或以誣告坐何以示敦倫之化此數事者皆為故輔文震孟引繩批根即向驅除異己之故智而廷臣無敢言陛下亦無從知之也嗚呼八年之間誰秉國成而至於是臣不能為首揆溫體仁解矣語曰誰生厲階至今為梗體仁之謂也疏奏帝大怒體仁又上章力詆乙亥削宗周籍

河南賊馬進忠闖塌天蝎子塊等十七部入渭南孫傳庭追之出關會總理侍郎王家禎合勦於南陽先後斬首千餘級　自盧象昇去撫治鄖陽苗胙土不習兵賊遂大逞張獻忠自均州老狪狪自新

野蝎子塊自唐縣甲申並犯襄陽衆二十餘萬秦翼明兵寡不能禦湖廣震動王家禎遣兵救襄陽大戰牌樓閣　丙申命開銀鐵銅鉛諸礦　十一月丁未蠲山東五年以前逋賦　唐世濟薦霍維華邊才福建巡按御史應喜臣亦薦周維京冀翻逆案李夢辰疏駮之世濟喜臣並下獄謫戍維華憂憤死維華之薦温體仁主之體仁自是不訟言用逆黨而愈側目諸不附己者　秦翼明屯兵廟灘以扼漢江之淺羅汝才闖塌天自深水以渡大擾蘄黄間應城知縣張紹登訓導張國勛在籍知府饒可久援勦副將鄧祖禹廣濟典史魏時光皆力戰死帝以鄖襄屬邑盡殘破罷苗土祚翼明尋亦被劾解官

十二月

大清兵征朝鮮

十年春正月辛丑朔日有食之　丙午老回回糾張獻忠羅汝才諸賊自襄陽東下與江北賊革裏眼等合烽火達維揚南京大震范景

文偕操江都御史王道直總兵官楊御蕃分汛固守監軍副使史可法親帥兵馳至太湖扼其衝賊分犯江浦六合獻忠從間道犯安慶石牌連營百里張國維告警詔總兵官劉良佐左良玉馬爌合兵救之國維遣部將張載賡等援安慶而以新募兵二千令副將程龍守備陳于王蔣若來分戍江浦六合已而賊不至移犯桐城副將潘可大擊走之復爲盧鳳軍所阨回桐城掠四境陳爾銘嬰城守可法與可大勦捕闖塌天率衆會老𤞑𤞑等於江北官軍數道邀擊賊不敢東還走黃陂入木蘭山　李自成犯涇陽三原拓養坤過天星俱來會孫傳庭督曹變蛟等連戰七日皆克養坤及其黨張文耀降自成與過天星奔秦州養坤尋叛去傳庭諭其下追斬之　我太宗文皇帝親征朝鮮責其渝盟助明之罪列城悉潰朝鮮告急命登萊總兵官陳洪範調各鎮舟師赴援旅順總兵官沈世魁萊州副總兵金日觀俱移師皮島爲聲援　張溥之倡復社也里人陸文聲

者輸資爲監生求入社不許張采又嘗以事扶之文聲乃詰闕言風
俗之弊皆由於士子溥采爲主盟倡復社亂天下溫體仁庇文聲事
下所司遷延久之提學御史倪元珙兵備參議馮元颺太倉知州周
仲連言復社無可罪元珙等皆貶斥嚴旨窮究不已蘇州推官周之
夔坐事罷去疑溥爲之恨甚聞文聲訐溥遂伏闕言溥等把持計典
已罷職實其所爲因及復社恣橫狀章下巡撫張國維等言之夔去
官無預溥事亦被旨譙讓　二月甲戌遣使督直省逋賦　左良玉
抵六安與賊遇羅岱孔道興連戰大破之丁酉賊犯潛山史可法與
良玉敗之楓香驛賊走霍入潛山之天堂古寨巡檢吳暢春殺賊被
執死賊竄潛山太湖山中會劉良佐馬爌屢敗賊於桐城廬州六安
賊在滁和者亦西遁江北警少息　楊世恩與秦翼明破闖塌天於
細石嶺獲其魁新來虎賊奄至隨州知州王燾擊斬三百餘人賊攻
益力守者多散燾自經死賊數萬攻麻城望見故巡撫梅之煥部署

輒引去
大清兵破江華禽朝鮮世子李倧出降遂與明絕　三月辛亥振陝西災　楊嗣昌爲兵部尚書帝與語大信愛之張鳳翼故柔靡兵事無所區畫嗣昌銳意振刷帝益以爲能每對必移時所奏請無不聽曰恨用卿晚嗣昌議大舉平賊請以陝西河南湖廣江北爲四正四巡撫分勦而專防以延綏山西山東江南江西四川爲六隅六巡撫分防而協勦是謂十面之網而總督總理二臣隨賊所向專征討張國維以程龍蔣若來陳于王兵赴安慶三檄左良玉入山搜勦良玉不應放兵掠婦女屯舒城月餘河南監軍太監力促之始北去賊乃復出太湖連蘄黃諸賊潘可大將安慶兵九百龍等將吳中兵三千六百禦之宿松酆家店賊先犯可大營龍等至夾擊之賊多死夜復至中伏亦敗去史可法欲退扼要害諸將不從掘塹守癸亥羅汝才等七營數萬衆齊至圍數重諸將突擊頗有殺傷可法偕副將許

自強馳救扼於賊鳴大礮遥爲聲援諸將亦呼譟突圍會天雨甲重
不得出甲子日中賊四面入將士短兵接戰可大戰死龍引火自焚
死于王執大刀左右殺賊傷重力竭北面叩頭自刎死若來服圉人
衣以免武舉詹兆鵬陸王猷莫是驊唐世龍及千戸王定遠百戸王
宏猷等四十餘人皆力戰死士卒脫者僅千餘人賊分其黨搖天動
別爲一營而合八營二十餘萬衆分屯桐城之練潭石井陶冲　我
大清遣孔有德耿仲明尚可喜等攻鐵山夏四月分兵襲皮島水陸
夾攻副將白登庸先遁沈世魁戰敗帥舟師走石城島陳洪範亦走
避石城登庸帥所部降金日觀偕諸將楚繼功等相持七晝夜力不
支戊寅俱陳沒皮島城隨破洪範來援不戰而走世魁亦陳亡士卒
死傷者萬餘人世魁從子副將志科集潰卒至長城島欲得世魁印
敕監軍副使黃孫茂不予志科怒殺之並殺理餉通判邵啓諸島雖
有殘卒不能成軍朝廷亦不置大帥以登萊總兵遥領之　小紅狼

圍漢中瑞王常浩告急洪承疇帥賀人龍兵由兩當趨救　賊攻淅
川左良玉擁兵不救城陷山西總兵官王忠援河南稱疾不進兵譟
而歸兵部尚書楊嗣昌請逮戮失事諸帥以肅軍令遂逮忠及張全
昌良玉以六安功落職戴罪尋復之　癸巳旱清刑獄　高起潛行
部視師令監司以下悉行軍禮永平道劉熼耀關內道楊於國疏爭
皆被黜　閏月壬寅敕羣臣潔己愛民以回天意　給事中李汝燦
陳回天四要論財用政事之弊又言八九年來干和召災始於端揆
積於四海水旱盜賊頻見疊出勢將未已何怪其然帝怒削汝燦籍
中允黃道周言陛下寬仁宏宥有身任重寄至七八載罔效擁權
自若者積漸以來國無是非朝無枉直中外臣工率苟且圖事誠可
痛憤然其視聽一係於上上急催科則下急賄賂上樂鍥覈則下樂
巉險上喜告訐則下喜誣陷當此南北交訌柰何與市井細民申勃
谿之談修眦睚之隙乎時溫體仁方招奸人構東林復社之獄故道

周及之　牟文綬劉良佐援桐城擊敗賊挂車河江北賊皆遁分犯
河南張獻忠入湖廣　楊嗣昌以帝急平賊冀得一人自助詹事姚
明恭熊文燦姻也又與嗣昌善因薦文燦於嗣昌且曰此有內援也
王家禎故庸材不足任其家丁嘗鼓譟燒開封城門言者謂家禎本
奉命討安慶賊未嘗一出中州帝亦以家丁之變心輕之嗣昌乃以
文燦薦先是文燦官閩廣久積貲無算以珍寶結中外權要謀久鎮
嶺南帝嘗疑劉香未死且不識文燦爲人遣中使假廣西采辦名往
覘之既至文燦贈遺甚盛中使喜語及中原寇亂文燦方中酒擊案
罵曰諸臣誤國耳若文燦往詎令鼠輩至是哉中使起立曰吾非往
廣西采辦也銜上命覘公公信有當世才非公不足辦此賊文燦出
不意悔失言隨言有五難四不可中使曰吾見上自請之若上無所
吝即公不得辭矣文燦詞窮應曰諾中使還言於帝及是遂拜文燦
兵部尚書兼右副都御史總理南畿河南山西陝西湖廣四川軍務

駐鄖陽討賊而令家禎專撫河南嗣昌因議增兵十二萬增餉二百八十萬其措餉之策有四曰因糧曰溢地曰事例曰驛遞因糧者因舊額之糧量爲加派畝輸糧六合石折銀八錢傷地不與歲得銀百九十二萬九千有奇溢地者民間土田溢原額者核實輸賦歲得銀四十萬六千有奇事例者富民輸資爲監生一歲而止驛遞者前此郵驛裁省之銀以二十萬充餉戶部尚書程國祥不敢違嗣昌遂以議上帝乃傳諭流寇延蔓生民塗炭不集兵無以平寇不增賦無以餉兵勉從廷議暫累吾民一年除此腹心大患其改因糧爲均輸布告天下使知爲民去害之意尋遣戶部侍郎傅淑訓督之孫傳庭移書嗣昌爭之曰無益且非獨此也部卒屢經潰決民力竭矣恐不堪命必欲行之賊不必盡而害中於國家嗣昌大怍　賊陷南江通江侯良柱盡召諸地兵九千有奇分守各險而扼險止餘二千人賊知其勢弱五月戊寅李自成寇川北巡撫都御史王維章告急於朝會

賊轉掠他所良柱撤還守隘兵專守廣元維章以爲非計上章言之
詔左良玉援安慶王家禎不遣　傅朝佑疏論溫體仁六大罪略
言體仁快恩仇張威福得罪於天地祖宗致災異疊見歲比不登強
敵內偪大盜四起又言體仁殘害忠良中外解體其子見屏於復社
諸生募人糾彈株連不已乞速去體仁毋以天變人言爲不足畏帝
怒除朝佑名下吏按治御史衛景瑗疏救朝佑及李如燦帝不懌謫
景瑗行人司正　溫體仁輔政八年未嘗建一策其所引者皆庸材
藉形己長固上寵帝每訪兵饟事輒遜謝曰臣夙以文章待罪禁林
上不知其駑下擢至此位盜賊日益衆誠萬死不足塞責顧臣愚無
知但票擬勿欺耳兵食之事惟聖明裁決有詆其窺帝意旨者體仁
言臣票擬多未中窾要每經御筆批改頌服將順不暇詎能窺上旨
帝以爲樸忠愈親信之恩禮優渥無與比而體仁專務刻核迎合帝
意帝憂兵饟急體仁惟倡衆捐俸助馬修城而已所上密揭帝率報

可體仁自念排擠者衆恐怨歸己倡言密勿之地不宜宣洩凡閣揭皆不發并不存錄閣中冀以滅跡以故所中傷人廷臣不能盡知當國既久劾者章不勝計劉宗周劾其十二罪六奸皆有指實唐王聿鍵撫寧侯朱國弼布衣何儒顯楊光先等亦皆論之光先至輿櫬待命帝皆不省愈以爲孤立每斥責言者以慰之至有杖死者先是常熟奸民張漢儒訐錢謙益瞿式耜居鄉不法事體仁主之擬旨下法司逮治坐巡按路振飛失糾令陳狀振飛及張國維交章白謙益等無罪不聽體仁以振飛語刺己激帝怒謫之外謙益等危甚求解於曹化淳漢儒偵知之告體仁體仁密奏帝請并坐化淳罪帝以示化淳化淳懼自請案治乃盡得漢儒等奸狀及體仁密謀獄上帝始悟體仁有黨會國弼再劾體仁帝命漢儒等立枷死體仁乃陽引疾意帝必慰留六月戊申旨下令致仕體仁方食失七箸體仁既去張至發爲首輔萬曆中申時行王錫爵先後柄政大旨相紹述謂之傳衣

鉢至發亦效法體仁而才智機變遜之　熊文燦既拜命請左良玉所將六千人爲己軍而大募粵人及烏蠻精火器者一二千人以自護弓刀甲冑甚整楊嗣昌檄良玉軍隸之　是夏兩畿山西大旱秋七月山東河南蝗民大饑　割安慶廬州太平池州四府別設巡撫以史可法爲之而以河南之光州光山固始羅田湖廣之蘄州廣濟黃梅江西之德化湖口諸縣隸焉從張國維請也安慶不隸江南巡撫自此始　賊東陷和州含山定遠襲六合犯天長分掠瓜州儀真破盱眙知縣蔣佳徵都司王寅守備陳正亨力戰死左良玉堅不肯救令中州士大夫合疏留己帝知出良玉意不能奪也　八月己酉吏部侍郎劉宇亮禮部侍郎傅冠俱禮部尚書僉都御史薛國觀爲禮部侍郎並兼東閣大學士預機務宇亮性不嗜書居翰林常與家僮角逐爲樂座主錢士升爲之援又力排同鄉王應熊張己聲譽國觀爲人陰鷙谿刻不學少文體仁因其素仇東林密薦於帝故兩

人皆獲大用　庚申閱城　黃道周進右諭德掌司經局疏辭因言己有三罪四恥七不如三罪四恥以自責七不如者謂品行高峻早絕倫表不如劉宗周至性奇情無愧純孝不如倪元璐湛深大慮遠見深計不如魏呈潤犯顏敢諫清裁絕俗不如詹爾選吳執御志尚高雅博學多通不如華亭布衣陳繼儒龍谿舉人張燮至圜土纍係之臣朴心純行不如李如燦傅朝佑文章意氣坎坷磊落不如錢謙益鄭鄤初溫體仁劾鄤假乩仙判詞偪父振先杖母言得之鄤從母舅吳宗達帝震怒下鄤錦衣衛獄掌衛事都指揮吳孟明言鄤罪不至死帝怒革孟明任及得道周疏駭甚責以顛倒是非道周回奏語復營護鄤帝益怒嚴旨切責道周以文章風節高天下嚴冷方剛不諧流俗公卿多畏而忌之乃藉不如鄤語爲口實其後帝不俟左證鄤竟磔死　闖塌天犯開封叅將李春桂戰沒詔發諸將兵救援王家禎落職閑住時孫應元黃得功周遇吉請行帝壯之發卒萬人監

以中官劉元斌盧九德戒毋擾民諸將奉命軍行肅然　九月丙子左良玉敗賊於虹縣　辛卯洪承疇敗賊於漢中　曹變蛟爲臨洮總兵官時孫傳庭戰於東洪承疇戰於西東賊幾盡賊在西者復由階成出西和禮縣左光先孫顯祖皆無功獨變蛟降小紅狼餘賊竄走徽州兩當成鳳間不敢大逞　賊瞷蜀中虛以數十萬衆入寇癸巳陷寧羌州李自成過天星混天星等分兵三道冬十月丙申自成自七盤關入侯良柱急拒戰於綿州衆寡不敵陳亡壬寅賊陷昭化知縣王時化死之陷劍州知州徐尙卿吏目李英俊並死之賊破梓潼又分兵趨潼川江油緜州連陷彰明安縣羅江德陽漢州鹽亭黎雅青神吏民皆先遁尋掠郫縣主簿張應奇死之陷金堂典史潘夢科死之庚戌賊薄成都王維章方守保寧反在外成都城中惟屯田軍及蜀府護衛軍人情恇懼副使邵捷春啓門納鄉民避賊者中尉奉鐕勾賊抵城下捷春與巡按御史陳廷謨禽繫奉鐕而募市人起

廢將固守七日賊不克乃去是月也連失州縣三十六事聞帝大怒
猶未知良柱死命與維章並逮下獄尋戍維章追奪良柱官總理尙
書熊文燦至安慶帝所遣勇衞營軍及左良玉軍亦至良玉輕文燦
不爲用會其下與粵軍不和大詬文燦不得已遣還粵兵楊嗣昌言
於帝乃以邊將馮舉苗有才兵五千人隸之嗣昌既建四正六隅之
策欲專委重文燦增兵鑲大半期滅賊賊頗懼文燦顧主撫議初至
安慶卽遣人招張獻忠劉國能國能賊號闖塌天者也與獻忠皆聽
命文燦益刊招降檄布通衢又請盡遷民與粟閉城中賊無所掠當
自退帝怒其與前策牴牾譙讓文燦嗣昌亦心非之而曲爲之解因
其請畀以畿輔山西兵各三千其後朝士尤洪承疇縱賊入川嗣昌
因言於帝曰文燦在事三月承疇七年不効論者繩文燦急而承疇
縱寇莫爲言帝知嗣昌有意左右之變色曰督理二臣俱責成及時
平賊奈何以久近藉之口嗣昌乃不敢言　南京戶部尙書錢春疏

請皇太子出閣從之命姜逢元姚明恭及少詹事王鐸屈可伸侍班禮部侍郎方逢年諭德項煜修撰劉理順編修吳偉業楊廷麟林曾至講讀編修胡守恆檢討楊士聰校書大學士張至發擯諭德黃道周不與煜廷麟不平上疏推讓道周至發言鄭鄤杖母明旨煌煌道周自謂不如安可爲元良輔導馮元飈言道周至清無徒忠足以動人主惟不能得執政歡至發恚疏詆道周元飇而極頌溫體仁孤執不欺偉業復劾至發帝皆置不問道周移疾乞休不許　監軍安盧僉事湯開遠言陛下言教不如身教請謹幽獨卹民窮優大臣容直諫寬拙吏薄貨財疏滯獄俾太子得習見習聞爲他日出治臨民之本帝納之　先是高攀龍贈官許士柔草詔詞送內閣未給攀龍家故事贈官誥屬誥敕中書職掌崇禎初褒卹諸忠臣翰林能文者或爲之而中書以爲侵官其後禁誥文駢儷語至是攀龍家請給士柔已出爲南京祭酒去撰文時數年矣主者仍以士柔前撰文進中書

舍人黃應恩告張至發誥語違禁至發故謀逐士柔遂劾之降士柔二級調用司業周鳳翔爲疏辨不報　十一月庚辰以星變修省求直言　楊嗣昌言綱張十面必以河南陝西爲殺賊之地然陝有李自成惠登相等大部未能勦絶法當驅關東賊不使合而使陝撫斷商雒鄖撫斷鄖襄安撫斷英六鳳撫斷亳頴而應撫之軍出靈陝保撫之軍渡延津然後總理提邊兵監臣提禁旅豫撫提陳永福諸軍并力合勦若關中大賊逸出關東則秦督提曹變蛟等出關協擊期三月盡諸劇寇巡撫不用命立解其兵柄簡一監司代之總兵不用命立奪其帥印簡一副將代之監司副將以下悉以尚方劍從事則人人効力何賊不平乃剋今年十二月至明年二月爲滅賊之期帝從之嗣昌既議陝撫當一正面募土著萬人給餉銀二十三萬孫傳庭知其不可用也核帑藏捐贖鍰得銀四萬八千市馬募兵自辦滅賊具不用部議會諸撫報募兵及額傳庭疏獨不至嗣昌言軍法不

行於秦自請白衣領職以激帝怒傳庭言使臣如他撫籍郡縣民兵上之遂謂及額則臣先所報屯兵已及額矣况更有募練馬步軍數且逾萬何嘗不遵部議至百日之期商雒之汛守臣皆不敢委然使賊入商雒而臣不能禦則治臣罪若臣扼商雒而踰期不能滅賊誤勦事者必非臣嗣昌無以難銜之彌甚傳庭兩奉詔進秩嗣昌抑弗奏　十二月癸卯黃士俊致仕　帝以朝臣詞苑起家儒緩不習吏治命改舊制擇知縣推官治行卓絕者入翰林於是行取者爭奔競給事中陳啓新論之帝怒命吏部上訪冊罪廷臣徇濫者姜逢元王業浩及給事中傅元初御史禹好善等六人閒住給事中孫晉御史李右讜等三人降調給事中劉含輝御史劉興秀等十一人貶二秩視事吏部尚書田維嘉等乃先推部曹二十二人　貴陽宣慰使安位死無子族屬爭立朝議又欲郡縣其地朱燮元力爭遂傳檄土目諭以威德諸苗爭納土獻印燮元乃裂疆域衆建諸蠻上言水西有

宣慰之土有各目之土宣慰公土宜還朝廷各目私土宜畀分守籍其戶口徵其賦稅殊俗內嚮等之編氓大方西溪谷里北那要害之地築城戍兵足銷反側夫西南之境皆荒服也楊氏反播奢氏反藺安氏反水西滇之定番小州耳爲長官司者十有七數百年來未有反者非他苗好叛逆而定番性忠順也地大者跋扈之資勢弱者保世之策今臣分水西地授之酋長及有功漢人咸俾世守虐政苛斂一切蠲除參用漢法可爲長久計因言其便有九帝咸報可貴陽遂定無何所撫土目有叛者諸將方國安等軍敗燮元坐貶一秩已竟破滅之　孫應元等大破賊鄭州再破之密縣先後斬首千七百洪承疇帥曹變蛟賀人龍等援四川由沔縣歷寧羌過七盤朝天二關山高道狹士馬饑疲癸亥抵廣元李自成已先由潘松還陝西劉國能與張獻忠有隙慮爲所幷又與左良玉戰敗

明紀卷第五十四

明紀卷五十五

卹贈知府銜給雲騎尉世職內閣侯補中書孫男克家補纂

莊烈紀四 起崇禎十一年戊寅訖崇禎十三年庚寅凡三年

十一年春正月戊辰就撫於隨州頓首熊文燦前自愚民犯不義且十載賴公湔洗更生願悉衆入軍籍身隸麾下盡死力文燦大喜慰撫之署爲守備令隸良玉軍　丁丑洪承疇及曹變蛟等回軍擊賊於梓潼斬首五百餘級四川總兵官羅尚文及安緜副使吳麟瑞亦大破過天星等賊走還陝西　左良玉陳洪範大破賊於鄖西張獻忠假官軍旗號襲南陽屯於南關良玉適至疑而急召之獻忠倉皇走前鋒羅岱射之中額良玉追及揮刀擊之面流血獻忠幾被禽其部下救以免遂逃至穀城　孫應元黄得功周遇吉大破賊舞陽光山固始間四日三捷斬首二千九百有奇　丁亥裁南京冗官　二月太子慈烺出閣　初侯恂坐豆屯事下獄帝欲重譴之刑部尚書

鄭三俊屢讞上不稱旨讒者謂恂與三俊皆東林曲法縱舍工部錢
局有盜穴其垣命按主者罪三俊亦擬輕典帝大怒褫其官下吏應
天府丞徐石麒適在京上疏力救忤旨切責　帝御經筵問保舉考
選得失楊廷麟言保舉當嚴舉主如唐世濟王維章乃溫體仁王應
熊所薦今二臣皆敗而舉主不問是連坐之法先不行於大臣欲收
保舉效得乎庶子黃景昉言近日考選不公推官成勇朱天麟廉能
素著乃不得與清華選又言鄭三俊四朝元老至清無儔不當久繫
獄帝追論舊講官姚希孟請漕儲全折為非黃道周聽未審謂帝將
寬三俊念希孟也因言文震孟一生蹇直未蒙帷蓋恩天下士生如
三俊歿如震孟希孟求其影似未可多得帝以所對失實責令回奏
道周再奏再被詰至三奏乃已景昉復疏救三俊帝不納切責三俊
欺罔以無贓私令出獄候訊　河南巡按御史張任學上疏極詆諸
將請易武階親執干戈為國平賊帝下吏兵二部及都察院議諸臣

以文吏無改武職者請仍以監軍御史兼總兵事帝不從甲辰命授任學署都督僉事爲河南總兵官河南舊無總兵左良玉陳永福並以客兵備援勦至是大將特設而麾下無一官兵部乃以署鎭許定國兵授之使參將羅岱爲中軍岱健將任學倚以自彊　賊之再入陝西也其渠魁號六隊者與大天王混天王爭管王四部連營東犯慶陽寶雞孫傳庭方出扼商雒還軍戰於合水破走之獲大天王二子追擊之延安會過天星混天星等從徽秦趨鳳翔偪澄城傳庭分兵五道擊之楊家嶺黃龍山大破之斬首二千餘級大天王知二子不殺遂降　張獻忠創甚不能戰其下饑困多散去獻忠窮蹙偵知陳洪範隸熊文燦麾下大喜因遣閒齎重幣獻洪範曰獻忠蒙公大恩得不死公豈忘之耶願帥所部軍降以自效洪範亦喜爲告文燦文燦許之湖廣巡按御史林鳴球僉事王瑞梆謀於左良玉將俟其至執之文燦固以爲不可瑞梆言賊以計愚我我不可爲所愚今良

玉及諸將賈一選周仕鳳之兵俱在近境誠合而擊之何患不捷文燦怒責以撓撫局瑞枏曰賊未創而遽撫彼將無所懼惟示以必勦之勢乃心折不敢貳非相撓實相成也文燦不從獻忠遂踞穀城處其衆於四郊河南湖廣賊十五家惟獻忠最狡黠驍勍次則羅汝才國能獻忠既降餘賊大譟而去改稱十三家汝才及李萬慶馬光玉馬進忠惠登相賀一龍賀錦藺養成順天順義王九家最著一龍稱革裏眼錦稱左金王養成稱亂世王者也是時賊勢頗衰文燦擁兵德安不敢擊　三月戊寅賀逢聖致仕　楊嗣昌以滅賊踰期疏引罪薦人自代帝不許而命察行間功罪嗣昌言洪承疇專辦秦賊賊往來秦蜀自如勦撫俱無功不免於罪熊文燦兼辦江北河南湖廣賊撫劉國能張獻忠戰舞陽光山勦撫俱有功應免罪諸巡撫則河南常道立湖廣余應桂有功陝西孫傳庭山西宋賢山東顏繼祖保定張其平江南張國維江西解學龍浙江喻思恂有勞鄖陽戴東旻

無功過鳳陽朱大典安慶史可法宜策勵圖功總兵則河南左良玉有功陝西曹變蛟左光先無功山東倪寵江北牟文綬保定錢中選有勞無功河南張任學寧夏祖大弼無功過承疇宜遣代因軍民愛戴請削宮保尙書以侍郎行事變蛟光先貶五秩與大弼期五月平賊踰期并承疇逮治大典貶三秩可法戴罪自贖議上帝悉從之嗣昌終右文燦文燦實不知兵既降國能獻忠謂撫必可恃嗣昌亦陰主之所請無不曲徇自是不復言十面張網之策矣　總督貴湖雲川廣兼巡撫貴州少保尙書朱燮元卒燮元鎭西南久軍資贖鍰歲不下數十萬皆籍之於官治事明決軍書絡繹不假手幕佐行軍務持重謀定後戰尤善用閒使人各當其才犯法卽親愛必誅有功廝養不遺賞也禦蠻以忠信不妄殺苗民懷之　河南人據塢壁自保者數十賊悉摧破之踞息縣光州礫人投汝水水爲赤張任學不能大創也馬進忠西走潼關李萬慶馬光玉賀一龍順義王九條龍衆

十餘萬萃麻城黃安巡撫湖廣都御史余應桂諭降光玉一龍未至而遣將擊順天王等於黃福店賊遂走黃安會熊文燦至麻城應桂請協擊不從賊復東走江北爲左良玉所扼折而走廣濟蘄水　李自成自洮州軼出番地洪承疇令曹變蛟賀人龍追之連戰斬首六千七百有奇番地乏食賊多死亡變蛟轉戰千里身不解甲者二十七晝夜自成引餘賊入塞祖大弼駐洮州扼戰不力賊走入岷州及西和禮縣山中　賊犯延安孫傳庭策鄜州西合水東三四百里皆荒山邃谷賊入當自斃乃帥標兵自中部遏其東檄曹變蛟自慶陽拒其西伏兵三水淳化間賊饑出掠食則大張旗幟鳴鼓角以邀之一日馳二百五十里賊大驚西奔至職田莊遇伏而敗復走寶雞取棧道再中伏大敗折而走隴州關山道又爲伏兵所挫三敗賊死者無算過天星混天星並降捷聞帝大喜先敘澄城之捷命加傳庭部銜楊嗣昌格不奏　夏四月辛丑熊文燦受張獻忠降於穀城王瑞

枏刻上從征歸農解散三策文燦不用瑞枏自爲檄諭獻忠獻忠恃
文燦庇不聽　穀城知縣阮之鈿上疏言獻忠虎踞邑城其謀叵測
所要求之地實兵饟取道咽喉秦蜀交會脈絡今皆爲所據奸民甘
心效用善良悉爲迫脅臣守土牧民之官至無官可守無民可牧庫
藏殫虛民產被奪無賦可徵名雖縣令實贅員爾乃廟堂之上專主
撫議臣愚妄謂撫勦二策可合言未可分言致損國威而挫士氣時
不能用　黃應恩悍戾温體仁張至發輩倚任之恃勢恣横及爲正
字不當復爲東宮侍書恐帝與太子開講同日也張至發不諳故事
令兼之應恩不能兼講官撰講義送應恩繕錄拒不納楊士聰論之
至發揭請其疏士聰復上書閣中極論其事至發終庇應恩會復故
總督楊鶴官許給誥命應恩當撰文因鶴子嗣昌得君力爲洗雪忤
旨將加罪至發擬公揭救同官孔貞運傅冠曰曩許士柔事吾輩未
嘗救獨救應恩何也至發咈然曰公等不救我自救之連上三揭帝

不聽特降諭削應恩籍嗣昌疏救亦不聽無何大理寺副曹荃發應恩賍請事詞連至發至發憤連疏請勘帝雖優旨褒答卒下應恩獄至發乃具疏自謂當去者三而未嘗引疾戊申得旨回籍調理至發頗清彊起自外吏諸翰林多不服又始終惡異己不能虛公延攬帝亦惡其洩漏機密聽之去　熒惑守尾百餘日己酉退行尾八度掩於月越十九日退尾入心　宣大總督盧象昇疏救鄭三俊會孔貞運爲首輔復揭救三俊及錢謙益乃許三俊配贖謙益削籍瞿式耜贖徒　五月癸亥朔策試考選官於中左門親定之下輔臣再閱孔貞運薛國觀有所更迨命下閣擬悉不從先是田維嘉等擬授王章任濬涂必泓李嗣京主事章等欲疏辨憚爲首獲罪李士淳者耄矣四人不告而首其名士淳知之懼且怒與章等大詬而帝知維嘉有私諂許五人與考又以爲首者必良士也故擢士淳編修章等皆御史　帝以火星逆行諭廷臣修省時政尙綜覈中外爭爲深文以避

罪東廠緝事尤冤濫而詔有哀懇上帝語中書舍人陳龍正讀之泣
上養和好生二疏略曰回天在好生好生無過減死臯陶贊舜曰罪
疑惟輕是聖人於折獄不能無失也蓋獄情至隱人命至重故不貴
專信而取兼疑不務必得而甘或失臣居家所見聞四方罪犯無甚
窮凶奇謀者及來京師此等乃無虛月且罪案一成立就誅磔亦宜
有所懲戒何犯者若此纍纍臣願陛下懷帝舜之疑寧使聖主有過
仁之舉臣下獲不經之愆蓋陰指東廠事也越數日帝諭提督王之
心不得輕視人命大理寺副高倬以刑獄繁滋法官務停閣請敕諸
司剋期奏報刑部尚書劉之鳳言自今獄情大者一月奏斷小者半
月贓重人犯結案在數年前者大抵本犯無髓可敲戚屬亦無脂可
吸祈悉宥免全好生之仁從之然之鳳雖爲此奏其後每上獄詞帝
必嚴駮之鳳懼甚諸司呈稿輒遲疑不敢遽發　流賊既大熾朝廷
又有東顧憂楊嗣昌陰主款議適太陰掩熒惑嗣昌歷引前史以進

蓋爲互市地也何楷疏駮之言嗣昌引漢建武欵塞事欲借以申市賞之說引唐元和田興事欲借以申招撫之說引宋太平興國連年兵敗事欲借以申不用兵之說徒巧附會耳至永平二年馬皇后事更不知指斥安在給事中錢增南京御史林蘭友亦先後言其非皆不問　六月癸巳安民廠災壞城垣傷萬餘人　兩畿山東河南大旱蝗　帝之考選也以所擇十八卷下部議行適新御史郭景昌等謁孔貞運於朝房貞運言所下諸卷說多難行景昌與辨退即上疏劾之帝奪景昌俸貞運遂引疾壬寅致仕　程國祥以度支益匱四方奏報災傷者相繼建議借都城賃舍一季租可得五十萬帝遂行之勛戚奄豎悉隱匿不奏所得僅十三萬而怨聲載途然帝由是眷國祥　孫應元黃得功周遇吉破賊新野又大破之遂平解其圍斬獲三千有奇時十三家賊聚南陽熊文燦在裕州下令殺賊者償死賊不肯從則齎金帛酒牢犒之名曰求賊帝詗得狀曰文燦大言無

實給事中李清論其失策清春芳元孫也　熊文燦檄諸道兵合擊賊於茶山賊逸於余應桂所分地文燦劾應桂後期誤軍楊嗣昌以應桂曾劾其父奏逮之應桂乃陳撫勦始末自己無罪言初撫劉國能其黨李萬慶等諸大賊盡走泌陽棗陽臣以爲兵勢方盛宜乘此追勦文燦不聽自此機一失賊走西而文燦東致張獻忠攻陷穀城以要撫李萬慶五部得收餘燼勢復振迨賊西潰後又遮飾上聞妄報斬級文燦辦賊之策曰先撫後勦乃茶山不效麻安又不效一遣使招賀一龍而使者被殺一遣使招李萬慶運椒鹽魚肉與通市而賊反因之焚掠天下有如是撫法乎其一切軍需悉取於所歷之有司名曰借辦致城市空虛孑遺盡絶文燦至麻城民不堪淫掠欲焚其署始踉蹌而走文燦在蘄水其兵殺鄉民報捷民環哭竟不敢治一兵麻城文燦壻家也蘄水文燦家園也而猶如是餘可知矣是以十三家之賊蹂躪南陽汝寧如履無人之境文燦駐宛洛已久調度

不聞天下有如是勦法乎獻忠在穀城招納亡命買馬置器人人知
其叵測文燦顧欲借之爲前茅遣官調之非惟不應復留解鑲之官
求總兵湖廣今已造浮橋跨漢水矣文燦前既誇張而敘功後復掩
匿而不報可不謂欺君乎帝不省應桂逮至下獄初應桂貽書文燦
言獻忠必反可先發圖之其書爲獻忠邏者所得獻忠騰牒鄖陽撫
治戴東旻言撫軍欲殺我東旻以告文燦文燦再糾應桂應桂再疏
辨帝卒遣應桂戍　左光先自固原進兵賊已奔隴州清水光先追
至秦州六隊及爭管王復走成縣階州爲曹變蛟所扼其別部號三
隊及仁義王混天王降於光先而李自成六隊及其黨祁總管避秦
兵復謀犯蜀參政樊一蘅偕副將馬科賀人龍拒之將還走階文及
西鄉憚變蛟乃走漢中又爲光先所扼六隊祁總管皆降惟自成東
遁　自毛文龍據東江海疆賴之後陳繼盛黃龍沈世魁代其部下
往往爲亂中朝素以縻饟爲憂及是島中無帥職方郎中趙光抃從

愍楊嗣昌撤之盡徙其民寧錦諸島一空二十年積患頓除而於邊
計亦左焉　帝將增置閣臣出御中極殿召廷臣七十餘人親試之
發策言天災頻仍今夏旱益甚金星晝現五旬四月山西大雪朝廷
腹心耳目之臣務避嫌怨有司舉劾情賄關其心剋期平賊無功而
勦兵難撤外敵生心邊饟日絀民貧既甚正供猶艱有司侵削百方
如火益熱若何處置得宜禁戢有法卿等悉心以對會天大雨諸臣
面對後漏已深終考者止三十七人顧帝意已定特假是爲名耳乙
卯楊嗣昌程國祥禮部侍郎方逢年工部侍郎蔡國用俱禮部尚書
大理寺少卿范復粹爲禮部侍郎並兼東閣大學士預機務嗣昌仍
掌兵部時劉宇亮爲首輔傅冠薛國觀次之又驟增五人國觀嗣昌
最用事國祥委蛇其間自守而已國用望輕廷推不與特旨擢用五
人中惟逢年翰林餘皆外僚帝欲閣臣通知六部事故每部簡一人
刑部無人乃以復粹代之而宇亮則初由吏部也初

大清兵拔遷安逆案削籍侍郎郭鞏遁去後詣闕自言拒聘上所撰卻聘書尚書梁廷棟論之鞏下獄坐死嗣昌巡撫山永鞏鄉人爲鞏訟冤嗣昌以部民故聞於朝給事中姚思孝駮之嗣昌由是與東林郄既以奪情入閣會盧象昇丁外艱又奪情薦陳新甲代之少詹事黃道周乃草三疏同日上之一劾嗣昌言陛下孝治天下搢紳家小小勃谿猶以法治之奈何冒喪斁倫獨謂無禁一論新甲言其守制不終走邪徑托捷足一論遼東巡撫方一藻力詆和議之非道周亦與廷推帝疑其以不用怨望而搢紳勃谿語欲爲鄭鄤脫罪遂下吏部行譴嗣昌因言鄤杖母禽獸不如今道周又不如鄤且其意徒欲庇凶徒飾前言之繆立心可知因自乞罷免帝優旨慰之修撰劉同升言嗣昌縗經在身且入閣非金革比乃苟且富貴兼樞部以重綸扉之權借綸扉爲解樞部之漸和議自專票擬由己與方一藻高起潛輩扶同罔功掩敗爲勝若附和黨比嗣昌得罪名教臣亦得罪名

教矣編修趙士春言陛下破格奪情曰人才不足故耳不知人才所以不振正由愛功名薄忠孝致之且無事不講儲才有事輕言破格非用人無弊之道也臣敢背家學負明主視綱常掃地哉二疏入帝大怒而何楷林蘭友亦抗疏詆斥嗣昌秋七月召內閣及諸大臣於平臺并及道周帝與諸臣語所司事久之問道周曰凡無所爲而爲者謂之天理有所爲而爲者謂之人欲爾三疏適當廷推不用時果無所爲乎道周對曰臣三疏皆爲國家綱常自信無所爲帝曰先時何不言對曰先時猶可不言至簡用後不言更無當言之日帝曰清固美德但不可傲物遂非且惟伯夷爲聖之清若小廉曲謹是廉非清也時道周所對不合指帝屢駁道周復進曰惟孝弟之人始能經綸天下發育萬物不孝不弟者根本既無安有枝葉嗣昌出奏曰臣不生空桑豈不知父母顧念君爲臣綱父爲子綱君臣固在父子前況古爲列國之君臣可去此適彼今則一統之君臣無所逃於天地

之間且仁不遺親義不後君難以偏重臣前四疏力辭意詞臣中有如劉定之羅倫者抗疏爲臣代請得遂臣志及抵都門聞道周人品學術爲人宗師乃不如鄭鄤臣始歎息絶望帝曰然朕正擬問之乃問道周曰古人心無所爲今則各有所主故孟子欲正人心息邪說古之邪說別爲一教今則直附於聖賢經傳中係世道人心更大且爾言不如鄭鄤何也對曰匡章見棄通國孟子不失禮貌臣言文章不如鄭鄤帝曰章子不得於父豈鄤杖母者比爾言不如豈非朋比道周曰衆惡必察帝曰陳新甲何以走邪徑託捷足且爾言輙美容悅叩首折枝者誰耶道周不能對但曰人心邪則行徑皆邪帝曰喪固凶禮豈遭凶者即凶人盡不祥之人道周曰古三年喪君命不過其門自謂凶與不祥故軍禮鑿凶門而出奪情在疆外則可朝中則不可帝曰人既可用何分內外道周曰我朝自羅倫論奪情前後五十餘人多在邊疆故嗣昌在邊疆則可在中樞則不可在中樞猶可在

政府則不可止嗣昌一人猶可又呼朋引類竟成一奪情世界益不可帝又詰問久之帝曰少正卯當時亦稱聞人止因言僞而辨行僻而堅不免聖人之誅今人多類此道周曰少正卯心術不正臣心正無一豪私帝怒有間命出候旨道周曰臣今日不盡言臣負陛下陛下今日殺臣陛下負臣帝曰爾一生學問止成佞耳叱之退道周叩首起復跪奏臣敢將忠佞二字剖析言之夫人在君父前獨立敢言爲佞豈在君父前讒諂面諛爲忠耶忠佞不別邪正淆矣何以致治帝曰固也非朕漫加爾以佞但所問在此所答在彼非佞而何再叱之退顧嗣昌曰甚矣人心媮薄也道周恣肆如此其能無正乎乃召文武諸臣咸聆戒諭而退是時帝憂兵事謂可屬大事者惟嗣昌破格用之道周守經失帝意及奏對又不遜帝怒甚欲加以重罪憚其名高未敢決會將予同升士春重譴而部擬道周譴顧輕嗣昌懼道周輕則論己者將無已時亟購人劾道周者刑部主事張若麒謀改

兵部遂上疏醜詆道周帝卽傳諭廷臣毋爲道周劫持相朋黨凡數百言乙丑貶道周六秩爲江西按察司照磨同升福建按察司知事士春廣東布政司照磨楷南京國子監丞蘭友浙江按察司照磨而若麒果得兵部同升應秋子士春用賢孫也已而南京御史成勇言嗣昌清議不畏名教不畏萬世公議不畏臣竊爲青史慮帝得疏大怒逮勇訊治詰主使勇獄中上書言臣十二年外吏數十日南臺無權可招無賄可納不知有黨帝益怒戍勇寧波衞范景文倡錢春等疏救道周等帝詰主謀景文自引罪且以衆論僉同爲言亦削籍先是嗣昌疏請撫流寇有樂天者保天下及善戰服上刑語禮部侍郎顧錫疇言其稱引不倫與嗣昌大忤及嗣昌秉政爲諸詞臣所攻頗疑錫疇會駙馬都尉王昺有罪錫疇擬輕典嗣昌構之遂削其籍

河南總兵官張任學督羅岱等赴羅山合左良玉軍擊羅汝才李萬慶及紫薇星順義王大敗之追奔五十里斬首一千四百有奇獲黑

虎狼滿天星賊奔遂平　八月戊戌以災異屢見齋居永壽宮諭廷臣修省　癸丑傅冠致仕　戊午停刑　河南賊十三部驅宛洛之衆箕張而西窺潼關聯營數十里孫傳庭計曰天下大寇盡在此矣我出擊其西總理擊其東賊不降則滅此賊平天下無賊矣張獻忠即狙伏無能爲也遂引兵東大敗賊閿鄉靈寶山間貫其營而東復自東以西賊窘甚以熊文燦招降手諭上言旦夕且降傳庭曰爾曹日就熊公言撫而日攻堡屠寨不已是僞也降即解甲來有說即非眞降吾明日進兵矣明日擐甲而出得文燦檄於途中曰毋妬我撫功又進得楊嗣昌手書亦云傳庭怏怏撤兵還然賊迄不就撫移檄商雒文燦悔期傳庭夾擊屬吏王文清等三戰三敗之賊乃走自陝州犯襄陽傳庭既屢建大功其將校數奉旨優敘嗣昌務抑之不爲奏傳庭懇請上其籍於部嗣昌曰需之　九月陝西山西旱饑　熊文燦次襄陽賊分踞鄖襄諸險諸將請戰文燦議分兵廬九德曰兵

分則力弱一失利全軍搖矣莫若厚集其力而合擊之衆曰善乃以
僉事張大經監左良玉陳洪範軍以通判孔貞會監副將龍在田軍
戰於雙溝營大破之斬首二千餘級羅汝才惠登相帥九營走均州
李萬慶帥三營走光固時馬進忠寇開封至瓦子坡羅岱奮擊之賊
盡棄輜重遁入大隗山獲其妻子　總督宣大山西兵部尚書盧象
昇十上疏乞奔喪令席喪侯代陳新甲在遠未即至辛巳我
大清兵入牆子嶺青山口總督薊遼侍郎吳阿衡方醉不能軍敗死
副總兵魯宗文力戰死
大清兵毀正關至營城石匣駐於牛蘭癸未京師戒嚴召象昇及宣
府總兵官楊國柱大同總兵官王樸山西總兵官虎大威又召洪承
疇孫傳庭及曹變蛟左光先賀人龍等俱帥師入衞象昇麻衣草履
誓師及郊馳疏言臣非軍旅才愚心任事誼不避難但自臣父奄逝
長途慘傷潰亂五官非復昔時兼以草土之身踞三軍上豈惟觀瞻

不聳尤虞金鼓不靈已聞高起潛亦衰絰臨戎象昇謂所親曰吾三人皆不祥之身也人臣無親安有君樞輔奪情亦欲予變禮以分督耶處心若此安可與事君他日必面責之時嗣昌起潛主和議象昇聞之頓足歎曰予受國恩恨不得死所有如萬分一不幸寧捐軀斷脰耳冬十月癸巳帝召對於武英殿問方略象昇對曰臣主戰帝色變良久曰撫乃外廷議耳其出與嗣昌起潛議象昇出議不合甲午括馬是日帝發萬金犒象昇軍三賜尚方劍與起潛分督天下援兵嗣昌送之屏左右戒毋浪戰象昇行次昌平帝復遣中官齎帑金三萬犒軍明日又賜御馬百太僕馬千銀鐵鞭五百象昇知帝意銳甚決策議戰疏請分兵嗣昌議宣大山西三帥屬象昇關寧諸路屬起潛象昇名督天下兵實不及二萬先是有瞽而賣卜者周元忠善遼人時遣之爲媾象昇次順義嗣昌至軍象昇字責之曰文弱子不聞城下盟春秋恥之而日爲媾長安口舌如鋒袁崇煥之禍其能免乎

嗣昌頰赤曰公直以尚方劍加我矣象昇言既不奔喪又不能戰函
劍者我也安能加人又言元忠講款往來非一日事始於薊門督監
受成於本兵通國聞之誰可諱也嗣昌語塞而去又數日象昇會起
潛安定門兩人各持一議新甲至昌平象昇分兵與之自將馬步軍
列營都城外衝鋒陷陳軍律甚整　范淑泰言搜括借助不可行陛
下方以清節風天下而乃條敘百官金錢於多寡之間是教之貪也
又言彊兵莫如行法今之兵索饟則彊赴敵則弱殺良冒功則彊除
暴安民則弱請明示法令諸將能用命殺賊者立擢爲大將否則死
無赦無以降級戴罪徒爲不切身之痛癢帝是其言　李自成奔白
水食盡洪承疇令曹變蛟窮追孫傳庭及副使黃絅調番兵設三覆
於潼關之南原變蛟驅賊入伏大呼斫賊賊屍相枕籍村民用大棒
擊逃者自成妻女盡失獨與劉宗敏田見數等十八騎潰圍遁竄商
洛山中餘賊皆降　十一月癸亥日中有黑子及黑青白氣日入時

日光摩盪如兩日　羅汝才等既戰敗洪承疇孫傳庭入衞以爲討己也懼率九營之衆叩太和山監軍太監李繼政乞降熊文燦許之處汝才及一丈青小秦王一條龍四營於鄖縣惠登相及王國寧常國安楊友賢王光恩五營於均州上言臣於李萬慶賀一龍馬光玉及順天王主勦他皆主撫請赦汝才罪授之官帝可之汝才猶豫房縣知縣郝景春單騎入其營偕汝才及其黨白貴黑雲祥歃血盟汝才乃詣軍門降分諸營於竹谿保康上津而自與貴雲祥居房縣之野汝才雖降不肯釋甲與張獻忠皆據邑自固獨劉國能受約束無異志數從軍有功獻忠部賊時出行劫阮之鈿執之以告其營將始猶稍置之法及再告皆不應曰官司不給饟耳得饟自止由是村民徙亡殆盡賊遂掠及闤闠稍拒輒挺刄相向文燦令張大經鎮撫之亦不能禁張任學以入衞道謁文燦言獻忠狼子野心終爲國患我以勤王爲名出其不意可立縛也文燦不聽　楊嗣昌議增設總督

於保定巡撫於密雲詔廷臣舉堪任總督者御史葉紹容舉陳龍正
不用嗣昌薦御史楊繩武召見繩武吐言如流畫地成圖帝偉之遂
超擢僉都御史巡撫順天又超擢趙光抃僉都御史巡撫密雲時廷
臣言兵者即以爲知兵大者推督撫小者兵備一當事任罪累立至
於是上下諱言兵章奏無敢及者給事中沈迅極言其弊乞敕巡臣
五日内陳方略從之
大清兵薄都城按營不動衆莫測兵部主事孫嘉績曰此待後至者
即舉衆南下耳嘉績如游孫也越三日蒙古兵數萬果從青山口入
大清兵即日南下分三路一由淶水攻易一由新城攻雄一由定興
攻安肅薄保定總兵官劉光祚堅守不攻而去丁卯攻高陽致仕大
學士孫承宗率家人拒守
大清兵將引去繞城納喊者三守者亦應之三日此城笑也於法當
破圍復合戊辰城陷承宗被執望闕叩頭投繯而死年七十有六子

舉人鈐尙寶丞鑰官生鉢生員鉿鎬從子鍊鏘及孫之沆之滂之澋之洁之濾從孫之澈之渼之泳之澤之渙之瀚皆戰死高起潛以聞帝嗟悼命所司優卹楊嗣昌薛國觀輩陰扼之但復故官予祭葬而已象昇由涿進據保定命諸將分道出擊大戰於慶都編修楊廷麟疏劾嗣昌言陛下有撻伐之心大臣無禦侮之才謀之不臧以國爲戲嗣昌及總督吳阿衡內外扶同朋謀誤國與高起潛方一藻倡和款議武備頓忘以至於此今可憂在外者三在內者五督臣盧象昇以禍國責樞臣言之痛心夫南仲在內李綱無功潛善秉成宗澤隕命乞陛下赫然一怒明正向者主和之罪俾將士畏法無有二心召見大小諸臣咨以方略諭象昇集諸路援師乘機赴敵不從中制此今日急務也嗣昌曩以和議紓外患而廷麟痛詆之嗣昌大恚詭薦廷麟知兵帝改廷麟兵部職方主事贊畫象昇軍巡撫山東都御史顏繼祖標下卒僅三千嗣昌檄令移駐德州濟南由此空虛止鄉兵

五百萊州援兵七百勢弱不足守巡按御史宋學朱左布政使張秉
文副使周之訓翁鴻業參議鄧謙鹽運使唐世熊等議守城帝憂
大清兵深入大學士劉宇亮自請督察軍情帝喜戊子罷象昇戴罪
立功命宇亮往代宇亮請督察帝忽改爲總督大懼與國觀嗣昌謀
且具疏自言乃奪象昇尙書以侍郎視事而宇亮仍往督察各鎮勤
王兵皆屬焉光抃雖文士有膽決其至密雲即發監視中官鄧希詔
奸謀帝召希詔還而令分監中官孫茂霖覈實茂霖爲希詔解光抃
反得罪遣戍廣西　刑科奏摘參未完疏方逢年以犯贓私者人亡
產絕親戚坐累幾同瓜蔓遂輕擬以上而帝意欲罪劉之鳳責逢年
疏忽逢年引罪十二月庚子罷歸　劉之鳳屢疏謝病不許南京給
事中荆可棟以貪墨被劾下部訊之鳳予輕比帝疑其受賄下之獄
河南巡撫常道立調左良玉兵於陝州賊乘盧氏虛遁入內鄉淅
川　盧象昇既至保定巡撫張其平閉闉絕饟俄又以大同有警趣

象昇出關王樸方戰欒城東鹿間經引兵歸象昇次宿三宮野外畿南三郡父老聞之咸叩軍門請象昇移軍廣順召集義師三郡子弟可得十萬毋徒以隻身就死象昇流涕謂之曰自予與賊角經數十百戰未嘗衂今者分疲卒五千大敵西衝援師東隔事由中制食盡力窮旦夕死矣無徒累父老爲也衆號泣雷動各攜斗粟餽軍或貽棗一升曰公煑爲糧象昇進師至鉅鹿賈莊高起潛擁關寧兵在雞澤距賈莊五十里而近象昇遣楊廷麟往眞定轉餽又令乞援於起潛起潛不應師至蒿水橋遇

大清兵象昇將中軍虎大威帥左楊國柱帥右遂戰夜半觱篥聲四起辛丑旦騎數萬環之三匝象昇麾兵疾戰呼聲動天自辰迄未礮盡矢窮象昇奮身鬬後騎皆進手擊殺數十人身中四矢三刃遂仆游擊楊陸凱懼其屍被殘伏其上背負二十四矢以死裨將張巖僕顧顯者亦殉一軍盡覆大威國柱潰圍得脫起潛聞敗倉皇遁匿象

昇死狀不言嗣昌疑之有詔驗視廷麟得其屍戰場三郡之民聞之哭失聲順德知府于穎上狀嗣昌故靳之五十七日而後殮象昇少有大志爲學不事章句居官勤勞倍下吏夜刻燭雞鳴盥櫛得一機要披衣起立行之暇卽角射五十步外發必中愛才惜下如不及三賜劍未嘗戮一偏裨死時年三十九久之贈太子少師兵部尚書賜祭葬世廕錦衣千戶方象昇之戰歿也嗣昌遣邏卒俞振龍等察其死狀振龍歸言象昇實死嗣昌怒鞭之三日夜振龍且死張目曰天道神明無枉忠臣嗣昌意廷麟亦死及聞其奉使在外不懌者久之初張若麒沈迅謀改兵部御史涂必泓疏沮之必泓廷麟同里也若麒迅疑疏出廷麟指因與嗣昌比而構廷麟會廷麟報軍中曲折嗣昌擬旨責以欺罔劉宇亮甫抵保定聞象昇戰歿過安平偵者報

大清兵將至宇亮急趨晉州避之知州陳宏緒閉門不納宇亮大怒傳令箭亟納師宏緒卒不應宇亮馳疏劾之有旨逮治州民詣闕訟

冤宏緒得鐫級調用戊申孫傳庭爲兵部侍郎代象昇督諸鎮援軍賜尚方劍陳新甲與傳庭相倚仗終不敢戰傳庭抵近郊與嗣昌不協又與起潛忤被旨切責不得朝京師洪承疇至郊勞且命陛見傳庭不能無觖望大威國柱當坐罪宇亮傳庭皆言其身入重圍非臨敵退卻者比乞令立功自贖帝不從卒解其任尋令從軍辦賊嗣昌戒諸將毋輕戰諸將本恇怯悉藉口持重觀望於是畿輔諸郡悉被兵長吏多望風遁失城四十有八嗣昌據軍中報請旨授方略比下軍前則機宜已變進止乖違疆事益壞知州則深州孫士美知縣則任邱白慧元慶都黃承宗靈壽馮登鰲文安王鑰蠡縣王采新河崔賢鹽山陳誌固城王九鼎青縣張文煥與濟錢珍慶雲陳緎教諭則鉅鹿唐一中訓導則蠡縣馮大緯吳橋劉廷訓臨城張純儒鄉官靈壽則侍郎馬從聘員外郎耿蔭樓任邱則按察使李禎宁臨城則知府喬若雯青縣則員外郎李崇德高陽則知縣魏克家皆死之士美

一家死者十三人慧元一門俱死從聘三子蔭樓子參皆從死禎宁
家從死者亦數人事聞贈從聘兵部尚書謚介敏餘贈卹有差吳橋
知縣李綦隆等十人棄城皆坐死嗣昌貶三秩戴罪視事山東告急
嗣昌無以應起潛擁兵臨清不救顏繼祖屢請敕祖寬倪寵劉澤清
等赴援皆逗遛不進
大清兵徇下州縣十有六遂臨濟南張秉文等分門守死晝夜不解
甲援兵竟無至者
十二年春正月乙未朔以時事多艱卻廷臣賀庚申
大清兵入濟南城德王由樞被執秉文戰死宋學朱周之訓鄧謙唐
世熊及濟南知府苟好善同知陳虞孕通判熊烈獻歷城知縣韓承
宣並死之兵部主事劉大年奉使道歷城亦抗節死秉文妻方妾陳
並投大明湖死之訓闔門皆死謙族黨傔從死者四十餘人烈獻二
子俱死承宣嬪從孫也妻妾皆從死舉人劉化光及子舉人漢儀皆

力戰死戊辰宇亮傳庭會師十八萬於晉州不敢進游騎北抵兗州
知縣臨邑宋希堯博平張列宿茌平黃建極武城李承芳邱縣高重
光及恩縣故御史李應薦皆城破死之言官交章劾繼祖繼祖言臣
兵少力弱不敢居守德之功不敢不分失濟之罪請以爵祿歸朝廷
以骸骨還父母帝不從逮下獄丁丑改承疇總督薊遼傳庭總督保
定山東河南宇亮至天津憤諸將退避疏論之因及劉光祚逗遛狀
薛國觀方與嗣昌謀傾宇亮遽擬旨軍前斬光祚比旨下光祚適有
武清之捷宇亮乃繫光祚武清獄爲具疏乞宥繼上武清捷音國觀
乃擬嚴旨責以前後矛盾下九卿科道議僉謂宇亮玩弄國憲大不
敬宇亮疏辨部議落職閑住陳起新沈迅復重劾之改擬削籍二月
乙未帝罷宇亮令戴罪圖功事平再議光祚論死國觀遂爲首輔左
良玉帥降將劉國能入援詔還討河南賊命兵部授國能官錄其部
下將士曰張獻忠能立功視此良玉兵過壩頭河橋大掠盧九德以

聞詔令戴罪
大清兵北歸至渾河值水漲輜重難渡王樸曹變蛟等相顧不敢擊
已變蛟及賀人龍戰太平砦北小有斬獲三月丙寅
大清兵出青山口畿輔解嚴巡按御史劉呈瑞劾陳新甲前後逗撓
新甲歷陳功狀且言呈瑞挾讎帝不問給事中李希沆言聖明御極
以來北兵三至己巳之罪未正致有丙子丙子之罪未正致有今日
語侵嗣昌御史王志舉亦劾嗣昌誤國四大罪請用丁汝夔袁崇煥
故事帝怒貶希沆秩奪志舉官謫楊廷麟於外初帝以嗣昌才而用
之非廷臣意知其必有言言者輒斥嗣昌既有罪帝又數逐言官中
外益不平嗣昌亦不自安屢疏引罪乃落職冠帶視事先是京師被
兵樞臣皆坐罪及是亡七十餘城而帝眷嗣昌不衰嗣昌欲盡留秦
兵之入援者守薊遼傳庭曰秦軍不可留也留則賊勢張無益於邊
是代賊撤兵也秦軍妻子俱在秦兵日以殺賊爲利久留於邊非譁

則逃不復爲吾用必爲賊用是驅民使從賊也安危之機不可不察
也嗣昌不聽傳庭爭之不能得不勝鬱鬱耳遂聾　丙子加上孝純
皇太后尊諡詔天下　初帝憂國用不足薛國觀請借助言在外羣
僚臣等任之在內戚畹非獨斷不可因以武清侯李國瑞爲言國瑞
者孝定太后兄孫帝曾祖母家也國瑞薄庶兄國臣國臣憤詭言父
貲四十萬臣當得其半願輸以佐軍貲帝初未允因國觀言欲盡借
所言四十萬者不應則勒期嚴追或教國瑞匿貲勿獻拆毀居第陳
什器通衢鬻之示無所有嘉定伯周奎皇后父也與國瑞有連代爲
請帝怒奪國瑞爵國瑞悸死有司追不已戚畹皆自危至是因皇五
子慈煥病交通宦官宮妾倡言孝定太后已爲九蓮菩薩空中責帝
薄外家諸皇子盡當殀降神於皇五子俄慈煥竟殤帝大恐急封國
瑞七歲兒存善爲侯盡還所納金銀而恨國觀甚　傅朝佑之下獄
也中官杜勳雅重朝佑令其上疏請罪而已從中主之可復故官朝

佑不應後國事益棘獲罪者益衆獄幾滿朝佑上書請寬卹語過激
帝責以顛倒賢奸恣意訕侮廷杖六十創重而卒
大清以重兵攻松山環城發礮臺堞俱摧城中人負扉以行副總兵
金國鳳間出兵突擊輒敗還乃以木石甃補城壞處
大清兵屢登屢卻遂分攻塔山連山而令銳卒分道穴城國鳳多方
拒守終不下閱四旬圍解帝大喜立擢國鳳寧遠團練總兵官當松
山被圍方一藻議遣兵救援諸將莫敢應獨副將楊振請行至呂洪
山遇伏一軍盡覆振被執令往松山說降未至里許踞地南向坐語
從官李祿曰爲我告城中人堅守援軍卽日至矣祿詣城下致振語
城中守益堅振祿皆被殺　夏四月召對鄭國祥無一言帝傳諭責
其緘默大負委任戊申國祥致仕國祥歷任卿相布衣蔬食不改儒
素歿後其子上至貧不能舉火　詔復文震孟故官　左良玉破馬
進忠於鎮平關會馬光玉等皆大敗進忠懼而降時順天王已死賀

一龍闖養成伏深山餘賊遠掠秦蜀李萬慶勢益孤熊文燦檄良玉擊之唐縣姚梁分三營肆賊逐入三山裨將王修政趨利戰死文燦收二營卒令良玉與張任學陳洪範蹙之內鄉萬慶等在赤眉城四平岡依山結壘請降良玉慮其詐謀之文燦益調諸將陳永福羅岱金聲桓之兵會於賈宋大勦萬慶光玉及許可變副將劉國能亦至由張家林七里河分擊賊大奔良玉遣國能以二十騎往偵且諭降萬慶萬慶馳見國能遂執許州叛黨於汝虎以降處內鄉城下者四千人進忠郎混十萬萬慶賊號射塌天者也馬士秀許應金見進忠萬慶降懼而復來歸有劉喜才者夜取順義王首以降於僉事宋一鶴餘黨推可變為主自是羣盜大衰文燦上言臣兵威震慴降者接踵十三家之賊惟革左及馬光玉三部尚稽天誅可歲月平也帝優詔報之　五月甲子禮部侍郎姚明恭張四知兵部侍郎魏照乘俱禮部尚書兼東閣大學士預機務明恭出趙興邦門公論素不予四

知貌寢甚常恚惡瘍給事中張淳劾其爲祭酒時貪汚狀四知憤帝
前力辨言己孤立爲廷臣所嫉帝意頗動薛國觀因力援之遂柄用
照乘亦庸劣充位而已　楊嗣昌議文武諸臣失事罪分五等曰守
邊失機曰殘破城邑曰失陷藩封曰失亡主帥曰縱敵出塞於是順
天巡撫陳祖苞保定巡撫張其平山東巡撫顏繼祖薊鎭總兵吳國
俊陳國威山東總兵倪寵援勦總兵祖寬李重鎭薊鎭總監鄧希詔
分監孫茂霖及他副將以下至州縣有司凡三十三人俱論死劉宇
亮免議而嗣昌貶削不及物議益叢嗣昌乃薦四川巡撫傅宗龍自
代　初張獻忠之降擁兵萬人索十萬人饟熊文燦及中外要人白
與之復爲請官請地請關防獻忠列軍狀曰請備遣既而三檄其兵
不應朝野知獻忠必叛也會十三家渠帥多降李自成竄崤函山中
諜者或報其死文燦益寬之朝廷皆謂賊撲滅殆盡獻忠在穀城訓
卒治甲仗言者頗疑其欲反帝方信楊嗣昌言謂文燦能辨賊不復

憂也阮之鈿以獻忠反形漸露往說之曰將軍始所爲甚悖今幸得爲王臣當從軍立功垂名竹帛且不見劉將軍國能乎天子手詔進官厚賚金帛此赤誠效也將軍若疑中朝有異論者之鈿請以百口保何嫌何疑而復懷他志獻忠素銜之鈿遂惡言極口罵之之鈿憂憤成疾題數語於壁自誓必死乙丑獻忠反劫庫縱囚毀其城之鈿仰藥未絕獻忠遣使索印堅不予賊遂殺之旋縱火焚署之鈿骸骨爲燼王瑞栴先以憂去張大經爲賊所得獻忠遂約羅汝才同反鄖陽諸屬邑城郭爲墟獨房縣賴郝景春拊循羸可守景春子諸生鳴鸞力敵萬夫謂景春曰吾城當賊衝而羸卒止二百城何以守乃擐甲詣汝才曰若不念香火盟乎愼毋從亂汝才陽諾鳴鸞覺其僞歸與守備楊道選授兵登陴而獻忠所遣前鋒已至擊斬其將上天龍遣使縋城乞援於文燦凡十四往不報已而賊大至獻忠兵張白幟汝才兵張赤幟俄二幟相雜環城力攻白貴黑雲祥策馬呼曰以城

讓我保無他也獻忠又以大經檄諭降景春大罵碎之鳴鑾且守且
戰閱五日賊多死乃負板穴城城將崩鳴鑾熱油灌之又擊傷獻忠
左足殺其所愛善馬用間入賊壘陰識獻忠所臥帳將襲禽之指揮
張三錫啓北門揖汝才入道選巷戰死大經使汝才說景春降又問
庫藏儲蓄安在景春叱之賊怒殺一典史一守備以恐景春景春及
鳴鑾俱被殺主簿朱邦聞不屈死三錫後爲官軍所獲磔死獻忠之
去穀城也留書於壁言己之叛總理使然具列上官姓名及取賄日
月而題其末曰不納我金者惟王兵備一人耳由是瑞栴名大著均
州五營懼見討自疑又以獻忠彊虜爲所併相與歃血斂衆據要害
以拒之無何叛去於是九營俱反惟王光恩始不從久之亦去李萬
慶馬進忠以徒衆既散無二心帝聞變大驚削文燦官戴罪視事廷
臣交章薦余應桂　孫傳庭之受命督軍也疏言年來彊事決裂由
計畫差謬事竣當面請決大計既解嚴疏請陛見楊嗣昌大驚謂傳

庭將傾之斥賣疏者還之傳庭傳庭愠引疾乞休嗣昌又劾其託疾非真聾帝遂發怒乙亥削傳庭籍下順天巡撫楊一儁覈真僞一儁言傳庭真聾非託疾帝逮傳庭并一儁下獄傳庭長繫待決舉朝知其冤莫爲言　六月畿內山東河南山西旱蝗　先是廷臣請練邊兵楊嗣昌定議宣府大同山西延綏寧夏甘肅固原臨洮遼東薊鎮保定凡練七千三萬有奇各總督巡撫及總兵官鎮監以下分練之而總督以所練東西策應汰通州昌平督治二侍郎增畿輔監司四人薊遼監軍三人議上帝悉從之帝又采副將楊德政議府汰通判設練備秩次守備州汰判官縣汰主簿設練總秩次把總並受轄於正官專練民兵府千州七百縣五百捍鄉土不他調工部侍郎張愼言言其不便者八事嗣昌以勢有緩急請先行之畿輔山東河南山西從之於是有練餉之議初嗣昌增勦餉期一年而止後餉盡而賊未平詔徵其半至是督餉侍郎張伯鯨請全徵帝慮失信嗣昌曰無

傷也加賦出於土田土田盡歸有力家百畝增銀三四錢稍抑兼幷
耳薛國觀程國祥皆贊之乃定勦饟外復增練饟七百三十萬論者
謂九邊自有額饟槪予新饟則舊者安歸邊兵多虛額今指爲實數
饟盡虛糜而練數仍不足且兵以分防不能常聚故有抽練之議抽
練而其餘遂不問且抽練仍虛文邊防愈益弱至州縣民兵益無實
徒擾民糜厚饟以嗣昌主之事鉅莫能難也己酉抽練各鎮精兵復
加徵練饟萬曆末及崇禎初所增賦總名遼饟至是復增勦饟練饟
額溢之御史衛周嗣言嗣昌流毒天下勦練之饟多至如此民怨何
極御史郝晉言萬曆末年合九邊饟止二百八十萬今加派遼饟至
九百萬勦饟三百三十萬復加練饟七百三十餘萬自古有一年而
括二千萬以輸京師又括京師二千萬以輸邊者乎不聽　熊文燦
請敕楚撫方孔炤防荊門當陽鄖撫王鰲永防江陵遠安陝撫丁啓
睿蜀撫邵捷春各嚴兵於其境而陝督鄭崇儉主提兵合擊孔炤乃

請專斷德黃守承天護獻陵而江漢以南責鰲永時固原臨洮寧夏三總兵左光先曹變蛟馬科皆入衛總兵柴時華中道還甘肅崇儉徵之不應乞令變蛟兵西還帝不許乃檄賀人龍及副將李國奇等軍發西安李自成聞張獻忠反大喜出收衆衆復大集崇儉發兵圍之令曰圍師必缺自成乃由缺脫走突武關往依獻忠獻忠欲圖之自成覺遁去　秋七月張獻忠合羅汝才去房縣西走左良玉追擊之令羅岱爲先鋒已隨其後踰房縣八十里至羅猴山軍乏食壬申岱與副將劉元捷鼓勇直上賊伏兵四起岱馬足絓於藤抽刀斷之蹶而復進棄馬步鬭久之矢盡被執以死良玉大敗奔還軍符印信盡失棄軍資千萬餘士卒死者萬人　八月癸巳顏繼祖等三十三人俱棄市陳祖苞先飲鴆卒帝怒祖苞漏刑錮其子編修之遴永不敘祖寬敢戰有功稱驍將性剛使氣文吏不之喜莫爲論救竟致大辟　己亥免唐縣等四十州縣去年田租之半　傅宗龍入爲兵部

尙書楊嗣昌還內閣帝憒中樞失職嗣昌以權詭得主知宗龍樸忠不能從諛承意初入見卽言民窮財盡饟不可加兵亦不必益帝頗然之宗龍顧言不已帝怫然曰卿當整理兵事耳旣退語輔臣云宗龍善策黔而所言皆卑卑他人唾餘何也自是所奏請多中格　京營總兵官孫應元黃得功副將周遇吉南征劉元斌盧九德仍監其軍應元等至南陽會馬光玉屯淅川之吳村僞乞撫規渡漢江應張獻忠淅川知縣郭守邦說降其黨許可變胡可受可變卽賊改世王可受則安世王也可變夜至處之東關可受爲光玉所持約未定應元得功趨內鄉掩其背令遇吉等分道別擊之熊文燦所遣陳洪範軍亦至參將馬文豸等力戰小黃河口可受敗呼曰始與許王約降者我也今歸命遇吉駐馬受之應元得功進兵王家寨賊分屯南北兩山用木石塞道應元帥文豸戰其南得功帥副將林報國戰其北河南兵又扼華陽關賊遂大敗光玉遁免元斌至軍檄除可變可受

罪授以官報先後首功三千人　張獻忠羅汝才等謀入陝西總督侍郎鄭崇儉帥賀人龍李國奇張令扼之興安賊乃還犯興山及太平窺大寧巡撫四川都御史邵捷春遣副將王之倫方國安分道扼之國安連破賊　羅猴山敗書聞帝大怒詔逮熊文燦貶左良玉三秩褫張任學職兵部尚書傅宗龍言向者賊流突東西楊嗣昌故建分剿之策今則流突者各止其所臣請收勢險節短之效總理止轄楚豫秦督兼轄四川鳳督兼轄安慶各率所轄鎮撫期十二月成功因薦方孔炤堪代文燦帝不用嗣昌自請督師帝大悅壬子命嗣昌督師討賊賜尚方劍以便宜誅賞總督以下並聽節制九月乙卯朔召見平臺嗣昌言君言不宿於家臣朝受命夕當啓行軍資甲仗望敕所司遄發帝曰卿能如此朕復何憂翊日賜白金百大紅紵四表裏斗牛衣一賞功銀四萬銀牌千五百幣帛千嗣昌條七事以獻薦左良玉有大將才兵亦可用帝悉報可戊午復召見賜宴手觴三爵

御製贈行詩一章嗣昌跪誦拜且泣越二日陛辭賜膳癸未抵襄陽
入文燦軍文燦言勦饟不至者六十餘萬初所加饟本以勦賊文燦
悉以資撫帝既不復詰廷臣亦無言及之者冬十月甲申朔嗣昌大
誓三軍方孔炤左良玉陳洪範劉元斌等畢會嗣昌令孔炤仍駐當
陽移張伯鯨襄陽以李萬慶爲副總兵與劉國能並守鄖陽　丙戌
彗星見己丑停刑丙申鳳陽地震　甲午左良玉爲平賊將軍文燦
就逮嗣昌猶爲疏辨　賀一龍等掠葉圍沈邱焚項城之郛犯光山
副將張琮刁明忠帥京軍踰山行九十里及其巢先驅射賊殪絳袍
而馳者二人追奔四十里斬首千七百五十嗣昌稱詔頒賜　丙申
欽定保民四事全書成頒布天下
大清兵攻寧遠總兵官金國鳳憤將士恇怯帥親丁數十人出據北
岡鏖戰移時矢盡力竭與二子俱死帝聞痛悼總督薊遼尚書洪承
疇言國鳳素懷忠勇前守松山兵不滿三千乃能力抗彊敵卒保孤

城非其才力優也以事權專號令一而人心肅也迨擢任大將兵近萬人反致隕命非其才力短也由營伍紛紜號令難施而人心不一也乞自今設連營節制之法凡遇警守城及統兵出戰惟總兵官令是聽帝卽允行　十一月辛巳祀天於南郊　熊文燦逮至下獄　十興世王王國寧以賊衆千人歸降楊嗣昌受之處其妻子樊城

二月總兵官賀人龍擊張獻忠於興安大破之獻忠將走竹山竹溪楊嗣昌令周遇吉至化石街草店扼其要害嗣昌以楚地廣衍賊難制驅使入蜀蜀險阻賊不得逞諸軍合而殲之可盡殄又慮蜀重兵扼險賊將還毒楚調蜀精銳萬餘爲己用蜀中兵自是益疲弱不支邵捷春憤曰令甲失一城巡撫坐今以蜀委賊是督師殺我也爭之不能得　夷陵告急楊嗣昌檄方孔炤遣楊世恩及荆門守將羅安邦會川沅兵赴救至洋坪猴兒洞道險甚嗣昌再檄召還而安邦由祚峪世恩由重陽坪已兩道深入期至馬良坪合兵羅汝才惠登相

圍之香油坪嗣昌連發數道兵往援皆以道遠不能進世恩等被圍久突圍走黃連坪絶地無水士饑渴甚賊至兩軍盡覆世恩安邦並死　楊嗣昌請兵食不悉應劾傅宗龍不任宗龍亦劾嗣昌徒耗敝國家不能報效以氣凌廷臣會洪承疇請用劉肇基爲寧遠團練總兵官高起潛又揭肇基恇怯宗龍不即覆帝遂發怒責以抗旨令對狀丙午宗龍奏上復以戲視封疆下之獄法司擬戍邊帝不許欲寘之死

十三年春正月召總督宣大侍郎陳新甲爲兵部尚書自弘治初賈俊後乙榜無至尚書者兵事方亟諸大臣避中樞故新甲得爲之新甲陳保邦十策中言天壽山後宜設總兵徐州亦宜設重鎮帝並采用之　先是惠王常潤言方孔炤遏張獻忠有來家河神通堡之捷陵寢得無虞請增秩久任章下部未奏而楊世恩等敗歿他將戰黃麻又敗孔炤嘗議熊文燦撫賊之誤楊嗣昌忮其言中遂劾逮孔炤

下獄時賊分爲三西則獻忠踞楚蜀交東則賀一龍左金王等四營豕突隨應麻黃南則羅汝才惠登相等十營竄漳房興遠間嗣昌視東略稍緩乃以襄陽爲軍府貯五省餽金及弓刀火藥仞深溝方洫而環之造飛梁設橫栝陳利兵而譏訶非符要合者不得渡江漢間列城數十倚襄陽爲天險一鶴以雲南軍移駐當陽劉元斌以京軍移鎮荊門嗣昌奏辟永州推官萬元吉等爲軍前監紀以諸將積驕玩無鬭志鞭刀明忠斬監軍僉事殷太白以徇而令左良玉專勦獻忠獻忠屢敗求撫不許其黨托天王常國安金翅鵬劉希原等來降獻忠走四川　閏月乙酉振真定饑　戊子振京師饑　癸卯振山東饑　左良玉合諸軍擊賊於柯坪關張獻忠遁良玉請從漢陽西鄉入蜀追之楊嗣昌謀以鄭崇儉帥賀人龍李國奇從西鄉入蜀而令良玉駐兵興平別遣偏將追勦良玉不從嗣昌檄良玉曰賊勢似不能入川仍當走死秦界耳將軍從漢陽西鄉入川萬一賊從舊路

疾趨平利仍入竹房將何以禦不則走寧昌入歸巫與曹操合我以大將尾追促賊返楚非算也良玉報曰蜀地肥衍賊渡險任其奔軼後難制且賊入川則有糧可因回鄖則無地可掠其不復竄楚境明矣夫兵合則彊分則弱今已留劉國能李萬慶守鄖若再分三千人入蜀卽駐興平兵力已薄賊來能遏之耶今當出其不意疾攻之一大創自然瓦解縱折回房竹間人跡斷絕彼從何得食況鄖兵扼之於前秦撫在紫興扼之於右勢必不得逞若寧昌歸巫險且遠曹操獻忠不相下黨窮而歸曹必內相呑其亡立見嗣昌度力不能制而良玉計是遂從之時獻忠營太平大竹河良玉駐蜀界之漁溪渡二月丙辰崇儉引其兵來會賊移軍九滾坪見瑪瑙山峻險將據之良玉始抵山下賊已踞山顚乘高鼓譟良玉下馬周覽者久之曰吾知所以破賊矣分所進道爲三己當其二秦軍當其一令曰聞鼓聲而上戊午兩軍夾擊賊陳堅不可動鏖戰久之賊大潰斬馘三千六百

二十隊墜崖澗者無算追奔四十里良玉兵斬掃地王曹威白馬鄧天王等渠魁十六人獻忠妻妾亦被禽人龍等降賊將二十五人張大經偕賊出降獻忠走歸州參將張應元汪之鳳追敗之水右壩獲其軍師副總兵張令方國安又邀擊於岔溪千江河大破之是月也帝念嗣昌發銀萬兩犒師賜斗牛衣良馬金鞍各二使者甫出國門而捷音至大悅再發銀五萬幣帛千犒師加嗣昌良玉太子少保增崇儉一秩 戊寅以久旱求直言 三月甲申禱雨 丙戌大風霾詔清刑獄帝布袍齋居禱之不止給事中左懋第言去秋星變朝停刑而夕即滅今者不然豈陛下有其文未修其實乎夫練餉之加原非得已乃明旨減兵以省餉天下共知之而餉猶未省何也請自今因兵徵餉預使天下知應加之數官吏無所逞其奸以信陛下之明詔而刑獄則以睿慮之疑信定諸囚之死生諸疑於心與疑信半者悉從輕典庶可以回天變乎且陛下屢沛大恩四方死者猶枕藉盜賊

未見衰止何也由蠲停者止一二存留之賦有司迫考成催徵未敢緩是以莫救於凶荒請於極荒州縣下詔速停有司息訟專以救荒爲務帝然之於是上災七十五州縣新舊練三餉並停中災六十八州縣止徵練餉下災二十八州縣秋成督徵　戊子罷各鎭內臣

進士旣殿試帝思得異才丙申復召四十八人於文華殿問今日內外交訌何以報讎雪恥魏藻德以知恥對又自敘十一年守通州功帝善之擢置第一　戊戌振畿內饑　丁未免河北三府逋賦　張獻忠竄柯家坪其地亂峯錯峙箐深道險張令帥衆追及之分其下爲五鼓勇爭利方國安爲後距他道遁去令獨深入被圍居絕阪中屢射賊營應弦斃者甚衆水遠士渴賴天雨以濟圍終不解監軍僉事張克儉言於鄭崇儉曰張令健將柰何棄之急令張應元汪之鳳從八台山進賀人龍李國奇從滿月嘈進已應元等先至令方與賊鬭呼聲動山谷應元等應之內外夾擊賊乃敗去令與賊萬餘相持

十三日所殺傷過當其卒僅五千耳獻忠帥千餘騎遁入興山歸州之山中人龍國奇及高傑追敗之寒溪寺鹽井五日三捷先後斬首千五百級其黨順天王一條龍一隻虎皆降　夏四月左良玉進屯興安平利諸山連營百里諸將憚山險圍而不攻獻忠因得與山民市鹽芻米酪收潰散　巡撫江西都御史解學龍爲南京兵部侍郎將解任遵例薦所部官推奬按察司照磨黄道周甚至故事但下所司帝亦不覆閱大學士魏照乘惡道周甚擬旨責學龍濫薦帝遂發怒立削學龍道周籍戊午逮之既至下刑部獄責以黨邪亂政並杖八十究黨與詞連編修黄文煥吏部主事陳天定工部司事董養河中書舍人文震亨並繫之獄　己卯謝陞爲禮部尚書禮部侍郎陳演以原官並兼東閣大學士預機務帝簡用閣臣每親發策以所條對覘能否演庸才寡學工結納中官探得帝所欲問數事密授演條對獨稱旨遂有是命　帝以考選止及進士特命舉人貢生就試教

職者悉用爲部寺司屬推官知縣凡二百六十三人號爲庚辰特用
　劉之鳳之下獄也法司希指擬絞李清言於律未合給事中葛樞
復疏救之鳳帝怒鐫樞級調外及是之鳳上書自白無贓賄情可矜
原帝亦不省之鳳竟瘐死　羅汝才惠登相復求撫張獻忠持之汝
才登相斂兵南漳遠安閒殺安撫官姚宗中走大寧大昌犯巫山石
砫女官秦良玉扼之五月汝才犯夔州良玉師至賊乃去已邀之馬
家寨斬首六百追敗之留馬埡斬其魁東山虎　甲申祀地於北郊
　庚戌姚明恭致仕　錦州告急洪承疇出關駐寧遠總兵官吳三
桂困松杏間遼東總兵官劉肇基救出之喪士卒千人　六月辛亥
朔羅汝才惠登相越巴霧河犯開縣秦良玉合總兵官鄭嘉棟大敗
之譚家坪又破之仙寺嶺良玉奪汝才大纛禽其渠副塌天賀人龍
擊之馬溺溪共斬首千二百汝才偕混天王小秦王東走大寧登相
越開縣而西自是二賊始分人龍及李國奇又西追之不能及張獻

忠自興房走白羊山由汝才入寧昌故道掩旗息鼓而西初汝才等從寧昌窺巫山欲渡江爲諸將劉貴秦翼明楊茂選及良玉等所拒獻忠至汝才與之合獻忠雖累敗氣益盛立馬江岸有不前赴者輒戮之賊爭死鬬貴等戰皆卻賊遂渡江營萬頃山苦桃灣其別部營紅莎崖青平砦歸巫間大震楊嗣昌乃由襄陽上夷陵檄邵捷春扼夔門四川之大寧大昌界連湖廣竹溪房縣有三十二隘口嗣昌欲厚集兵力專守夔州棄寧昌㘅賊官軍環攻之捷春曰棄隘口不守是延賊入戶也乃遣茂選及覃思岱等出關分守二將不相得思岱譖殺茂選捷春即令兼統其衆其衆相率去賊入隘守者潰賊夜斬夔關將士大驚潰時諸部士馬居山谷罹炎暑瘴毒物故十二三京兵之在荊門雲南兵之在簡坪湖廣兵之在馬蝗坡者久屯思歸夜亡多鬬河大旱人相食土寇蜂起陝西賓閉遠河南李際遇爲之魁饑民從之旬日間衆數萬所在告警嗣昌以聞帝發帑金五萬營醫

藥責諸將進兵罷鄖陽撫治王鼇永詔故總兵猛如虎軍前立功鄭崇儉以年老乞歸不許令帥嘉棟還關中留人龍國奇討賊會長武新寧大竹羅田相繼報陷嗣昌乃下令招撫爲諭帖萬紙散之賊中嗣昌雖有才然好自用躬親簿書過於繁碎軍行必自裁進止千里待報坐失機會鼇永嘗諫之不納及罷官復疏言嗣昌用兵一年蕩平未奏此非謀慮之不長正緣操心之太苦也天下事總挈大綱則易獨周萬目則難況賊情瞬息更變今舉數千里征伐機宜盡出嗣昌一人文牒往返動踰旬月坐失事機無怪乎經年之不戰也其間能自出奇者惟瑪瑙山一役若必遵督輔號令左良玉當退守興安無此捷矣臣以爲陛下之任嗣昌不必令其與諸將同功罪但責其提衡諸將之功罪嗣昌之馭諸將不必人人授以機宜但覈其機宜之當否則嗣昌心有餘閒自能決奇制勝何至久延歲月老師糜餉爲哉　湯開遠與黃得功等大破革裏眼諸賊於商城之板石畈五

營乞降已而復叛朝議將用開遠爲河南巡撫竟以勞瘁卒官軍民咸爲泣下　帝以山東多警運道時梗議復海運監生沈廷揚上疏極言其便命造舟試之廷揚乘二舟載米數百石由淮安出海抵天津僅半月帝大喜以廷揚爲戶部主事令往登州與巡撫徐人龍計海運事初寧遠軍饟率自登州轉粟至天津又轉至寧遠廷揚請從登州直輸寧遠帝用其議省費多　庚午蔡國用卒贈太保謚文恪

薛國觀既得志一踵溫體仁所爲導帝以深刻而才智彌不及操守亦弗如帝初頗信嚮之始帝燕見國觀語及朝士貪婪國觀對曰使廠衞得人安敢如是東廠太監王德化在側汗流沾背於是專察國觀陰事國觀任中書王陛彥而惡中書周國興楊餘洪以漏詔旨招權利劾之並下詔獄兩人老矣斃廷杖下初史𡎼巡按淮陽括庫中贓罰銀十餘萬入己橐攝巡鹽又掩取前官張錫命貯庫銀二十餘萬及以少卿家居楊士聰劾田維嘉納周汝弼金八千推爲延綏

巡撫塳居閒弁發塳盜鹽課事塳得旨自陳遂訐士聰而鹽課則請敕淮陽監督中官楊顯名核奏俄而錫命子沆訐塳給事中張焜芳復劾塳侵盜有據事發則遣家人齎重貲謀於黠吏圖改舊籍帝乃怒褫塳職塳急攜數萬金入都主國觀邸謀既定出疏攻焜芳及其弟中書炳芳煒芳閣臣多徇塳擬嚴旨帝不聽止奪炳芳官候訊及顯名核疏上力爲塳解而不能諱者六萬金塳下獄瘐死國與餘洪既死其家人密緝國觀通賄事報東廠又誘塳蒼頭首國觀匿塳所寄銀由是諸事悉上聞國觀力辨塳贓爲黨人構陷帝不聽國觀素惡行人吳昌時及考選昌時虞國觀抑己因其門人以求見國觀僞與交驩擬第一當得吏科迨命下乃得禮部主事昌時大恨以爲賣己與所善東廠理刑吳道正謀發丁憂侍郎蔡奕琛行賄國觀事帝聞之益疑及是楊嗣昌有所陳奏帝令擬諭國觀擬旨以進帝遂發怒下五府九卿科道議奏掌都督府定國公徐允禎吏部尚書傅永

淳等不測帝意議頗輕請令國觀致仕或附住帝度科道必言之獨給事中袁愷會擬不署名且疏論承淳徇私狀而微詆國觀藐肆妒嫉帝不懌抵疏於地曰成何糾疏辛未奪國觀職放之歸怒猶未已國觀出都重車纍纍偵事者復以聞而東廠所遣伺國觀邸者值陛彥至執之得其招搖通賄狀詞連承淳奕琛及通政司李夢辰刑部主事朱永佑等十一人命下陛彥錦衣獄窮治頃之愷再疏盡發國觀納賄諸事承淳奕琛與焉國觀連疏力辨詆愷受昌時指使帝不納　秋七月庚辰朔畿內捕蝗己丑發帑振被蝗州縣　河南大旱蝗人相食福王常洵日閉閤飲醇酒所好惟婦女倡樂民間籍籍謂先帝耗天下以肥王洛陽富於大內援兵過洛者喧言王府金錢百萬而令吾輩枵腹死賊手故尚書呂維祺聞之懼以利害告勸常洵散財饟士以振人心常洵不爲意維祺乃盡出私廩振濟　范復粹爲首輔給事中黃雲師言宰相須才識度三者復粹恚自陳三者無

一請罷温旨慰留御史魏景琦劾復粹及張四知學淺才疎伴食中書遺譏海內帝以景琦妄詆下之獄　羅汝才等遁還興山辛卯左良玉孫應元周遇吉及副將王允成王之綸監軍僉事孔貞會等大破之於豐邑坪斬首二千三百生禽五百有奇混世王小秦王皆降時稱荊楚第一功良玉乘勝擊過天星降之過天星者卽惠登相也旣降始終爲良玉部將整十萬王光恩亦相繼復降惟汝才遁去走巫山於是羣賊盡萃於蜀中監軍大理寺評事萬元吉令川將守巴巫諸隘賀人龍李國奇及楚將張應元汪之鳳張奏凱專主追擊東協總兵官曹變蛟援勦總兵官左光先山海總兵官馬科與吳三桂劉肇基遇

大淸兵於黃土臺及松山杏山互有殺傷

大淸兵退屯義州洪承疇議遣變蛟光先科等兵入關養銳留三桂肇基於松杏間陽示進兵狀　八月甲戌振江北饑　楊嗣昌處小

秦王混世王等於房竹山中命張克儉安輯諸賊得免死牌莫肯散
自擇便地連營數百里時河南北流民就食襄漢者日數萬降卒多
闌入其中克儉深憂之上書嗣昌極言可慮嗣昌不以爲意嗣昌見
楚地無賊以留務委克儉而躬帥師入川邵捷春提弱卒二萬守重
慶所倚惟張令秦良玉二軍綿州知州陸遜之罷官歸捷春使按營
壘見良玉軍整心異之良玉爲置酒語遜之曰邵公不知兵吾一婦
人受國恩義應死獨恨與邵公同死耳遜之問故良玉曰邵公移我
自近去所駐重慶僅三四十里而遣張令守黃泥窪殊失地利賊據
歸巫萬山巔俯瞰吾營鐵騎建瓴下張令必破令破及我我敗尚能
救重慶急乎且督師以蜀爲壑無愚智皆知之邵公不以此時爭山
奪險令賊毋敢卽我而坐以設防此敗道也張應元汪之鳳同守夔
州之土地嶺部卒多新募賀人龍逗遛不至張獻忠悉銳來攻之鳳
應元力戰賊分兵從後山下突入其營應元突圍出之鳳走他道免

山行道渴飲斗水臥血凝臆而死諸軍遂大敗獻忠勢復張羅汝才
復與之合於是捷春移營大昌萬元吉亦進屯巫山與相應援捷春
以大昌上中下馬渡水淺地平難與持久乃扼水簣觀音巖為第一
隘以部將邵仲光守之而夜叉巖三黃嶺磨子巖魚河洞下湧諸處
各分兵三四百人以守元吉以分兵力弱為憂捷春不聽九月獻忠
等聞嗣昌西急趨大昌犯觀音巖三黃嶺仲光不能禦獻忠從上馬
渡過軍元吉急檄諸將分邀之復令張奏凱屯淨壁捷春選部將羅
洪政沈應龍為助良玉偕令扼賊竹箘坪癸巳令力戰中矢死軍遂
敗令年七十餘馬上用五石弩中必洞胸軍中號神弩將既死咸為
奪氣　楊嗣昌之在夷陵也檄令李自成降自成出謾語陝西官軍
圍自成於巴西魚腹諸山中自成大困欲自經養子雙喜勸而止賊
將多出降劉宗敏者藍田鍛工也最驍勇亦欲降自成步入叢祠顧
而嘆曰人言我當為天子盍卜之不吉斷我頭以降宗敏諾三卜三

吉宗敏還殺其兩妻謂自成曰吾死從若矣軍中壯士聞之亦多殺妻子願從者自成乃盡焚輜重輕騎走鄖均　曹變蛟劉肇基等與
大清兵復戰杏山劉肇基軍稍卻　乙巳兩日並出辰刻乃合爲一入時又分爲二　冬十月癸丑熊文燦棄市　張獻忠突淨壁陷大昌屯開縣秦良玉趨救不克轉鬭復敗所部三萬人略盡良玉單騎見邵捷春曰事急矣盡發吾溪洞卒可得二萬我自廩其半半餼之官猶足辦賊捷春見楊嗣昌與己左而倉無見糧謝其計不用賊行則哨探止則息馬抄糧關隘偵候不明防軍或遠離戍所賊乘隙而過無人之境嗣昌遂收斬邵仲光疏劾捷春失事因言鄭崇儉撤兵太早致賊猖獗捷春收兵扼梁山獻忠以梁山河深不能渡與羅汝才自開縣渡河走達州捷春退保綿州扼涪江嗣昌至梁山檄諸將分擊賊賊疾走陷劍州趨廣元將由閬道入漢中賀人龍趙光遠拒之陽平百丈二關賊走巴西張應元諸軍邀之梓潼戰小利既而敗

蜀將曹志耀等力戰卻之降將張一川張載福陷陳死涪江師遂潰賊屠綿州捷春歸成都賊偪成都巡按御史陳良謨遣將據要害為掎角一再戰皆勝已而捷春被逮捷春治蜀有惠政士民哭送者載道既至京下獄論死仰藥死獄中崇儉亦削籍　十一月丁亥祀天於南郊　戊子南京地震　楊嗣昌進軍重慶萬元吉大饗將士於保寧以諸軍進止不一用猛如虎為正總統張應元副之帥軍趨綿州分遣諸將屯要害而元吉自間道走射洪扼蓬溪以待賊賊方屯安岳界偵官軍且至宵遁趨內江如虎簡驍騎追之元吉應元營安岳城下以扼其歸路時賊攻羅江不克走綿竹嗣昌至順慶諸將不會師賊轉掠至漢州去中江百里守將方國安避之去賊縱掠什邡綿竹安縣德陽金堂間所至空城而遁全蜀大震賊遂由水道下簡州資陽陷仁壽知縣劉三策不屈死嗣昌徵諸將合擊皆退縮　十二月丁未朔嚴軍機抄傳之禁　王陞彥獄未成帝以行賄有據即

命陞彥棄市遣使逮薛國觀　黃道周之下獄也戶部主事葉廷秀疏救之帝怒杖廷秀百下錦衣獄監生涂仲吉白夢龍相繼救道周亦皆下獄刑部尚書李覺斯讞道周輕嚴旨切責再擬謫戍煙瘴帝猶以爲失出除覺斯名移獄鎮撫司道周掠治者四乃還刑部獄先是仲吉上書通政司施邦曜不爲封進而大署其副封曰書不必上論不可不存仲吉劾邦曜邦曜以副封上帝見所署語奪其官　楊嗣昌在重慶時下令赦羅汝才罪降則授官惟獻忠不赦禽斬者賚萬金爵侯翊日自堂皇至庖湢徧題有斬督師獻者賚白金三錢嗣昌駭愕疑左右皆賊勒三日進兵會雨雪道斷復戒期三檄賀人龍不奉令自賊再入川嗣昌雖屢檄諸將無一邀擊者初左良玉受平賊將軍印寖驕不肯受嗣昌約束而人龍屢破賊有功嗣昌私許人龍代良玉既以良玉瑪瑙山功語人龍姑待之人龍大恨具以前語告良玉良玉亦內恨當張獻忠之敗走也追且及遣其黨馬元利操

重寶嗂㝵玉曰獻忠在故公見重公所部多殺掠而閣部猜且專無
獻忠則公滅不久矣㝵玉心動縱之去萬元吉知㝵玉跋扈不可使
勸嗣昌曰賊或東突不可無備宜令前軍躡賊後軍繼之而身從間
道出梓潼扼歸路以俟濟師嗣昌不用辛亥獻忠陷瀘州其地三面
阻江惟立石站可北走元吉以賊居絕地將遣大兵南擣其老巢而
伏兵旁塞玉蟾寺蹙賊北走永川逆擊而盡殄之猛如虎至永川知
縣已遁城中止丞簿一二人如虎覓嚮道不可得夜宿西關空舍及
抵立石賊已先渡南溪返走人龍及趙光遠屯小市廂隔一水不擊
賊賊遂越成都走漢州德陽渡綿河入巴州嗣昌令諸軍躡賊疾追
毋任他逸諸將乃盡從瀘州躡賊後　李自成由湖廣走河南饑民
從之者數萬遂自南陽出攻宜陽殺知縣唐啓泰攻永寧知縣武大
烈主簿魏國輔教諭任維清守備王正己百戶孫世英並不屈死萬
安王采鏗亦被害攻偃師知縣徐日泰大罵而死自成為人高顴深

頞鴟目曷鼻聲如豺性猜忍日殺人斮足剖心爲戲所過民皆保塢壁不下杞縣舉人李信者逆案中尚書精白子也嘗出粟振饑民民德之曰李公子活我會繩伎紅娘子反擄信彊委身焉信逃歸官以爲賊囚獄中紅娘子來救饑民應之共出信盧氏舉人牛金星磨勘被斥私入自成軍爲主謀潛歸事洩坐斬已得末減信金星皆往投自成自成大喜改信名曰巖金星又薦卜者宋獻策獻策長三尺餘上讖記云十八子主神器自成大悅巖因說曰取天下以人心爲本請勿殺人收天下心自成從之屠戮爲減又散所掠財物賑饑民民受饟者不辨巖自成也雜呼曰李公子活我巖復造謠詞曰迎闖王不納糧使兒童歌以相煽從自成者日衆　洪承疇甄別諸將請解劉肇基任代以王廷臣遣左光先還陝西代以白廣恩部議咸從之而請調旁近邊軍合關內外見卒十五萬人備戰守用承疇言師行糧從必芻糧足支一歲然後可議益兵帝然之敕所司速措給徵楊

國桂王樸及密雲總兵官唐通各揀精兵赴援　是年兩畿山東陝
西甘肅旱蝗人相食

明紀卷第五十五

明紀卷第五十六

䘏贈知府銜給雲騎尉世職內閣候補中書孫男克家補纂

莊烈紀五 起崇禎十四年辛巳訖崇禎十五年壬午凡二年

十四年春正月辛巳祈穀於南郊　楊嗣昌知賊必出川親統舟師下雲陽諸將陸行追賊賊折而東返歸路悉空不可復遏總兵官猛如虎所將止六百騎餘皆左良玉部兵驕悍不可制所過肆焚掠惟參將劉士杰勇敢思立功諸軍從良玉多優閒不戰改隸如虎馳逐山谷風雪中咸怨望且爲之謠時賀人龍兵已大譟西歸所恃止如虎萬元吉深憂之賊自巴州走達州己丑官軍追及於開縣之黃陵城日晡雨作諸將疲乏請詰朝戰士杰奮曰四旬逐賊今始及之舍弗擊我不能也執戈先如虎激諸軍繼之士杰所當輒摧陷張獻忠登高而望見無秦人旗幟而良玉兵前部無鬭志獨士杰孤軍乃密選壯騎潛行箐谷中乘高大呼馳下良玉兵先潰士杰及游擊郭開

如虎子先捷並戰死如虎帥親兵力戰部將挾上馬潰圍出旗纛軍
符盡失將士死亡過半嗣昌始悔不用元吉言獻忠席卷出川所至
燒驛舍殺塘卒楚蜀消息中斷嗣昌至夷陵檄艮玉兵使十九返艮
玉撤興房兵趨漢中若相避然　李自成犯河南參政王蔭昌前南
京兵部尚書呂維祺等分門守總兵官王紹禹副將劉見義羅泰各
引兵至福王常洵召紹禹等入賜宴越數日丙申賊大至攻城常洵
出千金募勇士縋而出用矛入賊營賊稍卻夜半紹禹親軍從城上
呼賊相笑諾揮刀殺守堞者燒城樓開北門納賊賊有識維祺者曰
爾非振濟呂尚書乎我能活爾維祺弗應賊擁之去常洵縋城出匿
迎恩寺翌日賊跡而執之遇維祺於道維祺反接望見常洵呼曰王
綱常至重等死耳毋屈膝於賊常洵瞠不語遂遇害賊汋其血雜鹿
醢嘗之名福祿酒維祺見賊渠按其項使跪不屈延頸就刃而死通
判白守文訓導張道脈里居知縣劉芳奕韓金聲推官常克念待詔

郭顯星行人王明舉人來秉衡楊萃荀艮翰等並死之兩承奉伏常
洵尸哭乞收王骨賊義而許之殮畢兩承奉卽自縊死常洵妃鄒氏
及世子由崧脫走懷慶自成發王邸金振饑民火王宮三日不絕時
寶豐知縣朱由械密縣知縣朱敏汀里居太僕寺卿魏持衡等汝州
知州錢徵祚皆以城陷死　始周延儒里居頗從東林游善姚希孟
羅喻義旣陷錢謙益遂仇東林及主會試所取士張溥馬世奇等又
皆東林也後罷歸失勢心內慙而溫體仁張至發薛國觀相繼當國
與楊嗣昌等並以娼嫉稱一時正人鄭三俊劉宗周黃道周等皆得
罪溥等憂之說延儒曰公若再相易前轍可重得賢聲延儒以爲然
溥友吳昌時爲交關近侍馮銓復助爲謀會帝亦思用舊臣二月特
敕召延儒至發賀逢聖至發四疏辭　己酉詔以時事多艱災異疊
見痛自刻責停今歲行刑諸犯俱減等論　撫治鄖陽都御史袁繼
咸聞賊至當陽急謀發兵張獻忠令羅汝才與相持而自以輕騎一

日夜馳三百里殺督師使者於道取其軍符庚戌抵襄陽近郊用二十八騎持軍符先馳呼城門督師調兵守者合符而信入之夜半城中火作賊從中起監軍副使張克儉被執大罵與推官鄺曰廣攝縣事李大覺游擊黎安民死焉知府王承曾遁免初獻忠妻敖氏高氏及其軍師潘獨鼇之被獲也皆繫襄陽獄承曾年少輕佻每夕託問賊中情形與獻忠二妻笑語獄吏又多納賊金禁防盡弛獨鼇等脫桎梏恣飲嗣昌以獻忠飄忽移牒爲戒承曾笑曰是豈能飛至耶及是獨鼇果從獄中起獻忠縛襄王翊銘置堂下屬之酒曰王無罪吾欲斷楊嗣昌頭嗣昌在遠今借王頭俾嗣昌以陷藩伏法王努力盡此酒遂害之焚其屍幷殺貴陽王常法妃妾輩死者四十三人事聞
命所司備喪禮謚翊銘曰忠　戊午李自成攻開封巡撫都御史李仙風時在河北巡按御史高名衡集衆守周王恭枵出庫金五十萬鑲守陴者懸賞格殪一賊予五十金賊穴城守者投以火賊被爇死

不可勝計仙風馳還開封副將陳永福背城而戰斬首二千游擊高謙夾擊斬首七百河內知縣王漢亦燃火金龍口柳林為疑兵遣死士入賊中聲言諸鎮兵來援各數十萬至矣賊聞則驚凡七晝夜乃解去屠密縣　張獻忠陷樊城當陽郟縣乙丑合羅汝才入光州殘商城羅山息縣信陽固始分犯茶山應城商城知縣盛以恆力戰死典史呂維顯教諭曹維正里居故副都御史楊所修副使洪允衡檢討馬剛中教授段增輝信陽知州高孝誌訓導李逢旭程所聞里居知縣張映宿光山典史魏光遠固始巡檢郝瑞日興山典史張達都司徐日曜並死之　帝聞洛陽陷震悼輟朝三日己巳召閣臣九卿科道於乾清宮左室語及福王被害帝泣下范復粹曰此乃天數帝曰雖氣數亦賴人事輓回命駙馬都尉冉興讓給事中葉高標太監王裕民齎帑金振卹河南被難宗室改殯常洵　楊嗣昌在夷陵聞襄陽破驚悸上疏請死下至荆州之沙市朝惠王謁者謝之曰先生

惠顧寡人願先之襄陽會聞洛陽陷嗣昌益憂懼遂不食三月丙子朔自裁　李自成之圍開封也總督保定侍郎楊文岳以衆二萬赴救遣總兵官虎大威副將張德昌先帥五千人渡河會已解圍大威等會李仙風於偃師以兵少未敢擊賊待文岳軍至與賊戰鳴皋鎮大破之仙風與高名衡互訐奏帝以陷福藩罪詔逮仙風擢名衡代之以陳永福充河南總兵官　丙申洪承疇會楊國柱王樸唐通曹變蛟馬科吳三桂遼東總兵官王廷臣山海總兵官白廣恩於寧遠凡兵十三萬馬四萬　丁酉逮鄭崇儉下獄尋棄市

大清兵圍錦州夏四月壬子填壕毀塹以攻之祖大壽拒守　廷臣聞襄陽之變刑部主事雷縯祚劾楊嗣昌六大罪可斬張肯堂請釋嗣昌之權疏入而嗣昌已死帝甚傷悼之己巳傳諭廷臣輔臣二載辛勤一朝畢命然功不掩過其議罪以聞鎬兵部尚書陳新甲三秩視事削左良玉職戴罪平賊自贖逮袁繼咸戍之己未總督三邊侍

郎丁啓睿爲兵部尚書督師討賊仍兼三邊軍務賜劍敕印如嗣昌張獻忠陷隨州知州徐世淳力戰死未幾城復陷判官余塙死之

五月庚辰范復粹致仕　戊子祀地於北郊　九卿議楊嗣昌罪禮部侍郎蔣德璟言嗣昌倡聚斂之議加勦餉練餉致天下民窮財盡胥爲盜又匿失事飾首功宜按仇鸞故事追正其罪帝不從徐允禎等請以失陷城寨律議斬帝傳制曰故輔嗣昌奉命督勦無城守專責乃詐城夜襲之檄嚴飭再三地方若罔聞知及違制陷城專罪督輔非通論且臨戎二載屢著捷功盡瘁隕身勤勞難泯乃昭雪嗣昌罪賜祭葬歸其喪　丁啓睿受命出潼關將由承天赴楊嗣昌軍於荊州湖廣巡按御史汪承詔言大寇在河南荊襄幸息警無煩大軍盡匿漢津船啓睿至五日不得渡折而向鄧州州人閉門詬過內鄉長吏閉之糴軍行荒山間割馬羸燎以野草士啗不得飽時李自成有衆五十萬啓睿憚之聞張獻忠在光山固始間稍弱乃謀於諸

將曰上命我勦豫賊此亦豫賊也開封日告急啓睿以有事獻忠不赴援會陳新甲薦傅宗龍才帝釋宗龍於獄命爲兵部侍郎代啓睿總督陝西三邊軍務啓睿聞三邊已置總督乞帝更己敕書帝乃敕宗龍專辦自成　張獻忠猝至南陽知府顏日愉殺賊中矢死城獲全獻忠假所獲左良玉旗幟以入泌陽知縣王士昌罵賊死已良玉至南陽賊遁去良玉不戢士泌人脫於賊者遇官軍無噍類　錦州被圍久聲援斷絶有卒逸出傳祖大壽語請以車營逼毋輕戰洪承疇等援錦州未發帝召陳新甲問策新甲請與閣臣及戎政侍郎吳甡計之因陳十可憂十可議而遣職方郎中張若麒面商於承疇

六月兩畿山東河南浙江湖廣旱蝗　山東寇李青山等起　李自成走內鄉淅川土賊袁時中衆二十萬總督江北軍務侍郎朱大典帥劉良佐等擊破之時中與羅汝才皆歸自成自成勢益盛楊文岳趨鄧州秋七月己卯自成還攻之文岳帥虎大威三戰皆捷斬其魁

一條龍一隻龍獲首功千餘級賊遁去　張獻忠再攻應山不克去攻鄖陽撫治都御史王永祚以襄陽急移師鎭之副使高斗樞知府徐啓元遣游擊王光恩及其弟光興分扼之戰頻捷光恩者均州降渠也善用其下下亦樂爲之用斗樞察其誠招入城共守斗樞啓元善謀光恩善戰自是賊屢犯之鄖城危而復全　丁啓睿檄左良玉破張獻忠於麻城斬首七百　京師大疫　山西巡按御史陳純德言兵抽練則人失故居無父母妻子之依田園邱壠之戀思歸則逃逢敵則潰抽餘者旣以饟薄而安於無用抽去者又以遠調而不樂爲用伍虛而饟仍在不歸主帥則歸偏裨樂其逃而利其饟凡藉以營求遷秩皆是物也伍虛則無人安望其練饟縻則愈缺安望其充此今日行閒大弊也帝不能用　洪承疇之援錦州也陳新甲請分四道夾攻承疇以兵分力弱意主持重以待帝以爲然而新甲堅執前議張若麒素狂躁見諸軍稍有斬獲謂圍可立解密奏上聞新甲

復移書趣承疇承疇激新甲言又奉密敕遂不敢主前議若麒益趣
諸將進兵壬寅承疇偕巡撫遼東都御史邱民仰帥入鎮兵次松山
去錦州五六里而營楊國柱先至陷伏中八月乙巳
大清兵四面呼降國柱太息語其下曰此吾兒子昔年殉難處也吾
獨爲降將軍乎突圍中矢墮馬卒承疇以故總兵李輔明代之而命
曹變蛟營松山之北乳峯山之西兩山間列七營環以長壕俄我
太宗文皇帝親臨督陳諸將出戰連敗饟道遂絕國柱振從父也
薛國觀遷延久之始逮至帝令待命外邸不以屬吏國觀自謂必不
死辛亥賜國觀死日夕監刑者至門國觀猶鼾睡及聞詔使皆緋衣
蹶然曰吾死矣倉皇取小帽不得取蒼頭帽覆之宣詔畢頓首不能
出聲但言吳昌時殺我乃就縊越兩日始許收殮法司坐其贓九千
沒入田六百畝故宅一區國觀罪不至死帝徒以私憤殺之贓又懸
坐人頗有寃之者　辛酉重建太學成釋奠於先師孔子　張獻忠

拔鄖西掠地至信陽屢勝而驕左良玉從南陽追擊大破之降其衆數萬獻忠傷股乘夜東奔良玉急追會大雨江溢道絶官軍不能進獻忠走免　甲子王樸自松山夜遁唐通馬科吳三桂白廣恩李輔明相繼走自杏山迤南沿海東至塔山爲

大清兵邀擊蹂躪殺溺無算曹變蛟王廷臣聞敗馳至松山與洪承疇固守三桂樸奔據杏山越數日欲走還寧遠至高橋遇伏大敗僅以身免先後喪士卒凡五萬三千七百餘人張若麒自海道遁還自是錦州圍益急而松山亦被圍應援俱絶九月承疇變蛟等盡出城中馬步兵欲突圍出敗還帝聞深以爲憂陳新甲不能救言官請罪若麒新甲力庇之復令出關監軍　甲申周延儒賀逢聖復入閣始延儒被召張溥等以數事要之延儒慨然曰吾當銳意行之以謝諸公及是悉反溫體仁輩弊政首請釋漕糧白糧欠戶蠲民間積逋凡兵殘歲荒地減見年兩稅蘇松常嘉湖諸府大水許以明年夏麥代

漕糧宥戍罪以下皆得還家復詿誤舉人廣取士額及召還言事遷
謫諸臣李清等帝皆忻然從之　辛卯封皇子慈炯爲定王　總督
三邊侍郎傅宗龍之至陝也議括關中兵饟以出屬郡無以應乃檄
李國奇賀人龍兵在河南者隸部下未幾宗龍以川陝兵二萬出關
次新蔡與楊文岳兵會人龍國奇將陝兵虎大威將保兵共結浮橋
東渡汝合兵趨項城李自成羅汝才亦結浮橋於上流將趨汝寧覘
宗龍文岳兵至盡伏精銳於林中陽驅諸賊自浮橋西渡人龍使後
騎覘賊還報曰賊結浮橋西渡向汝矣宗龍文岳夜會諸將於龍口
兩軍並進急走三十里至於孟家莊人龍大威以馬力乏俟詰朝戰
止兵爲營諸軍弛馬甲植戈鍬散行墟落求芻牧賊覘之塵起於林
中伏甲並出搏我兵人龍有馬千騎不戰國奇以麾下兵迎擊之不
勝陝兵保兵俱潰人龍大威奔沈邱國奇從之三帥潰宗龍文岳合
兵屯火燒店賊以步兵攻其營諸軍鳴大礮震死賊百餘日暮賊引

去宗龍軍西北文岳軍東南晝塹而守保兵宵潰有副將挾文岳騎而馳夜奔項城宗龍復分陝兵立營於東南諸將分壁當賊壘文岳奔陳州宗龍檄人龍國奇還兵救不應宗龍曰彼避死宜不來吾豈避死哉語其麾下曰宗龍老矣今日陷賊中當與諸君決一死戰不能效他人卷甲走也召裨校李本實卽文岳壁穿塹築壘以拒賊賊亦穿壕二重以圍之食盡宗龍殺馬騾以享軍馬騾亦盡殺賊取其屍分噉之會營中火藥鉛子矢並盡士卒餘六千宗龍夜半潛勒諸軍突賊營殺千餘人潰圍出諸軍星散宗龍徒步帥諸軍且戰且走壬辰日卓午未至項城八里賊追及之執宗龍呼於門曰秦督親隨官丁也請啓門納秦督宗龍大呼曰我秦督不幸墮賊手左右皆賊耳賊唾宗龍宗龍罵曰我大臣也殺則殺耳豈能爲賊賺城以緩死哉賊抽刀擊宗龍中其腦而仆斲其耳目死地下人龍國奇兵潰歸陝賊遂屠項城分兵屠商水扶溝圍葉縣四面力攻副總兵劉國能

不能支戊戌城陷始國能與自成汝才輩結爲兄弟及歸正自成輩
深恨之至是被執賊猶好謂之曰若我故人也何不降國能瞋目罵
曰我初與若同爲賊今則王臣也何故降賊遂殺之事聞復宗龍兵
部尚書謚忠壯贈國能左都督革文岳職充爲事官戴罪自贖文岳
乃收集散亡與高名衡防杞　張獻忠復出商城將向英山副將王
允成破之望雲寨獻忠兵道散且盡從騎止數十以羅汝才與李自
成合遂投自成自成以部曲遇之不從自成欲殺之汝才諫曰留之
使擾漢南分官軍兵力乃陰與獻忠五百騎使遁去獻忠道糾土賊
一斗穀瓦罐子等衆復盛然猶陽推自成　冬十月癸卯朔日有食
之　詔發水師援遼巡撫天津侍郎李繼貞坐戰艦不具除名　李
自成復攻南陽總兵官劉光祚適經其地唐王聿鏌邀之共守光祚
與猛如虎用計殺賊精卒數千十一月丙子城破如虎持短兵巷戰
大呼衝擊血盈袍袖過唐府門北面叩頭謝上恩自稱力竭爲賊拋

死光祚及參議艾毓初南陽知縣姚運熙主簿門迎恩訓導楊氣開並死之聿鐄亦遇害自成乘勝縱兵連陷十四城舞陽知縣潘宏鄧州知州劉振世吏目李國璽千戶余承蔭李錫鎮平知縣鍾其頎內鄉知縣龔新新野知縣韓醇泌陽知縣姚昌祚典史雷晉暹皆死之督師尚書丁啓睿在許州畏賊偪十二月赴開封離許三十里而城破知州王應翼都司張守正俱死自許以南無堅城兵備僉事李乘雲鄢陵知縣劉振之典史杜邦舉通許知縣費曾謀太康知縣魏令望洧川知縣柴薦禋尉氏知縣楊一鵬新鄭知縣劉孔暉商水知縣王化行洪文衡及長葛典史杜復春臨潁千總賈蔭序皆死事禹州之延津等五郡王亦皆被害曾謀宏之裔也　巡撫陝西都御史汪喬年爲兵部侍郎總督三邊軍務部檄趣出關時關中精銳盡沒於項城喬年曰兵疲饟乏我出如以肉餧虎耳然不可不一出以持中原心乃收散亡調邊卒得馬步三萬人喬年之爲巡撫也奉詔

發李自成先冢邊大綬詗得自成族人爲縣吏者掠之言去縣二百里曰李氏村亂山中十六冢環而葬中其始祖也相傳穴仙人所定壙中有鐵鐙檠曰鐵鐙不滅李氏興大綬如其言發之螻蟻數石火光熒熒然斲棺骨青黑被體黃毛腦後穴大如錢中盤赤蛇長三四寸有角見日而飛高丈許咋咋吞日光者六七反而伏喬年函其顱骨并腊蛇以聞焚其餘雜以穢棄之自成聞嚙齒大恨曰吾必致死於喬年　先是革左二賀陷含巢潛山諸縣欲西合張獻忠以湖廣官兵阻不得達及開封急丁啓睿左良玉皆往援獻忠乘閒陷亳州入英霍山中與革左二賀相見皆大喜獻忠攻桐城挾營將廖應登至城下誘降黃得功周遇吉與劉良佐合兵擊之於鮑家嶺賊敗遁追至潛山禽斬賊將闖世王馬武三鷂子王國興三鷂子獻忠養子最號驍勇者也　薊遼總督侍郎楊繩武督遼東寧遠諸軍出關救松山錦州加銜督師以巡撫山西都御史范志完代繩武繩武尋卒

刑部尚書劉澤深等言解學龍黃道周罪至永戍止矣過此惟論死論死非封疆則貪酷未有以建言者陛下所疑者黨耳黨者見諸行事道周抗疏止託空言一二知交相從罷斥烏覩所爲黨而煩朝廷大法乎仍以原擬請甲子戍學龍道周及葉廷秀道周廣西廷秀福建　張肯堂言今討賊不可謂無人巡撫之外更有撫治總督之上又有督師位號雖殊事權無別今楚自報捷豫自報敗甚至洛陽失守禍中親藩督師職掌安在試問今爲督師者將居中而運以發蹤指示爲功乎抑分賊而辦以焦頭爛額爲事乎今爲秦保二督者將兼顧提封相爲掎角之勢乎抑遇賊追勦專提出境之師乎今爲撫者將一稟督師之令進退惟其指揮乎抑兼視賊勢之急戰守可以擇利乎凡此肯綮一切置不問中樞冥冥而決諸臣潰潰而任至失地喪師中樞糾督撫以自解督撫又互相委以謝愆而疆事不可問矣帝下所司詳議　張溥已卒而復社事猶未竟蔡奕琛繫獄未

知溥卒也訐溥遙握朝柄己罪由溥因言溥結黨亂政詔責溥及張采回奏采奏上先以温體仁張至發薛國觀皆不喜東林故所司不敢覆奏至是周延儒當國事始得解　致仕大學士何如寵卒如寵性孝友操行恬雅與物無競難進易退世尤高之　開封佳麗甲中州士大夫殷富蓄積充牣羣賊心豔之李自成再合羅汝才來攻周王恭枵巡撫都御史高名衡總兵陳永福等拒守

十五年春正月癸未釋孫傳庭於獄命爲兵部侍郎督京軍援開封帝御文華殿問勦賊安民之策傳庭侃侃言帝嗟嘆久之燕勞賞賜甚渥乙酉楊文岳援開封總督三邊侍郎汪喬年帥總兵官賀人龍鄭嘉棟牛成虎出潼關永福射中自成左目礮殪上天龍等自成大怒急攻之自成每攻城不用古梯衝法專取瓴甋得一甎卽歸營臥後者必斬取甎已卽穿穴穴城初僅容一人漸至百十次第傳土以出過三五步留一土柱繫以巨絙穿畢萬人曳絙一呼而柱折城崩

矣名衡於城上鑿橫道聽其下有聲用穢毒灌之賊多死賊乃於城
壞處用放迸法攻之鐵騎數千馳譟伺城頹擁入放迸者實藥甕中
火燃藥發當者輒糜爛開封城故宋汴都金人所重築也厚數丈土
堅緻火發反外擊賊騎多殲自成駭而去會文岳援兵亦至圍乃解
李青山衆數萬據梁山濼遣其黨分據韓莊等八閘劫漕艘陷張
秋東平太監王裕民劉元斌率禁兵會總督河道侍郎張國維討平
之　帝疑羣下東廠太監王德化以慘刻輔之鎮撫梁清宏喬可用
朋比爲惡凡搢紳之門必有數人往來蹤跡故常晏起早闔毋敢偶
語旗校過門如被大盜官爲囊槖均分其利京城中奸細潛入傭夫
販子陰爲流賊所遣無一舉發而高門富豪跼蹐無寧居其徒黠者
恣行請託稍拂其意飛誣立搆摘竿牘片字株連至數十人御史楊
仁愿力言其害又言緹騎不當遣帝爲諭東廠言所緝止謀逆亂倫
其作奸犯科自有司存不宜緝并戒錦衣校尉之橫索者然帝倚廠

衛益甚　二月耕耤田禮部侍郎王錫袞蔣德璟請召還陳子壯顧錫疇倪元璐及故祭酒文安之且乞免黃道周永戍　戊申振山東就撫亂民　先是臨穎爲賊守左良玉破而屠之盡獲賊所擄李自成聞之怒舍開封而攻良玉良玉退保郾城賊圍之急汪喬年偕諸將議曰郾城危在旦夕吾趨郾城賊方銳難與爭鋒吾聞襄城距郾四舍賊老砦咸在吾舍郾而以精銳攻其必應賊必還兵救則郾城解矣郾城解我擊其前良玉乘其背賊可大破也諸將皆曰然乃留步兵火器於洛陽簡精騎萬人兼程進次郟縣襄城諸生李永祺等迎喬年癸丑喬年入襄城令賀人龍鄭嘉棟牛成虎分駐城東四十里偪郾城而軍而自勒兵駐城外丁啓睿楊文岳督虎大威及馮大棟張鵬翼等救郾城合擊賊賊大敗相持十一晝夜俘斬數千賊果解郾城而救襄城賊至人龍等奔入關良玉救亦不至軍大潰喬年歎曰此我死所也帥步卒七千餘入城守賊穴地實火藥攻城喬年

亦穿阱視所鑿以長矛刺之賊礮擊喬年坐纛雉堞盡碎左右環泣請避之喬年怒以足蹴其首曰汝畏死我不畏死也丁巳城陷喬年巷戰殺三賊自剄不殊爲所執大罵賊割其舌磔殺之副將張國欽張一貫黨威李萬慶及監紀同知孫兆祿材官李可從襄城知縣曹思正典史趙鳳豸訓導張信皆死之自成購承祺不得屠其族劓刖諸生劉漢臣等百九十人事聞命孫傳庭總督陝西三邊軍務　總督薊遼侍郎范志完督師出關救松錦松山被圍半年洪承疇等力守外援不至芻糧竭副將夏成德爲內應戊午城破邱民仰曹變蛟王廷臣及兵備道張斗姚恭王之楨副總兵江翥饒勳朱文德參將以下百餘人皆被執死之獨承疇與故總兵祖大樂降張若麒跳從海上還寧遠關門勁旅盡喪事聞帝驚悼甚設壇都城承疇十六民仰六賜祭盡哀官爲營葬錄其一子尋命建祠帝將親祭聞承疇降乃止三月己卯祖大壽以錦州降於我

大清杏山塔山連失京師大震　魏照乘連爲御史徐殿臣劉之勃楊仁愿所劾引疾致仕　壬辰封皇子慈炤爲永王　李自成再敗秦師獲馬二萬降秦兵又數萬威震河雒遂縱兵四出陷西華知縣劉伯驂投井死陷陳州副使關永傑知州侯君耀守備張鷹揚鄉官崔泌之舉人王受爵並戰死睢州太康寧陵考城俱陷故通政使李夢辰知府杜時髦巡撫張維世並不屈死賊犯歸德同知顏則孔推官王世琇經歷徐一源商邱知縣梁以樟教諭夏世英堅守七日侯恂家商邱其子方夏斬關出丙申城陷則孔等並拒賊死以樟創死復甦獲免全家殲焉同死者里居尚書周仕樸郎中沈試主事朱國慶中書侯忻知府沈仔知縣張儒及舉人徐作霖吳伯允等六人諸生吳伯裔張渭劉伯愚等一百十餘人試鯉之孫也其時鄭州知州魯世任知縣鹿邑紀懋勛上蔡許永禧西平高斗魁遂平劉英郟縣李貞佐寶豐張人龍魯山楊呈芳伊陽孔貞璞虞城署縣事主簿孔

亮汝州吏目顧王家皆抗賊死而鄉官舉貢諸生及士民婦女先後盡節者甚衆　孫應元擊賊羅山力戰無援陳沒　夏四月己亥朔改稱左邱明及周敦頤程灝程頤張載朱熹先賢位七十子下漢唐諸儒之上　癸亥李自成復圍開封　張獻忠合革左諸部攻舒城里居編修胡守恆與游擊孔庭訓共守庭訓縱所部淫掠士民多降賊守恆家富而吝鄉里怨之爲悍卒所殺俄城陷獻忠據之改爲得勝州遣其黨分犯旁邑掠民益軍　南京御史米壽圖極論張若麒罪言督臣洪承疇孤軍遠出若麒任意指揮視封疆如兒戲虛報大捷冒功罔上恃鄉人謝陞爲內援陞奸險小人非與若麒駢斬何以慰九廟之靈會廷臣多糾若麒遂下獄論死　初陳新甲以南北交困遣使與
大清議和私言於傅宗龍宗龍出都日以語大學士謝陞陞後見疆事大壞述宗龍之言於帝帝召新甲詰責新甲叩頭謝罪陞進曰儻

肯議和和亦可恃帝默然尋諭新甲密圖之而外廷不知也已給事中倪仁禎方士亮朱徽等謁陛於朝房陛言人主以不用聰明爲高今上太用聰明致天下盡壞又曰款事諸君不必言上意已決諸人退謂陛誹謗君父洩禁中語仁禎與同官廖國遴等交章論之斥陛大不道無人臣禮士亮及他言官繼之疏數十上帝大怒乙丑削陛籍　初賀人龍遇賊襄城不戰走帝大怒欲誅之慮其爲變姑奪職戴罪視事及孫傳庭總督陝西帝授以意人龍駐咸陽虞禍曉夜爲備傳庭以人龍家米脂其宗族多在賊中未可輕發在道陽上疏曰人龍臣舊將願貰其罪俾從臣自效帝亦陽許之人龍稍自安傳庭至陝西密與巡撫張爾忠謀五月己巳朔召人龍計事數其罪斬之其部將周國卿將精卒二百人與同黨魏大亨賀國賢高進庫等將逃還涇陽取其帑與賊爲亂爾忠遣參將孫守法先入涇陽質其妻子國卿窮謀斬大亨等以降爾忠密聞之大亨大亨遂斬國卿函送

其首他部將高傑高汝利賀勇董學禮等十四人俱仍故官一軍乃定　賊騎日抵廬州城下知府鄭履祥通判趙興基經歷鄭元綬合肥知縣潘登貴指揮同知趙之樸里居參政程楷分門守監司蔡如蘅貪戾民不附賊諜滿城中不能知甲戌提學御史徐之垣以試士至張獻忠遣其徒僞爲諸生襲儒冠以入夜半舉礮城中大擾之垣如蘅履祥登貴並縋城走興基元綬之樸力戰死楷不屈死廬州城池高深獻忠屢犯不得志至是以計得之連陷和州含山巢縣無爲六安南京戒嚴時亳州知州何燮靈璧知縣唐良銳霍邱知縣左相申盱眙主簿胡淵皆抗賊死　法司會鞫王樸罪郝晉言六鎮罪同皆宜死吳三桂實遼左主將不戰而逃奈何反加提督陳新甲請獨斬樸勒馬科軍令狀再失機即斬三桂失地應斬念守寧遠功與李輔明白廣恩唐通皆貶秩充爲事官丁亥樸棄市　范志完築五城寧遠城南護轉輸募土著實之又議修覺華島城爲犄角勢帝甚倚

之六月志完易銜欽命督師總督薊遼昌通等處軍務節制登津撫鎮遼事急則移駐中後前屯關內急則星馳入援三協有警則會同薊昌二督并力策應時關內外並建二督而關外加督師銜地望尤尊又於昌平保定設二督於是千里之內有四督臣又有寧遠永平順天密雲天津保定六巡撫寧遠山海中協西協昌平通州天津保定八總兵星羅棊置無地不防而事權反不一　戊申賀逢聖致仕逢聖爲人廉靜束修砥行帝頗事操切逢聖終無所匡言及宴餞便殿賜金賜坐蟒逢聖感激大哭伏地不能起帝亦汍爛動容焉　帝自卽位務抑言官不欲以其言斥免大臣彈章愈多位愈固張四知秉政四載爲給事中馬嘉植御史鄭崑貞曹溶等所劾帝皆不納癸丑始致仕去　甲寅詔天下停刑三年　會推閣臣吏部尚書李日宣等以蔣德璟黃景昉姜曰廣王錫袞倪元璐楊汝成楊觀光李紹賢鄭三俊劉宗周吳甡王道直及刑部左侍郎惠世揚名上大學士

周延儒客戚順者嘗爲浙江巡撫熊奮渭營内召已果擢南京戶部
侍郎工部侍郎宋玫信之順爲玫營推甚力會帝令再推數人玫及
刑部右侍郎徐石麒副都御史房可壯大理寺卿張三模與焉大僚
不獲推者爲流言入内帝深惑之陳演又惡可壯及御史張煊不受
屬因譏於帝帝召日宣及與推諸臣入對石麒獨不赴德璟言邊臣
須久任薊督半載更五人事將益廢弛帝曰不稱當更對曰與其更
於後孰若慎於初帝問天變何由弭對曰莫若拯百姓近加遼饟千
餘萬練饟七百萬民何以堪祖制三協止一督一撫一總兵今增二
督三撫六總兵又設副將六十人權不統一何由制勝帝頷之玫陳
九邊形勢甚辨冀得帝意帝惡其干進叱退之己未命德璟景昉甡
俱禮部尚書兼東閣大學士預機務而以徇情濫舉責日宣等回奏
奏上帝怒不解壬戌復御中左門皇太子及定王永王侍帝召日宣
聲甚厲次召給事中章正宸及煊玫可壯三謨詰其妄舉日宣奏辨

帝曰汝嘗言秉公執法今何事不私正宸言曰宣多游移臣等嘗劾之然推舉事實無所徇曰宣復爲玫等三人解帝命錦衣官提下曰宣等六人並褫冠帶就執時帝怒甚侍臣皆股栗失色德璟景昉甡叩頭辭新命因言臣等並在會推中若諸臣有罪臣等豈能安延儒等亦乞優容帝皆不許遂下曰宣等刑部獄廷臣交章申救不納帝疑其未就獄刻刑部臣三日定讞世揚石麒擬予輕比帝大怒革世揚職鐫石麒二秩郎中以下罪有差御史王漢言枚卜一案曰宣等無私陛下懷疑重其罪刑官莫知所執不聽獄上曰宣正宸煊戍邊玫可壯三謨削籍　周延儒再相馮銓力爲多延儒許復其冠帶銓果以捐資振饑屬撫按題敘延儒擬優旨下部公議大沸延儒患之兵部侍郎馮元飈爲吳甡謀說延儒引甡共爲銓地延儒默援之甡遂得柄用及延儒語銓事甡唯唯退召戶部尚書傅淑訓告以逆案不可翻寢其疏不覆延儒始悟爲甡紿延儒欲起張捷爲南京右都

御史甡力尼之延儒甡各樹黨獨蔣德璟無所比　帝旣誅賀人龍
專倚左良玉辦賊釋侯恂於獄命爲兵部侍郎總督保定山東河南
軍務代楊文岳救開封以恂嘗薦良玉也發帑金十五萬犒良玉營
將士詔御史蘇京監延寧甘固軍趣孫傳庭出關王漢監良玉及援
勦諸軍同恂等急擊御史王燮監陽懷東晉軍刻期渡河所司察文
岳罪狀　鳳陽總督高斗光以失五城逮治王錫袞薦故宣府巡撫
馬士英才初周延儒之赴召也阮大鋮饋金錢求湔擢延儒曰吾此
行謬爲東林所推子名在逆案可乎大鋮沈吟久之曰瑤草何如瑤
草士英別字也延儒許之至是遂起士英兵部侍郎總督盧鳳等處
軍務　甲子祀地於北郊　築壇親祭死事文武大臣　張獻忠陷
廬江習水師於巢河　山西總兵官許定國援開封潰於沁水寧武
兵潰於覃懷河上之兵亦潰詔逮定國開封圍益急帝數切責丁啓
睿啓睿不得已乃偕楊文岳大集左良玉虎大威楊德政方國安四

鎮兵十餘萬秋七月朔會於朱仙鎮賊營西官軍營北啓睿欲戰良玉曰賊鋒銳未可擊也啓睿曰圍已急必擊之諸將皆懼良玉不從己巳夜良玉軍大譟突諸營諸營驚潰良玉軍乘亂掠諸營馬驘以去於是諸營悉奔獨文岳中軍副將姜名武堅壁不動侵晨督麾下血戰殺數百人被執大罵爲賊磔死監軍僉事任棟主事余爵俱陳沒啓睿文岳等奔汝寧賊渡河逐之追奔四百里喪馬驘七千將士數萬啓睿敕書印劍俱失良玉之走李自成戒士卒待其兵過從後擊之官軍幸追者緩疾馳八十里賊已於其前穿塹深廣各二尋環繞百里自成親率衆遮於後良玉兵大亂下馬渡溝僵仆溪谷中趾其顛而過賊從而蹂之軍大敗棄馬驘萬匹器械無算良玉走襄陽事聞帝大怒立誅德政褫啓睿文岳職候勘詔山東總兵官劉澤清援開封已命侯恂拒河圖賊令良玉以兵會之良玉畏自成遷延不至大威之奔汝寧也出攻賊寨中礮死故免於罪　張獻忠復陷六

安盧九德以黃得功劉良佐之兵戰於夾山敗績江南大震　言官劾張若麒者悉及陳新甲新甲屢乞罷皆不從新甲雅有才曉邊事然不能持廉所用多債帥深結中官爲援與王德化尤昵故言路攻之不能入時河南賊勢愈張言官劾新甲者章至數十新甲請罪章亦十餘上帝輒慰留新甲之與

大清議和也遣職方郎中馬紹愉爲使帝與新甲手詔往返者數十皆戒以勿洩外廷漸知之故屢疏爭然不得左驗一日紹瑜以密語報新甲眎之置几上其家僮誤以爲塘報也付之抄傳於是言路譁然方士亮首論之帝愠甚留疏不下已降嚴旨切責新甲令自陳新甲不引罪反自詡其功帝益怒會馬嘉植復劾之遂下新甲獄　八月庚戌安慶兵變殺都指揮徐良憲官軍討定之　賊之復至開封也圍而不攻欲坐困之至是城中食盡高名衡陳永福偕監司梁炳蘇壯吳士講推官黃澍等守益堅劉澤清諸軍並集河北朱家寨不

敢進澤清曰朱家寨去開封八里我以兵五千南渡河而營引水環之以次結八營直達大堤築甬道輸河北之粟以餽城中賊兵已老可一戰走也諸軍皆曰善澤清乃以三千人先渡立營賊攻之戰三晝夜諸軍無繼者甬道不就澤清拔營歸士爭舟多死者　乙丑釋黃道周於戍所復其官道周在途疏謝因請釋解學龍葉廷秀左懋第與御史李悅心復相繼論薦廷秀執政亦稱其賢帝令所司核議道周至京請假去　陳新甲從獄中上書乞宥不許新甲知不免徧行金內外給事中楊枝起廖國遴等爲營救於徐石麒拒不聽周延儒陳演亦於帝前力救且曰國法敵兵不薄城不殺大司馬帝曰他且勿論戮辱我親藩七不甚於薄城耶新甲遂棄市新甲爲楊嗣昌引用其才品心術相似軍書旁午裁答無滯帝初甚倚之晚特惡其洩機事且彰主過故殺之不疑　陳啓新之爲給事中也劉宗周詹爾選楊光先等先後論之帝悉不究然啓新在事所條奏率無關大

計御史王聚奎劾其溺職帝怒謫聚奎以僉都御史李先春議聚奎罰輕奪其職久之御史倫之楷劾啓新請託受賕還鄉驕橫始詔行勘未上而啓新遭母憂給事中姜埰因劾其不忠不孝大奸大詐遂削啓新籍下撫按追贓擬罪啓新逃去不知所之　開封垂陷諭德劉理順建議河北設重臣練敢死士爲後圖疏格不行大學士蔣德璟請馳督諸將戰優詔不允帝屢趣孫傳庭出關傳庭言兵新募不堪用陝西巡按御史金毓峒亦言將驕卒悍未可輕戰不聽傳庭不得已乃出師賊圍開封者三士馬損傷多積憤誓必拔之圍半年師老糧匱欲決黃河灌之以城中子女寶貨猶豫不決聞秦師已東恐諸鎮兵夾擊欲變計會有獻計於巡按御史嚴雲京者請決河以灌賊雲京以語高名衡黃澍名衡澍以爲然城旁羊馬牆周王恭枵募民所築堅厚如高岸而賊營直傳大堤謂河決則賊可盡而城中無虞於是遂鑿朱家寨口賊偵知之移營高阜多具舟筏以待而驅掠

民夫數萬反決馬家口以灌城九月壬午夜半二口並決天大雨連旬黃流驟漲聲聞百里丁夫荷鍤者隨堤漂沒十數萬賊亦沈萬餘人河入自北門貫東南門以出注渦水初城中百萬戶後饑疫死者十二三至是盡沒於水得脫者不及二萬人名衡及陳永福乘小舟至城頭恭枵率宮妃及寧鄉安鄉永壽仁和諸郡王從後山登城樓露棲雨中絕食者七日巡按御史王漢聞之趣諸將自柳園夜半渡河伏兵西岸檄總兵官卜從善等夾攻斬賊九十餘級而後入王燮亦自河北以舟來迎恭枵與諸王始獲免名衡等皆出同知蘇茂均通判彭士奇久餓不能起並溺死大使徐陞閻生白亦死李自成浮艦入城遺民俱盡無所得乃拔營去漢大張旗鼓爲疑兵追賊至朱仙鎮連戰皆捷帝聞開封亡痛悼賜書慰勞恭枵並賜金幣命敘諸臣拒守功加名衡兵部侍郎名衡辭疾歸即以漢代之逮丁啓睿下獄罷侯恂官不能罪左良玉也　辛卯鳳陽總兵官黃得功劉良佐

大破張獻忠於灊山賊腹心婦豎皆盡獻忠走蘄水革左五營北附
李自成　冬十月孫傳庭趨南陽李自成西行逆之傳庭設三覆以
待賊牛成虎將前軍左勷將左鄭嘉棟將右游擊高傑將中軍爲先
鋒成虎陽北以誘賊賊奔入伏中成虎還兵戰傑與董學禮突起翼
之勷嘉棟左右橫擊之賊潰東走斬首千餘追奔六十里辛酉及之
郟縣之冢頭賊棄甲仗軍資於道官軍趨利而囂羅汝才見自成敗
來救繞出官軍後勷與蕭慎鼎望見賊怖而先奔衆軍皆奔自成反
兵乘之遂大潰副將孫枝秀躍馬追賊擊殺數十騎賊兵圍之馳突
不得出與參將黑尙仁俱被執不屈而死覆軍數千材官小將之沒
者七十有八人賊倍獲其所喪馬是役也天大雨糧不至士卒采青
柿以食凍且餒故大敗豫人所謂柿園之役也傳庭走鞏由孟入關
執斬愼鼎罰勷馬二千以其父光先故貸之自成再陷南陽知府邱
懋素闔門死陷登封知縣劉禋不屈死陷新安知縣陳顯元見賊大

殺人叱曰百姓何辜寧殺我賊怒支解之　援汴總兵官劉超跋而
狡憚李自成彊不敢行宿留家中以私憾殺其鄉官魏景琦一家三
十餘人懼罪十一月丁卯據永城反王漢上疏請討語洩超得爲備
庚午發帑振開封被難宗室兵民　張獻忠襲陷太湖知縣楊春
芳典史陳知訓教諭沈鴻起訓導婁懋履並死之　壬申
大清兵自牆子嶺分道入塞京師戒嚴命太僕寺卿王家彥協理戎
政勳臣分守九門太監王承恩督察城守詔舉堪督師大將者戊寅
徵諸鎮入援初方士亮劾薊遼總督張福臻昏庸因言移督師關內
則薊督可裁福臻可罷於是召還福臻令遼東督師侍郎范志完兼
制關內移駐關門志完辭不許求去不許乃疏言不能兼薊請仍設
薊督會趙光抃用薦復官即命任之庚辰
大清兵克薊州分兵四出兵部劾志完疏防廷臣亦言志完貪懦帝
以敵兵未退責令戴罪立功丁亥命光抃兼督諸路援軍給事中周

而淳等六人分督畿輔諸郡城守事己丑志完入援左都御史劉宗周請旌死事盧象昇而追戮誤國奸臣楊嗣昌逮跋扈悍將左良玉防關以備反攻防潞以備透渡防通津臨德以備南下閏月辛丑下詔罪己求直言壬寅

大清兵南下援軍雲集率觀望畿南郡邑多失守志完無謀略恇怯甚不敢一戰惟尾而呵譟兵所到剽擄光抃亦不敢戰尾而南已聞塞上警又驅而北廷臣交章劾其退回高陽坐視列城淪覆時霸州副使趙輝知州丁師羲里居參政李時芃河間參議趙珽知府顏賡明同知姚汝明知縣陳三接鄉官知縣賈太初順德知府吉孔嘉鄉官知府傅梅中書孟魯鉢張鳳鳴定州知州唐鉉趙州知州王端冕教諭陳廣心訓導王一統永清知縣高維岱典史李時正教諭邸養性鄉官劉惟蕙清豐教諭曹一貞訓導董調元鄉官郎中李其紀推官侶鶴舉知縣杜斗愚南樂監生鄭獻書永年鄉官副使申為憲及

而淳皆城破死之山東僉事邢國璽督兵入衞至龍岡猝遇
大清兵戰死　京師方急朝廷不暇討賊李自成悉衆薄汝寧老狪
狪革裏眼左金王等畢會連營五百里前總督保定侍郎楊文岳遣
都司康世德以輕騎偵賊世德走還汝以其步騎五百夜縱火譟而
奔己酉羣賊並至壓汝寧五里而軍監軍僉事孔貞會以川兵屯城
東文岳以保兵屯城西賊兵進攻相持一晝夜川兵潰殺傷數百賊
奪其馬贏悉衆攻保兵保兵漸不支僉事王世琮知府傅汝爲通判
朱國寶縋將士入城副將賈悌參將馮名聖亦挾文岳貞會登城庚
戌賊四面環攻戴扉以陣矢石雲梯堵墻而立城頭矢礮擂石雨集
賊死傷山積而攻不休一鼓百道並登執文岳及世琮國寶悌名聖
於城頭殺汝陽知縣文師頤於城上汝爲聞變赴水死副將甄奇傑
游擊朱崇祖千戶劉肇勳楊紹祖袁永基百戶葉榮蔭張承德李衍
壽閻忠國皆力戰死賊擁文岳等見自成皆大罵賊怒縛之城南三

里舖以大礮擊之洞胸糜骨而死賊屠戮士民數萬焚公私廨舍殆盡執貞會去不知所終世琮嘗討土寇流矢貫耳不爲動時號王鐵耳者也自成以文岳死忠備禮斂之遂拔營走確山信陽泌陽擄崇王由櫍崇世子諸王妃及河南懷安諸王以行時河南被賊尤酷故死事者尤多巡按御史蘇京奉詔錄上凡二百四十九人　丁巳起廢將　周延儒廣引清流言路亦蜂起論事忌者乃造二十四氣之說以指朝士二十四人帝下詔戒諭百官責言路尤至姜埰疑帝入其說言陛下視言官重故責之嚴如聖諭所云代人規卸爲人出缺者臣豈敢謂盡無其事然陛下何所見而云然儻如二十四氣蜚語此必大奸巨憝恐言者不利己而思以中之激至尊之怒箝言官之口耳先是方士亮論密雲巡撫王繼謨不勝任保定參政錢天錫因夤緣楊枝起廖國遴以屬延儒及廷推遂令天錫代之適帝有爲人出缺諭蓋舉廷臣積習告戒之非爲天錫發也埰探之未審謂帝實

指其事帝得疏大怒曰採敢詰問詔旨藐玩特甚立下錦衣獄拷訊鎮撫司以獄詞上帝以採情罪特甚令速按實左降官率驟遷行人司副熊開元頗淹久光祿缺丞開元詣延儒述己困頓狀延儒輒命駕出開元大慍會帝以兵事求言官民陳事者報名會極門即日召見開元欲論延儒遂請見帝召入文昭閣開元請密論軍事帝屏左右獨延儒等在開元不敢言但奏軍事而出越十餘日復請見帝御德政殿秉燭坐開元從延儒等入奏言易稱君不密則失臣臣不密則失身請輔臣暫退延儒等引退者再帝不許開元遂言陛下求治十五年天下日以亂必有其故帝曰其故安在開元言今所謀畫惟兵食寇賊不揣其本而末是圖雖終日夜不寢食求天下治無益也陛下臨御以來輔臣至數十人不過陛下曰賢左右曰賢而已未必諸大夫國人皆曰賢也天子心膂股肱而任之易如此庸人在高位相繼爲奸人禍天殃迄無衰止迨言官發其罪狀誅之斥之已敗壞

不可復救矣帝與詰問久之疑開元有所爲曰爾意有人欲用乎開元辨無有且奏且頰目延儒延儒謝帝曰天下不治皆朕過於卿等何與開元言陛下令大小臣工不時面奏而輔臣在左右誰敢爲異同之論以速禍且昔日輔臣繁刑厚斂屏棄忠良賢人君子攻之今輔臣奉行德意釋纍囚蠲逋賦起廢籍賢人君子皆其所引用偶有不平私慨歎而已帝責開元有私開元辨延儒等亦前爲解開元復請徧召廷臣問以輔臣賢否輔臣心事明諸臣流品亦別陛下若不察將吏狃情面賄賂失地喪師皆得無罪誰復爲陛下捐軀報國者延儒等奏情面不盡無賄賂則無有開元復言敵兵入口四十餘日未聞逮治一督撫帝曰督撫初推人以爲賢數月後即以爲不賢必欲去之而後快邊方與內地不同使人何以展布開元言四方督撫率自監司明日廷推今日傳單其人姓名不列至期吏部出諸袖諸臣唯唯而已既推後言官轉相采訪而其人伎倆亦自露於數月間

故人得而指之非初以爲賢繼以爲不賢也帝命之退延儒等請令補牘從之開元欲盡發延儒罪以其在側不敢言而延儒慮其補牘謀沮之馮元飇及大理寺卿孫晉責開元首輔多引賢者首輔退賢者且盡逐大理寺丞吳履中至亦以開元言爲驟又禮部郎中吳昌時者開元知吳江時所拔士也復致書言之開元乃止述奏辭不更及延儒他事帝方信延儒

大清兵又未退焦勞甚得奏大怒令錦衣衛逮治衛帥駱養性開元鄉人也雅怨延儒次日即以獄上帝益怒曰開元讒譖輔弼必使朕躬孤立於上乃便彼行私必有主使者養性不加刑溺職甚令再嚴訊十二月朔養性嚴刑詰供主謀開元堅不承而盡發延儒之隱養性具以聞帝怒採開元甚密旨下養性令潛斃之獄養性懼以語同官同官曰不見田爾耕許顯純事乎養性乃不敢奉命私以語國遴國遴其鄉人也以語同官曹良直良直即疏劾養性請並誅養性開

元養性大懼帝留良直疏不下會鎮撫再上採獄言掠訊者再供無異詞養性亦封還密旨乃命移刑官定罪方採開元之下詔獄也劉宗周因召見約九卿共救入朝聞密旨置二人死宗周愕然謂衆曰今日當空署爭必改發刑部始已及入對御史楊若橋薦西洋人湯若望善火器請召試宗周曰邊臣不講戰守屯戍之法專恃火器近來陷城破邑豈無火器而然我用之制人人得之亦可制我不見河閒反爲火器所破乎國家大計以法紀爲主大帥跋扈援師逗遛柰何反姑息爲此紛紛無益之舉帝乃令議督撫去留宗周請先去督師范志完且曰十五年來陛下處分未當致有今日敗局不追禍始更絃易轍欲以一切苟且之政補目前罅漏非長治之道也帝變色曰前不可追善後安在宗周曰在陛下開誠布公公天下爲好惡合國人爲用舍進賢才開言路次第與天下更始帝曰目下烽火偪畿甸且國家敗壞已極當如何宗周曰武備必先練兵練兵必先選將

選將必先擇賢督撫擇賢督撫必先吏兵二部得人宋臣曰文官不愛錢武官不惜死則天下太平斯言今日鍼砭也論者但論才望不問操守未有操守不謹而遇事敢前軍士畏威者若徒以議論捷給舉動恢張稱曰才望取爵位則有餘責事功則不足何益成敗哉帝曰濟變之日先才後守宗周曰前人敗壞皆由貪縱使然故以濟變言愈宜先守後才帝曰大將別有才局非徒操守可望成功宗周曰他不具論如范志完操守不謹大將偏裨無不由賄進所以三軍解體由此觀之操守爲主帝色解曰朕已知之敕宗周起時傅淑訓申救埰開元帝不納於是宗周出奏曰陛下方下詔求言姜埰熊開元二臣遽以言得罪國朝無言官下詔獄者有之自二臣始陛下度量卓越妄如臣宗周戇直如臣黃道周尙蒙使過之典二臣何不幸不邀法外恩帝曰道周有學有守非二臣比宗周曰二臣誠不及道周然朝廷待言官有體言可用用之不可置之即有應得之罪亦當付

法司今逮下詔獄終於國體有傷帝怒曰法司錦衣皆刑官何公何私且罪一二言官何遽傷國體有如貪贓壞法欺君罔上皆可不問乎宗周曰錦衣膏粱子弟何知禮義每聽寺人役使即陛下問貪贓壞法欺君罔上亦不可不付法司也帝大怒曰如此偏黨豈堪憲職有間曰開元此疏必有主使疑即宗周僉都御史金光辰爭之帝叱光辰并命議處翌日光辰鐫三級調用宗周革職刑部議罪閣臣持不發捧原旨御前懇救乃免議罪舉人祝淵抗疏救之帝停淵會試旋逮下獄進士共疏出淵天錫既得巡撫御史孫鳳毛發其事劾枝起國遴爲天錫賁緣因言開元面奏實二人主之欲令少詹事邱瑜秉政陳演爲首輔御史李陳玉亦言之帝以開元已下吏不問而責令鳳毛陳奏鳳毛死其子訴寃謂國遴枝起酖殺之國遴枝起天錫並削職下獄士亮又言恐代繼謨者未必勝繼謨繼謨復得留任

大清兵趨曹濮連下山東州縣將吏或遁或降范志完至德州僉事

雷繽祚劾其縱兵淫掠折除軍鑲搆結大黨帝以淫掠事責兵部而令繽祚再陳臨清被圍總兵官劉源清榷關主事陳與言同知路如瀛判官徐應芳吏目陳翔龍鄉官侍郎張宗衡太僕寺卿張振秀員外郎邢泰吉知縣尹任等力守數日援不至城破源清等並死之天津參將賀秉鉞巷戰終日矢盡而死給事中張焜芳道臨清被執死兗州被圍知府鄧藩錫告魯王以派曰列城失守皆由貴家惜金錢而令窶人餓夫守陴夫城郭者我之命也財賄者人之命也我不能畀彼以命而望彼畀我以命乎因力勸以派散積儲以鼓士氣以派不從藩錫與參議王維新推官李昌期滋陽知縣郝芳聲副將丁文明長史俞起蛟鄉官給事中范淑泰等分門死守已力不支城破維新猶力戰被二十一創乃死文明亦戰死藩錫受縛不降被殺以派亦被殺昌期芳聲起蛟淑泰及僉事樊吉人並死之時知縣則萊蕪馮守禮陽信張予卿鄒平宗室朱迴添武城任萬民臨淄文昌時壽

光李耿滕縣吳艮能東阿吳汝宗高苑周啓元教諭訓導則齊東張日新臨淄申周輔鄉官則沂州兵部侍郎高名衡壽張御史王大年曹縣主事楚烟滕縣車駕郎劉宏緒皆城破死之　勤王兵集都下剽掠公行割婦人首報功通州監軍副使馮師孔大怒以其卒抵死給事中熊汝霖言比者外縣難民紛紛入都皆云避兵不云避敵霸州之破敵猶不多殺掠官軍繼至始無孑遺帝惡其中有飲泣地下語讁之外　李自成謀拔襄陽爲根本時左良玉壁樊城大造戰艦驅襄陽一郡人以實軍諸降賊附之有衆二十萬然親軍愛將大半死而降人不奉約束良玉亦漸衰多病不復能與賊角自成乘勝攻良玉良玉退兵南岸結水寨相持以萬人扼淺州賊兵十萬爭渡不能遏己巳自成陷襄陽據之王承祚及知府以下俱遁鄉官知州蔡思縄通判宋大勛死之良玉宵遁引其舟師左步右騎而下奔承天至武昌從楚王華奎乞二十萬人饟曰我爲王保境華奎不應良玉

縱兵大掠火光照江中宗室士民奔竄山谷多爲土寇所害自成分兵徇襄陽屬邑及德安諸州縣而自攻荊門宜城知縣陳美抗罵被磔死訓導田世福亦死之棗陽知縣郭裕擊傷賊多闔門被殺光化知縣萬敬宗鄉官鹽運使韓應龍穀城知縣周建中均州知州胡承熙鄖陽同知劉璇保康知縣萬維壇安陸知縣濮有容夷陵鄉官知州李雲歸州千戶呂調元攝荊門州事同知盧學古學正張郊芳訓導鄭之奇並不屈死自成既破荊門遂向荊州湖南巡撫陳睿謨急渡江入城奉惠王常潤南奔監司以下皆走士民遂開門迎賊湘陰王儼鉀遇害訓導撳君錫不屈死賊大索搢紳尙寶丞張允修員外郞李友蘭並死之允修居正子也常潤之渡湘也遇風於陵陽磯宮人多漂沒僅以身免就吉王慈煃於長沙巡撫湖廣都御史宋一鶴自蘄州趨承天護獻陵陵軍柵木爲城賊積薪燒之煙翳純德山癸巳城穿一鼓而登犯獻陵毀禋殿巡按御史李振聲降賊賊遂攻承

天

明紀卷第五十六

明紀卷第五十七

卹贈知府銜給雲騎尉世職內閣候補中書孫男克家補纂

莊烈紀六 起崇禎十六年癸未訖崇禎十七年甲申三月凡二年

十六年春正月丁酉有以城下賊者城陷一鶴自經留守沈壽崇鍾祥知縣蕭漢俱死之副使張鳳翥創重卒先是良玉軍擾襄樊一鶴疏糾之良玉走承天乞饟於一鶴不許良玉銜之一鶴謀留良玉兵良玉走武昌故及於難賊將發獻陵有聲震山谷懼而止分兵旁掠諸州縣潛江京山雲夢黃陂孝感皆陷攻鄖陽十日不克乃退黃陂知縣夏統春力戰被執指賊魁大罵賊支解之雲夢知縣諶吉臣應城訓導張國勳沔陽同知馬飈皆不屈死飈芳之孫也鄉民多結寨自保賊將白旺連破數十寨應山舉人劉申錫雲夢諸生袁啓觀安陸諸生廖應元竟陵彭大翮以戰守被執死江陵舉人陳萬策李開先爲降賊御史石首喻上猷所薦以被徵自盡孝感鄉官知縣程道

壽以殺賊所置掌旅見殺賊先驅偪漢陽良玉始去居人登蛇山以
望叫呼更生曰左兵過矣自成自號奉天倡義大元帥號羅汝才代
天撫民威德大將軍分其衆曰標營領兵百隊曰先後左右營各領
兵三十餘隊標營白幟黑纛自成獨白鬃大纛銀浮屠左營幟白右
緋前黑後黃纛隨其色五營以序直晝夜次第休息巡徼嚴密逃者
謂之落草磔之收男子十五以上四十以下者爲兵精兵一人主芻
掌械執爨者十人自成軍令不得藏白金過城邑不得處室妻子外
不得攜他婦人寢興悉用單布幕緜甲厚百層矢礮不能入一兵倅
馬三四匹冬則以茵褥藉其蹏剖人腹爲槽以飼馬馬見人輒鋸牙
思噬若虎豹軍止即出校騎射曰站隊夜四鼓蓐食以聽令所過崇
岡峻坂騰馬直上水惟憚黃河若淮泗涇渭則萬衆蹺足馬背或抱
鬣緣尾呼風而渡馬蹏所壅閼水爲不流臨陣列馬三萬名三堵牆
前者反顧後者殺之戰久不勝馬兵陽敗誘官兵步卒長槍三萬擊

刺如飛馬兵回擊無不大勝攻城迎降者不殺守一日殺十之三二日殺十之七三日屠之凡殺人束屍爲燎謂之打亮城將陷步兵萬人環堞下馬兵巡徼無一人得免張獻忠雖至殘忍不逮也諸營校所獲馬騾者上賞弓矢鉛銃者次之幣帛又次之珠玉爲下自成不好酒色脫粟粗糲與其下共甘苦汝才妻妾數十被服紈綺帳下女樂數部厚自奉養自成嘗嗤鄙之汝才衆數十萬用山西舉人吉珪爲謀主自成善攻汝才善戰兩人相須若左右手　張獻忠陷廣濟庚申陷蘄州鄉官僉事李新指揮岳璧不屈死獻忠掠荊王宮伎樂去羅田守將郭金城戰死　巡撫河南都御史王漢入永城聲言招撫爲賊所殺參將陳邦治游擊連光耀父子皆戰死漢爲人負氣愛士人有一長嗟歎之不容口僚屬紳士陳民疾苦或言己過則瞿然下拜用兵與士卒同甘苦人樂爲之死　刑部尚書徐石麒據原詞擬姜埰謫戍熊開元贖徒不復鞫訊帝責以徇情骫法令對狀石麒

援故事對帝大怒奪石麒及郎中劉沂春等三人官逮埰開元至午
門並杖一百埰已死埰弟行人垓口溺灌之乃復蘇仍繫刑部獄吏
部尚書鄭三俊帥同官合疏乞留石麒不聽後戍埰宣州衛開元杭
州　二月乙丑朔日有食之
大清兵攻下海州贛榆沭陽豐縣沭陽知縣劉士璟豐縣知縣劉光
先並死之己巳范志完趙光抃會師於平原言官論志完光抃者益
衆帝猶責志完後效先是萊陽被圍知縣陳顯際與里居主事宋應
亨謀城守應亨及族子故侍郎玫邑人趙士驥出貲治守具城上火
礮矢石並發圍乃解及是
大清兵復至城破顯際應亨玫士驥並死之　李自成之下宛葉克
梁宋也兵強士附有專制心顧獨忌羅汝才乃召汝才所善賀一龍
宴縛之三月庚子晨以二十騎斬汝才於帳中悉兼其衆自成在中
州所略城輒焚毀之及據荊襄改襄陽曰襄京修襄王宮殿居之牛

金星教以創官爵名號大行署置自成無子兄子過及妻弟高一功迭居左右親信用事田見秀劉宗敏爲權將軍李巖賀錦劉希堯等爲制將軍希堯號爭世王者也封崇王由櫎邵陵王在城保寧王紹玘肅寧王術桵皆爲伯以降賊參政張國紳爲上相金星爲左輔來儀爲右弼其餘受僞職者甚衆使一功馮雄守襄陽任繼光守荊州藺養成牛萬才守夷陵王文曜守澧州白旺守安陸蕭雲林守荊門謝應龍守漢川周鳳梧守禹州於是河南湖廣江北諸賊莫不聽命自成令由櫎諭降州縣之未下者不從幷其弟河陽王由材世子慈輝等殺之　壬寅召對廷臣帝隕涕謂大學士吳甡曰卿向歷巖疆可往督湖廣師甡具疏請得精兵三萬自南京趨武昌扼賊南下帝方念湖北覽疏不悅留中甡請面對帝御文昭閣諭以所需兵多猝難集南京隔遠不必退守甡奏左良玉跋扈甚楊嗣昌九檄徵兵一旅不發臣不如嗣昌而良玉踞江漢甚於曩時臣節制不行徒損威

重南京從襄陽順流下窺伺甚易宜兼顧非退守陳演言督師出則
督撫兵皆其兵甡言臣請兵正爲督撫無兵耳使臣束手待賊事機
一失有不忍言者帝乃令兵部速議發兵尚書張國維請以唐通馬
科及京營兵共一萬畀甡又言此兵方北征俟敵退始可調帝命姑
俟之甡屢請帝曰徐之敵退兵自集卿獨往何益　張獻忠陷蘄水
訓導童天申死之丁未陷武岡岷王企鏗遇害黃州城南門哭五日
夜衆知禍必至傾城走婦女多不及行丁巳獻忠破黃岡知縣孫自
一縣丞吳文爕里居副使樊維城指揮郭以重諸生易道暹並死之
維城玉衡子也賊驅婦女剷城稍緩輒斷其腕血淋漓土石間三日
而城平復殺之以塡塹焉初蘄州破副使許文岐被執獻忠聞其名
不殺縶之後營時舉人奚鼎鉉等數十人同縶文岐密謂曰觀賊老
營多烏合凡此數萬卒皆被掠良民若告以大義同心協力賊可殲
也於是陰相結期四月起事以柳圈爲信謀洩獻忠索之果得柳圈

縛文岐斬之將死語人曰吾所以不死者志滅賊耳今事不成天也
含笑而死　左良玉潰兵數十萬艨艟蔽江而下時降將叛卒率假
良玉軍號恣剽掠蘄州守將王允成爲亂首破建德劫池陽去蕪湖
四十里泊舟三山荻港漕艘鹽船盡奪以載兵聲言諸將寄帑南京
請以親信三千人與俱留都諸文武官及操江都御史至陳師江上
爲守禦士民一夕數徙商旅不行會南京都御史李邦華被召抵九
江歎曰中原安靜土東南一角耳身爲大臣忍坐視決裂袖手局外
而去乎乃停舟草檄告良玉責以大義良玉氣沮答書語頗恭邦華
用便宜令安慶巡撫發九江庫銀十五萬補六月糧而身入其軍開
誠慰勞良玉及其下皆感激誓殺賊報國一軍乃定邦華入見帝諭
良玉潰兵之罪請歸罪於允成帝令良玉誅之良玉卒留允成軍中
不誅也
大清兵自山東還至近畿范志完趙光抃終不敢戰帝憂甚吳甡方

奉命辦流寇周延儒不得已夏四月丁卯自請督師帝大喜降手敕
奬以召虎裴度賜章服白金文綺上駟給金帛賞軍延儒既出駐通
州不敢戰惟與幕下客飲酒娛樂而日騰章奏捷帝輒賜璽書褒勵
大清兵北旋張國維檄光抃集唐通白廣恩等八鎮兵邀於螺山辛
巳大戰通等皆敗走總兵官張登科和應薦陳沒帝解國維職尋下
之獄　設九江總督以袁繼咸爲之從檢討汪偉之請也　河南凡
八郡三在河北自六年蹂躪後賊未再犯其南五郡十一州七十三
縣靡不殘破有再破三破者城郭邱墟人民百不存一朝廷亦不復
設官間有設者不敢至其地遙寄治他所其遺黎僅存者率結山寨
自保多者數千人小者數百最大者洛陽則李際遇汝寧則沈萬登
南陽則蕭應訓劉洪起兄弟各擁衆數萬而諸小寨悉歸之或附賊
或受朝命陰陽觀望其後諸人自相吞併中原禍亂於是爲極帝特
下詔蠲五郡賦三年諭諸人赦其罪斬僞官者授職捕賊徒者賚金

復城獻俘者不次擢用然事已不可爲矣　總督盧鳳侍郎馬士英
及陳永福盧九德討劉超永城連戰屢挫賊築長圍困之超故與士
英相識緣舊好乞降士英陽許之超出見不肯去佩刀士英笑曰若
既歸朝安用此手解其刀已潛去其親信遂縛之獻俘於朝磔死
張獻忠犯漢陽參將崔文榮自武昌渡江襲斬六百級五月癸巳朔
漢陽陷　周延儒偵
大清兵去乃言敵退請下兵部議將吏功罪壬寅延儒還朝繳敕諭
帝令藏貯以識勳勞論功加太師廕子中書舍人賜銀幣蟒服延儒
辭太師許之　丙午修撰魏藻德爲少詹事兼東閣大學士預機務
修撰超拜大學士前此未有也陳演見帝遇之厚曲相比附藻德居
位一無建白但議令百官捐助而已　趙光抃請帝召白廣恩爲武
經略廣恩以帝頻戮大將己又多過懼不敢至假索鑲名頓真定吳
甡密請帝嚴旨逮治而已力救帥之勳寇廣恩感甚無何帝遣中官

齎二萬金犒其軍且諭以溫旨廣恩遂驕不爲盡用大掠臨洺關徑歸陝西部所撥唐通兵陳演又請留云關門不可無備盡不得已遂辭朝先一日出勞從騎帝猶命中官賜銀牌給賞越宿忽下詔責其逗遛命輟行入直盡惶恐兩疏引罪戊申許致仕周延儒之督師也朝受命夕啓行蔣德璟謂兵部侍郎倪元璐曰上欲吳公速行緩言相慰者試之耳觀首輔疾趨可見盡卒遲回不肯行旣去官演及駱養性交構之帝益怒　初周延儒言老成名德不可輕棄於是鄭三俊劉宗周范景文倪元璐皆起自廢籍李邦華張國維徐石麒金光辰等布滿九列贈已故文震孟姚希孟等官中外翕然稱賢帝尊禮延儒特重嘗於歲首日東向揖之曰朕以天下聽先生因徧及諸閣臣然延儒實庸懦無材略且性貪當邊境喪師流賊勢張天下大亂延儒一無所謀畫用侯恂范志完督師皆僨事延儒無憂色而門下客董廷獻等因緣爲奸利又信用文選郎中吳昌時及給事中曾應

遴曹艮直廖國遴楊枝起聾熊開元姜埰廷杖下詔獄宗周光辰石
麒等罷延儒皆弗救朝議皆以咎延儒初延儒奏罷廠衛緝事都人
大悅朝士不肖者因通賂遺而廠衛以失權胥怨延儒又傲陳演演
銜次骨延儒薦駱養性掌錦衣衞養性狡狠背延儒與中官結刺延
儒陰事至是養性及中官盡發所刺延儒軍中事帝乃大怒諭府部
諸臣責延儒蒙蔽推諉事多不忍言令從公察議演等公揭救之延
儒席藁待罪自請戍邊丁巳帝許馳驛歸賜路費百金及廷臣議上
帝復諭延儒功多罪少令免議　鄭三俊端嚴清亮正色立朝其長
吏部先後奏罷不職司官數人銓曹悉稟稟大僚缺官三俊數引用
賢士之廢斥者舉天下賢能監司張有譽侯峒曾馮師孔方岳貢等
五人天下廉能知縣夏允彝等七人人皆以爲當先是文選郎中缺
吳昌時方官禮部欲得之周延儒力薦於帝且以屬三俊他輔臣及
言官亦多稱其賢三俊遂請用昌時以他部調選郎前此未有也會

昌時以年例出給事御史十人於外言路大譁劾昌時桼制弄權連
章力攻幷詆三俊三俊乞休詔許乘傳歸　孫傳庭兼督河南四川
軍務　高斗樞召游擊劉調元入城旬日間殺賊三千餘李自成自
將來攻卒不克而去時湖南北十四郡皆陷獨鄖陽猶在自王永祚
被逮連命李乾德郭景昌代之路絕不能至中朝謂鄖已陷不復設
撫治及是斗樞上疏請兵始知鄖存衆議卽任斗樞而陳演與之有
隙乃超擢徐啓元僉都御史任之　漢陽旣陷武昌震懼湖廣新任
巡撫王聚奎未至武昌素不宿重兵城空虛或擬撤江上兵以守崔
文榮曰守城不如守江團風煠炭鴨蛋諸洲淺不及馬腹縱之飛渡
而坐守孤城非算也當事不從賊果從團風渡江陷武昌縣縣無人
賊出營樊口文榮軍洪山寺扼之已斂兵入城以他將代守賊全軍
由鴨蛋洲畢渡抵洪山守將亦退入城文榮以武勝門當賊衝偕致
仕大學士賀逢聖協守賊攻之不能下參政王揚基時已擢僉都御

史巡撫承天德安二郡未聞命尚駐武昌見勢急與推官傅上瑞詭言有事漢陽開門遁去人情益洶洶先是楚王華奎募兵自衞以張其在爲帥應募者率蘄黃潰卒及賊閒諜賊既至其在爲內應壬戌開門納賊文棨方鬭還闔城門不及躍馬大呼殺三人賊攢槊刺之洞胸死逢聖被執叱曰吾朝廷大臣若曹敢無禮賊麾之去遂投河死攝江夏縣長史徐學顏格鬭不屈爲賊支解逢聖學顏家死者俱二十餘人通判李毓英武昌知縣鄒逢吉皆死經歷汪文熙巡檢戴良瑄俱不屈腰斬都司朱士鼎賊欲大用之大罵不屈賊斷其兩手黃陂縣丞薛聞禮禦賊見殺諸生馮雲路熊罷明睿尹如翁亦死焉

六月癸亥朔詔免直省殘破州縣三饟及一切常賦二年　進孫傳庭兵部尚書改稱督師加督山西湖廣貴州及江南北軍務賜尚方劍進高傑副總兵與白廣恩爲軍鋒廣恩鷙驁素不奉約束而傑尤凶暴帝以傑爲李自成所切齒故命並隸傳庭辦賊　帝之令雷

纘祚再奏范志完也纘祚以志完周延儒門生意有所忌久不奏及
延儒下廷議纘祚乃言志完與工部尚書范景文諭德方拱乾給事
中朱徽沈允培袁彭年等爲黨兩載僉事驟涉督師延儒罔利曲庇
稱功頌德徧於班聯至中樞主計他乾沒無論請鑲有饋天下共知
疏入命議張國維及故戸部尚書李待問傅淑訓戸兵二科給事中
荆永祚沈迅張嘉言罪而召纘祚陛見纘祚至京入對詆志完而稱
趙光抃己卯逮志完并逮光抃駙馬都尉鞏永固疏救光抃不聽
丙戌雷震奉先殿獸吻敕修省　張獻忠執楚王華奎籠而沉諸江
盡殺楚宗室錄男子二十以下十五以上爲兵餘皆殺之由鸚鵡洲
至道士洑浮胔蔽江踰月人脂厚累寸魚鼈不可食獻忠遂僭號改
武昌曰天授府江夏曰上江縣據楚王第鑄西王之寶僞設尚書都
督巡撫等官開科取士以興國州柯陳二姓土官悍勇招降之發楚
邸金振饑民蘄黃等二十一州縣悉附嘉魚知縣王良鑑蒲圻知縣

曾樴俱死事左良玉留安慶坐視不救總督江西湖廣應天安慶侍郎袁繼咸遇良玉於蕪湖激以忠義良玉乃徐溯九江而上時長沙大震承天巡撫王揚基帥所部千人自岳州奔長沙推官蔡道憲請還駐岳州曰岳與長沙脣齒也并力守岳則長沙可保而衡永無虞揚基曰岳非我屬也道憲曰棄北守南猶不失爲楚地若南北俱棄所屬地安在揚基語塞乃赴岳州湖廣巡撫王聚奎遠駐袁州憚賊不敢進道憲亦請移岳聚奎不得已至岳數日卽徙長沙道憲曰賊去岳遠可繕城以守彼犯岳猶憚長沙援若棄岳長沙安能獨全聚奎不從　秋七月由崧襲封福王　丁酉帝親鞫范志完於中左門召雷縯祚方拱乾廷質問志完逗遛淫掠狀志完辨拱乾亦爲辨問御史吳履中對如縯祚言問縯祚稱功頌德者誰對曰延儒招權納賄如起廢清獄蠲租皆自居爲功考選臺諫盡收門下凡求總兵巡撫者必先賄幕客董廷獻帝怒下志完獄而逮廷獻　周延儒既去

給事中郝絅疏請除奸以指延儒帝不聽已而御史蔣拱宸劾吳昌時贓私巨萬亦牽連延儒而中言昌時通中官李端王裕民漏洩機密重賄入手輒預揣溫旨告人曹良直亦劾延儒十大罪帝怒甚乙卯親鞫昌時於中左門折其脛無所承怒不解拱宸面訐其通內帝察之有跡乃下昌時獄論死魏藻德薛國觀門人也恨昌時甚因與陳演共排延儒駱養性復騰蜚語帝遂命盡削延儒職遣緹騎逮之方帝鞫昌時作色曰兩輔臣負朕朕待延儒厚乃納賄行私罔知國法命吳甡督師百方延緩爲委卸地延儒被糾甡何獨無既而曰朕雖言終必無糾者令錦衣衛宣甡入都候旨已敕法司議罪　己未戒廷臣私謁閣臣　京師自二月至於是月大疫詔釋輕犯發帑療治瘞五城暴骸　李自成據河南湖北十餘郡既殺羅汝才賀一龍又襲殺藺養成奪馬守應兵擊殺袁時中於杞縣遣使賀張獻忠於武昌且脅之曰老𤞑𤞑已降曹操輩誅死行及汝矣獻忠大懼會左

良玉兵西上僞官吏多被禽殺獻忠乃悉衆趨岳州時十三家七十二營諸大賊降死殆盡惟自成獻忠存而自成獨勁遂自稱曰新順王集牛金星等議兵所向金星請先取河北直走京師楊永裕請下金陵斷燕都饟道從事顧君恩曰金陵居下流事雖濟失之緩直走京師不勝退安所歸失之急關中大王桑梓邦也百二山河得天下三分之二宜先取之建立基業然後旁略三邊資其兵力攻取山西後向京師庶幾進戰退守萬全無失自成從之決策西向孫傳庭之敗於柿園而歸陝也大治兵制火車二萬輛益募壯士使白廣恩高傑將欲俟賊饑而擊之而關中頻歲饑駐大軍饟乏士大夫厭苦傳庭所爲用法嚴不樂其在秦相與譁於朝曰秦督玩寇又危語恫脅之曰秦督不出關收者至矣兵部尚書馮元飈謂不可輕戰廷臣多言不戰則賊益張兵久易懦元飈謂將士習懦未經行陳宜致賊而不宜致於賊乃於帝前爭之曰請先下臣獄俟一戰而勝斬臣謝之

又貽書傳庭戒毋輕鬬白高兩將不可任禮部侍郎邱瑜亦言傳庭出關安危所系慎勿促之輕出俾鎮定關中猶可號召諸將相機進勦帝不從趣戰益急傳庭頓足嘆曰奈何乎吾固知往而不返也然大丈夫豈能再對獄吏乎不得已遂議出師聞自成憚潼關天險將自淅川龍車寨間道入陝西乃令巡撫馮師孔率四川甘肅兵駐商雒爲犄角牛成虎盧光祖爲前鋒由靈寶入洛高傑爲中軍檄白廣恩統火車營從新安來會左良玉赴汝寧夾擊陳永福守新灘已前鋒敗賊澠池　八月壬戌朔左良玉及方國安毛憲文馬進忠王允成等復武昌而監軍道王瓚沔陽知州章曠武昌生員程天一白雲寨長易道三皆起兵討賊蘄黃漢陽三府亦皆反正良玉乃入武昌立軍府招徠楚下流始定時張獻忠已陷咸寧蒲圻巡撫湖南都御史李乾德總兵官孔希貴等據陳陵磯拒戰三戰三克殲其前部獻忠怒百道並進乾德等不支皆走長沙丙寅獻忠陷岳州獻忠欲渡

洞庭湖卜於神不吉投珓而詬將渡風大作獻忠怒連巨舟千艘載婦女焚之水光夜如晝騎而偪長沙巡按御史劉熙祚令蔡道憲親將所練壯丁五千總兵官尹先民副將何一德督萬人扼守羅塘河王聚奎聞賊偪大懼撤兵還城道憲曰去長沙六十里有險可柵以守毋使賊踰此聚奎不從時知府堵胤錫入覲未返通判周二南攝攸縣事城中文武無幾甲申賊薄城士民盡竄聚奎詭出戰遽率潰將孔全彬黃朝宣張先璧等走湘潭熙祚奉吉王慈煃惠王常潤奔衡州乾德亦走道憲獨拒守賊繞城呼曰軍中久知蔡推官名速降毋自苦道憲命守卒射之斃丙戌先民出戰敗還賊奪門入先民降道憲被執賊啗以官嚙齒大罵釋其縛延之上坐罵如故賊曰汝不降將盡殺百姓道憲大哭曰願速殺我毋害我民賊知終不可奪磔之健卒林國俊等九人隨道憲不去賊令說道憲降國俊曰吾主畏死去矣不至今日賊曰爾主不降爾輩亦不得活國俊曰我輩畏死

亦去矣不至今日賊并殺之四卒奮然曰願瘞主屍而死賊許之乃解衣裹道憲骸瘞之南郊遂自刎道憲時年二十九後贈太常寺少卿諡忠烈衡州桂王常瀛封地也聚奎兵至大焚劫常瀛慈炷常潤皆登舟避亂熙祚單騎走永州爲城守計聚奎復走祁陽乾德及監司以下皆遁士民奔竄衡陽知縣張鵬翼獨守空城庚寅賊至即陷之脅使降鵬翼戟髯詬詈賊縛而投諸江常瀛等俱走永州時攝巴陵縣教諭歐陽顯宇臨湘知縣林不息湘陰知縣楊開攝醴陵縣縣丞賴萬耀攝寧鄉縣照磨莫可及衡山知縣董我前教諭彭允中攝武陵縣教授蔣乾亨及長沙舉人馮一第耒陽諸生謝如珂皆死事賊破澧州參政周鳳岐罵賊死參議陳璸往救被執不屈死其他文武將吏非逃則降　督師兵部尚書孫傳庭出潼關次閿鄉李自成盡發荊襄兵會於汜水滎澤伐竹結筏人佩三葫蘆謀渡河傳庭分兵防禦師次陝州檄河南諸軍渡河進勦　改西法爲大統曆通行

天下　九月丙申張獻忠陷寶慶　南京操江故設文武二員帝欲
裁去文臣專任劉孔昭惠世揚拜副都御史遲久不至帝命削其籍
黄景昉具揭爭帝不悅己亥景昉致仕歸　初周延儒患言者攻己
獨念王應熊剛狠可藉以制之力言於帝遣行人召應熊已而給事
中龔鼎孳密疏言延儒起應熊以政本重地私相引援是延儒雖去
猶未去天下事何堪再誤帝留疏未下及延儒被逮知帝怒甚宿留
道中冀應熊先入爲請一日帝顧中官曰延儒何久不至對曰需王
應熊先入耳應熊至宿朝房請入對不許請歸田許之應熊慚沮而
返　孫傳庭師次汝州僞都尉四天王李養純降養純言諸賊老營
在唐縣僞將吏屯寶豐李自成精銳盡聚於襄城辛丑破賊寶豐斬
僞州牧陳可新等遂擣唐縣殺賊家口殆盡賊滿營哭傳庭進次郟
縣自成率萬騎還戰禽其僞果毅將軍謝君友斫賊坐纛尾自成幾
獲賊大敗奔襄城官軍進偪襄城賊懼謀降自成曰無畏我殺王焚

陵罪大矣姑決一死戰不勝則殺我而降未晚也官軍時皆露宿與
賊持會天大雨道濘糧車不進士饑攻郟縣破之獲馬羸噉之立盡
雨七日夜不止後軍譁於汝州降將李際遇通賊自成率精騎大至
而遺輕騎出汝州要截糧道傳庭以乏食引退分軍三命白廣恩從
大道還高傑隨己從閒道迎糧留陳永福守營爲後拒前軍既移後
軍亂永福斬之不能止壬子賊追及之南陽傳庭問計於諸將傑請
戰廣恩不可傳庭以廣恩爲怯廣恩不懌引所部遁去官軍還戰陷
伏中賊陳五重饑民處外次步卒次馬軍又次驍騎老營家口處內
官軍破其三重賊驍騎殊死鬬我師陳稍動廣恩軍將火車者呼曰
師敗矣脫輓輅而奔傑登嶺上望之曰不可支矣麾衆走騎兵亦大
奔火車傾輈塞道馬絓於衡不得前賊縱鐵騎淩而騰之步賊手白
棓遮擊中者首兜鍪俱碎自成空壁追一日夜官軍奔四百里至於
孟津死者四萬餘人失亡兵器輜重數十萬傳庭坐纛爲賊獲廣恩

走汝州不救初自成陷宜城邱瑜父民忠駡賊死瑜子之陶年少有
幹略被獲自成用爲兵政府從事尋以本府侍郎守襄陽襄陽尹牛
佺賊相金星子其倚任不如也之陶以蠟丸書貽傳庭曰督師與之
戰吾詭言左鎮兵大至搖其心彼必返顧督師擊其後吾從中起賊
可滅也傳庭大喜報書如其言爲賊邏者所得傳庭恃內應連營前
進之陶果舉火報左兵大至自成驗得其詐召而示以傳庭書責其
負己之陶大駡曰吾恨不斬汝萬段豈從汝反耶賊怒支解之傳庭
既大敗傑隨之走垣曲由閿鄉渡河轉入潼關廣恩已先至　張獻
忠拆桂府材載至長沙造僞殿而自追三王於永州永州士民空城
逃三王至王聚奎繼至越日孔全彬等亦至劫庫金去劉熙祚遣部
將奉三王走廣西而己返永州拒守是月城陷賊騎追執熙祚赴衡
獻忠踞桂王宮叱令跪熙祚不屈賊羣毆之自殿墀曳至端禮門膚
盡裂使尹先民說之終不變遂殺之事聞贈太常寺少卿諡忠毅賊

攻道州守備沈至緒戰沒其女雲英年十七再戰奪父屍還城獲全
是月鳳陽地屢震　冬十月辛酉朔享太廟　命有司以贖鍰充
饟　孫傳庭之敗也詔加白廣恩蕩寇將軍緣道收潰卒以保潼關
李自成乘勝攻之廣恩力戰高傑以郟縣之敗廣恩不救己亦擁衆
不救廣恩廣恩戰敗丙寅自成破潼關傳庭與監軍副使喬遷高躍
馬大呼而沒於陳僉事楊王休降教授許嗣復詈賊死廣恩西奔固
原傑北走延安傳庭時年五十一屍竟不可得初傳庭之出師也自
分必死顧語繼妻張曰爾若何曰丈夫報國耳毋憂我後西安破張
帥二女三妾沈於井或言傳庭未死者帝疑之故不予贈廕賊連破
華陰渭南華州臨潼戊辰居商州進攻西安巡撫都御史馮師孔整
衆守壬申守將王根子開門納賊城陷師孔及按察使黄絅長安知
縣吳從義指揮崔爾達俱投井死秦府長史章尚絅自經布政使陸
之祺里居郎中宋企郊僉事鞏焴俱降賊賊大掠三日乃下令禁止

秦王存樞被執其妃劉氏死之自成處存樞宮署置百官以存樞爲權將軍永壽王誼㑭爲制將軍改西安曰長安稱西京賜顧君恩女樂一部賞入關策也先是戶部尚書倪元璐言天下諸藩孰與秦晉秦晉山險用武國也請諭二王以勦賊保秦責秦王以遏賊不入責晉王王能殺賊假王以大將軍權不能殺賊悉輸王所有饟軍與其費盜賊平益封王各一子如親王以報之疏入不報至是果悉爲賊有焉時屬邑望風降咸陽知縣趙躋昌渭南知縣楊暄訓導蔡其城商州參議黃世清蒲城知縣朱一統縣丞姚啓崇白水知縣宗室朱迥滸教諭魏歲史訓導劉進城固知縣司五教中部知縣宗室朱新鏷皆死事鄉官三原則巡撫焦源清焦源溥涇陽則僉事王徵耀州則太常寺卿宋師襄富平則參政田時震侍郎朱國棟父崇德咸寧則副使祝萬齡通判寶光儀知縣徐芳聲長安則知縣徐方敬舉人宗室朱誼罙及席增光蒲城則御史王道純城固則參政張鳳翮皆

城破死節自成大發民修長安城開馳道每三日親赴教場校射百姓望見黃龍纛輒伏地呼萬歲諸將白廣恩高汝利左光先梁甫先後皆降陳永福以先射中自成目保山巔不肯下自成折箭爲誓招之亦降惟高傑爲李過所追走宜川渡入蒲津以守　張獻忠陷常德發故大學士楊嗣昌七世祖墓焚嗣昌夫婦柩斬其屍見血時獻忠已遣別賊東陷袁州左良玉命副將吳學禮援之江西巡撫郭都賢惡學禮淫掠檄歸之而自募土人爲戍守丁丑賊陷吉安連陷永新安福廣東分巡南韶副使王孫蘭以連州守將據城叛賊所設僞官傳檄將至自縊死　高斗樞令王光恩復均州劉調元下光化躬帥將士復穀城將襲襄陽聞孫傳庭敗旋師均州復爲賊有

大清兵薄寧遠李輔明馳援軍敗猶力戰沒於陳　潼關陷帝召問大臣陳演言賊入關中必戀子女玉帛猶虎在陷穽兵部侍郎余應桂叱之曰壯士健馬咸出關西賊得之必長驅橫行大臣安得面謾

演股栗失色十一月命應桂兼右僉都御史總督三邊收邊兵勦賊應桂以無兵無饟入見帝而泣帝但遣京軍千人護行給御用銀萬兩銀花四百銀牌三百蟒幣二百雜幣倍之爲軍前賞功之用而已馮元飈以病去薦李邦華史可法自代帝不用用都給事中張縉彥代之　李自成遣李過以精卒數萬徇三邊甲午陷延安尋陷綏德　自成詣米脂祭墓向爲官軍所發焚棄遺骴築土封之求其宗人贈金封爵以去鳳翔不下典史董尙質開門迎賊知府唐時明被執賊說降不從乘間自縊賊屠其城攝隴州同知薛應玢寶雞知縣唐夢琨城陷死之始自成入陝西自謂故鄉毋有侵暴未一月抄掠如故又以士大夫必不附己悉索諸搢紳榜掠徵其金死者瘞一穴責渭南南氏饟百六十萬尙書南仲企年八十三矣遇害子主事居業族子尙書居益賊誘之降不從加炮烙終不屈絶食而死有小吏邸從周者長不及三尺乘醉罵自成曰若一小民無賴妄踞王府將

僭僞號而所爲暴虐若此何能久賊怒斫殺之　壬寅祀天於南郊
辛亥吏部侍郎李建泰副都御史方岳貢並兼東閣大學士預機
務故事閣臣無帶御史銜者自岳貢始岳貢本吏材及爲相務句檢
簿書請覈赦前舊賦意主搜括聲名甚損　癸丑范志完趙光抃棄
市時失事甚於前誅止士完光抃及永平順天巡撫馬成名潘永圖
總兵官薛敏忠副將柏永鎮其他悉置不問而保定巡撫楊進得善
去山東巡撫王永吉反獲遷擢焉　戍吳甡於金齒　李過所至風
靡傳檄榆林招降總兵官王定懼帥所部精兵棄城走時巡撫張鳳
翼未至城中士馬單弱人心洶洶布政使都任急集軍民慷慨流涕
諭以大義與督鑲員外郎王家錄副將惠顯參將劉廷傑及在籍總
兵官尤世威尤世祿王世欽王世國侯世祿世祿子拱極王學書鎮
番李昌齡等數十人議城守衆推世威爲主帥無何賊遣使說降任
斬以徇廷傑大呼曰長安雖破三邊如故賊皆中州子弟殺其父兄

而驅之戰必非所願榆林天下勁兵一戰奪其氣然後約寧夏固原爲三師迭進賊可平也衆然其言乃歃血誓師簡卒乘繕甲仗各出私財佐軍守具未備賊大衆圍至月望城被圍廷傑募死士乞師套部師將至賊分兵卻之攻城甚力官軍亦力戰殺賊無算男子皆乘城家祿令婦人運水灌城冰厚數寸賊不能克益衆來攻起飛樓偪城中矢石交至世威等戰益厲守七晝夜賊乃穴城置大礮轟之丁巳城陷世威等猶督衆巷戰婦人豎子亦發屋瓦擊賊賊屍相枕藉既而力不支任家錄死之尤世祿侯世祿拱極學書俱不屈死學書保子也賊怒廷傑句套部磔之廷傑弟廷魁收兄屍而死游擊傅德潘國臣李國奇晏維新陳二典劉芳馨文侯國都司郭遇吉中軍楊正韓柳永年馬應舉旗鼓文經國守備尤勉惠漸賀大雷楊以煒指揮李文焜李文燦皆死事里居副總兵尤翟文楊明張發王永祚參將李應孝指揮黃廷政與弟千戶廷用百戶廷弼皆戰死里居主事

張雲鶚知州彭卿柳芳監紀趙彬中軍劉中祐皆不屈死參將尤岱
高鳴節千戶賀世魁指揮崔重觀材官李耀李光裕張天敘皆死之
而副將常懷李登龍游擊孫貴尤養鯤守備白慎衡李宗敘亦以守
鄉土遭難諸生則陳義昌沈濬沈演白拱極白含章張連元張連捷
李可桂胡一奎李應祥亦皆死一城之中婦女死義者數千人井中
屍滿賊遂屠其城世威世欽世國昌齡並被執縛至西安自成欲降
之四人不屈膝自成曰諸公皆名將助我平天下取封侯可乎衆罵
曰汝驛卒敢大言侮我自成笑前解其縛世欽唾曰驛卒毋近前汚
將軍衣自成怒皆殺之顯亦被執大罵繫至神木服毒死榆林爲天
下雄鎮地瘠饟乏然無一屈身賊庭者事聞帝嗟悼未及褒卹而國
亡賊乘勝陷寧夏慶王倬漼被執屠平涼韓王亶瘠被執諸郡王宗
室及監司以下悉遁知府簡仁瑞自經死破慶陽參議段復興推官
靳聖居里居給事中麻僖並死之華亭訓導何相劉安化知縣袁繼

登寧州知州董琬攝秦州通判宗室朱廷彰皆死事賊別將賀錦犯蘭州蘭州人開城迎賊肅王識鋐被執宗人皆死賊遂渡河降涼州莊浪二衞　周延儒逮至安置正陽門外古廟上疏乞哀不許法司以戍請同官申救皆不許十二月乙丑賜延儒死籍其家吳昌時棄市　張獻忠陷建昌越六日丁卯陷撫州連陷萬載南豐廣東大震南韶屬城官民盡逃賊有獻計取吳越者獻忠憚左良玉在不聽決策入川中　賀錦進偪甘州巡撫都御史林日瑞聞賊急結西羌嚴兵以待而自帥副將郭天吉等扼諸河干賊踏冰過直抵甘州城下日瑞入城與總兵官馬爌等戰且守大雪深丈許樹盡介角幹折手足皸瘃守者咸怨賊夜坎雪而登甲申城陷賊執日瑞誘以官不從磔於市爌天吉及中軍哈維新姚世儒監紀同知藍臺里居總兵官羅俊傑趙宦並死之俊傑一貴子也賊殺居民四萬七千餘人於是肅州山丹永昌鎮番皆降獨西寧不下賊將辛思忠攻破之進掠青

海諸酋多降附三邊既陷賊無後顧長驅而東太子少保左都督山西總兵官周遇吉以蒲州北抵保德依黃河爲險沿河千餘里賊處處可渡分兵扼其上流以下流屬之巡撫都御史蔡懋德懋德以疲卒三千次平陽遣副將陳尚智扼守河津而連章告急請禁旅及保定宣府大同兵疾赴河干合拒遇吉亦請濟師於朝中朝言防河者甚衆然無兵可援僅遣副將熊通以二千人來赴時太原洶洶巡按御史汪宗友請晉王趣懋德還懋德乃去平陽賊抵河津自船窩東渡尚智走平陽已賊攻平陽拔之殺宗室三百餘人高傑奔澤州尚智奔入泥源山中戊子懋德至太原　初帝命兵部侍郎呂大器代侯恂爲總督逮恂下獄左良玉知其爲己故心鞅鞅後以保定息警罷總督官大器復代袁繼咸爲九江總督而繼咸督屯政良玉疑大器圖己與之齟齬賊連陷建昌諸府大器無兵不能救良玉亦不援馬進忠與賊戰嘉魚再失利良玉軍遂不振廷議仍以繼咸代大器

改大器南京兵部侍郎會張獻忠從荆河入蜀良玉遣兵追之距荆州七十里偵知荆襄諸賊因李自成入關盡懈良玉乃遣副將盧光祖上棗隨承德而惠登相自均房劉洪起自南陽掎賊後收其空虛地以自爲功

十七年春正月庚寅朔大風霾黃霧四塞鳳陽地震李自成稱王於西安僭國號曰大順改元永昌改名自晟追尊其曾祖以下加謚號以李繼遷爲太祖設天佑殿大學士增置六政府尙書設宏文館文諭院從政統會尙契司知政使書寫房等官復五等爵大封功臣定軍制有一馬儳行列者斬之馬騰入田苗者斬之籍步兵四十萬馬兵六十萬兵政侍郎楊王休爲都肄出橫門至渭橋金鼓動地令宏文館學士李化麟等草檄馳諭遠近指斥乘輿庚子帝聞平陽陷召廷臣議歎曰朕非亡國之君事事皆亡國之象祖宗櫛風沐雨之天下一朝失之何面目見於地下朕願督師親決一戰身死沙場無所

恨但死不瞑目耳語畢痛哭陳演蔣德璟等請代俱不許大學士李
建泰頓首曰臣家曲沃願出私財饟軍不煩官帑請提師以西帝大
喜慰勞再三建泰退卽請復故御史衛楨固官授進士凌駉職方主
事並監軍參將郭中杰爲副總兵領中軍事薦進士石嵸聯絡延寧
甘固義士討賊立功帝俱從之加建泰兵部尚書賜尚方劍便宜從
事乙卯行遣將禮駙馬都尉萬煒以特牲告太廟日將午帝御正陽
門樓衛士東西立自午門抵城外旌旗甲仗甚設內閣五府六部都
察院掌印官及京營文武大臣侍立鴻臚贊禮御史糾儀建泰前致
詞帝獎勞有加賜之宴酒七行帝手金卮親酌建泰者三卽以賜之
乃出手敕曰代朕親征宴畢內臣爲披紅簪花用鼓樂導尚方劍而
出建泰頓首謝且辭行帝目送之行數里所乘肩輿忽折衆以爲不
祥　南京地震　賊既渡河河津稷山滎河皆陷他府縣多望風送
款汪宗友劾蔡懋德輕棄平陽詔奪懋德官候勘以郭景昌代之時

周遇吉令熊通防河而陳尚智已遣使迎賊諷通還鎮說遇吉降遇吉叱之曰吾受國厚恩寧從爾叛逆且爾不能殺賊反作說客耶立斬之傳首京師尚智叛降於賊於是懋德誓師於太原布政使趙建極副使毛文炳藺剛中僉事畢拱辰太原知府孫康周署陽曲縣事長史范志泰等官吏軍民咸在懋德哭衆皆哭會罷官命適至或請出城候代懋德不可曰吾已辦一死矣景昌即至吾亦與俱死調陽和兵三千協守東門剛中慮其內應移之南關之外召中軍副總兵應臧時入參謀議督師侍郎余應桂將至山西僞官充斥逡巡不得前帝責以逗遛奪職命新任陝西巡撫李化熙代之帥總兵官高傑兵馳救山西化熙亦不能進也　張獻忠大破川中郡邑　召新樂侯劉文炳及鞏永固等問國事文炳永固請早建藩封遣定王永王之國帝是之以內帑乏不果行文炳謹厚不妄交獨與永固及太學生申湛然布衣黃尼麓善嘗奉使鳳陽歸言史可法張國維忠正有

方略宜久任永固好讀書負才氣嘗請復建文皇帝廟號事雖未行
時論韙焉　丙辰范景文邱瑜並以本官兼東閣大學士預機務
東陽諸生許都者副使達道孫也家富任俠好施陰以兵法部勒賓
客子弟思得一當紹興推官陳子龍嘗薦諸上官不用東陽知縣以
私憾都適義烏奸人假中貴名招兵事發都葬母山中會者萬人或
告監司王雄曰都反矣雄遽遣使收捕都遂反旬日間聚衆數萬連
陷東陽義烏浦江遂偪郡城既而引去巡撫董象恆坐事逮代者未
至巡按御史左光先以撫標兵命子龍爲監軍討之稍有俘獲而游
擊蔣若來破其犯郡之兵都乃帥餘卒三千保南砦雄欲撫賊語子
龍曰賊聚糧據險官軍不能仰攻非曠日不克我兵萬人止五日糧
奈何子龍曰都舊識也請往察之乃單騎入都營責數其罪諭令歸
降待以不死遂挾都見雄復挾都走山中散遣其衆而以二百人降
光先與東陽知縣善竟斬都等六十餘人於江滸子龍爭不能得初

朱大典以不能持廉屢爲方士亮及御史鄭崑貞等所劾詔削籍候
勘事未竟而都作亂大典子萬化募健兒禦之及賊平而所募者不
散大典聞急馳歸金華知縣徐調元閱都兵籍有萬化名遂言大典
縱子交賊光先聞於朝詔大典逮治籍其家充餉且令督賦給事中
韓如愈趣之光先光斗弟也　鈔法自弘正間廢天啓時惠世揚復
請造行不果後戶部司務蔣臣又以爲請侍郞王鼇永贊之帝特設
內寶鈔局晝夜督造募商發賣無一應者蔣德璟言百姓雖愚誰肯
以一金買一紙帝不聽又因局官言責取桑穰二百萬斤於畿輔山
東河南浙江德璟力爭帝留其揭不下及是獲免　陳演忌戶部尙
書倪元璐風魏藻德言於帝曰元璐書生不習錢穀元璐亦數請解
職二月命以原官專直日講　辛酉李自成陷汾州徇河曲靜樂甲
子賊至太原蔡懋德遣部將牛勇朱孔訓王永魁出戰勇等皆死乙
丑自成具鹵簿督衆攻城陽和兵叛降賊丙寅晝晦懋德草遺表須

與大風起拔木揚沙令部將張雄守大南門雄已縋城出降語其黨
曰城東南角樓火器火藥皆在我下即焚樓夜中火起風轉烈守者
皆散賊登城懋德北面再拜出遺表付友人賈士璋即自剄從者持
之應時盛請下城巷戰懋德上馬時盛持矛突殺賊數十人時盛呼
曰出西門懋德遽下馬曰我當死封疆諸君自去衆復擁懋德上馬
至水西門懋德叱曰諸君欲陷我不忠耶復下馬據地坐時盛已出
城殺妻子還顧不見懋德復斫門入語懋德請與公俱死遂偕至三
立祠懋德就縊未絕時盛釋甲加其肩乃絕時盛取弓絃自經自成
執晉王求桂據其宮趙建極危坐公堂賊擁之見自成不屈將斬之
下階呼萬歲者再曰臣失守封疆死有餘罪自成以為呼己也曳還
建極瞋目曰我呼大明皇帝寧呼賊耶賊射殺之攝靈邱郡王府事
朱慎鏤闔家焚死自懋德而下毛文炳藺剛中畢拱辰孫康周范志
泰等死事者凡四十六人賊皆尸之城上自成恨懋德不降驗其尸

以刃斷脛而去移檄遠近所至郡縣望風結寨以拒官兵忻州知州楊家龍安邑知縣房之屏汾陽知縣劉必達義勇范奇芳參將侯君昭鄉官參政陽城王徵俊副使靈石宋之儁中書翼城史可觀皆城陷死難　李自成別將劉方亮自蒲坂陷懷慶廬江王載禋被執不屈遇害賊執其長子翊檭北行不食死河內知縣丁運泰不屈死壬申下詔罪己癸酉潞安陷乙亥議京師城守自成攻代州周遇吉先在代遏其北犯憑城固守而潛出兵奮擊連數日殺賊無算會食盡援絕退守寧武關參將閻夢夔死之丁丑賊別將陷固關犯畿南汪偉語閣臣事急矣亟遣大僚守畿郡都中城守文自內閣武自公侯伯以下各帥子弟畫地守庶民統以紳士家自為守而京軍分番巡徼以待勤王之師魏藻德笑曰大僚守畿輔誰肯者偉曰此何等時猶較尊卑計安危耶請以一劇郡見委藻德哂其早計己卯遣中官高起潛杜勳等十人監視諸邊及近畿要害真定知府邱茂華移妻

孥出城總督畿南山東河北兼巡撫保定侍郎徐標執茂華下之獄
壬午中軍游擊謝嘉福伺標登城畫守禦策鼓衆殺之出茂華於獄
遣使迎賊賊至以城降並檄所屬降賊賊陷大名副使朱廷煥不屈
死甲申劉方亮陷彰德趙王常淍降參將王榮鄉官郎中尚大倫皆
死之丁亥詔天下勤王命廷臣上戰守事宜左都御史李邦華密疏
請帝南遷及倣永樂朝故事太子監國南都蔣德璟從旁力贊帝不
答已加藻德兵部尚書兼工部方岳貢戶兵二部尚書總督漕運屯
田練兵諸務分駐天津濟寧時欲出太子南京俾先清道路有言百
官不可令出出卽潛遁者乃止　自周延儒罷後帝最倚信陳演時
國勢累卵中外舉知其不支演無所籌畫方賊之偪山西也薊遼總
督王永吉請撤寧遠吳三桂兵入守山海關選士卒西行遏寇卽京
師警旦夕可援帝下其議太常寺卿吳麟徵深然之演持不可謂無
故棄地二百里臣不敢任其咎引漢棄涼州爲證麟徵復爲議數百

言六科不署名獨疏上之弗省及是帝始下永吉行之演不自安引
疾求罷戊子許致仕永吉乃馳出關而上疏力詆演罪請置之典刑
給事中汪惟效孫承澤亦極論之演入辭謂佐理無狀罪當死帝怒
曰汝一死不足蔽辜叱之去演資多不能行　賊至寧武大呼五日
不降者屠其城周遇吉四面發大礮殺賊萬人火藥且盡外圍轉急
或請甘言給之遇吉怒曰若輩何怯耶今能勝一軍皆忠義卽不支
縛我予賊於是設伏城內出弱卒誘賊入城亟下閘殺數千人賊用
礮攻城圮復完者再傷其四驍將李自成懼欲退其將曰我衆百倍
於彼但用十攻一番進蔑不勝矣自成從之前隊死後復繼官軍力
盡城遂陷遇吉巷戰馬蹶徒步跳盪手格殺數十人身被矢如蝟竟
爲賊執大罵不屈賊懸之高竿叢射殺之復臠其肉城中士民感遇
吉忠義巷戰殺賊不可勝計其舍中兒先從遇吉出鬬死亡略盡遇
吉妻劉氏素勇健帥婦女數十人據山巔公廨登屋而射每一矢斃

一賊賊不敢偪縱火焚之闔家盡死副使王孕懋自殺妻楊死之自成集衆議曰寧武雖破吾將士死傷多自此達京師歷大同陽和宣府居庸皆有重兵倘盡如寧武吾部下寧有孑遺哉不如還秦休息圖後舉刻期將遁而大同總兵官姜瓖降表至自成大喜方宴其使者宣府總兵官王承允表亦至自成益喜遂決策長驅先遣游兵入固關掠大名真定而北身帥賊衆並邊東犯　設漢中巡撫兼督川北軍務擢高斗樞右副都御史任之朝命不達　張獻忠陷夔州秦良玉馳救衆寡不敵潰賊至萬縣水漲留屯三月　初宣大總督王繼謨檄姜瓖扼李自成河上瓖潛師納款而還巡撫都御史衛景瑗不知也及山西陷景瑗邀瓖歃血守瓖出告人曰衛巡撫秦人也將應賊矣代王傳㸄疑之不見景瑗永慶王射殺景瑗僕會景瑗有足疾不時出兵事瓖主之瓖兄故總兵瑄勸瓖降賊瓖慮其下不從人犒之銀言勵守城將士傳㸄信之諸郡王分門守瓖每門遣卒二百

人助之三月庚寅朔賊抵大同瓖射殺永慶王開門迎賊入紿景瑗計事景瑗乘馬出始知其變自墜馬下賊執之見自成自成欲官之景瑗據地坐大呼皇帝而哭賊義之不殺景瑗猝起以頭觸階血淋漓賊引之出顧見瓖罵曰反賊與我盟而叛神其赦汝耶賊使景瑗母勸之降景瑗曰母年八十餘矣當自爲計兒國大臣不可以不死母出景瑗謂人曰我不罵賊者以全母也越六日自縊於僧舍賊歎曰忠臣移其妻子空舍戒毋犯殺傳𤻲及其宗室殆盡副使朱家仕盡驅妻妾子女入井而已從之死者十有六人督儲郎中徐有聲山陰知縣李倬及諸生李若葵亦死之　給事中光時亨追論練餉之害蔣德璟擬旨向來聚斂小人倡爲練餉致民窮禍結誤國良深帝不悅曰聚斂小人誰也德璟不敢斥楊嗣昌以李待問對帝曰朕非聚斂但欲練兵耳德璟曰陛下豈肯聚斂然既有舊餉五百萬新餉九百餘萬復增練餉七百三十萬部臣實難辭責且所練兵馬安在

薊督練四萬五千今止二萬五千保督練三萬今止二千五百保鎮練一萬今止二百若山永兵七萬八千薊密兵十萬昌平兵四萬宣大山西及陝西三邊各二十餘萬一經抽練原額兵馬俱不問并所抽亦未練徒增饟七百餘萬爲民累耳帝曰今已併三饟爲一何必多言德璟曰戸部雖併爲一州縣追比仍是三饟帝震怒責以朋比德璟力辨諸輔臣爲申救倪元璐以鈔饟乃戸部職自引咎帝意稍解明日德璟具疏引罪辛卯致仕　李建泰疏請南遷壬辰帝召廷臣於平臺示建泰疏曰國君死社稷朕將焉往李邦華等以前疏未得命復請太子撫軍南京又請分封定王永王太平寧國二府拱護兩京帝得疏意動繞殿行且讀且歎將行其言會帝召對羣臣中允李明睿言南遷便光時亨以倡言洩密糾之帝曰國君死社稷正也朕志定矣遂罷邦華策不議癸巳封吳三桂平西伯左良玉寧南伯唐通定西伯黃得功靖南伯畀良玉子夢庚平賊將軍印功成世守

武昌甲午徵諸鎮兵入援乙未總兵官唐通入衛命偕太監杜之秩守居庸關戊戌太監王承恩提督城守己命襄城伯李國楨督京營又命太監王德化盡督內外軍張國維以原官兼右僉都御史馳赴江南浙江督練兵輸餉諸務　兵部主事金鉉言宣大京師北門大同陷則宣府危宣府危大事去矣請急撤回監視杜勳專任巡撫朱之馮勳二心僨事之馮忠懇可屬大事不報時李自成已偪宣府之馮集將吏於城樓設高皇帝位歃血誓守懸賞格勵將士而勳與王承允爭先納款見之馮叩頭請以城下賊之馮大罵曰勳爾帝所倚信特遣爾以封疆屬爾爾至卽通賊何面目見帝勳不答笑而去已亥勳蟒袍鳴騶迎賊三十里外將士皆散之馮登城太息見大礮語左右爲我發之默無應者自起爇火則礮孔丁塞或從後掣其肘之馮撫膺歎曰不意人心至此仰天大哭賊至城下承允開門入之訛言賊不殺人且免徭賦舉城譁然皆喜結綵焚香以迎左右欲擁之

馮出走之馮叱之乃南向叩頭草遺表勸帝收人心勵士節自縊而死通判朱敏泰副將甯龍諸生姚時中及繫獄總兵官董用文副將劉九卿里居知縣申以孝皆死之其他婦女死義者又十餘人　李自成犯陽和由柳溝偪居庸癸卯唐通杜之秩迎降賊入關京軍出禦聞礮聲潰而歸甲辰賊陷昌平總兵官李守鑅死之始賊欲知京師虛實往往陰遣人輦重貨賈販都市又令充部院諸掾吏探刺機密朝廷有謀議數千里立馳報及抵昌平兵部發騎探賊賊輒句之降無一還者賊游騎至平則門京師猶不知也太僕寺丞申佳胤聞馬近畿閒居庸破歎曰京師不守矣君父有難焉逃死馳入都徧謁大臣爲畫戰守策皆不省乙巳賊薄近郊李國楨發三大營卒五萬營城外文武勳戚諸臣分門守李邦華亟詣內閣言事魏藻德漫應曰姑待之邦華太息而出副都御史施邦曜語兵部尚書張縉彥檄天下勤王兵縉彥慢弗省丙午帝召問羣臣莫對有泣者俄頃賊環

攻九門三營卒見賊輒降反攻城城上人皆其儕益無固志京營副將賀讚獨帥部卒迎擊中矢死讚虎臣子也賊駕飛梯攻西直平則德勝三門吳麟徵守西直門賊詐爲勤王兵求入中官欲納之麟徵不可以土石堅塞其門募死士縋城襲擊之多所斬獲丁未賊攻益急士卒陰雨饑凍劉理順詣朝房語諸執政急請內帑衆唯唯理順與汪偉及吏部員外郎許直皆出貲市餅餌饗士僚友問理順進止理順正色曰存亡視國尙須商酌耶麟徵趨入朝欲見帝白事至午門藻德引其手曰國家如天之福必無他虞旦夕兵餉集公何匆遽爲引之出京城內外堞凡十五萬四千有奇久乏餉守者寥寥三堞一卒益以內侍內侍專守城事沮諸臣毋得登城邦華帥諸御史共登陴奄拒之不得上初杜勳降賊事聞廷臣請急撤城守太監忽傳旨云杜勳罵賊殉難予廕祠蓋爲內臣蒙蔽也至是勳從賊至自成設黃幄坐廣寧門外秦晉二王左右席地坐勳侍其下呼城上請入

見羣奄縋之上勳見帝慼稱賊勢勸自爲計且求禪位帝怒叱之左右請留勳勳曰不返則二王危乃縱之出勳語羣奄吾曹富貴固在也密約而去帝敕繒彥登城察視戎政侍郎王家彥從中官猶固拒示之手敕問勳安在曰去矣秦晉二王欲上城家彥曰二王降賊即賊也賊安得上王承恩見賊坎牆急發礮連斃數人御史王章與光時亨守阜城門章手發二礮賊稍卻帝詔承恩急整內官備親征密召劉文炳鞏永固護太子南行曰二卿所糾家丁能巷戰否文炳以衆寡不敵對帝愕然永固曰臣等已積薪第中當闔門焚死以報皇上帝曰朕志決矣朕不能守社稷朕能死社稷文炳永固皆涕泣誓效死乃出日晡太監曹化淳啓彰義門賊盡入外城陷羣奄皆降永固射賊文炳及楊光陛助之殺數十人光陛被甲馳突左右射與永固相失矢盡投井死光陛駙馬都尉春元子也帝出宮登煤山望烽火徹天歎息曰苦我民耳徘徊久之歸乾清宮泣語皇后曰大事去

矣后頓首曰妾事陛下十有八年卒不聽一語至有今日撫太子及定永二王慟哭帝令送太子二王於嘉定伯周奎左都督田宏遇第而趣后自裁后入室闔戶宮人出奏皇后領旨是夕后崩帝命袁貴犯自縊繫絕久之蘇帝拔劍斫其背又斫所御妃嬪數人袁妃卒不殊帝入壽寧宮長平公主牽帝衣哭帝曰汝何故生我家以劍揮斫之斷左臂又斫昭仁公主於昭仁殿夜分內城陷戊申天將曙鳴鐘集百官無至者帝乃復登煤山書衣襟爲遺詔曰朕涼德藐躬上干天咎然皆諸臣誤朕朕死無面目見祖宗自去冠冕以髮覆面任賊分裂無傷百姓一人以帛自縊於壽皇亭遂崩承恩縊於側大學士范景文趨至宮門宮人曰駕出矣復趨朝房賊已塞道從者請易服還邸景文曰駕出安歸就道旁廟草遺疏復大書曰身爲大臣不能滅賊雪恥死有餘恨遂至演象所拜辭闕墓赴雙塔寺旁古井死自成之破宣府也復有請帝南幸者命集議閣中景文曰固結人心堅

守待援而已此外非臣所知景文死時猶謂帝南幸也自成氈笠縹
衣乘烏駮馬入承天門僞丞相牛金星尙書宋企郊喻上猷侍郎黎
志陞張嶙然等騎而從登皇極殿據御座下令大索帝后期百官三
日朝見巳知帝后崩命以宮扉載出盛柳棺置東華門外茶棚下刑
部侍郎孟兆祥分守正陽門與子進士章明同縊於門下家彥投城
下不死縊於民舍時亨攝章走章厲聲曰事至此猶惜死耶時亨曰
死此與士卒何別入朝訪上所在不獲則死死未晚也章乃與並馬
行俄賊突至呼下馬時亨倉皇下馬跪章持鞭不顧叱曰吾視軍御
史誰敢犯賊刺之章罵遂被殺麟徵欲還邸巳爲賊據入道旁祠作
書訣家人與祝淵酌酒爲別乃自縊倪元璐整衣冠拜闕大書几上
南都尙可爲死吾分也勿以衣衾斂暴我屍聊志吾痛遂南向自縊
邦華縊於文信國祠邦曜趨長安門聞帝崩慟哭解帶自縊僕救之
蘇邦曜不得還邸舍望門求縊輒爲居民所麾乃市藥雜酒卽途中

服之血迸裂而死佳胤冠帶辭母策馬赴王恭廠入井死金鉉投金
水河死諭德周鳳翔作書辭父母題詩壁間縊死吳甘來屬兄員外
郎泰來歸事母檢几上疏草焚之乃縊死御史陳良謨聞帝崩煤山
大慟曰主上不冕服臣子敢具冠帶乎吾巾褻安所得明巾邑子李
天葆以巾進良謨著巾即入戶自縊大理寺卿淩義渠聞帝崩負牆
哀號首觸柱面被血門生勸無死義渠怒曰以爾當相勗何姑息爲
揮使去具緋衣拜闕作書辭父而縊兵部主事成德持雞酒奠梓宮
觸地流血賊露刃脅之不爲動奠畢歸家視其妹死而後縊德將死
遺書庶子馬世奇質以慷慨從容二義世奇曰吾人見危授命吾不
爲其難誰爲其難者世奇理順偉直皆自縊死文炳及叔繼祖弟左
都督文耀投井死永固縛子女五人公主柩旁闔室焚之自刎死惠
安伯張慶臻宣城伯衞時春俱闔門死戶部員外郎甯成烈光祿寺
署丞于騰雲兵馬司副指揮姚成里居知州馬象乾諸生曹肅闌衞

卿周讜李汝翼布衣湯文瓊范箴聽楊鉉李夢禧張世禧等亦死之
御史陳純德衆攝之見賊還邸痛哭自經死郎中周之茂中書宋天
顯被獲不屈死理順妻萬妾李偉妻耿兆祥妻呂章明妻王鉉母章
妾王德母張妻霍艮謨妾時世奇二妾朱李文炳母杜妻王皆死文
炳一門死者四十二人匿其祖母徐於申湛然家湛然終不言爲賊
拷死宮女魏氏投御河死從者二百餘人象房象皆哀吼流淚太子
投周奎家不得入定王永王亦不能匿先後擁至皆不屈自成羈之
宮中長平公主絕而復甦舁至自成命劉宗敏療治宮人費氏年十
六投眢井中賊句出爭奪之費氏紿曰我長公主也中官審之非是
自成以賞部校羅某者費氏懷利刃復紿羅醉斷其喉立死乃自刎
庚戌昧爽魏藻德帥文武百官入賀皆素服坐殿前自成不出羣賊
爭戲侮爲椎背脫帽或舉足加頸相笑樂百官懾伏不敢動王德化
叱諸臣曰國亡君喪若曹不思殯先帝乃在此耶因哭內侍數十人

皆哭藻德等亦哭顧君恩以告自成乃改殮帝后用袞冕褘翟加葦
廠焉陳演勸進自成不許封太子爲宋王放刑部錦衣衞繫囚盡改
官制六部曰六政府司官曰從事六科曰諫議十三道曰直指使翰
林院曰宏文館太僕寺曰驗馬寺巡撫曰節度使兵備曰防禦使知
府州縣曰尹曰牧曰令召見百官自成南嚮坐金星宗敏企郊等左
右雜坐以次呼名分三等授職自四品以下少詹事梁紹陽楊觀光
等無不汚僞命以大僚多誤國三品以上獨用故侍郎侯恂其餘勳
戚文武諸臣奎純臣演藻德等及庶官不用者共八百餘人送宗敏
等營中概囚繫之下令徵內閣十萬金京卿錦衣七萬或五三萬給
事御史吏部翰林五萬至一萬有差部曹數千勳戚無定數諸人悉
受拷掠至灼肉折脛備諸慘毒金足輒殺之藻德輸萬金賊以爲少
酷刑五日夜腦裂而死復逮其子追徵其子訴言家已罄盡賊揮刃
斬之賊又編排甲令五家養一賊大縱淫掠民不勝毒縊死相望懿

安皇后以李巖保護得自盡巖故勸自成以不殺收人心者也又獨
於士大夫無所拷掠金星等大忌之時賊黨已陷保定先是攝府事
保定同知邵宗元集衞指揮劉忠嗣鄉官光祿寺卿張羅彥副總兵
呂應蛟等誓死守新任知府何復聞之兼程馳至宗元授以印復曰
公部署已定印仍佩之我相與僇力可也都城陷之次日賊使投書
誘降宗元手裂之明日賊大至言京師已破汝爲誰守環攻累日會
督師大學士李建泰帥殘卒數百入屯城中賊攻益厲建泰倡言曰
勢不支矣姑與議降書牒迫宗元用印宗元抵印厲聲曰我爲朝廷
守土義不降欲降者任爲之大哭引刀將自刎左右急止之羅彥前
曰邪說勿聽速擊賊復自起爇西洋巨礮火發被燎幾死俄賊火箭
中城樓復焚死守將王登洲縋城出降建泰中軍郭中杰等爲內應
城遂陷應蛟戰死宗元忠嗣羅彥及監軍御史金毓峒監視中官方
正化里居知州韓東明通判張維綱毓峒從子武舉振孫羅彥兄進

士羅俊第諸生羅善武進士羅輔諸生賀誠並不屈死羅彥一門死者凡二十三人誠讚之弟也文武死事及舉人諸生布衣殉難者八十餘人婦女盡節者百十五人建泰帥推官知縣出降給事中尹洗等既死賊揭其首於竿書曰據城抗師惡官逆子於是畿內府縣悉附山東河南徧設官吏所至無違者及淮巡撫淮揚都御史路振飛發兵拒之乃去自成自謂真得天命金星帥賊衆三表勸進從之令撰登極儀諏吉日及自成升御座忽見白衣人長數丈手劍怒視座下龍爪鬣俱動自成恐亟下鑄金璽及永昌錢皆不就聞吳三桂兵起乃謀歸陝西王永吉之出關也與三桂徙遼民五十萬入關往返者再而賊已陷宣大及抵豐潤而京師已先一日陷矣三桂猶豫不進自成劫其父襄作書招之三桂欲降至灤州聞愛姬陳沅爲宗敏掠去憤甚疾歸山海襲破賊將自成怒親部賊十餘萬執襄於軍東禦三桂時陳演等已得釋自成復慮諸大臣爲後患盡殺之大學士

邱瑜方岳貢預焉瑜岳貢生平皆自好不能死故及天下惜之自成
攻山海關以別將從一片石趨關外三桂懼乞降於我
大清自成兵二十萬陳於關內自北山亙海我兵對賊置陳三桂居
右翼末悉銳卒搏戰殺賊數千人賊亦力鬬圍開復合戰良久我兵
從三桂陳右突出衝賊中堅萬馬奔躍飛矢雨墮天大風沙石飛走
擊賊如雹自成方挾太子登高岡觀戰知爲我兵急策馬下岡走我
兵追奔四十里賊衆大潰自相踐踏死者無算僵屍徧野溝水盡赤
自成奔永平我兵逐之三桂先驅至永平自成殺襄奔還時金星居
守諸降人往謁執門生禮甚恭金星曰訛言方起諸公宜簡出由是
降人始懼多竄伏者自成至京悉鎔所拷索金及宮中帑藏器皿鑄
爲餅每餅千金約數萬餅騾車載歸西安遂僭帝號於武英殿追尊
七代皆爲帝后立妻高氏爲皇后自成被袞冕列仗受朝金星代行
郊天禮其夕焚宮殿及九門城樓詰旦挾太子定永二王西走使僞

將軍左光先谷可成殿賊將遁下令盡逐內侍無貴賤老弱皆號哭
徒跣破面流血走出京城門自成既遁我
大清兵入京師爲帝后發喪令臣民持服三日謚帝曰莊烈愍皇帝
后曰莊烈愍皇后同葬昌平天壽山田貴妃寢園名曰思陵合葬懿
安皇后熹宗陵命所司給袁妃居宅養贍終其身其後又命莊烈帝
所選周顯尙長平公主太子定永二王不知所終

明紀卷第五十七

明紀卷第五十八

卹贈知府銜給雲騎尉世職內閣候補中書孫男克家補纂

福王始末

大清順治元年夏四月戊午朔明南京參贊機務兵部尚書史可法聞賊犯闕誓師勤王抵浦口時福王由崧潞王常淓俱避賊在淮安總兵官劉澤清高傑等亦棄汛地南下己巳北都變聞南京諸大臣倉卒議立君而潞王已渡江至吳中倫序當屬福王諸大臣慮福王立或追怨妖書及挺擊移宮等案潞王立則無後患且可邀功陰主之者故侍郎錢謙益力持其議者兵部侍郎呂大器右都御史張慎言詹事姜曰廣皆然之前按察使僉事雷演祚禮部員外郎周鑣往來游說大器等曰福王神宗孫也倫序當立而有七不可貪淫酗酒不孝虐下不讀書干預有司也潞王神宗姪也賢明當立移牒可法可法亦以爲然鳳陽總督馬士英潛與故光祿寺卿阮大鋮計議遣

其私人謁福王淮安又密與操江誠意伯劉孔昭靖南伯黄得功總兵官劉良佐及澤清傑等結致書可法言倫序親賢無如福王可法以七不可告之而還南京士英已與得功良佐澤清傑等發兵送福王至儀真甲申魏國公徐宏基戸部尚書高宏圖等集議大器署禮兵二部印不肯下筆給事中李沾探士英指厲聲言今日有異議者死之孔昭亦面斥大器諸大臣乃不敢言守備太監韓贊周令各署名籍曰廣曰毋匆遽請祭告奉先殿而後行乙酉至奉先殿諸勳臣語侵可法曰廣呵之於是羣小咸目懾曰廣是日迎王於江浦丁亥百官迎見於龍江關五月戊子朔王謁孝陵奉先殿出居内守備府羣臣入朝王色赧欲避可法曰王毋避宜正受既朝議戰守可法曰王宜素服郊次發師北征示天下以必報讎之義王唯唯己丑再朝出議監國事慎言曰國虚無人可遂即大位可法曰太子存亡未卜儻南來若何孔昭曰今日既定誰敢復更可法曰徐之乃退庚寅王

監國大赦其新加練餉及崇禎十二年以後一切雜派十四年以前逋賦在民者悉免之廷推閣臣衆舉可法曰廣宏圖孔昭攘臂欲並列衆以本朝無勳臣入閣例遏之孔昭勃然曰卽我不可馬士英何不可乃幷推士英又議起廢推鄭三俊劉宗周徐石麒孔昭舉阮大鋮可法曰先帝欽定逆案毋復言壬辰改可法宏圖禮部尚書並兼東閣大學士入閣辦事士英兵部尚書兼東閣大學士可法仍掌兵部事士英仍督鳳陽軍務再推閣臣乃以曰廣及陳子壯黃道周前禮部尚書王鐸等名上甲午曰廣爲禮部尚書與鐸並兼東閣大學士入閣辦事以愼言爲吏部尚書兵部尚書張國維回部協理戎政餘選擢有差宏圖疏陳新政八事一宣義問請聲逆賊之罪鼓發忠義一勤聖學請不俟釋服日御講筵一設記注請召詞林入侍日記言動一睦親藩請如先朝踐極故事遣官齎璽書慰問一議廟祀請權祔列聖神主於奉先殿仍於孝陵側望祀列聖山陵一嚴章奏請

禁奸宄小人借端妄言脫罪僥倖一收人心請蠲江北河南山東田
租毋使賊徒藉口一擇詔使請遣官招諭朝鮮示牽制之勢慎言上
中興十議曰節鎮曰親藩曰開屯曰叛逆曰僞命曰褒卹曰功賞曰
起廢曰懲貪曰漕稅可法定京營制如北都故事侍衞及錦衣衞諸
軍悉入伍操練錦衣東西兩司房及南北兩鎮撫司官不備設以杜
告密安人心又議分江北爲四鎮以得功良佐澤清傑領之澤清轄
淮海駐淮北經理山東一路傑轄徐泗駐泗水經理開歸一路良佐
轄鳳壽駐臨淮經理陳杞一路得功轄滁和駐廬州經理光固一路
設督師於揚州節制諸鎮士英旦夕冀入相及督軍命下大怒以可
法七不可書奏之王令傑澤清等疏趣可法督師淮陽而擁兵入覲
拜表即行可法遂請出鎮壬寅王即位以明年爲弘光元年癸卯改
可法兵部尚書士英入閣辦事仍掌兵部甲辰進得功靖南侯封傑
興平伯澤清東平伯良佐廣昌伯俱廕子世襲時九江總督袁繼咸

入朝曰封爵以勸有功無功而封有功者不勸跋扈而封跋扈者愈多王曰事已行奈何繼咸曰馬士英引傑渡江宜令往輯王曰彼不願往輔臣史可法願往繼咸曰陛下嗣位固以恩澤結人心尤宜以紀綱肅衆志乞振精神伸法紀冬春間淮上未必無事臣雖駑願奉六龍爲澶淵之舉王有難色繼咸因赴閣責可法不當封傑士英嗛之乙巳可法陛辭既啓行即遣使訪大行帝后梓宮及太子二王所在可法去士英孔昭輩益無所憚　應天府丞郭維經言聖明御極將二旬一切雪耻除兇收拾人心之事絲毫未舉今僞官縱横於鳳泗悍卒搶攘於瓜儀焚戮剽掠之慘漸偪江南而廟廊之上不聞動色相戒惟以慢不切要之務盈庭而議乞令内外文武諸臣洗滌肺腸盡去刻薄偏私及恩怨報復故習一以辦賊復讎爲事報聞　給事中陳子龍言中興之主莫不身先士卒故能光復舊物今入國門再旬矣人情泄沓無異昇平清歌漏舟之中痛飲焚屋之内臣不知

其所終其始皆起於姑息一二武臣以致凡百政令皆因循遵養臣甚爲之寒心也　命潞王常淓暫居杭州　王鐸未至高宏圖姜曰廣協心輔政大起廢籍張慎言薦吳甡鄭三俊命甡陛見三俊不許宏圖所擬也劉孔昭與保國公朱國弼靈璧侯湯國祚忻城伯趙之龍等一日朝罷羣詬於廷指慎言及甡爲奸邪叱咤徹殿陛孔昭拔刀逐慎言給事中羅萬象言慎言平生具在甡素有清望安得指爲奸邪孔昭等伏地痛哭謂慎言舉用文官不及武臣譁爭不已又疏劾慎言極詆三俊且謂慎言當迎立時阻難懷二心乞寢甡陛見命且議慎言欺蔽罪慎言疏辨因乞休萬象又言首膺封爵者四鎮也新改京營又加二鎮銜何嘗不用武年來封疆之法先帝多寬武臣武臣報先帝者安在祖制以票擬歸閣臣參駁歸言臣不聞委勳臣以糾劾也使勳臣得兼糾劾文臣可勝逐哉史可法馳奏慎言疏薦無不當諸臣痛哭諠呼滅絕法紀恐驕弁悍卒益輕朝廷御史王孫

蕃言用人吏部職掌奈何廷辱冢宰宏圖等亦以不能和衷文武各疏乞休不允孔昭卒扼之不用　初劉宗周聞京師陷徒步荷戈詣杭州責巡撫黃鳴駿發喪討賊鳴駿誡以鎮靜宗周勃然曰君父變出非常公專閫外不思枕戈泣血激勵同讎顧藉口鎮靜作遜避計耶鳴駿唯唯明日復趣之鳴駿曰發喪必待哀詔宗周曰嘻此何時也安所得哀詔哉鳴駿乃發喪問師期則曰甲仗未具宗周歎曰是烏足與有爲哉乃與故侍郎朱大典故給事中章正宸熊汝霖召募義旅將發而王起宗周故官宗周以大讎未報不敢受職自稱草莽孤臣疏陳時政言今日大計舍討賊復仇無以表陛下渡江之心非毅然決策親征無以作天下忠義之氣請據形勝以規進取愼爵賞以肅軍情核舊官以立臣紀末言今日問罪當自中外諸臣不職者始詔納其言宣付史館中外爲悚動而馬士英高傑劉澤清恨甚李自成至定州

大清兵追之與戰斬谷可成左光先傷足賊負而逃自成走真定益發衆來攻我兵復擊之自成中流矢創甚西踰故關入山西會我兵東返自成乃鳩合潰散走平陽自成之棄京師西走也青州諸郡縣爭殺僞官據城自保及定州之敗河南州縣多反正自成召諸將議李巖請帥兵往牛金星陰告自成曰巖雄武有大略非能久下人者河南巖故鄉假以大兵必不可制因譖巖欲反自成令金星殺之賊衆俱解體自成尋歸西安　巡撫四川都御史陳士奇得代將行京師告變遂留駐重慶遣參將曾英擊賊於忠州焚其舟遣將趙榮貴禦賊於梁山張獻忠由葫蘆壩左步右騎翼舟而上英榮貴敗奔

督師大學士史可法奉命祭告鳳泗二陵畢上疏言陛下踐祚初祗謁孝陵哭泣盡哀道路感動若躬謁二陵親見鳳泗蒿萊滿目雞犬無聲當益悲憤願慎終如始處深宮廣廈則思東北諸陵魂魄之未安享玉食大庖則思東北諸陵麥飯之無展膺圖受籙則思先帝之

集木馭朽何以忽邁危亡早朝晏罷則思先帝之克儉克勤何以卒隳大業戰兢惕厲無時怠荒二祖列宗將默佑中興若晏處東南不思遠略賢奸無別威斷不靈老成投簪豪傑裹足祖宗怨恫天命潛移東南一隅未可保也王嘉答之黄得功劉澤清高傑爭欲駐揚州傑先至圍欲入城揚民畏傑不納傑大殺掠屍橫野城中洶懼登陴堅守傑攻之浹月澤清亦大掠淮上臨淮不納劉良佐軍亦被攻職方郎中萬元吉請奉詔宣諭又請發萬金犒傑元吉渡江詣諸將營與得功書令共獎王室得功報書如元吉指元吉錄其稟示澤清傑嫌漸解可法乃詣傑傑素憚可法可法來夜掘坎十百埋暴骸旦日朝可法帳中辭色俱變汗浹背可法坦懷待之接偏裨以温語傑大喜過望然傑亦自是易可法用己甲士防衛文檄必取視而後行可法夷然爲具疏屯其衆於瓜州傑又大喜傑去揚民以安可法乃開府揚州六月請頒監國登極二詔慰山東河北軍民心開禮賢館招

四方才智以監紀推官應廷吉領其事廷議以元吉能輯諸鎮監視江北軍務　戊午上大行皇帝尊謚曰紹天繹道剛明恪儉揆文奮武敦仁懋孝烈皇帝廟曰思宗大行皇后曰孝節貞肅淵恭莊毅奉天靖聖烈皇后追尊皇祖妣貴妃鄭氏曰太皇太后皇考福恭王曰恭皇帝生母姚氏曰皇太后遙尊皇嫡母鄒氏曰皇太后追封先妃黃氏繼妃李氏曰皇后議恭皇帝廟祀禮部尚書顧錫疇請別立專廟從之　吏部尚書張慎言致仕　初史可法姜曰廣張慎言高宏圖等將以次引海內人望而馬士英必欲起阮大鋮有詔廣搜人材獨言逆案不可輕議士英令劉孔昭等攻慎言去之而薦大鋮知兵時朝廷大議多出宏圖手士英薦大鋮宏圖不可士英曰我自任之初大鋮在南京與韓贊周暱京師陷中官悉南奔大鋮因贊周徧結之爲羣奄言東林當日所以危貴妃福王者俾備言於王以潛傾可法等羣奄更極口稱大鋮才士英亦言大鋮從山中致書與定策謀

爲白其附璫贊導無實迹遂命大鋮冠帶陛見大鋮乃上守江策陳
三要兩合十四隙疏幷自白孤忠被陷痛詆孫慎行魏大中左光斗
且指大中爲大逆於是姜曰廣及吏部侍郎呂大器給事中章正宸
熊汝霖御史左光先大理寺丞詹兆恆懷遠侯常延齡等並言大鋮
逆案巨魁不可召延齡元振曾孫也王命取逆案進覽兆恆即上進
士英亦以是日進三朝要典且爲大鋮奏辨力攻曰廣大器曰廣力
爭不得復疏言之乞歸鄉里得旨慰留大器以異議絀自危乃言士
英擁兵入朝覦留政地翻先皇手定逆案欲躋大鋮中樞其子以銅
臭爲都督女弟之夫未登行陳授總戎姻婭越其杰田仰楊文驄先
朝罪人盡登膴仕亂名器夫吳甡鄭三俊臣不謂無一事失而端方
諒直終爲海內正人之歸士英大鋮臣不謂無一技長而奸回邪慝
終爲宗社無窮之禍疏入以和衷體國答之士英大鋮等滋憾朱國
弼劉孔昭遂以誹謗先帝誣衊忠臣李國楨爲言交章攻曰廣劉澤

清故附東林擁立議起亦主潞王至是入朝則力詆東林以自解免且曰中興所恃在政府今用輔臣宜令大帥僉議曰廣愕然越數日澤清疏劾大器及雷演祚懷異圖而薦張捷鄒之麟張孫振劉光斗等大器遂乞休去以手書監國告廟文送內閣明無他　召蔣德璟入閣自陳三罪固辭　召黃道周爲吏部侍郎道周不欲出馬士英諷之曰人望在公公不起欲從史可法擁立潞王耶道周不得已趨朝陳進取九策　李自成之敗於關門也左良玉得以其閒稍復楚西境之荆州德安承天王進良玉寧南侯以上流之事專委之而袁繼咸及湖廣巡撫何騰蛟居江西皆與良玉善南都倚爲屏蔽良玉兵八十萬號百萬前五營爲親軍後五營爲降軍每春秋肄兵武昌諸山一山幟一色山谷爲滿軍法用兩人夾馬馳日過對馬足動地殷如雷聲聞數里諸鎮兵惟高傑最彊不及良玉遠甚然良玉自朱仙鎮之敗精銳略盡其後歸者多烏合軍容雖壯法令不復相攝先

是良玉接監國詔書諸將洶洶以江南自立君不欲開讀請引兵東下良玉不許副將士秀奮曰有不奉公令復言東下者吾擊之以巨艦置礮斷江衆乃定良玉遂聽正紀盧鼎言開讀如禮而屬承天守備何志孔巡按御史黃澍入賀陰伺朝廷動靜澍挾良玉勢劾奏馬士英十大罪當陛見面數士英奸貪不法且言嘗受張獻忠僞兵部尚書周文江重賄爲題授參將罪當斬志孔亦論士英罔上行私諸罪司禮太監韓贊周叱志孔退士英跪乞處分澍舉笏直擊其背曰願與奸臣同死士英大號呼王搖首不言者久之贊周即執志孔候命王因澍言意頗動夜諭贊周欲令士英避位士英陽引疾而賂福邸舊奄田成等向王泣曰上非馬公不得立逐馬公天下將議上背恩矣且馬公去誰念上者王默然卽慰留士英士英亦畏良玉請釋志孔而命澍速還湖廣　張獻忠破涪州敗參政劉麟長副將曾英兵進陷佛圖關陳士奇徵石砫援兵不至或勸公已謝事宜去士奇

不可賊抵重慶擊以滾礮死無數丁丑夜黑雲四布賊穴地轟城城
陷士奇及副使陳壎知府王行儉知縣王錫俱被執士奇錫大罵賊
縛於教場將殺之忽雷雨晦冥咫尺不見獻忠仰而詬曰我殺人何
與天事用大礮向天叢擊俄晴霽遂肆戮士奇等俱死瑞王常浩亦
遇害時天無雲而雷者三賊集軍民三萬七千餘人斫其臂　命魯
王以海暫駐台州以海魯王以派弟太祖十世孫也　秋七月戊子
追復懿文太子廟諡曰興宗孝康皇帝妃常氏曰孝康皇后追崇惠
皇帝諡曰嗣天章道誠懿淵恭覲文揚武克純篤孝讓皇帝廟曰惠
宗后馬氏曰孝愍溫貞哲睿肅烈襄天弼聖讓皇后景皇帝諡曰符
天建道恭仁康定隆文布武顯德崇孝景皇帝廟曰代宗后汪氏曰
孝淵肅懿貞惠安和輔天恭聖景皇后　御用監內官請給工料錢
置龍鳳几榻諸器物及宮殿陳設金玉諸寶計貲數十萬工部侍郎
高倬請裁省光祿寺辦御用器至萬五千七百有奇倬及尚書何應

瑞又以爲言皆不納　顧錫疇與馬士英不合乞祭南海去　己酉
中旨以戶部侍郎張有譽爲戶部尙書高宏圖封還具奏力諫不聽
有譽素有清望馬士英欲借以開傳陞倖門爲阮大鋮地也　巡按
淮揚御史王燮奏皇太子定王永王俱遇害　初路振飛謁鳳陽皇
陵望氣者言高牆有天子氣故唐王聿鍵方爲守陵中官所虐振飛
周卹甚厚疏請概寬罪宗辛亥釋聿鍵等三百餘人禮臣請復聿鍵
王爵不許

大清兵連破李自成朝議遣使通好而難其人巡撫應天都御史左
懋第母沒於燕欲因是返匶葬請行乃以懋第爲兵部侍郎職方郎
中馬紹愉爲太僕寺少卿與左都督陳洪範偕而令懋第經理河北
聯絡關東諸軍紹愉前爲陳新甲通款事至義州而還新甲既誅以
督戰致衂爲懋第劾罷及是起官副懋第懋第言臣此行致祭先帝
后梓宮訪東宮二王蹤迹臣既充使勢不能兼理封疆且紹愉臣所

劾罷不當復與臣共事必用臣經理則乞命洪範同紹愉出使而假臣一旅偕山東撫臣收拾山東以待不敢復言北行如用臣與洪範北行則去臣經理但銜命而往而罷紹愉勿遣閣部議止紹愉改命原任薊督王永吉王令仍遵前諭高宏圖議上北使事宜一山陵於天壽山特立陵寢改葬先帝一分地許割榆關以外不得侵及關內一歲幣量增十之三一國書如古稱可汗故事一使禮遵會典不可屈膝從之紹愉當陛見語及新甲主款事王曰如此新甲當卹廷臣無應者獨少詹事陳盟曰可因命予卹且追罪嘗劾新甲者廷臣徵劉孔昭上殿相爭事不敢言陳子龍與同官李清力諫事獲已懋第瀕行言臣此行生死未卜請以辭闕之身效一言願陛下以先帝讎恥爲心瞻高皇之弓劍則思成祖列聖之陵寢何存撫江上之殘黎則念河北山東之赤子誰卹更望時時整頓士馬必能渡河而戰始能扼河而守必能扼河而守始能畫江而安衆韙其言王令齎白金

十萬兩幣帛數萬匹以兵三千人護行時
大清睿親王多爾袞遣官齎書致史可法曰予向在瀋陽知燕山物
望咸推司馬及入關破賊得與都人士相接見識介弟於清班曾託
其手勒平安權致衷緒未審以何時得達比聞道路紛紛多謂金陵
有自立者夫君父之讎不共戴天春秋之義有賊不討則故君不得
書葬新君不得書卽位所以防亂臣賊子法至嚴也闖賊李自成稱
兵犯闕手毒君親中國臣民不聞加遺一矢平西王吳三桂介在東
陲獨效包胥之哭
朝廷感其忠義念累世之宿好棄近日之小嫌爰整貔貅驅除狗鼠
入京之日首崇懷宗帝后諡號卜葬山陵悉如典禮親郡王將軍以
下一仍故封不加改削勳戚文武諸臣咸在朝列恩禮有加耕市不
驚秋毫無擾方擬秋高氣爽遣將西征傳檄江南聯兵河朔陳師鞠
旅戮力同心報乃君國之讎彰我

朝廷之德豈意南州諸君子苟安旦夕弗審事機聊慕虛名頓忘實
害予甚慼之國家之撫定燕都乃得之於闖賊非取之於明朝也賊
毁明朝之廟主辱及先人我國家不憚征繕之勞悉索敝賦代爲雪
恥孝子仁人當如何感恩圖報也茲乃乘逆寇稽誅王師暫息遂欲
雄據江南坐享漁人之利揆諸情理豈可謂平將以爲天塹不能飛
渡投鞭不足斷流耶夫闖賊但爲明朝祟耳未嘗得罪於我國家也
徒以薄海同讎特伸大義今若擁號稱尊便是天有二日儼爲勍敵
予將簡西行之銳轉旝東征且擬釋彼重誅命爲前導夫以中華全
力受制潢池而欲以江左一隅兼支大國勝負之數無待蓍龜矣予
聞君子之愛人也以德細人則以姑息諸君子果識時知命篤念故
主厚愛賢王宜勸令削號歸藩永綏福祿
朝廷當待以虞賓統承禮物帶礪山河位在諸侯王上庶不負朝廷
伸義討賊興滅繼絕之初心至南州羣彥翩然來儀則爾公爾侯列

爵分土有平西王之典例在惟執事實圖利之輓近士大夫好高樹名義而不顧國家之急每有大事輒同築舍者宋人議論未定兵已渡河可爲殷鑒先生領袖名流主持至計必能深惟終始寧忍隨俗浮沈取舍從違早應審定兵行在卽可東可西南國安危在此一舉願諸君同以討賊爲心毋貪一時瞬息之榮而重故國無窮之禍爲亂臣賊子所笑予實有厚望焉記有之惟善人能受盡言敬布腹心佇聞明教江天在望延跂爲勞書不宣意可法表上其書勸朝廷爲自彊計而旋遣人答書曰南中向接好音可法隨遣使問訊吳大將軍未敢遽通左右非委隆誼於草莽也誠以大夫無私交春秋之義今倥偬之際忽奉琬琰之章眞不啻從天而降也循讀再三殷殷至意若以逆賊尙稽天討煩

貴國憂可法且感且愧懼左右不察謂南中臣民媮安江左竟忘君父之怨敬爲

貴國一詳陳之我大行皇帝敬天法祖勤政愛民眞堯舜之主也以
庸臣誤國致有三月十九日之事可法待罪南樞救援無及師次淮
上凶問遂來地坼天崩山枯海泣嗟乎人孰無君雖肆可法於市朝
以爲泄泄者之戒亦奚足謝先皇帝於地下哉爾時南中臣民哀慟
如喪考妣無不拊膺切齒欲悉東南之甲立翦兇讎而二三老臣謂
國破君亡宗社爲重相與迎立今上以繫中外之心今上非他神宗
之孫光宗猶子而大行皇帝之兄也名正言順天與人歸五月朔日
駕臨南都萬姓夾道歡呼聲聞數里羣臣勸進今上悲不自勝讓再
讓三僅允監國迨臣民伏闕屢請始以十五日正位南都從前鳳集
河清瑞應非一即告廟之日紫雲如蓋祝文升霄萬目共瞻欣傳盛
事大江湧出楠梓數十萬章助修宮殿豈非天意也哉越數日遂命
可法視師江北刻日西征忽傳我大將吳三桂借兵
貴國破走逆成爲我先皇帝后發喪成禮埽清宮闕撫輯羣黎且罷

薙髮之令示不忘本朝此等舉動振古鑠今凡爲大明臣子無不常
跽北向頂禮加額豈但如明諭所云感恩圖報已乎謹於八月薄治
筐篚遣使犒師兼欲請命鴻裁連兵西討是以王師既發復次江淮
乃辱明誨引春秋大義來相詰責善哉乎推言之然此乃爲列國君
薨世子應立有賊未討不忍死其君者立說耳若夫天下共主身殉
社稷青宮皇子慘變非常而猶拘牽不即位之文坐昧大一統之義
中原鼎沸倉猝出師將何以維繫人心號召忠義紫陽綱目踵事春
秋其閒特書如莽移漢鼎光武中興丕廢山陽昭烈踐祚懷愍亡國
晉元嗣基徽欽蒙塵宋高纘統是皆於國讎未翦之日亟正位號綱
目未嘗斥爲自立率以正統與之甚至如玄宗幸蜀太子即位靈武
議者疵之亦未嘗不許以行權幸其光復舊物也本朝傳世十六正
統相承自治冠帶之族繼絕存亡仁恩遐被
貴國昔在先朝夙膺封號載在盟府寧不聞乎今痛心本朝之難驅

除亂逆可謂大義復著於春秋矣昔契丹和宋止歲輸以金繒回紇助唐原不利其土地況
貴國篤念世好兵以義動萬代瞻仰在此一舉若乃乘我蒙難棄好崇讎規此幅幀爲德不卒是以義始而以利終爲賊人所竊笑也
貴國豈其然往先帝軫念潢池不忍盡戮勦撫互用貽誤至今今上
天縱英明刻刻以復讎爲念廟堂之上和衷體國介冑之士飲血枕戈忠義民兵願爲國死竊以爲天亡逆闖當不越於斯時矣語曰樹德務滋除惡務盡今逆成未服天誅諜知捲土西秦方圖報復此不獨本朝不共戴天之恨抑亦
貴國除惡未盡之憂伏乞堅同讎之誼全始終之德合師進討問罪秦中共梟逆賊之頭以洩敷天之憤則
貴國義問焰燿千秋本朝圖報惟力是視自此兩國世通盟好傳之無窮不亦休乎至牛耳之盟則本朝使臣久已在道不日抵燕奉盤

孟從事矣可法北望陵廟無涕可揮身蹈大戮罪應萬死所以不即從先帝者實爲社稷之故傳曰竭股肱之力繼之以忠貞可法處今日鞠躬致命克盡臣節所以報也願殿下實昭鑒之　開封推官陳潛夫與西平寨副將劉洪起誓師討賊俘杞縣僞官僞巡撫梁啓隆聞風遁去潛夫等渡河而北大破賊將陳德於柳園傳露布至朝中大喜擢潛夫監軍御史巡按河南　左都御史劉宗周連疏請告不得命遂抗疏劾馬士英言陛下龍飛淮甸天實予之乃有扈蹕微勞入內閣進中樞宮銜世廕晏然當之不疑者非士英乎於是李沾侈言定策挑激廷臣矣劉孔昭以功賞不均發憤冢臣朝端譁然聚訟而羣陰且翩翩起矣借知兵之名則逆黨可以然灰寬反正之路則逃臣可以汲引而閣部諸臣且次第言去矣中朝之黨論方興何暇圖河北之賊立國之本紀已疏何以言匡攘之略高傑一逃將也而奉若驕子浸有尾大之憂淮揚失事不難譴撫臣道臣以謝之安得

不長其桀驁則亦恃士英卵翼也劉黃諸將各有舊汛地而置若奕棊洶洶爲連雞之勢至分剖江北四鎮以慰之安得不啓其雄心則皆高傑一人倡之也京營自祖宗以來皆勳臣爲政樞貳佐之陛下立國伊始而有內臣盧九德之命則士英有不得辭其責者總之兵戈盜賊皆從小人氣類感召而生而小人與奄宦又往往相表裏自古未有奄宦用事而將帥能樹功於方域者惟陛下首辨陰陽消長之機出士英仍督鳳陽聯絡諸鎮決用兵之策史可法卽不還中樞亦當自淮而北歷河以南別開幕府與士英相犄角京營提督獨斷寢之書之史冊爲弘光第一美政宗周時在丹陽王優詔答之而促其速入士英大怒卽日具疏辭位且揚言於朝曰劉公自稱草莽孤臣不書新命明示不臣天子也其私人宗室朱統鐼遂劾宗周疏請移蹕鳳陽鳳陽高牆所在欲以罪宗處皇上而與史可法擁立潞王其兵已伏丹陽當急備而劉澤清高傑日夜謀所以殺宗周者不得

乃遣客十輩往刺宗周宗周終日危坐未嘗有惰容客前後至者不敢加害而去會黄鳴駿入覲兵抵京口與防江兵相擊鬬士英以統鑛言爲信也亦震恐宗周不得已入朝於是澤清疏劾宗周劉良佐繼之疏未下澤清復草一疏署傑良佐及黄得功名上之言宗周勸上親征謀危君父與姜曰廣吳甡合謀如甡宗周入都臣等卽渡江赴闕面詰諸奸正春秋討賊之義疏入舉朝大駭傳諭和衷集事初澤清疏出遣人錄示傑傑曰我輩武臣乃預朝事耶得功疏辨臣不預聞士英寢不奏可法不平遣使徧詰諸鎮咸云不知可法遂據以入告澤清輩由是氣沮時武臣各占分地賦入不以上供恣其所用置封疆兵事一切不問與廷臣互分黨援干預朝政奏牘紛如始朝廷許諸鎮與聞國是故傑屢條奏而澤清所言獨多狂悖朝廷皆曲意從之　監軍太僕寺少卿萬元吉言先帝天資英武銳意明作而禍亂益滋寬嚴之用偶偏任議之徒太畸也先帝初懲逆璫用事委

任臣工力行寬大諸臣狃之爭意見之異同略綢繆之桑土敵入郊圻束手無策先帝震怒宵小乘閒中以用嚴於是廷杖告密加派抽練使在朝者不暇救過在野者無復聊生廟堂號振作而敵彊如故寇禍彌張十餘年來小人用嚴之效如是先帝亦悔更從寬大悉反前規天下以爲太平可致諸臣復競賄賂肆欺蒙每趨愈下再攖先帝之怒誅殺方興宗社繼沒蓋諸臣之孽每乘於先帝之寬而先帝之嚴亦每激於諸臣之玩臣所謂寬嚴之用偶偏者此也國步艱難於今已極乃議者求勝於理卽不審勢之輕重好伸其言多不顧事之損益殿上之彼己日爭閫外之從違遙制一人任事衆口議之如孫傳庭守關中議者俱謂不宜輕出而已有以逗撓議之者矣賊既渡河臣語史可法姜曰廣急撤關寧吳三桂兵隨樞輔迎擊先帝召對時羣臣亦曾及此而已有以蹙地議之者矣及賊勢燎原廷臣或勸南幸或勸皇儲監國南都皆權宜善計而已有以邪妄議之者矣

由事後而觀咸追恨議者之誤國儻事幸不敗必共服議者之守經
大抵天下事無全害亦無全利當局者非樸誠通達誰敢違衆獨行
旁持者競意氣筆鋒必欲彊人從我臣所謂任議之途太畸者此也
乞究前事之失爲後事之師以寬爲體以嚴爲用蓋崇簡易推眞誠
之謂寬而濫賞縱罪者非寬辨邪正綜名實之謂嚴而鉤距索隱者
非嚴寬嚴得濟任議乃合仍請於任事之人嚴覈始進寬期後效無
令行間再踵藏垢邊才久借然灰收之以嚴然後可任之以寬也詔
褒納之　先是四川舉人楊鏘劉道貞等謀擁蜀王至澍監國巡按
御史劉之勃不可躍入池中議乃寢八月賊偪成都之勃與巡撫都
御史龍文光僉事劉士斗等分陴拒守總兵官劉鎭籓出戰而敗賊
穴城實以火藥又刳大木長數丈者合之纏以帛貯藥向城樓之勃
厲衆奮擊賊卻二三里皆喜以爲將去也甲子黎明火發北樓陷木
石飛蔽天守陴者皆散賊遂入城至澍率妃妾投於井合宗被害鎭

潘突圍投水死總兵官劉佳允亦死之勃等被執賊以之勃同鄉欲用之之勃勸以不殺百姓輔立蜀世子不聽遂大罵賊攢箭射殺之士斗闔門被殺文光及副使張繼孟陳其赤僉事陳孔教長史鄭安民同知方堯相華陽知縣沈雲祚皆不屈死時崇慶知州王勵精仁壽先後知縣劉三策顧繩貽郫縣主簿趙嘉煒綿竹典史卜大經滎縣知縣秦民湯蒲江知縣朱蘊羅興文知縣艾吾鼎南部知縣鄭夢眉攝劍州事教諭單之賓鄉官成都則按察使莊祖詒資縣則主事蔡如蕙綿竹則郎中刁化神御史宗室朱奉鉀皆死難而安岳進士王起峩渠縣員外郎李含乙皆舉義兵討賊不克死文光既死蜀人共推川東兵備僉事馬乾攝巡撫事內江員外郎范文光偕劉道貞及蘆山舉人程翔鳳雅州諸生傅元修洪其仁等舉義兵奉鎮國將軍朱平櫟爲蜀王推黎州參將曹勛爲副總兵統諸將而范文光以副使爲監軍道貞等授官有差　設廠衛緝事官巡撫蘇松都御史

祁彪佳上疏極言其弊姜曰廣擬俞旨䑓奄共撓之曰廣曰緝事不除宗社且不可知何廠衛之有乃改命五城御史體訪而緝事官不設　先是洛陽之陷王太后與王相失戊辰奉迎至南京命於三日內搜括萬金以充賞賜又諭工部以行宮湫隘亟修興寧宮慈禧殿剋期告成　庚辰命選淑女隱匿者隣里連坐陳子龍言中使四出搜巷凡有女之家黃紙貼額持之而去閭井騷然明旨未經有司中使私自搜采甚非法紀乃命禁訛傳誑惑者尋復使太監李國輔等分詣蘇杭采訪民間婚娶一空　辛巳賜北都殉難文武臣贈廕祭葬謚范景文馬世奇文忠倪元璐劉理順文正李邦華忠文王家彥忠端孟兆祥忠貞孟章明申佳胤節愍施邦曜忠介凌義渠忠清吳麟徵周鳳翔吳甘來許直金鉉陳純德忠節汪偉文烈王章忠烈陳良謨恭愍成德忠毅建旌忠祠於都城祀景文以下二十人及衛景瑗朱之馮湯文瓊諸生許玉仲四人曰正祀文臣以孟章明徐有聲

徐標朱廷煥給事中顧鋐彭琯御史俞志虞七人附祀劉文炳張慶
臻李國楨鞏永固劉文耀周遇吉等七人曰正祀武臣以衞時春朱
純臣等十五人附祀王承恩一人曰正祀內臣以太監六人附祀成
德母張氏金鉉母章氏汪偉妻耿氏劉理順妻萬氏妾李氏馬世奇
妾朱氏李氏陳良謨妾時氏吳襄妻祖氏九人曰正祀婦人然鋐琯
志虞輩特爲賊拷死諸侯伯亦大半以兵死國楨純臣皆降賊其他
爲賊拷死而獲贈官贈謚者復數人南北阻絕未能核實也　改前
大學士王應熊兵部尙書兼文淵閣大學士總督川湖雲貴軍務專
辦川寇起故巡撫樊一蘅兵部侍郎總督川陝軍務命吏部簡堪任
監司守令者從巡撫御史米壽圖西行　史可法出巡淮安閱劉澤
清士馬返揚州請餉爲進取資馬士英靳不發可法疏趣之因言邇
者人才日耗仕途日淆由名心勝而實意不修議論多而成功絕少
今事勢更非昔比必專主討賊復讎舍籌兵籌餉無議論舍治兵治

饟無人才有摭拾浮談巧營華要者罰無赦王優詔答之　馬士英既逐呂大器以周鑣雷縯祚曾主立潞王議復令朱統𨨲劾姜曰廣五大罪因言鑣縯祚等皆曰廣私黨請悉置於理初舉朝以逆案攻大鋮大鋮憾甚及見北都從逆諸臣有附會清流者因倡言曰彼攻逆案我作順案與之對以自成僞國號曰順也士英遂疏糾從逆庶吉士周鍾光時亨等并及鑣以鍾時亨名附東林而鍾又鑣從弟也於是鑣縯祚鍾時亨皆逮治　馬士英之爲阮大鋮奏辨也以高宏圖爲御史時嘗詆東林必當右己乃言宏圖素知臣者宏圖則力言逆案不可翻士英與爭宏圖乞罷士英意稍折遲迴月餘用安遠侯柳祚昌薦中旨起大鋮兵部添註右侍郎熊汝霖言大鋮以知兵用當置有用地不宜處中朝不聽一日閣中語及故庶吉士張溥士英曰我故人也死酹而哭之姜曰廣笑曰公哭東林者亦東林耶士英曰我非畔東林者東林拒我耳宏圖因從臾之士英意解而劉宗周

疏劾自外至言殺魏大中者魏璫大鋮其主使也卽才果足用臣慮黨邪害正之才終病世道大鋮進退實係江左興亡乞寢成命有旨切責大鋮宣言宗周劾己曰廣實使之於是士英怒不可止而薦張捷謝陞之疏出朝端益水火矣未幾大鋮兼右僉都御史巡閱江防

初史可法慮高傑跋扈難制故置黃得功儀真陰相牽制適京口總兵官黃蜚將之任蜚與得功同姓稱兄弟移書請兵備非常九月丙戌朔得功率騎三百由揚州往高郵迎之傑副將胡茂楨馳報傑傑素忌得功又疑圖己乃伏精卒道中邀擊之得功行至土橋方作食伏起出不意上馬舉鐵鞭飛矢雨集馬踣騰他騎馳有驍騎舞槊直前得功大呼反鬬挾其槊而抶之人馬皆靡復殺數十人跳入頹垣中哮聲如雷追者不敢進遂疾馳至大軍得免方鬬時傑潛師擣儀真得功兵頗傷而所俱行三百騎皆沒遂訴於朝願與傑決一死戰可法命萬元吉和解之不可會得功有母喪可法來弔語之曰土

橋之役無智愚皆知傑不義今將軍以國故捐盛怒而歸曲於高是將軍收大名於天下也得功色稍和終以所殺士多爲恨可法令傑償其馬復出千金爲賵得功不得已聽之　姜曰廣連遭誣衊屢疏乞休癸巳致仕入辭諸大臣在列曰廣曰微臣觸忤權奸自分萬死上恩寬大猶許歸田臣歸後願陛下以國事爲重馬士英熟視曰廣詈曰我權奸汝且老而賊也既出復於朝堂相詬詈而罷曰廣骨鯁扼於憸邪不竟其用遂歸　劉宗周告歸將行疏陳五事修聖政振王猷明國是端治術固邦本優詔報聞　追謚開國名臣李善長等十四人謚正德諫臣蔣欽忠烈周璽忠愍張英忠壯劉校李惠並忠毅陸震忠定何遵忠節林公黼忠恪余廷瓚忠愍李紹賢忠端孟陽忠介詹軾忠潔劉槪忠質謚天啓慘死諸臣左光斗周朝瑞周宗建李應昇並忠毅袁化中忠愍顧大章裕愍周起元忠惠繆昌期文貞黃尊素忠端萬燝忠貞從李清請也謚建文朝忠臣齊泰黃子澄並

節愍方孝孺文正練子寧卓敬徐輝祖並忠貞暴昭連楹並剛烈陳迪景清胡閏並忠烈陳性善忠節黃觀文貞鐵鉉忠襄茅大芳高翔余逢辰並忠愍王叔英文忠廖昇王艮並文節黃越忠憲王度襄愍王炳忠莊戴德彝魏冕巨敬並毅直程本立忠介葛誠果愍杜奇貞直盧原質張昺並節愍胡子昭介愍郭任清毅盧迥貞達徐子權忠愍宋徵直愍侯泰勤貞劉璟剛節周璿肅愍陳繼之莊景韓永莊介龔泰端果葉福節愍謝昇貞勤甘霖丁志方並貞定林英毅節顏伯瑋姚善忠惠伯瑋子有爲孝節陳彥回林嘉猷並穆愍王艮曾鳳韶高巍並忠毅周是修貞毅王省貞烈陳思賢石撰貞愍周繼瑜張彥芳並莊愍知縣向朴惠莊鄭恕惠節吏目鄭華貞莊主簿唐子清義節典史黃謙果義崇剛宋忠並壯愍彭二壯武余瑱翼愍謝貴莊得孫泰並勇愍俞通淵瞿能並襄烈卓旗張英烈張倫貞勇且各贈官有差而孝孺弟孝友及黃魁葉惠仲廖鏞廖銘黃彥清黃希范程通

行軍斷事錢芹鎮撫楊本周拱元曾濬護衛指揮盧振都指揮彭聚卜萬梵智小馬王等並贈官孝孺妻鄭黃觀妻翁曾鳳韶妻李王艮妻胡閨女郡奴等並獲謚從顧錫疇請也又先後謚劉一燝何如寵並文端文震孟文肅姚希孟文毅羅喻義文介陳仁錫文莊盧象昇忠烈蔡懋德忠襄贈孫承宗太師賀逢聖少傅並謚文忠呂維祺太傅謚忠節衛景瑗兵部尚書謚忠毅朱之馮兵部尚書謚忠壯周遇吉太保謚忠武以懋德不守河爲失策故不予贈廕　北都降賊諸臣南還史可法言諸臣原籍北土者宜令赴吏兵二部錄用否則恐絕其南歸之心又言北都之變凡屬臣子皆有罪在北者應從死豈在南者非人臣即臣可法謬典南樞臣士英叨任總督未能悉東南甲疾趨北援鎮臣澤清傑以兵力不支折而南走是首應重論者臣等罪也乃因聖明繼統鈇鉞未加恩榮疊被而獨於在北諸臣毛舉而概繩之豈散秩閒曹責反重於南樞鳳督哉宜摘罪狀顯著者重

懲示儆若僞命未汚身被刑辱可置勿問其逃避北方徘徊而後至者許戴罪討賊赴臣軍前酌用廷議並從之　呂大器既去馬士英憾未已令太常寺少卿李沾劾之遂削大器籍復命法司逮治之以蜀地盡失無可蹤跡而止沾超擢左都御史又逮左光先光先閒行走徽嶺緹騎索不得乃止　吏部尚書徐石麒以年例出御史黃耳鼎給事中陸朗於外朗賄奄人得留用石麒發其罪朗恚詆石麒石麒稱病乞休耳鼎亦兩疏劾石麒并言其枉殺陳新甲石麒疏辨求去益力馬士英擬嚴旨王不許命馳驛歸石麒剛方清介扼於權奸悒悒不得志士英挾定策功將圖封石麒議格之中官田成等納賄請屬石麒悉拒不納由是中外皆怨搆之去士英欲用張國維代時張捷已起吏部侍郎阮大鋮以中旨用捷國維乃乞省親歸　河南巡按御史陳潛夫入朝言中興在進取王業不偏安山東河南地尺寸不可棄豪傑結寨自固者引領待官軍誠分命藩鎮以一軍出潁

壽一軍出淮徐則衆心競奮爭爲我用更須爵賞鼓舞計遠近畫城堡俾自守而我督撫將帥屯鋭師要害以策應之寬則耕屯爲食急則披甲乘墉一方有警前後救援長河不足守也汴梁一路臣聯絡素定旬日可集十餘萬人誠稍給糗糧容臣自將臣當荷戈先驅諸藩鎮爲後勁河南五郡可盡復五郡既復畫河爲固南連荆楚西控秦關北臨趙衛上之則恢復可望下之則江淮永安此今日至計也兩淮之上何事多兵督撫紛紜並爲虛設若不思外拒專事退守舉土地甲兵之衆致之他人臣恐江淮亦未可保也時諸帥中獨劉洪起欲效忠潛夫請予掛印爲將軍馬士英不聽而用其姻婭越其杰巡撫河南潛夫所建白皆不用諸鎮兵無至者　冬十月乙卯朔兵部侍郎左懋第等次張家灣

大清傳令止許百人從行授四夷館懋第不肯入仍改鴻臚寺懋第衰經入都門

大清責以朝見懋第欲以客禮見反覆折辨國書無由達請祭告諸
陵不得陳太牢於旅所哭而奠之　高宏圖與馬士英齟齬四疏乞
休庚申致仕　少詹事徐汧陳時政七事以化恩讎去偏黨爲言柳
昌祚疏攻汧謂朝服謁潞王於京口自恃東林巨魁與復社楊廷樞
顧杲諸奸狼狽相倚陛下定鼎金陵彼爲討金陵檄所云中原逐鹿
南國指馬是何語乞置汧於理除廷樞杲名其餘徒黨容臣次第糾
彈時國事方棘所奏竟寢汧移疾歸　始高傑居揚州桀驁甚史可
法開誠布公導以君臣大義傑感可法忠奉約束可法乃與謀恢復
議調黃得功劉澤清二鎮赴邳宿防河傑自提兵直趨歸開且瞰宛
洛荊襄以爲根本傑遂具疏上之語激切且云得功與臣猶介介前
事臣知報君雪恥而已安能與同列較短長哉然得功終不欲爲傑
後勁而澤清尤狡橫難任可法不得已調劉良佐赴邳徐與傑相聲
援傑遂帥師移鎮徐州左中允衛允文兼兵科給事中監其軍可法

議分布諸將奏請以總兵官李成棟鎮徐州賀大成揚州王之綱開
封李本身胡茂楨隸高傑麾下爲前鋒而令總兵官劉肇基駐高家
集李棲鳳駐睢寧以防河閣標前鋒則用張天祿駐瓜州　馬士英
阮大鋮慮東林倚左良玉爲難謾語修好而陰忌之築板磯城爲西
防良玉歎曰今西何所防殆防我耳故錦衣衛都督劉僑者嘗遣戍
由周文江賄張獻忠受僞官及良玉復蘄黄僑削髮逃去黄澍持之
急而士英納僑賄令訐澍遂復僑官削澍職尋以楚府中尉朱盛濃
言遣緹騎逮澍良玉令部將羣譁欲下南京索饟因保救澍袁繼咸
爲留江漕十萬石饟十三萬金給之且上疏代澍申理士英不得已
乃免澍逮澍匿良玉軍中良玉與士英由此有隙先是繼咸陳致治
守邦大計引宋高宗用黄潛善汪伯彥事語侵士英至是士英亦與
繼咸隙所奏悉停寢　壬午
大清遣左懋第等還既出都陳洪範請身赴江南招諸將劉澤清等

降附而留懋第等勿遣十一月自滄洲追還懋第改館太醫院和議不成　命故唐王聿鍵徙居廣西平樂府　史可法赴清江浦遣官屯田開封爲經略中原計諸鎮分汛地自王家營而北至宿遷最衝要可法自任之築壘緣河南岸時山西山東郡縣

大清已次第撫定分兵下江南戊子可法舟次鶴鎮諜報

大清兵入宿遷可法進至白洋河命劉肇基李棲鳳往援壬辰渡河復其城越數日

大清兵還攻邳州軍城北肇基復援之軍城南相持半月而解時李自成猶未滅可法請頒討賊詔書言自三月以來大讎在目一矢未加昔晉之東也其君臣日圖中原而僅保江左宋之南也其君臣盡力楚蜀而僅保臨安蓋偏安者恢復之退步未有志在偏安而遽能自立者也大變之初黔黎灑泣紳士悲哀猶有朝氣今則兵驕饟絀文恬武嬉頓成暮氣矣河上之防百未經理人心不肅威令不行復

讎之師不聞及關陝討賊之詔不聞達燕齊君父之讎置諸膜外夫我即卑宮菲食嘗膽臥薪聚才智精神枕戈待旦合方州物力破釜沈舟尚虞無救以臣觀廟堂謀畫百執事經營殊未盡然夫將所以能克敵者氣也君所以能禦將者志也廟堂志不奮則行間氣不鼓夏少康不忘出竇之辱漢光武不忘析薪之時臣願陛下為少康光武不願左右在位僅以晉元宋高之說進也先皇帝死於賊恭皇帝亦死於賊此千古未有之痛也在北諸臣死節者無多在南諸臣討賊者復少此千古未有之恥也庶民之家父兄被殺尚思穴胸斷脰得而甘心況在朝廷顧可漠置臣願陛下速發討賊之詔責臣與諸鎮悉簡精銳直指秦關懸上爵以待有功假便宜而責成效絲綸之布痛切淋漓庶海內忠臣義士聞而感憤也國家遘此大變陛下嗣登大寶與先朝不同諸臣但有罪之當誅曾無功之足錄今恩外加恩未已武臣腰玉名器濫觴自後宜慎重務以爵祿待有功庶猛將

武夫有所激厲兵行最苦無糧搜括旣不可行勸諭亦難爲繼請將不急之工程可已之繁費朝夕之燕衎左右之進獻一切報罷卽事關典禮亦宜槪從節省蓋賊一日未滅卽有深宮曲房錦衣玉食豈能安享必刻刻在復讎雪恥振舉朝之精神萃萬方之物力盡幷於選將練兵一事庶人心可鼓天意可回可法每繕疏循環諷誦聲淚俱下聞者無不感泣比

大清兵已下邳宿可法飛章報馬士英大笑謂坐客楊士聰曰君以爲誠有是事耶乃史公妙用也歲將暮防河將吏應敘功耗費軍資應稽算此特爲敘功稽算地耳　桂王常瀛薨於梧州世子已先卒次子安仁王由榔襲封　御史沈宸荃言經略山東河南者王永吉張縉彥也永吉失機先帝拔爲總督擁兵近甸不救國危縉彥官部曹先帝驟擢典中樞乃率先從賊卽加二人極刑不爲過陛下屈法用之而永吉觀望逗遛縉彥狼狽南竄死何以對先帝生何以對陛

下昌平巡撫何謙失陷諸陵罪亦當按都城既陷守土臣宜皆厲兵秣馬以報國讎乃賊塵未揚輒先去以爲民望如河道總督黃希憲山東巡撫邱祖德尙可容偃臥家園乎疏入謙祖德等命逮治永吉縉彥不罪　張獻忠僭號大西國王改元大順卽僞位以蜀王府爲宮名成都曰西京設左右丞相六部五軍都督府等官養子孫可望艾能奇劉文秀李定國等皆爲將軍分徇諸府州縣悉陷之保寧順慶先已降李自成置官吏獻忠悉逐去自成發兵攻不克遂據有全蜀惟遵義一郡及黎州土司馬金石砫秦良玉堅不下獻忠黃面長身虎頷人號黃虎性狡譎嗜殺一日不殺人輒悒悒不樂詭開科取士集於青羊宮盡殺之筆墨成邱冢坑成都民於中園殺各衞籍軍九十八萬又遣四將軍分屠各府縣名草殺僞官朝會拜伏呼獒數十下殿獒所齅者引出斬之名天殺又創生剝皮法皮未去而先絕者刑者抵死將卒以殺人多少敘功次共殺男女六萬萬有奇賊將

有不忍至縊死者僞都督張君用王明等數十人皆坐殺人少剝皮
死并屠其家脅川中士大夫使受僞職敘州布政使尹伸廣元給事
中吳宇英並不屈死諸受職者尋亦皆見殺其慘虐無人理不可勝
紀又用法移錦江涸而闕之深數丈埋金寶億萬計然後決堤放流
名水藏曰無爲後人有也時督師大學士王應熊總督侍郎樊一衡
共入遵義守之應熊縞素誓師開幕府與一衡檄諸舊將會師大舉
會巡撫馬乾擊走賊將劉廷舉復重慶松潘副將朱化龍同知詹天
顏擊斬賊將王運行復龍安茂州一衡乃起舊將甘良臣爲總統副
以侯天錫屠龍合參將楊展游擊馬應試余朝宗所攜潰卒得三萬
人而會英李占春于大海王祥曹勛等義兵並起故獻忠誅殺益毒
治從賊之獄仿唐制六等定罪十二月刑部尙書解學龍議定上
之其一等應磔者宋企郊牛金星李振聲喻上猷陸之祺楊王休知
府張嶙然提學參議黎志陞太僕寺少卿曹欽程給事中高翔漢檢

討劉世芳十一人二等應斬秋決者光時亨鞏焴周鍾主事方允昌四人三等應絞擬贖者楊枝起廖國遴王承曾副使原毓宗庶吉士何孕光少詹事項煜修撰陳名夏七人四等應戍擬贖者侯恂主事王孫蕙檢討梁兆陽大理寺正錢位坤副使王秉鑑御史陳羽白裴希度張懋爵郎中劉大鞏員外郎郭萬象給事中申芝芳修撰楊廷鑑舉人吳達金汝礪黃繼祖十五人五等應徒擬贖者方拱乾參議宋學顯主事繆沅給事中吳兆龍傅振鐸進士吳剛思檢討方以智傅鼎銓庶吉士張家玉及沈元龍十人六等擬杖應贖者員外郎潘同春吳泰來主事張琦行人王于曜行取知縣周壽明進士徐家麟及向列星李㭎八人其留北俟後定奪者楊觀光龔鼎孳孫承澤張若麒少詹事何瑞徵副使方大猷侍郎黨崇雅熊文舉太僕寺卿葉初春給事中戴明說劉昌御史涂必泓張鳴駿司業薛所蘊參議趙京仕編修高爾儼郎中衛周祚及黃紀孫襄十九人其另存再議者

給事中翁元益郭充庶吉士魯棨吳爾壎史可程王自超白孕謙梁清標楊棲鶚張元琳呂崇烈李化麟朱積趙頫劉廷琮郎中侯佐吳之琦員外郎左懋泰鄒明魁行人許作梅進士胡顯博士龔懋熙及王之牧王臯梅鶚姬琨朱國壽吳嵩孕二十八人其已奉旨錄用者兵部尚書張縉彥衛允文給事中時敏諭德韓四維御史蘇京行取知縣黃國琦施鳳儀郎中張正聲中書顧大成及姜荃林等十人也得旨周鍾等不當緩決陳名夏等未蔽厥辜侯恂宋學顯吳剛思方以智潘同春等擬罪未合新榜進士盡汚僞命不當復玷班聯令再議惟方拱乾結納馬士英阮大鋮特旨免其罪然學龍所定案亦多漏網而所擬一等諸犯皆隨賊西行實未嘗正刑辟也　通政使楊維垣爲霍維華等訟冤章下吏部尚書張捷重述三朝舊事力稱維華等忠凡逆案已死者悉予贈卹　河南巡撫越其杰老憊不知兵總督北直山東河南北尚書張縉彥不能馭諸將先是蕭應訓復南

陽及泌陽舞陽桐柏遺子三傑獻捷陳潛夫授告身飲之酒鼓吹旌旂前導出三傑喜過望往謁其杰其杰故爲尊嚴厲辭詰責詆爲賊三傑泣而出萌異心潛夫過諸寨皆鐃吹送迎其杰間過之諸寨皆閉門不出其杰恚譖潛夫於馬士英士英怒召潛夫還以兵部主事凌駉代之　高傑既至徐州沿河築墻專力備禦且遣人通好於鎮守開封總兵官許定國爲聯絡河南計張縉彥亦奏定諸將分地已

大清兵至孟津先遣精兵渡河沿河十五寨堡俱望風歸附

大兵入河南府總兵官李際遇迎降縉彥等並走沈邱河南撫鎮飛章告急命傑進屯歸德爲備　王性闇弱湛於酒色聲伎委任馬士英及阮大鋮士英獨握大柄內倚田成輩外結劉孔昭朱國弼柳昌祚劉澤清劉良佐等而一聽大鋮計盡起逆案中楊維垣徐景濂虞廷陛郭如闇周昌晉虞大復徐復陽陳以瑞吳孔嘉輩而與張捷唐世濟等比張孫振袁宏勳劉光斗皆得罪先朝復置之言路爲爪牙

朝政濁亂賄賂公行四方警報狎至士英一無籌畫日以鋤正人引兇黨爲務大僚降賊者賄入輒復其官諸白丁隸役輸重賂立躋大帥都人爲語曰職方賤如狗都督滿街走其刑賞倒亂如此大鋮嘗以烏絲闌寫己所作燕子箋雜劇進之時歲將暮王一日居興寧宮憮然不樂韓贊周請其故王曰黎園殊少佳者贊周泣曰奴以陛下或思皇考乃作此想耶

大清順治二年春正月袁繼咸言元朔者人臣拜手稱觴之日陛下嘗膽臥薪之時念大恥未雪宜以周宣之未央問夜爲可法以晚近長夜之飲角觝之戲爲可戒省土木之功節浮淫之費戒諭臣工後私鬪而急公讎臣每歎三十年來徒以三案葛藤血戰不已若要典一書已經先帝焚毀何必復理其說書苟未進宜寢之卽已進宜毀之又請下寬大之詔解圜扉疑入之囚斷草野株連之案王降旨兪其言 興平伯高傑進兵歸德許定國方駐睢州有言其送子渡河

者傑招定國來會不應復邀越其杰陳潛夫同往睢州定國始郊逆其杰諷傑勿入城傑心輕定國不聽遂入城乙未定國置酒享傑傑飲酣爲定國刻行期且徵及送子事定國益疑無離睢意傑固促之定國怒夜伏兵傳礮大呼其杰等亟遁走傑醉臥帳中未起衆擁至定國所殺之先是傑以定國將去睢盡發兵戍開封所留親卒數十人而已定國僞恭順多選伎侍傑而以二伎偶一卒寢卒盡醉及聞礮欲起爲二伎所掣不得脫皆死丙申傑部下至攻城老弱無孑遺定國走降

大清軍傑爲人淫毒揚民聞其死皆相賀然是行也進取意甚銳史可法流涕頓足歎曰中原不可爲矣遂如徐州以總兵官李本身爲提督統傑兵本身者傑甥也以胡茂楨爲督師中軍李成棟爲徐州總兵諸將各分地又立傑子元爵爲世子請卹於朝軍乃定傑軍既還於是大梁以南皆不守衛允文承馬士英指疏詆可法士英即擢

允文兵部侍郎總督興平軍以分其權可法益不得展布　癸卯中
旨以吏部侍郎蔡奕琛兼東閣大學士入閣辦事　解學龍奉詔擬
周鍾光時亨等各加一等潘同春諸臣皆候補小臣受僞無據仍執
前律時馬士英阮大鋮必欲殺鍾學龍欲緩其死謀之大學士王鐸
乘士英注籍上之且請停刑鐸卽擬俞旨褒以詳愼平允士英聞之
大怒然事已無及大鋮暨張捷楊維垣聲言欲劾學龍學龍引疾命
未下朱國弼及御史張孫振等詆其曲庇行私遂削籍歸　二月進
阮大鋮兵部尚書兼副都御史仍閱江防　丙子改上思宗廟號曰
毅宗　己卯改鑄南京各衙門印去南京二字　先是有狂僧大悲
出語不類爲總督京營戎政趙之龍所捕阮大鋮欲假以誅東林及
素所不合者因造十八羅漢五十三參之目書史可法高宏圖姜曰
廣等姓名納大悲袖中海內人望無不備列禮部尚書錢謙益先已
疏頌馬士英且爲大鋮訟冤修好矣大鋮憾不釋亦列焉將窮治其

事獄詞詭祕朝士皆自危士英不欲興大獄乃當大悲妖言律斬而止　羣小皆不喜袁繼咸汰其軍饟六萬軍中有怨言繼咸疏爭不得又以江上兵寡議造戰艦檄九江僉事葉士彥於江流截買材木士彥家蕪湖與諸商暱封還其檄繼咸以令不行疏劾士彥士彥同年黃耳鼎亦劾繼咸言繼咸有心腹將校勸左良玉立他宗良玉不從云良玉嘗不拜監國詔聞之益疑懼上疏明與繼咸無隙耳鼎受指使而言要典宜再焚羣小由是交口言繼咸良玉倡和脅制朝廷矣

大清兵攻潼關僞伯馬世耀以六十萬衆迎戰敗死潼關破李自成遂棄西安由龍駒寨走武岡入襄陽　三月協理詹事府事禮部尚書黃道周祭告禹陵瀕行陳進取策不用　有自北來自稱莊烈帝太子者朝臣驗之以爲駙馬都督王昺孫王之明者僞爲之繫之獄又有童氏者自言王繼妃劉良佐具禮送之陳潛夫至壽州見車馬

騶從傳呼皇后來亦稱臣朝謁及童氏入都王以爲假冒亦下獄責
潛夫私謁妖婦逮治之都下士民譁然不平總督湖雲川貴廣西侍
郎何騰蛟寧南侯左良玉靖南侯黃得功廣昌伯劉良佐皆上疏爭
弁及童妃事王急出獄詞偏示中外衆論益籍籍謂馬士英等朋奸
導王滅絕倫理黃澍在良玉軍中日夜言太子寃狀請引兵除君側
惡借此激衆以報己怨召三十六營大將與之盟良玉反意乃決又
以士英裁其饟大憾傳檄討士英復上疏歷言其罪請誅士英大鋮
等以謝先帝疏上遂引兵東自漢口達蘄州列舟二百餘里良玉之
請全太子不得也袁繼咸疏言太子眞僞非臣所能懸揣眞則望行
良玉言僞則不妨從容審處多召東宮舊臣辨識以解中外之疑疏
未達良玉已反良玉邀騰蛟偕行不可則盡殺城中人以劫之士民
爭匿其署中騰蛟坐大門縱之入良玉破垣舉火避難者悉焚死騰
蛟卽解印付家人令速走將自剄爲良玉部將擁去良玉欲與同舟

不從乃置之別舟以副將四人守之舟次漢陽門騰蛟乘間躍入江水四人懼誅亦赴水騰蛟漂十餘里漁船救之起則漢前將軍關壯繆侯廟前也家人懷印者亦至相視大驚覓漁舟忽不見遠近謂騰蛟忠誠得神佑益歸心焉

大清兵既定關陝分三路同趨歸德克鄖城上蔡諸縣所過城邑皆附遂進取歸德巡按御史淩駉死之　王應熊奏上討賊方略請敕川陝湖廣兩總督鄖陽湖廣貴州雲南四巡撫出師合討并劾馬乾縱兵淫掠奪職提訊會蜀地大亂詔命不至乾行事如故乃傳檄遠近協力討賊劉廷舉之敗走也張獻忠遣劉文秀等攻重慶水陸並進乾固守曾英與劉鱗長自遵義援之與部將于大海李占春張天相等夾擊破賊兵數萬英威名大振諸別將皆屬兵二十餘萬奉樊一蘅節制　夏四月馬士英遣阮大鋮黃得功劉孔昭等禦左良玉命總督上江軍務尚書朱大典監得功軍而檄江北劉良佐等兵從

之西時
大清兵日南下大理寺少卿姚思孝御史喬可聘成友謙請無撤江
北兵亟守淮揚士英厲聲叱曰若輩東林猶藉口防江欲縱左逆入
犯耶北兵至猶可議款左逆至則若輩高官我君臣獨死耳力排思
孝等議淮揚備禦益弱　初阮大鋮僑居南京聯絡南北附璫失職
諸人劫持當道且招納游俠爲談兵說劍覬以邊才召無錫顧杲吳
縣楊廷樞貴池吳應箕桐城左國材蕪湖沈士柱餘姚黄宗羲鄞縣
萬泰等方聚講南京惡大鋮甚會京師有警作留都防亂公揭討之
列名者百四十人皆復社諸生也大鋮懼乃閉門謝客獨與馬士英
深相結及大鋮得志遂誣逮杲下獄而杲等公揭主之者周鑣也大
鋮以故恨鑣謀殺之鑣獄急應箕獨入獄護視大鋮聞急遣騎捕之
應箕夜亡去鑣屬御史陳丹衷求解於士英爲緝事者所獲丹衷出
爲知府於是察處御史羅萬爵希大鋮指上疏痛詆鑣而鑣同里光

祿寺卿祁逢吉見人輒詈鑣遂得爲戶部侍郎亡何左良玉檄言士英引用大鋮構陷鑣及雷縯祚士英大鋮益怒大鋮謂鑣實召良玉兵王乃賜鑣縯祚自盡故事小臣無賜自盡者因良玉兵東下故大鋮輩急殺之而周鍾光時亨亦棄市大鋮輩旣殺鍾時亨卽傳旨從逆諸臣二等罪斬者謫充雲南金齒軍三等罪絞者充廣西邊衛軍四等以下俱爲民永不敘用大鋮又銜諸生沈壽民前劾楊嗣昌疏有刺己語姜垓爲行人見署中題名碑疏請去己名故必欲殺垓壽民垓壽民各變姓名逃避之國亡乃解杲憲成之孫也　初袁繼咸聞李自成兵敗南下命部將郝效忠陳麟鄧林奇守九江自統副將汪碩畫李士元等援袁州防賊由岳州長沙入江西境旣已登舟聞左良玉反復還九江良玉舟抵北岸貽書繼咸願握手一別爲皇太子死九江士民泣請繼咸往紓一方難繼咸會良玉於舟中良玉語及太子下獄事大哭次日舟移南岸良玉袖出皇太子密諭劫諸將

盟繼咸正色曰密諭從何來先帝舊德不可忘今上新恩亦不可負
密諭從何來良玉色變良久乃曰吾約不破城改檄爲疏駐軍候旨
繼咸歸集諸將於城樓而灑泣曰兵諫非正晉陽之甲春秋惡之可
同亂乎遂約與俱拒守而效忠及部將張世勳等則已出與良玉合
兵入城殺掠繼咸聞之欲自盡黃澍入署拜泣曰寧南無異圖公以
死激成之大事去矣副將李士春亦密白繼咸隱忍至前途王文成
之事可圖也繼咸以爲然遂出責良玉良玉已疾篤夜望見城中火
起大哭曰予負臨侯臨侯繼咸別號也嘔血數升遂死其子夢庚祕
不發喪諸將推爲留後後七日諸軍自彭澤東下連陷建德東流殘
安慶城巡撫都御史張亮被執夢庚挾亮與俱行抵池州不破城貽
副將惠登相書曰留此待後軍登相大詬曰若此則我反不如前爲
流賊時矣如先帥末命何檄其軍返夢庚見黑旂船西上索輕舸追
及之登相與相見大慟以夢庚不足事引兵絕江而去諸將乃議旋

師初夢庚自立陽語繼咸至池州侯旨繼咸密以疏聞道梗不得達
中朝皆疑繼咸良玉同反亮乘間赴水死　黃得功等破左夢庚於
銅陵解其圍夢庚兵至采石得功等與相持阮大鋮劉孔昭虛張捷
音以邀爵賞　李自成走武昌
大清兵兩道追躡連破之鄧州承天德安武昌窮追至賊老營大破
之者八　史可法移軍駐泗州防祖陵將行以左良玉犯闕召可法
入援渡江抵燕子磯黃得功已破良玉軍可法乃趨天長檄諸將救
盱眙俄報盱眙已降
大清泗州援將侯方嚴全軍沒可法一日夜奔還揚州訛傳許定國
兵將至殲高氏部曲城中人悉斬關出舟楫一空可法檄各鎮兵無
一至者獨劉肇基自白洋河趨赴過高郵不見妻子既入城請乘
大清兵未集背城一戰可法持重朝命劉澤清等往援而澤清已潛
謀輸款壬申

大清兵大至屯班竹園明日總兵官李棲鳳監軍副使高岐鳳拔營
出降城中勢益單諸文武分陴拒守舊城西門險要可法自守之作
書寄母妻且曰死葬我高皇帝陵側越二日
大清兵薄城下肇基分守北門發礮傷圍者已而
大兵礮擊城西北隅丁丑城破可法自刎不殊一參將擁之出小東
門遂被執可法大呼曰我史督師也可速殺我勸之降不從遂被殺
肇基帥所部四百人巷戰格殺數百人後騎來益衆力不支一軍皆
沒副將乙邦才馬應魁莊子固樓挺江雲龍李豫參將陶國祿許謹
馮國用陳光玉李隆徐純仁游擊李大忠孫開忠都司姚懷龍解學
曾等皆巷戰死監軍僉事王纘爵揚州知府任民育同知曲從直江
都前後知縣周志畏羅伏龍兩淮鹽運使楊振熙監饟知縣吳道正
江都縣丞王志端賞功副將汪思誠幕客盧渭歸昭等十九人及遵
義知府何剛庶吉士吳爾壎家居侍郎張伯鯨並死之而諸生婦女

死節者甚衆可法爲督師行不張蓋食不重味夏不箑冬不裘寢不解衣年四十餘無子其妻欲置妾太息曰王事方殷敢爲兒女計乎歲除遣文牒至夜半倦索酒庖人報殽肉已分給將士無可佐者乃取鹽豉下之可法素善飲數斗不亂在軍中絕飲是夕進數十觥思
先帝泫然淚下凭几臥比明將士集轅門外門不啓左右遙語其故民育曰相公此夕臥不易得也命鼓人仍擊四鼓戒左右毋驚相公須臾可法寤聞鼓聲大怒曰誰犯吾令將士述民育意乃獲免可法死覓其遺骸天暑衆屍蒸變不可辨識踰年家人舉袍笏招魂葬於揚州郭外之梅花嶺其後四方弄兵者多假其名號以行故時謂可法不死云

大清兵臨江監軍副使楊文驄與總兵官鄭鴻逵鄭彩駐金山扼大江而守五月壬午朔擢文驄僉都御史巡撫常鎮二府兼督沿海諸軍封鴻逵爲伯文驄乃還駐京口合鴻逵等兵南岸與

大清兵隔江相持
大清兵編大筏置燈火夜放之中流南岸軍發礮石以爲克敵也日
奏捷己丑夜
大清兵乘霧潛濟迫岸諸軍始知倉皇列陳甘露寺鐵騎衝之悉潰
文驄走蘇州鴻逵彩帥衆還福建緣道劫掠辛卯夜王走太平趨靖
國公黃得功軍劉孔昭斬關遁壬辰馬士英奉王太后以黔兵四百
人爲衞奔杭州亂兵擁王之明立之得功方收兵屯蕪湖癸巳王潛
入其營得功驚泣曰陛下死守京城臣等猶可盡力柰何聽奸人言
倉卒至此且臣方對敵安能扈駕王曰非卿無可仗者得功泣曰願
效死朱大典與阮大鋮見王舟中亦誓力戰丙申
大清兵至南京王之明及文武百官盡出迎降徐宏基走吳江刑部
尚書高倬自縊死儀制主事黃端伯以不出降捕繫之卒不降就戮
戶部郎中劉成治戶部主事吳嘉胤中書舍人龔廷祥欽天監博士

陳于階國子生吳可箕武舉黃金璽布衣陳士達並死焉
大清命鴻臚寺丞黃家鼒往蘇州安撫楊文驄襲殺之遂走處州
大清知王出奔分兵襲太平黃得功以戰荻港時傷臂幾墮衣葛衣
以帛絡臂佩刀坐小舟督麾下八總兵結束前迎敵而劉良佐已先
歸命大呼岸上招降得功怒叱曰汝乃降乎忽飛矢至中其喉偏左
得功知不可爲擲刀拾所拔箭刺吭死其妻聞之亦自經總兵官翁
之琪投江死中軍田雄遂挾王降丙午執至南京得功麤猛不識文
義然忠義出天性聞以國事相規誡者輒屈己改不旋踵其行軍紀
律嚴下無敢犯所至人感其德時諸鎮皆納款袁繼咸勸左夢庚旋
師不聽遣人語鄧林奇汪碩畫李士元毋爲不忠事林奇等避皖湖
中遣人陰逆繼咸繼咸已爲郝效忠紿赴其軍將及湖口而夢庚效
忠降於我
大清遂執繼咸北去　何騰蛟從寧州轉瀏陽抵長沙集參政堵胤

錫僉事傅上瑞副使嚴起恆章曠周大啓推官吳錫晉等痛哭盟誓

分士馬舟艦糗糧各任其一令脩錫攝湖北巡撫上瑞攝湖南巡撫

曠爲總督監軍大啓提督學政起恆督衡永二郡軍食晉錫攝彬桂

道事卽遣曠調副將黃朝宣張先璧劉承允兵朝宣自燕子窩先璧

自溆浦承允自武岡先後至兵勢稍振

明紀卷第五十八

明紀卷第五十九

卹贈知府銜給雲騎尉世職內閣候補中書孫男克家補纂

唐王始末

唐王聿鍵行至杭州遇鄭鴻逵及戶部侍郎何楷戶部郎中蘇觀生遂奉王入福建六月黃道周見王於衢州奉表勸進　馬士英之竄也經廣德州知州趙景和疑其詐閉門拒守士英攻破之殺景和大掠而去至杭州熊汝霖責其棄主士英無以應守臣以總兵府爲福王太后行宮俄阮大鋮朱大典及總兵官方國安俱倉皇至士英請潞王常淓監國不數日

大清兵至王帥衆降尋同太后北去錢塘知縣顧咸建臨安知縣唐自彩被執死之大典還金華據城固守在籍左都御史劉宗周聞杭州失守方食推案痛哭自是遂不食移居山陰郭外有勸以文謝故事者宗周曰北都之變可以死可以無死以身在田里尚有

望於中興也南都之變主上自棄其社稷尙曰可以死可以無死以俟繼起有人也今吾越又亡矣老臣不死尙何待乎若曰身不在位不當與城爲存亡獨不當與土爲存亡乎此江萬里所以死也出辭祖墓躍入水中水淺不得死舟人扶出之絕食二十三日而卒宗周且死語門人曰學之要誠而已主敬其功也敬則誠誠則天良知之說鮮有不流於禪者其門人舉人祝淵諸生王毓蓍並死焉時少詹事徐汧作書誡二子投水死大學士高宏圖流寓會稽逃野寺中絕粒而卒吏部尙書張愼言疽發於背戒勿藥卒蘇松巡撫都御史祁彪佳端坐池中而死吏部尙書徐石麒朝服自縊死行人陸培及邵武同知王道焜皆投繯死驗封員外郎華允誠以不肯薙髮被殺故大學士吳甡工部侍郎易應昌僉都御史金光辰御史詹爾選漢中巡撫都御史高斗樞懷遠侯常延齡等俱卒於家光祿寺卿許譽卿御史成勇爲僧以終給事中姜埰

流寓蘇州以卒魯王贈宏圖太保諡文忠唐王贈彪佳少保兵部尚書諡忠敏

大清兵下江西巡撫曠昭棄南昌遁走瑞州列城望風潰攝袁州府事同知李時興自縊死　閏月丁亥黃道周與巡撫福建都御史張肯堂鎭守總兵官南安伯鄭芝龍等奉唐王稱監國鴻逵請急正位以繫人心羣臣多言監國名正建號宜遲不報丁未王卽位於福州建行在太廟社稷以福建爲福京福州爲天興府布政司署爲行宮改七月以後爲隆武元年追尊祖考爲皇帝妣爲皇后遙上福王尊號曰聖安皇帝進芝龍鴻逵爲侯封鄭芝豹鄭彩爲伯道周爲吏部尚書武英殿大學士張肯堂爲兵部尚書何楷爲戶部尚書蘇觀生爲翰林學士餘拜官有差召何吾騶蔣德璟黃景昉黃士俊入閣又先後召呂大器朱繼祚陳子壯王錫袞陳奇瑜曾櫻熊開元等爲東閣大學士士俊子壯錫袞不至奇瑜道遠

未聞命景昉未幾告歸卒於家鴻逵芝豹皆芝龍弟彩芝龍族子也　王以黃道周學行高敬禮之特甚賜宴鄭芝龍爵通侯位道周上衆議抑芝龍文武由是不和一諸生上書詆道周迂不可居相位王知出芝龍意下督學御史撻之　寧波故刑部員外郎錢肅樂建議起兵諸生董志寧華夏王家勤張夢錫陸宇爀毛聚奎遮拜肅樂倡首士民集者數萬人肅樂乃建牙行事郡中監司守令皆逃惟一同知治府事肅樂索取倉庫籍繕完具守時定海總兵官王之仁已納款故太僕寺卿謝三賓方從江上迎降歸害肅樂所爲貽之仁書屬斬肅樂等七人肅樂亦遣客倪懋熹以書告之仁勸其來歸之仁兩答書翊日之仁至出三賓書袖中對衆朗誦欲殺之以祭纛三賓請輸饟萬金乃釋之於是肅樂與之仁締盟共守聞魯王以海在台州遣舉人張煌言奉表請監國會故九江兵備僉事孫嘉績與熊汝霖起兵餘姚諸生鄭遵謙起兵紹興

在籍兵部尚書張國維等乃朝魯王於台州請王監國卽日移駐紹興國維以原官兼東閣大學士督師江上就加朱大典東閣大學士擢汝霖嘉績肅樂右僉都御史並督師方國安亦自金華至與之仁並加封爵凡營兵衞軍俱隸之嘉績等惟統召募兵國安軍七條沙之仁軍西陵遵謙軍小亹汝霖嘉績肅樂及僉都御史沈宸荃大理寺丞章正宸等軍瓜瀝列營二百餘里太僕少卿陳潛夫監軍畫錢塘江而守王三召故大學士方逢年逢年至用其議定稱魯監國以明年爲元年馬士英請入朝諸臣力拒之國維劾其十大罪乃不敢入阮大鋮投大典於金華亦爲士民所逐大典乃送之嚴州國安軍士英國安同鄉也先在其軍中大鋮掀髯指掌日談兵國安甚喜而士英以南渡之壞半由大鋮而己居惡名頗以爲恨　南京既破州縣多起兵自保左僉都御史金聲糾集士民保績溪黃山分兵扼六嶺徽州推官溫璜與聲掎角且轉

饟給其軍故巡撫邱祖德與寧國舉人錢龍文諸生麻三衡沈壽
蕘等及貴池諸生吳應箕各舉兵應之時寧國郡城已失祖德駐
華陽三衡駐稽亭三衡兵既起旁近吳太平阮恆阮善劉鼎甲胡
天球馮百家與俱起號七家軍皆諸生也同時舉兵者有職方郎
中尹民興與涇縣諸生趙初浣青陽知縣龐昌允溧陽諸生謝球
鹽城諸生司石磐宜興中書舍人盧象觀及從弟諸生象同部將
陳安皆事敗而死惟民興走免而太倉已下諸生王湛與兄淳復
集里人數百圍城城中兵出擊皆死蘇州既降諸生陸世鑰聚衆
焚城樓福山副將魯之璵帥千人入城與
大清兵戰死象觀象昇弟也　吳淞總兵官吳志葵自海入江結水
寨於泖湖會總兵官黃蜚擁千艘自無錫至與之合故兩廣總督
侍郎沈猶龍偕同里給事中陳子龍中書舍人李待問知縣章簡
等募壯士數千人守城與志葵蜚相犄角吏部主事夏允彝入志

葵軍中

大清兵既下江西建昌副使王養正與布政使夏萬亨知府王棫推官劉允浩南昌推官史夏隆起兵拒守越三日有客兵內應城卽破養正等並被執死　左懋第聞南京失守慟哭其從弟懋泰已降

大清爲員外郎來謁懋第懋第曰此非吾弟也叱出之會命薙頭中軍艾大選有二志懋第杖殺之乃收懋第入獄參謀兵部司務陳用極游擊王一斌都司王叓佐王廷翰守備劉統從入訊諭之降皆不屈乃引出旣至市又遣騎諭降者三終莫應懋第等遂受刑而馬紹瑜獲免　嘉定之起兵也士民推通政使侯峒曾爲倡偕同里進士黃淳耀舉人張錫眉龔用圓秀水教諭馬元調諸生唐全昌夏雲蛟等誓師固守

大清兵攻之峒曾乞師於吳志葵志葵遣游擊蔡祥以七百人來赴

一戰失利東甲遁外援遂絶城中矢石俱盡秋七月壬子大雨城
隅崩架巨木支之癸丑雨益甚城大崩
大兵入峒曾拜家廟投於池騎兵引出斬之二子元演元潔與錫眉
等皆死之淳耀及弟諸生淵耀自縊於城西僧舍　崑山之起兵
也縣丞閻茂才已遣使迎降縣人共執殺茂才推邑中故副將王
佐才爲帥貢生朱集璜及儀封知縣周室瑜諸生陶炎陳大任等
共拒守參將陳宏勳前知縣楊永言帥壯士百人爲助閱兩月
大清兵至宏勳帥舟師迎戰敗還游擊孫志尹戰沒乙卯城陷永言
遁去佐才縱民出走而己冠帶坐帥府被殺集璜等皆死之　設
儲賢館分十二科招四方士令禮部侍郎兼翰林學士蘇觀生領
之觀生矢清操稍有文學而時望不屬王以故人恩眷出廷臣右
命兼東閣大學士參機務　王愛鄭芝龍子森材賜國姓改名成
功命提督禁旅以駙馬都尉體統行事封忠孝伯　江西諸郡惟

贛州存孤懸上游兵力單弱修撰劉同升將入福建止雩都與左
庶子楊廷麟謀興復會益府永寧王慈炎招降汀贛間連子峒蠻
張安兵數萬復建昌入撫州文選主事曾亨應考功主事揭重熙
先後舉兵與相犄角南贛巡撫李永茂乃命副將徐必達扼太和
拒
大清兵亨應被執不降死　王性儉素少遭患難既卽位慨然以復
讎雪恥爲務勤於聽政重風節喜文學收召名士不次用人然國
勢衰政歸鄭氏大帥恃恩觀望不肯一出關募兵大學士黃道周
請自往江西圖恢復辛未啓行僅齎一月糧　魯王督師張國維
連復富陽於潛樹木城緣江要害聯合方國安王之仁鄭遵謙熊
汝霖孫嘉績錢肅樂諸營爲持久計乃議分地分饟之仁國安兵
食用寧波紹興台州三郡田賦肅樂等兵資富室助饟不能繼恆
缺食　左良玉既死其將馬進忠王允成無所歸突至岳州傳上

瑞大懼章曠曰此無主之兵可撫也入其營與進忠握手指白水爲誓進忠等皆從之時
大清偪湖南諸將皆畏怯曠有智略行軍不避鋒鏑獨悉力捍禦
八月鄭芝龍議餉戰守兵二十餘萬計饟不支其半請預借兩稅一年令羣下捐俸勸紳士輸助徵府縣銀穀未解者官吏督追閭里騷然又廣開事例猶苦不足仙霞關守關兵僅數百人皆不堪用王屢促芝龍出兵輒以饟絀辭　鄭芝龍鄭鴻逵兄弟橫甚郊天時稱疾不出戶部尙書何楷言芝龍鴻逵無人臣禮王獎楷風節令掌都察院事鴻逵扇殿上楷呵止之兩人益怒楷知不爲所容連請告去途遇盜截其一耳乃芝龍所使部將楊耿也　黄道周以虛聲鼓動忠義士所至遠近響應得義旅九千餘人道周至廣信與兵部侍郎詹兆恆監軍御史周定仍兵部員外郎萬文英給事中胡夢泰及湖東副使胡奇偉廣信同知胡甲桂共議城守

王即以定仍爲右僉都御史巡撫其地　王手書至贑加楊廷麟吏部侍郎劉同升國子監祭酒同升乃入贑州與廷麟謀大舉偕李永茂集紳士於明倫堂勸輸兵饟　叛將白之裔入萬安贑昭被執知縣梁于涘死之　吳江之失也職方主事吳易走太湖與同邑舉人孫兆奎諸生沈自炯自炳武進貢生吳福之等謀舉兵旬日得千餘人屯於長白蕩出沒旁近諸縣道路爲梗王聞之授易兵部侍郎兼右僉都御史總督江南諸軍提督軍務侍郎楊文驄奏易斬獲多進爲兵部尚書魯王亦授易兵部侍郎封長興伯

大清兵至易敗走父及妻女皆死自炯自炳福之亦死焉兆奎被獲而死一軍盡殲福之鍾巒子也

大清兵至松江吳志葵黃蜚敗於春申浦被執志葵參軍舉人傅凝之赴水死城遂被圍未幾破沈猶龍出走中矢死李待問章簡俱被殺華亭教諭眭明永諸生戴泓皆死之

大兵遂攻金山參將侯承祖與子世祿固守城破巷戰踰時世祿中
四十矢被獲死之承祖亦被獲說之降不從被殺夏允彝徬徨山
澤間欲有所爲聞友人侯峒曾黃淳耀徐汧等皆死乃自投深淵
以死　江陰之守城也以諸生許用德倡言遠近應者數萬人典
史陳明遇主兵用徽人邵康公爲將前都司周瑞龍泊江口相猗
角戰失利
大清兵偪城下徽人程壁盡散家貲充饟而身乞師於吳志葵志葵
至壁遂不返康公戰不勝瑞龍水軍亦敗去明遇乃請前典史閻
應元入城屬以兵事
大兵力攻城應元守甚固降將劉良佐用牛皮帳攻城東北城中用
礮石力擊良佐乃移營十方菴令僧陳利害良佐旋策馬至應元
誓以大義屹不動及松江破
大兵來益衆四面發大礮城中死傷無算猶固守乃令志葵黃蜚至

城下說城中人降志葵說之輩不語城迄不下庚子
大兵從祥符寺後城入衆猶巷戰男婦投池井皆滿明遇用德皆舉
家自焚應元赴水被曳出死之訓導馮敦厚冠帶縊於明倫堂里
居中書舍人戚勳舉人夏維新諸生王華呂九韶皆死時貢生黃
毓耆與門人徐趨舉兵行塘以應城內兵城陷兩人逸去後趨偵
江陰無備帥壯士十四人襲之不克皆死毓耆以敕印事發死
壬辰冊妃曾氏爲皇后　命總兵官黃斌卿出鎮舟山　方國安
王之仁渡江襲杭州敗還
大清兵追敗馬士英於餘姚國安於富陽無何士英國安帥衆窺杭
州復敗　九月甲寅
大清以福王歸京師　王召路振飛爲左都御史募能致振飛者賜
五百金官六品振飛乃赴召道拜吏部尚書兼文淵閣大學士至
則大喜王每責廷臣怠玩振飛因進曰上謂臣僚不改因循必致

敗亡臣謂上不改操切亦未必能中興也上有愛民之心而未見愛民之政有聽言之明而未能收聽言之效喜怒輕發號令屢更見羣臣庸下而過於督責因博覽史書而務求明備凡上所長皆臣所甚憂也其言曲中王短云

大兵屯泰和徐必達戰敗至萬安遇李永茂永茂遂奔贛州永寧王慈炎以糧盡退保建昌吏部侍郎楊廷麟國子監祭酒劉同升乘虛復吉安臨江加廷麟兵部尚書兼東閣大學士賜劍便宜從事加同升詹事兼兵部侍郎同升已羸疾日與士大夫講忠孝大節聞者感奮　先是金聲遣使通表王授聲右都御史兵部侍郎總理諸道軍聲拔旌德寧國諸縣會徽故御史黃澍降於

大清

大兵間道襲破聲聲被執至江寧與門人監紀諸生江天一皆死監紀推官吳應箕敗走山中被獲慷慨就死王贈聲禮部尙書諡文

殺　靖江王亨嘉自稱監國於廣西謀僭號召巡撫都御史瞿式耜式耜拒不往而檄思恩參將陳邦傳助防止狼兵勿應亨嘉調亨嘉至梧州刦式耜幽之桂林遣人取其印敕初式耜與在籍尚書陳子壯等議立桂端王常瀛子由榔及唐王監國式耜以爲倫序不當立不奉表勸進至是被幽乃遣使賀王因乞援王喜而亨嘉爲總督丁魁楚所攻勢窘乃釋式耜式耜與中軍參將焦璉召邦傳等襲執亨嘉以捷聞王廢亨嘉爲庶人殺之封魁楚平粵伯留鎮兩廣擢式耜兵部侍郎協理戎政以晏日曙來代式耜不入朝退居廣東　初李自成屯武昌賊衆尚五十餘萬尋爲

大清兵所迫部下多降或逃散自成走咸寧蒲圻至通城竄於九宮山留李過守寨自帥二十騎略食山中爲村民所困不能脫遂縊死或曰村民方築堡見賊少爭前擊之人馬俱陷泥淖中自成腦中鉏死剝其衣得龍衣金印眇一目村民乃大驚謂爲自成也

大兵遣識自成者驗其尸朽莫辨獲自成兩從父僞趙侯僞襄南伯
及僞汝侯劉宗敏僞軍師宋獻策等於是斬自成從父及宗敏於
軍牛金星宋企郊等皆遁亡過改名錦賊將劉體仁郝搖旂等以
衆無主議歸何騰蛟帥四五萬人驟入湘陰距長沙百餘里城中
人不知其來歸也懼甚黃朝宣即引兵還燕子窩傅上瑞請騰蛟
出避騰蛟不可長沙知府周二南請往偵之以千人護行賊謂其
迎敵也射殺之從行者盡死城中益懼士女悉竄騰蛟與提督軍
務都御史章曠謀遣部將萬大鵬等二人往撫賊見止二騎迎入
演武場飲之酒二人不交一言與痛飲飲畢賊問來意答言督師
以湘陰褊小不足容大軍請即移長沙因致騰蛟手書召之曰公
等歸朝誓永保富貴搖旂等大喜與大鵬至長沙騰蛟開誠撫慰
宴飲盡歡犒從官牛酒命張先璧以卒三萬馳射旌旂蔽天搖旂
等遂招其黨袁宗第藺養成王進才牛有勇皆來歸驟增兵十餘

萬聲威大振王居南陽時素知騰蛟賢委任益至　楊展馬應試等之復敍州也賊將馮雙禮來寇每戰輒敗孫可望以大衆援之隔江持一月糧盡樊一蘅退屯古藺州展退屯江津賊乃截副將朱化龍及僉事蔡明肱於羊子嶺化龍帥番騎數百衝賊兵賊驚潰死者滿山谷化龍以軍孤還守舊地他將復連敗賊於摩泥滴水一蘅乃命展應試取嘉定邛眉故總兵官賈連登及其中軍楊維棟取資簡侯天錫高明佐取瀘州李占春于大海守忠涪其他據城邑奉征調者洪雅則曹勛及監軍副使范文光松茂則監軍僉事詹天顏夔萬則譚宏譚詣一蘅移駐汭溪居中調度與王應熊會瀘州檄諸路刻期並進　冬十月張國維帥諸軍連戰十日於江上皆有功督師都御史熊汝霖以守江非計謀間道入內地攻取杭州乃入海寧募兵萬人已部將徐明發與平吳將軍陳萬良敗

大清兵於五杭轉輾至吳江以軍無繼而返是役也浙西爲之震動
遣給事中劉中藻頒詔浙東朱大典錢肅樂議應之張國維熊
汝霖議弗受侍講學士兼行人張煌言謂當如國維言國維馳疏
上王言國當大變凡爲高皇帝子孫咸當協心幷力誓圖中興成
功之後入關者王今日原未假易也監國當大勢潰散之日糾集
維艱一旦而拜正朔退就藩服人無所依閩中鞭長不及猝然有
變脣亡齒寒悔將何及臣老臣也惟社稷是圖豈若朝秦暮楚之
徒舉足左右爲功名計哉疏入王召中藻還於是閩浙相水火矣
王加原任兵部郎中王期昇總督御史彭遇颽僉都御史路振
飛曾櫻封還內降謂遇颽依附馬士英期昇在太湖奉朱盛澂稱
通城王派鑲苛虐不可用乃止
大清兵攻吉安徐必達戰敗赴水死會廣東援兵至退屯峽江　邱
祖德約十餘部共攻郡城不克沈壽蕘陳沒祖德退還山中

大清兵攻拔其寨被獲磔死越四日麻三衡敗死三衡軍既敗吳太平等亦死溫璜猶嚴兵自守黃澍以城獻璜乃刃其妻女而自剄諸潰軍保華陽有徐淮者部署之宣城諸生吳漢超與合連取句容溧水高淳溧陽涇太平諸縣漢超後襲寧國敗死　李自成死衆推其兄子錦爲主奉自成妻高氏及弟高一功驟至澧州偪常德擁衆三十萬言乞降遠近大震巡撫湖廣都御史堵胤錫議撫之何騰蛟亦馳檄至胤錫乃躬入其營開誠慰諭稱詔頒賜高氏命服錦一功蟒玉金銀器犒其軍皆踴躍拜謝乃卽軍中宴之道以忠孝大義數千言明日高氏出拜謂錦曰堵公天人也汝不可負又曰汝願爲無賴賊抑願爲大將耶錦曰何謂也曰爲賊無論旣以身許國當愛民受主將節制有死無二吾所願也錦曰諾騰蛟慮錦跋扈他日過其營請見高氏再拜執禮恭高氏悅戒其子毋忘何公錦自是無異志其別部田見秀劉汝魁等亦來歸騰蛟

上疏言元凶已除稍洩神人憤宜告謝郊廟王大喜立拜騰蛟東閣大學士兼兵部尚書封定興伯仍督師加肖錫兵部侍郎總制錦軍手書獎勞授錦御營前部左軍一功右軍並掛龍虎將軍印封列侯賜錦名赤心一功名必正他部賞賚有差號其營曰忠貞封高氏忠義夫人賜珠冠彩幣命有司建坊題曰淑贊中興肖錫遂與赤心等深相結倚以自彊然赤心書疏猶稱自成先帝稱高氏太后云　楊廷麟劉同升等請王出江右何騰蛟請出湖廣原任知州金堡言騰蛟可恃芝龍不足恃宜棄閩就楚王大喜授堡給事中蘇觀生數贊王出師見鄭氏不足有爲事權悉爲所握亦請王赴贛州經略江西湖廣王乃遣觀生先行募兵十一月王親行命唐鄧二王監國何吾騶隨行曾櫻鄭芝龍留守司轉饟鄭鴻逵爲御營左先鋒出浙江鄭彩爲御營右先鋒出江西築壇西郊行推轂禮鴻逵出城馬蹶仆地及王誓師授鉞大風起壇前燭盡

滅

大清兵復圍撫州侍講張家玉監鄭彩軍出杉關解其圍　十二月甲申王發福州駐建寧鄭鴻逵鄭彩各擁兵數千號數萬既出關託候饟仍駐不行　黃道周由廣信出衢州婺源知縣僞致降書道周信之進至婺源猝遇

大清兵戰敗部將程嗣聖陳士諸軍潰走道周被執至江寧幽別室中　巡撫南贛侍郎劉同升卒贈東閣大學士諡文忠　王疑李自成死未實何騰蛟言自成定死身首已糜爛不敢居功因固辭封爵不允令規取江西及南都降卒既衆騰蛟欲以舊軍參之請授黃朝宣張先璧爲總兵官與劉承胤李赤心郝永忠袁宗第王進才及董英馬進忠馬士秀曹志建王胤成盧鼎並分鎮湖南北時所謂十三鎮者也永忠卽搖旂英騰蛟中軍志建則故巡按劉熙祚中軍餘皆左良玉舊將也騰蛟銳意東下拜表出師　張獻

忠聞諸路兵並進大懼盡屠境內民大焚宮室火連月不滅將棄
成都走川北　先是元謀土知州吾必奎反連陷祿豐廣通諸縣
及楚雄府黔國公沐天波勦之調阿迷土官沙定洲從征定洲不
欲行出怨言會奸徒饒希之余錫朋者逋天波金無以償錫朋常
出入土司家誇黔府富盛定洲心動陰結都司阮韻嘉諸人爲內
應既定洲入城辭行天波以家諱日不視事定洲譟而入焚刼其
府天波聞變由小竇遁寧州土司祿永命方在城巷戰拒賊其從
官周鼎止天波留討賊天波疑鼎爲定洲誘己殺之定洲據黔府
盤踞會城刼巡撫吳兆元使奏請代天波鎮雲南傳檄州縣雲南
震動永命與石屏州土目龍在田俱引所部去天波走楚雄時必
奎已被禽伏誅金滄副使楊畏知督兵復楚雄駐城中謂天波曰
公何不走永昌使楚雄得爲備而公在彼掎角首尾牽制之上策
也天波從之

大清順治三年春正月王在建寧不受朝賀布衣蔬食以三大罪自責令百官皆戴罪　廣東布政使湯來賀運餉十萬由海道至擢來賀戶部侍郎　楊廷麟赴贛州招張安等四營爲兵號龍武新軍　何騰蛟與監軍御史李膺品赴湘陰期諸軍盡會岳州張光璧逗遛諸營亦觀望獨李赤心自湖北至爲

大清兵所敗而還諸鎮兵遂罷騰蛟威望由此損時諸鎮皆驕且貪殘黃朝宣尤甚刼人而剝其皮郝永忠效之殺民無虛日　二月馬脛嶺兵變命路振飛至浦城安撫　江楚迎王疏相繼至王決意出汀州入贛與湖南爲聲援鄭芝龍不欲王行令軍民數萬人遮道呼號擁王不得行遂駐延平而蘇觀生赴贛州大徵甲兵餉不繼亦不能出師　魯王遣其臣柯夏卿來聘王手書與魯王謂當同心戮力共拜孝陵已遣僉都御史陸清源解餉十萬犒浙東至江上方國安縱兵奪餉留清源軍中時武將横甚競營高爵請

乞無厭兵部尚書余煌言今國勢愈危朝政愈紛尺土未復戰守無資諸臣請祭則當思先帝烝嘗未備請葬則當思先帝山陵未營請封則當思先帝宗廟未享請廕則當思先帝子孫未保請諡則當思先帝光烈未昭時以爲名言　馬士英擁殘兵欲入福建七疏自理王以其罪大不許鄭芝龍力爲之請詔令士英恢復杭州始申雪　沙定洲至楚雄楊畏知紿之曰若所急者黔國爾今已西待爾定永昌還朝命當已下予出城以禮見今順逆未分不能爲不義屈也定洲恐失沐天波與盟而去遣其黨王翔李石芳等分陷大理蒙化　三月黃道周臨刑過東華門坐不起曰此與高皇帝陵寢近可死矣監刑者從之幕下士中書舍人賴雍蔡紹謹兵部主事趙士超通判毛潔玉等皆死王聞慟哭輟朝贈道周文明伯諡忠烈道周學冠古今所至學者雲集精天文曆數皇極諸書沒後家人得其小冊自謂終於丙戌云　袁繼咸之北去也

大清館之內院終不屈見殺　楊廷麟聞王將由汀赴贛將往迎王
而以總督江西湖廣兼巡撫南贛侍郞萬元吉代守吉安初崇禎
末命中書舍人張同敞調雲南兵及抵江西兩京已相繼失因退
還吉安廷麟留與共守用客禮待之其將趙印選胡一青頻立功
而元吉約束甚嚴諸將漸不悅時有廣東兵亦以赴援至而新軍
張安者驍勇善戰元吉以新軍足恃也蔑視雲南廣東軍二軍皆
解體然安卒故淫掠所過殘破至是
大清兵偪吉安諸軍皆內攜新軍又在湖西城中軍不戰敗城遂破
元吉退屯皁口檄諭贛州極言雲南兵棄城罪其衆遂西去元吉
乞援於蘇觀生觀生遣二百人往元吉令協守綿津灘已而潰走
鄭彩兵駐新城彩聞
大兵至卽奔入關獨張家玉與知縣李翔御史徐伯昌共守及
大兵來攻翔帥民兵千餘出城拒擊

大兵從間道入城民兵皆散翔與伯昌死之家玉出戰中矢墮馬折臂走入關

大兵遂取撫州永寧王慈炎及攝事同知高飛聲死焉事聞王削彩職戴罪圖功同敞居正曾孫也　桂王由榔薨第永明王由榔嗣封桂王　楊展盡取上川南地屯嘉定與曹勛等相聲援而王應熊及總兵官王祥在遵義馬乾曾英在重慶皆宿重兵賊勢日蹙惟保寧順慶爲賊將劉進忠所守進忠又數敗張獻忠怒遣孫可望劉文秀等攻川南郡縣應熊檄一衞急令展與侯天錫屠龍馬應試及顧存志莫宗文張登貴連營犍爲敘州以禦之諸將中英屢破賊最有功祥才武不及英而應熊委任過之　夏四月

大清兵入皁口萬元吉不能禦入贛城

大兵乘勝抵城下蘇觀生走南康贛人數告急不敢援給事中楊文薦元吉門生也奉命湖南過贛入城共守城中賴之元吉素有才

治事精敏及失吉安士不用命昏然坐城上對將吏不交一言隔河大營徧山麓指爲空營兵民從大營中至言敵勢盛輒叱爲間諜斬之江西巡撫劉遠生令張琮者將兵趨湖東及贛圍急遠生自出城召琮於雩都贛人曰撫軍遁矣怒焚其舟拘遠生妻子俄遠生帥琮兵至贛人乃大悔琮軍渡河抵梅林中伏大敗還至河爭舟多死於水遠生憤甚

大清兵圍廣信數月諸軍敗於鉛山萬文英赴水死廣信遂破巡撫都御史周定仍及胡奇偉胡甲桂胡夢泰俱死之詹兆恆奔懷玉山聚衆數千人自保尋進攻開化兵敗沒於陳　大學士傅冠督師江西給事中揭重熙從冠辦湖東兵事瀘溪告警冠不能救重熙劾冠或又劾其嗜酒乃致仕兵事遂皆委重熙後

大清兵至冠走匿泰寧門人汪亨龍執而獻之有司殺之汀州　魯王督師侍郎熊汝霖議由海寧海鹽直趨蕪湖以梗運道且引太

湖諸軍爲犄角困浙西平吳伯陳萬良請兵饟汝霖無以應督師
大學士孫嘉績乃遣餘姚知縣王正中獨進至乍浦不克而還萬
良三疏請行汝霖爲之力措得饟又無舟乃以兵陸進抵德清民
兵內應者先潰汝霖部將徐龍達敗死萬良遂退　楊畏知乘間
清野繕堞樹城外居民盡入城調土漢兵守之姚安景東俱響應
沙定洲聞不敢至永昌恐畏知截其歸路急還兵攻楚雄畏知坐
城樓賊發巨礮擊之烟燄籠城櫓衆謂畏知已死而畏知端坐自
如賊相驚爲神畏知伺賊閒輒出奇兵殺賊甚衆賊乃引去王聞
畏知抗賊授右僉都御史巡撫雲南以吳兆元爲總督　五月朔
劉遠生渡河再戰身先士卒遇
大清兵被獲復逃歸而新軍先往湖西者聞吉安復失仍還雩都楊
廷麟躬往邀之望日與
大兵戰梅林再敗乃散遣其軍自遠生敗援軍皆不敢前王聞贛圍

久奬勞之賜名忠誠府加萬元吉兵部尚書楊文薦右僉都御史
命吏部侍郎郭維經爲吏兵二部尚書兼右副都御史總理湖廣
江西廣東浙江福建軍務督師往援　王數議出關爲鄭氏所阻
何騰蛟屢請幸贛協力取江西王遣使徵兵騰蛟發郝永忠精騎
五千往迎永忠不肯前久之始抵郴州　魯王使都督陳謙至福
建御史錢邦芑劾謙持兩端下獄殺之　命復惠皇帝年號立方
孝孺等祠　福王死於北京潞王等亦見殺　琉球入貢　初分
饟未幾方國安王之仁兼取義饟督師侍郎錢肅樂乞饟疏數十
上饟終不至肅樂乃請散兵願從軍自效王之頒詔浙東也弁賜
倡義諸臣敕命加以官爵肅樂嘗奉表稱謝至是諸將爲蜚語謂
肅樂將逃往福建肅樂遂棄軍入山拜表即行魯王大駭乃令往
舟山與黃斌卿謀復三吳　夏旱錢塘江水涸
大清兵驅馬試之不及腹遂渡方國安拔營走紹興江上諸軍悉潰

六月丙子朔

大兵破紹興國安將以魯王降王走台州航海孫家績熊汝霖沈宸荃吏部侍郎陳函輝等皆從已而函輝相失哭入雲峯山以死大學士張國維還守東陽知勢不支赴水死兵部尚書余煌大理寺少卿陳潛夫御史沈履祥兵部主事高岱葉汝蒞皆死之兵部侍郎葉廷秀吏部侍郎章正宸棄家爲僧前尚書顧錫疇間關赴福建王命爲大學士不拜請聯絡浙江自効出駐温州爲總兵賀君堯所殺大學士方逢年追魯王不及降於我

大清已而以蠟丸書通閩事洩被誅王之仁自至南京就戮國安遂引

大兵攻金華督師大學士朱大典殺招撫使戰守三月士卒無叛心城既陷大典子萬化巷戰被殺大典先令家人投井焚所餘火藥而後死車駕主事王之栻死於武義魯王之出海也富平將軍張

名振棄石浦扈王至舟山黃斌卿不納保定伯毛有倫扈元妃張氏及世子至叛將張國柱劫之北去妃自刎死嘉績入舟山病卒之栻章子也　閩中聞魯王航海大震鄭鴻逵駐關外傳

大清兵至徒跣疾行三日而抵浦城後至者紛紛言兵譁事聞削鴻逵爵鄭芝龍部將奪民舟巡撫上游四府御史鄭爲虹叱責之芝龍訴於王王爲諭解然是時芝龍已懷異志密通款於

大清假言海寇至撤兵回安平鎭航海去守關將士皆隨之仙霞嶺二百里間空無一人　先是吏部尚書張肯堂請出募舟師由海道抵江南倡義旅而王由仙霞關趨浙東與相聲援乃給敕印便宜從事肯堂以平海將軍周鶴芝爲先鋒鄭芝龍陰沮之已令肯堂待命島上至是復命督師　楊廷麟入贛州與萬元吉同守副將吳之蕃以廣東兵五千至

大清兵退屯水西圍漸解未幾復合城中守如初會郭維經與御史

姚奇允沿途募兵得八千人元吉部將汪起龍帥師數千趙印選
胡一青帥師三千蘇觀生遣兵如之丁魁楚亦遣兵四千廷麟又
收集散亡得數千先後至贛營於城外　吏部司務王士和疏陳
時政闕失凡數千言王刊賜文武諸臣且召士和入對嘉獎備至
擢兵部主事　福京鄉試命廣額七十名流寓者皆入試　秋七
月己巳王御門詔諭羣臣焚其迎降書二百餘封擇日出贛州郝
永忠迎王將至韶州而
大清兵已入衢州楊文驄援之不能禦退至浦城爲追騎所獲與監
紀主事孫臨俱不降被戮衢州巡按御史王景亮知府伍經正推
官鄧巖忠江山知縣方召及魯王所遣鎮將張鵬翼皆死之　張
獻忠欲盡殺川兵僞將劉進忠聞之帥一軍逃會賊連戰不利會
英王祥乘間趨成都獻忠立召孫可望等還聞
大清兵入蜀境大懼棄成都夷其城帥衆走順慶　督軍尚書長興

伯吳易既敗走其鄉人周瑞復聚衆長白蕩迎易入其軍八月
大清兵至被獲死之　贛州諸將欲戰萬元吉待水師至並擊而中
書舍人來從諤募砂兵三千吏部主事龔芬兵部主事黎遂球募
水師四千皆屯南安兵部主事王其宖謂元吉曰水師帥羅明受
海盜也桀驁難制芬遂球若慈母之奉驕子且今水涸巨舟難進
豈能如約不聽及是
大清兵聞水師將至即夜截諸江焚巨舟八十死者無算明受遁還
舟中火藥盡失於是兩廣雲南軍不戰而潰他營亦稍稍散去城
中僅郭維經及汪起龍部卒四千餘人城外僅水師後營二千餘
人參將謝志良擁衆萬餘駐雩都不進楊廷麟調廣西狼兵踰嶺
亦不即赴
大清兵抵仙霞關長驅直入守浦城御史鄭爲虹縱民出走自守空
城與給事中黃大鵬並被執死之爲虹年二十有五乙未王倉猝

出奔宮眷皆騎猶載書十餘簏以從隨行者何吾騶朱繼祚等留
兵部侍郎曹履泰延平知府王士和居守俄警報疊至士和投繯
死庚子王至汀州辛丑
大兵奄至從官奔散與后曾氏俱被執后至九瀧投水死王死於福
州禮部尚書曹學佺給事中熊緯總兵官胡上琛定遠侯鄧文昌
皆死之大學士曾櫻路振飛走居中左所呂大器奔廣東朱繼祚
奔還其鄉熊開元爲僧以終蔣德璟病卒太僕寺少卿王瑞枏避
山中有欲薦令出者自經死振飛後赴桂王召卒於途先是阮大
鋮偕魯王大學士謝三賓宋之晉刑部尚書蘇壯及方國安等赴
江干乞降從
大兵攻仙霞嶺大鋮僵仆石上死馬士英既降
大兵至順昌搜龍扛得士英等請王出關爲內應疏遂斬士英國安
於延平城下　福建既平鄭芝龍自安平奉表降其子成功慟哭

而諫芝龍不聽成功乃與鄭鴻逵鄭彩等各率所部入海　何騰

蛟聞王死大慟厲兵保境如平時

明紀卷第五十九

卹贈知府銜給雲騎尉世職內閣候補中書孫男克家補饗

桂王始末

兩廣總督丁魁楚兵部侍郎瞿式耜巡按御史王化澄與前大學士呂大器等共推桂王由榔監國母妃王氏曰吾兒不勝此願更擇可者魁楚等意益堅合謀迎王於梧州　贛州被圍半年守陴者皆懈蘇觀生助守之三千人亦引去會聞汀州破人情益震懼

冬十月丙子

大清兵用嚮導夜登城鄉勇猶巷戰黎明兵大至城遂破督師大學士楊廷麟總理尚書郭維經總督尚書萬元吉巡按御史姚奇胤太常寺卿兵備僉事彭期生並死之巡撫都御史楊文薦病困不能起執送南昌絕粒而卒先是元吉禁婦女出城其家人潛載其妾縋城去元吉遣飛騎追還捶其家人故城中無敢出者及城破

部將擁元吉出城元吉歎曰爲我謝贛人使闔城塗炭者我也我何可獨存一時同殉者職方主事周瑚磔死編修兼給事中萬發祥戶部主事林琦兵部主事柳昂霄魯嗣宗錢謙亨及龔芬王其弦黎遂球中書舍人袁從鶚劉孟鍧劉應試推官署府事吳國球通判王明汲監紀通判郭寧登臨江推官胡縝贛縣知縣林逢春參將陳烈皆被戮鄉官盧觀象舉人劉日佺並闔門死蘇觀生自南安退入廣州監紀主事陳邦彥勸觀生疾趨惠潮扼漳泉兩粵可自保觀生不從　丙戌王監國肇慶以丁魁楚呂大器瞿式耜爲東閣大學士魁楚兼理戎政大器兼掌兵部事式耜兼掌吏部事餘授官有差　贛州敗報至司禮太監王坤迫王赴梧州瞿式耜力爭不得　丁魁楚等之立王也蘇觀生欲與共事魁楚素輕觀生拒不與議呂大器亦叱辱之適唐王聿鐭與何吾騶自閩浮海至南海監司關捷先番禺舉人梁朝鍾倡兄終弟及議陳子壯

沮之不聽十一月癸卯朔觀生與吾騶及布政使顧元鏡侍郎王應華曾唯道等擁唐王監國於廣州丁未王自立改元紹武就都司署爲行宮即日封觀生建明伯掌兵部事進吾騶等秩擢捷先吏部尚書旋與元鏡應華唯道並拜東閣大學士分掌諸部時倉猝舉事治宮室服御鹵簿通國奔走夜中如晝不旬日除官數千冠服皆假之優伶云始桂王監國觀生遣陳邦彥入賀邦彥甫入謁而觀生別立唐王聿鐭邦彥不知也夜二鼓王遣中使十餘輩召入舟中王太后垂簾坐王西向坐魁楚侍語以廣州事邦彥請急還肇慶正大位以繫人心命南雄勍卒取詔制粵東十郡之七而委其三於唐王代我受敵從而乘其敝王大悅立擢邦彥給事中齎敕還諭觀生又遣給事中彭燿主事陳嘉謨齎敕往諭唐王瞿式耜乃與魁楚等定議迎王還肇慶庚申王即位以明年爲永曆元年追尊桂端王曰端皇帝尊繼母太妃王氏爲皇太后生母

馬氏爲皇太妃冊妃王氏爲皇后上唐王尊號曰思文皇帝耀至
廣州以諸王禮見備陳天潢倫序及監國先後語甚切至因歷詆
觀生諸人觀生怒執殺之嘉謨亦不屈死遂治兵相攻以番禺人
陳際泰督師王遣總督侍郎林佳鼎等禦之戰於三水唐王兵敗
復招海盜數萬人遣總兵官林察將十二月甲戌戰海口斬佳鼎
邦彥抵廣州聞耀等被殺乃遣從人授觀生敕而自以書曉利害
觀生猶豫累日欲議和會聞佳鼎兵大敗不果邦彥遂變姓名入
高明山中觀生意得務粉飾爲太平事而委任捷先及朝鍾捷先
小有才便筆札朝鍾善談論浹旬三遷至祭酒潮州人楊明競者
好爲大言詭稱精兵滿惠潮間可十萬即特授惠潮巡撫朝鍾語
人內有捷先外有明競彊敵不足平矣觀生亦器此三人事必咨
之又有梁鍙者妄人也觀生才之用爲給事中與明競大納賄賂
日薦用數十人觀生本乏猷略兼總內外任益昏瞀招海盜資捍

禦其衆白日殺人懸肺腸於貴官之門以示威城內外大擾時
大清已下惠潮長吏皆迎附卽用其印移牒廣州報無警觀生信之
望日唐王視學百僚咸集或報
大兵已偪觀生叱之曰潮州昨尙有報安得遽至此妄言惑衆斬之
如是者三
大兵已自東門入觀生始召兵搏戰兵精者皆西出倉猝不能集觀生走鑾所問計曰死爾復何言觀生入東房鑾入西房各拒戶自縊觀生慮其詐稍留聽之鑾故扼其吭氣湧有聲且推几仆地久之寂然觀生信爲死遂自經明日鑾獻其屍出降朝鍾聞變赴池爲鄰人救出自經死太僕寺卿霍子衡赴井死一家從死者十人唐王方事閱射急易服踰垣匿應華家俄縋城走爲追騎所獲饋之食不受曰我若飲汝一勺水何以見先人地下投繯而絕周益璲等二十四王俱被殺吾騶應華等皆降其時死事有和平知縣

李信番禺舉人梁萬爵龍門鄉官廖翰標信春芳曾孫也肇慶大
震王坤復奉王西走式耜方視師峽口趨赴王王已越梧而西
初益王由本起兵建昌提督江西義軍都御史陳泰來欲從之同
邑按察使漆嘉祉舉人戴國士持不可已而新昌破國士出降泰
來惡之會上高舉人曹志明等兵起泰來與相結至是攻取上高
新昌寗州殺國士妻子遂取萬載已
大清兵偪新昌守將出降泰來走界埠志明等從上高移軍會之進
攻撫州兵敗皆死
大清兵至漢中劉進忠降乞爲嚮導至鹽亭界大霧張獻忠曉行猝
遇我兵於鳳皇陂中矢墮馬蒲伏積薪下於是我兵禽獻忠出斬
之川中自遭獻忠亂列城內雜樹成拱狗食人肉若猛獸虎豹齧
人死輒棄去不盡食也民逃深山中草衣木食久徧體皆生毛獻
忠既誅賊降及敗死者二三十萬其部將孫可望李定國劉文秀

艾能奇等帥殘卒南奔至重慶曾英出不意戰敗死於江賊遂陷綦江王應熊避入永寧山中旋卒於畢節衛　沙定洲還攻石屏不下移攻寧州祿永命戰死尋陷嶍峨龍在田走大理賊計迤東稍稍定乃復攻楚雄分兵為七十二營環城掘濠為久困計　魯王飄泊舟山外洋會鄭彩至奉王入閩次中左所鄭芝龍令彩執王以降彩不可匿王而芝龍亦北去時忠孝伯鄭成功起海上以中左所為營然以唐王頒詔之隙不肯奉王奉淮王監國明年仍稱隆武三年於是彩奉魯王改次長垣

大清順治四年春正月

大兵破肇慶偪梧州巡撫曹曄迎降王欲走依何騰蛟於湖廣大學士丁魁楚呂大器兵部尚書王化澄皆棄王去止大學士瞿式耜兵部侍郎吳炳郎中吳貞毓等從由平樂潯州抵桂林　孫可望等陷遵義

大清兵追至重慶巡撫都御史馬乾戰敗死樊一蘅遂入遵義以鑲乏之旋師　魯王在長垣禡牙出師命熊汝霖爲東閣大學士封鄭彩建國公鄭遵謙義興侯張名振定西侯周鶴芝平夷伯阮進蕩湖伯贈孫嘉績太保謚忠襄初鶴芝與日本國王善議乞其師已有成約黃斌卿沮之已而自遣其弟孝卿副安昌以行日本不見鶴芝師卒不出　二月丁魁楚走岑溪輜重多舳艫相屬爲降

大清將李成棟追獲魁楚遂降成棟與有隙錄其家數百人殺之魁楚乞一子成棟笑曰汝身且莫保尚求活人耶幷殺之　以瞿式耜薦召文安之王錫袞爲東閣大學士皆不至時沙定洲執錫袞詭草錫袞疏上王言定洲忠勇請代黔國公鎮雲南疏既行以稾示之錫袞大恨愬上帝祈死居數日竟卒　吳炳以原官中允方以智爲少詹事並兼東閣大學士炳仍掌部事以智孔炤子也尋罷去

大清兵襲平樂分兵趨桂林王大恐會武岡總兵官劉承胤以兵至全州王坤請赴之瞿式耜極陳桂林形勢請留不許自請留守許之進式耜文淵閣大學士兼兵部尚書賜劍便宜從事初張獻忠陷衡州王爲所執焦璉帥衆攀城上破械出之王病不能行璉負王而行王以此德璉至是擢爲總兵官同守桂林封陳邦傳爲思恩侯守昭平王遂趨承胤軍中平樂潯州相繼破桂林危甚總督侍郎朱盛濃走靈川巡按御史辜延泰走融縣布政使朱盛瀾副使楊垂雲知府王惠卿以下皆遁惟式耜與通判鄭國藩縣丞李世榮及都司林應昌李當瑞沈煌在焉

孫可望等奔貴州布政使張耀請米壽圖急發兵民守禦壽圖以衆寡不敵難之俄賊衆奄至耀帥家衆乘城拒擊城陷被執賊帥說之降耀怒詈不屈遂幷其家屬十三人殺之壽圖出奔沅州鄉官知縣吳子騏主事劉琯同知楊元瀛平壩衞鄉官郎中譚先哲參議石聲和定番州鄉

官顧人龍安平僉事曾益並死之可望既陷貴州將長驅入雲南
永寧州知州曾異撰集衆堅守城陷自焚死　三月
大清兵薄桂林以騎數十突入文昌門登城樓瞰瞿式耜公署式耜
急令焦璉拒戰　長沙總兵官王進才揚言乏饟與狼兵將覃遇
春鬨大掠并及湘陰適
大清兵至長沙進才走湖北何騰蛟不能守單騎走衡州章曠走寶
慶長沙湘陰並失　前巡撫廣信都御史張家玉與舉人韓如璜
結鄉兵攻東莞知縣鄭霖降乃籍前尚書李覺斯等貲以犒士奉
表於王進兵部尚書無何
大清兵來擊如璜戰死家玉走西鄉祖母陳母黎妹寶石俱赴水死
妻彭被執不屈死鄉人殲焉時新會王興潮陽賴其肖亦皆起兵
孫可望等入雲南稱黔國公焦夫人弟來復雝民久困沙兵喜
其來迎之沙定洲解楚雄圍迎戰於草泥關大敗遁歸阿迷可望

破曲靖及交水俱屠之巡按御史羅國瓛曲靖知府焦潤生署師宗州事徐道興皆不屈死可望遂由陸涼宜良入雲南城募兵都御史宗室朱壽琳聞可望至知不免張麾蓋往見之行三揖禮曰謝將軍不殺不掠之恩可望脅之降不從繫他所使人誘以官終不從尋被殺可望馳檄諭沐天波降時攝永昌道事推官王運開攝永昌府事通判劉廷標方發兵守瀾滄而天波將遣子納款諭運開廷標以印往兩人堅不予永昌士民聞賊所至屠戮號泣請運開納款紓禍運開不可慰遣之又詰廷標廷標亦不可衆大哭廷標取毒酒將飲乃散去兩人相謂曰衆情如此吾輩惟一死自靖爾是夕皆自經　王祥等復取保寧二郡樊一蘅再駐江上爲收復全蜀計列上善後事宜及諸將功狀　夏四月劉承胤挾王歸武岡改曰奉天府政事皆決焉　王令李赤心等攻荊州月餘

大清兵援荊州赤心等大敗步走入蜀數日不得食乃散入施州衞

聲言就食湖南劉承胤懼爲赤心所幷計非堵胤錫不能禦乃加
胤錫東閣大學士封光化伯賜劍便宜從事胤錫疏請得給空敕
鑄印頒賜秦中舉兵者時頗議其專　西鄉大豪陳文豹奉張家
玉取新安襲東莞戰赤岡未幾
大清兵至數日家玉敗走鐵岡文豹等皆死李覺斯怨家玉甚發其
先塋毀其家廟盡滅家玉族村市爲墟家玉過故里號哭而去
桂林戰守三月總兵官焦璉功最多總督侍郎丁元曄巡按御史
魯可藻亦盡力瞿式耜身立矢石中與士卒同甘苦積雨城壞吏
士無人色式耜督城守自如故人無叛志劉承胤所遣援兵索饟
而譁式耜括庫不足妻邵捐簪珥助之已承胤兵與璉兵主客不
和擊傷璉大掠城中而去城幾破者屢矣初萬元吉遣族人萬年
募兵於廣得余龍等千餘人未行而贛州失龍等無所歸聚甘竹
灘爲盜他潰卒多附至二萬餘人總督朱治憪招降之既而譟歸

會給事中陳邦彥起兵說龍乘間圍廣州而已發高明兵由海道
入珠江與龍會且遺張家玉書曰桂林累卵但得牽制毋西潯平
間可完葺是我致力於此而收功於彼也家玉以爲然邦彥等遂
攻廣州
大清兵引而東桂林獲全龍卒故無紀律方
大兵之還救廣州也揚言取甘竹灘龍等顧其家輒退卻邦彥亦卻
歸既乃遣門人馬應芳會龍軍取順德無何
大兵至龍戰敗應芳被執赴水死龍再戰黃連江亦敗沒邦彥乃棄
高明收餘衆徇下江門據之　總兵官盧鼎守衡州張先璧兵突
至大掠鼎不能抗走永州先璧遂挾何騰蛟走祁陽章曠來會騰
蛟以兵事屬曠又間道走辰州已騰蛟脫還走永州甫至鼎部將
復大掠鼎走道州騰蛟與督鑲侍郎嚴起恆走白牙市
大清兵遂下衡永初偏沅巡撫傅上瑞勸騰蛟建十三鎮以衞長沙

至是皆自爲盜賊
大兵入衡州黃朝宣降數其罪支解之遠近大快
大清以一知府守永州副將周金湯瞷城虛夜鼓譟而登知府出走
金湯遂入永州曠亦移駐焉　孫可望遣李定國徇迤東諸府而
自帥兵與劉文秀西略巡撫都御史楊畏知戰敗投水不死踞而
罵可望以畏知同鄉下馬慰之曰聞公名久吾爲討賊來公能共
事相與匡扶明室非有他也畏知瞪目視之曰給我爾可望曰不
信當折矢誓畏知曰果爾當從我三事一不得仍用僞西平年號
二不得殺人三不得焚廬舍淫婦女可望皆許諾乃與至楚雄略
定大理諸郡使文秀至永昌迎沐天波歸而定國之徇臨安沙定
洲部目李阿楚拒戰甚力定國穴地置礮礮發城陷遂入驅城中
官民於城外白場殺之凡七萬八千餘人斬獲不與焉定國既破
臨安不復至阿迷取定洲僅掠臨安子女而回所過無不屠滅迤

西八府則以畏知在軍得保全其時姚州知府何思及大姚舉人席上珍金世鼎晉寧知州冷陽春呈貢知縣夏祖訓監軍太僕寺卿耿廷籙並死之富民鄉官陳昌裔不受僞職被賊杖死王詔令不至雲南前御史任僎議尊可望爲國主以干支紀年鑄興朝通寶錢畏知憤甚有所忤輒抵掌謾罵可望數欲殺之以定國文秀保護得免　松江提督吳兆勝陰遣人至舟山約黃斌卿來攻定西侯張名振請行與總督侍郎沈廷揚僉都御史張煌言帥舟師北上抵崇明次鹿苑夜分颶風大作舟膠於沙名振煌言雜降卒中逸去廷揚謂

大清兵曰我沈都御史也可送我至南京既至諭之降不從遂與部曲十二人同就戮其卒六百人斬於婁門無一降者初魯王授故給事中陳子龍兵部尚書兆勝事敗辭連子龍子龍被獲乘間投水死中書舍人夏完淳以通表魯王被獲見殺年僅十七兆勝之

反也諸生戴之雋實教之之雋舉人楊廷樞門人也當事者執廷
樞重其名命之薙髮廷樞不可乃殺之完淳允彝子也　六月何
騰蛟在白牙王密遣中使告以劉承胤罪令入武岡除之騰蛟乃
走謁王王及太后皆召見承胤由小校以騰蛟薦至大將已漸倨
騰蛟爲請於王得封定蠻伯且與爲姻承胤益驕至是進爵爲安
國公賜尚方劍益坐大忌騰蛟出己上欲專其權請用爲戶部尚
書專領饟務王不許王召騰蛟圖承胤騰蛟無兵命以趙印選胡
一青兵隸之及辭朝賜銀幣命廷臣郊餞承胤伏千騎襲騰蛟印
選卒力戰殲之騰蛟還駐白牙堵胤錫劾承胤罪　魯王連克建
寧紹武興化三府漳浦海澄連江長樂等二十七縣軍聲頗振錢
肅樂之至舟山也唐王召之甫入境王已殂遂隱海壇山採山薯
爲食又祝髮以免物色會魯王至琅琦島召爲兵部尚書肅樂薦
用劉沂春吳鍾巒等　督軍大學士陳子壯起兵九江村兵多蛋

戶番鬼善戰初廣州之圍
大清兵知謀出陳邦彥求其家獲妾何氏及二子厚遇之爲書招邦彥邦彥判書尾曰妾辱之子殺之身爲忠臣義不顧妻子秋七月與子壯密約共攻廣州結故指揮使楊可觀等爲內應子壯先至事洩可觀等死子壯將退會邦彥軍亦至謀伏兵禺珠洲側伺
大兵還救會城而縱火以焚其舟子壯如其計果焚舟數十
大兵引而西邦彥尾之會日暮子壯不能辨旂幟疑皆敵舟也陳動
大兵順風追擊遂大潰子壯走還九江村子上庸戰歿邦彥奔三水

張家玉道得衆數千取龍門博羅連平長寧遂攻惠州克歸善
大清兵來攻家玉走龍門復募兵萬人家玉好擊劍任俠多與草澤豪士游故所至歸附乃分其衆爲龍虎犀象四營　八月嚴起恆爲禮部尚書兼東閣大學士仍領錢法　焦璉復陽朔及平樂陳邦傳復潯州合兵復梧州王聞捷封瞿式耜臨桂伯璉新興伯丁

元曄等進秩有差
大清兵偪武岡劉承胤議迎降兵部尚書傅作霖與承胤善勃然責
之承胤遣使納款
大兵入城作霖冠帶坐堂上承胤力勸之降不從被殺錦衣指揮使
馬吉翔等挾王走靖州王令大學士吳炳扈王太子爾珠走城步
吏部主事侯偉時從之旣至城已爲
大兵所據遂被執送衡州炳不食自盡時偉亦死之王又奔柳州道
出古泥總兵官侯性太監龐天壽率舟師來迎會天雨饑餓性供
帳甚備時常德寶慶已失永亦再失提督軍務侍郎章曠見諸大
將擁兵聞警輒走抑鬱而卒總制大學士堵胤錫走永順土司尋
赴貴陽抵遵義乞師於皮熊王祥又入施州請忠貞營軍　九月
土舍覃鳴珂作亂大掠城中矢及王舟　清遠指揮白常燦以城
迎陳邦彥邦彥乃入清遠與諸生朱學熙嬰城固守邦彥自起兵

日一食夜則坐而假寐與其下同勞苦故軍最彊嘗分兵救諸營之敗者至是精銳盡喪外無援軍越數日城破常爍死邦彥率數十人巷戰肩受三刃不死走朱氏園見學熙縊拜哭之旋被執饋之食不食繫獄五日被戮　故御史麥而炫破高明迎陳子壯以南海故主事朱實蓮攝縣事未幾

大清兵克高明實蓮戰死子壯而炫俱執至廣州不降被戮　提督嶺東軍務尚書張家玉攻據增城冬十月

大清兵步騎萬餘來擊家玉三分其兵掎角相救倚深谿高崖自固大戰十日力竭而敗被圍數重諸將請潰圍出家玉歎曰矢盡礮裂欲戰無具將傷卒斃欲戰無人烏用徘徊不決以頸血濺敵人手哉因徧拜諸將自投水死年三十三　瞿式耜初請王返全州不聽已請還桂林王已許之會王走柳州式耜復請還桂林而城中止焦璉軍既而何騰蛟帥趙印選胡一青入爲助而郝永忠忽

擁衆萬餘自湖南至與璉兵欲鬭會盧鼎兵亦至騰蛟爲調劑桂林以安騰蛟與式耜議分地給諸將使各自爲守乃遣璉永忠鼎印選一青分扼興安靈州永寧義寧諸州縣廣西全省略定　加樊一蘅戶兵二部尚書王祥楊展侯天錫等進爵有差時王應熊已卒而宗室朱容藩故偏沅巡撫李乾德並以總制至楊喬然江爾文以巡撫至各自署置官多於民諸將袁韜據重慶于大海據雲陽李占春據涪州譚詣據巫山譚文據萬縣譚弘據天字城天錫據永寧馬應試據蘆衞朱化龍曹勛仍據故地搖黃諸家據夔州夾江兩岸而李赤心等十三家亦在建始縣一蘅令不行保敘州一郡而已　唐王既殂其將涂登華爲守福寧魯王遣大學士劉中藻攻之登華欲降疑未決曰海上豈有天子舟中豈有國公錢肅樂致書言將軍獨不聞南宋之末二帝並在舟中乎登華遂降中藻欲迎魯王鄭彩與之忤反掠其地中藻移駐福安　魯王

文選員外郎林塗與兵部侍郎林汝翥以鄉兵共攻福清城戰敗
塗歿於陳汝翥被執諭降不從吞金死　十一月
大清兵破沅州巡撫貴州都御史米壽圖死之傅上瑞出降
大清兵偪全州瞿式耜偕何騰蛟督五將拒卻已梧州復破王方在
象州走南寧大臣力爭乃止十二月王返桂林命嚴起恆與式耜
並入直騰蛟仍督師　郝永忠盧鼎自全州撤兵還桂林守全諸
將議舉城降監軍御史周震力爭不可衆怒殺之全州遂失
大清順治五年春正月永忠惡城外團練兵盡破水東十八村殺戮
無算與瞿式耜構難式耜力調劑永忠乃駐興安　江西提督金
聲桓者左良玉部將也已降我
大清復據南昌反附於王迎故大學士姜曰廣以資號召故巡撫揭
重熙檢討傅鼎銓皆舉兵應聲桓　朱容藩自稱監國天下兵馬
副元帥據夔州建行臺稱制封拜巡按御史錢邦芑傳檄討之堵

胤錫見容藩責以大義曉譬利害稍散其黨　魯王次閩安鎮鄭
彩憾大學士熊汝霖遣兵潛害之并其幼子投海中彩又害義興
侯鄭遵謙魯王命錢肅樂為東閣大學士彩專柄肅樂憂憤甚
沙定洲歸屯兵洱革龍且借安南援自固會孫可望與李定國不
協聲其罪杖之百責以取定洲自贖定國既至定洲土目楊嘉方
迎定洲就其營宴定國偵得之帥兵圍營相拒數日乃出降遂械
定洲及妻萬氏數百人回雲南剝其皮市中可望遂據雲南
大清兵前驅至靈川郝永忠兵大潰奔入桂林偪王即夕西走瞿式
耜力爭不聽左右皆請速駕式耜又爭王曰卿不過欲予死社稷
爾式耜為泣下沾衣王甫行永忠即縱兵大掠捶殺太常寺卿黃
太元日中趙印選諸營自靈川至亦大掠城內外如洗永忠走柳
州印選等走永寧明日式耜息城中餘燼安撫遠近焦璉及諸鎮
周金湯熊兆佐胡一青等各帥所部至騰蛟軍亦自永福至三月

大兵知桂林有變來襲直抵北門騰蛟督諸將分三門拒戰璉左右
衝擊所向莫當部將白貴戰死城獲全時王駐南寧式耜遣使慰
三宮起居王始知式耜無恙爲泣下命進臨桂侯　禮部尚書朱
天麟爲東閣大學士天麟請親帥士兵略江右不聽　始唐王大
學士朱繼祚舉兵應魯王攻取興化城至是
大清兵至城復破繼祚及參政湯芬給事中林嵋知府劉永祚莆田
知縣都廷諫並死之永祚熙祚弟也　巡撫廣西都御史魯可藻
遣兵復梧州時兵將未有所屬洶洶思亂百姓空城走可藻疾入
城招徠發倉賑飢民情大安　提督李成棟反
大清以廣東附於王夏四月封成棟惠國公金聲桓李成棟之反也
大清兵在湖南者姑退五月何騰蛟乘間取全州馬進忠王進才曹
志建李赤心高必正等取常德桃源澧州臨武藍山道州荊門宜
城諸州縣進忠赤心必正皆封公時南昌被圍聲桓方攻贛州撤

兵急回至南昌中伏大敗遂盡撤城外屯兵入城堅壁不出　六月王至潯州封總兵官陳邦傳慶國公邦傳請世居廣西如黔國公故事大學士朱天麟執不允邦傳怒以慶國公印尚方劍擲天麟舟中要必得天麟仍執不允會瞿式耜疏劾邦傳中外亦多爭者邦傳乃止　戊戌魯王大學士錢肅樂卒於瑯琦島舟中贈太保吏部尚書謚忠介　秋大學士呂大器盡督西南諸軍代王應熊賜劍便宜從事至涪州與將軍李占春深相結他將楊展于大海胡雲鳳袁韜武大定譚弘譚詣譚文以下皆受大器約束時楊喬然已進總督而范文光詹天顏巡撫川南北與大器皆惡朱容藩謀誅之大器檄占春大海雲鳳會討容藩敗走死雲陽　魯王所得郡縣至是僅留寧德福安二城餘復失海澄知縣洪文有永福給事中鄢正畿御史林逢經長樂御史王恩及建寧守將王祈皆死焉　瞿式耜請王還桂林王從李成棟請將赴廣州式耜慮

成棟挾王自專如劉承胤事力爭之八月王至肇慶拜成棟大將軍成棟言式耜擁戴元臣不宜久在外王召式耜式耜願留桂林終不入然政有闕必疏諫嘗曰臣與主上患難相隨休戚與共不同他臣一切大政自得與聞王爲褒納朱天麟復勸王亟須親征詔規取中原優詔答之時朝臣各樹黨從成棟至者曹曄耿獻忠洪天擢潘曾緯毛毓祥李綺自誇反正功氣陵朝士從廣西扈行至者天麟及嚴起恆王化澄晏清吳其雷洪士彭雷德復尹三聘許兆進等自恃舊臣詆曄獻忠等嘗事異姓　贈陳子壯番禺侯諡文忠張家玉少保武英殿大學士吏部尚書增城侯諡文烈陳邦彥兵部尚書諡忠愍子壯邦彥蔭子錦衣指揮家玉父兆龍猶在以其爵封之　都昌督師侍郎余應桂被獲死之　李成棟駐南雄盡帥部衆及峒蠻土寇號稱百萬冬十月度嶺攻贛州以救南昌

大清兵大敗之成棟退屯南康　何騰蛟遣曹志建盧鼎焦璉趙印選攻永州圍城三月大小三十六戰十一月朔克之未幾監軍御史余鯤起職方主事李甲春取寶慶諸將亦取衡州騰蛟議進兵長沙瞿式耜以機會可乘請王還桂林圖出楚之計不納　朝臣復分吳楚兩黨主吳者朱天麟堵胤錫大學士王化澄戶部尚書吳貞毓兵部侍郎萬翺程源禮部侍郎郭之奇給事中張孝起李用楫皆內結馬吉翔外結陳邦傳主楚者都御史袁彭年給事中丁時魁金堡蒙正發少詹事劉湘客皆外結瞿式耜內結錦衣指揮使李元胤元胤者成棟子也知敬式耜故彭年等爭相倚附彭年嘗論事王前語不遜王責以君臣之義彭年勃然曰儻向者惠國公以五千鐵騎鼓行而西君臣之義安在王變色大惡之彭年等謀攻去吉翔邦傳權可獨擅也而堡居言路有鋒氣乃疏陳八事劾邦傳十可斬化澄吉翔司禮中官龐天壽及嚴起恆與焉起

恆化澄乞去天麟奏留之堡時魁等復相繼劾起恆吉翔天壽無已太后召天麟面諭武岡危難賴吉翔左右令擬諭嚴責堡等天麟爲兩解卒未嘗罪言者而彭年輩怒不止王知羣臣水火甚令盟於太廟然黨益固不能解　是年鄭成功遣光祿寺卿陳士景入朝　堵胤錫與馬進忠有隙招李赤心高必正等自夔州至令進忠讓常德與之進忠大怒盡驅居民出城焚廬舍走武岡赤心等棄空城引而東所至守將皆燒營棄城走湖南已復州縣爲一空督師大學士定興侯何騰蛟時至衡州大駭

大清順治六年春正月騰蛟令胤錫向江西檄進忠等由益陽向長沙期諸將畢會而親詣忠貞營邀赤心入衡州部下卒六千人懼忠貞營掩襲不護行騰蛟止攜吏卒三十人往將至聞其軍已東即尾之至湘潭赤心以湘潭空城不守而去騰蛟入居之

大清兵偵知遣將徐勇引軍入勇騰蛟舊部將也帥其卒羅拜勸騰

蛟降騰蛟大叱勇遂擁之去絕食七日乃殺之王聞之哀悼賜祭者九贈湘中王諡忠烈騰蛟既被執諸軍皆散赤心等走廣西緣道掠衡永郴桂胤錫與胡一青守衡州

陳邦傳許金堡官臨清營降流賊受其職且請堡爲己監軍朱天麟因擬諭譏堡堡大憤丁時魁乃鼓言官十六人詣閣詆天麟至登殿陛大譁棄官擲印而去王方坐後殿與侍臣論事大驚兩手交戰茶傾於衣急取還天麟所擬而罷天麟乞去王慰留再三不可陛辭叩頭泣王亦泣曰卿去余益孤矣初時魁等謂所擬出嚴起恆意欲入署毆之是日起恆不入而天麟獨自承遂移怒天麟逐之去王化澄貪鄙無物望亦爲時魁等所攻碎冠服辭去王乃召何吾騶黃士俊入閣時魁等不欲吾騶爲首輔召瞿式耜入直以文淵印畀之式耜終不入也

大清兵克南昌金聲桓敗死姜曰廣投偰家池死諸軍盡散獨張自

盛兵數萬走福建總督江西尙書揭重熙入其軍傳鼎銓往來自
盛及總兵官曹大鎬軍　李成棟再攻贑州不克屯信豐二月
大清兵由南昌趨信豐諸將欲拔營歸成棟不可會天大雨一夕成
棟坐城樓召諸將議事去者已大半成棟命酒痛飲既大醉左右
輓之上馬渡河馬蹶沈水死以江寧伯杜永和爲兩廣總督駐廣
州羅成耀守南詔　三月
大清兵入衡州堵胤錫戰敗走南陽
大清兵攻福安劉中藻善守殺傷多夏四月城破冠帶坐堂上爲文
自祭吞金屑死檢討錢肅範被執不屈死時魯王已盡失閩地鄭
彩見事勢窮蹙遂棄王去張名振阮進奉王居石浦之南田大學
士沈宸荃劉沂春禮部尙書吳鍾巒兵部尙書李向中戸部侍郎
孫延齡左副都御史黃宗羲等並從肅範肅樂弟延齡嘉績子也
初李赤心等入廣西龍虎關守將曹志建惡其淫掠幷惡堵胤

錫胤錫不知也或說志建胤錫將召忠貞營圖志建志建夜發兵
圍胤錫殺從卒千餘胤錫及子逃入富川猺峒志建索之急猺潛
送胤錫於監軍僉事何圖復間關達梧州會王遣嚴起恆劉湘客
安輯忠貞營至梧而赤心等已走賓橫二州乃載胤錫謁王於肇
慶志建遷怒圖復誘殺之闔門俱盡六月胤錫至肇慶時馬吉翔
李元胤各專柄胤錫乃結歡於吉翔激赤心等東來與元胤爲難
移書瞿式耜欲間元胤託言王有密敕令己與式耜圖元胤王頗
不悅丁時魁金堡又論其喪師失地乃令總統兵馬移駐梧州
張名振復健跳所秋七月魯王至健跳
大清兵圍之會阮進救至乃解去　先是孫可望以劉文秀李定國
不爲下聞李赤心李成棟等並加封爵念得朝命加王封庶可相
制乃議遣使奉表楊畏知素以尊主爲言遂遣畏知及故兵部郎
中龔彝赴肇慶進可望表請王封嚴起恆金堡等持不可議久不

決畏知乃曰可望欲權出劉李上爾今晉之上公而卑劉李侯爵可也乃議封可望景國公賜名朝宗定國文秀皆列侯遣大理寺卿趙昱爲使加畏知兵部尙書彝兵部侍郎同行昱以堵胤錫嘗賜空敕得便宜行事乃就與謀胤錫以赤心等不足恃亦欲遙結可望爲彊援矯命改封可望平遼王易敕書以往　袁韜及武大定久駐重慶食盡總督李乾德說華陽伯楊展與大定結爲兄弟資之食已而乾德惡展且利其富說韜大定殺展據嘉定分其貲巡撫川南都御史范文光惡之遂入山不視事樊一蘅詒乾德諸鎭亦皆憤有離心　張肯堂以私財募兵海上魯王貽肯堂書云將北還舟山約肯堂共事九月王遣張名振阮進及平西伯王朝先合軍討斬黃斌卿入居舟山以明年爲元年命肯堂爲東閣大學士尋名振殺朝先肯堂力解不得國事盡歸名振　何吾騶爲趙昱金堡等所攻引疾辭去獨黃士俊嚴起恆在復召朱天麟天

麟不至時朝政決於李元胤袁彭年劉湘客丁時魁金堡蒙正發

五人附之攬權植黨人目爲五虎起恆居其間不能有所匡正然

起恆潔廉遇事持平與馬吉翔龐天壽共患難久無所忤而彭年

等憾起恆競詆爲邪黨既連逐三相益橫每闌入閣中授閣臣以

意指王不得已建文華殿於正殿旁令閣臣侍坐擬旨以避之堡

又連劾萬翺程源郭之奇吳貞毓貞毓等欲排去之畏元胤爲援

不敢發　十一月總制大學士堵胤錫卒於潯州贈潯國公謚文

忠　總兵官王承祚等久圍永州

大清兵赴救胡一青帥衆迎敵戰敗總督諸路軍務侍郎張同敞馳

至全州檄楊國棟兵策應乃解去同敞有文武材意氣慷慨每出

陳輒躍馬爲諸將先或敗奔同敞危坐不去諸將復還戰或取勝

軍中以是服之　是年遣使封鄭成功爲延平王成功奉朔淮王

去監國號　王親試士取劉蓝錢秉鐙楊在李來吳龍楨姚子莊

涂宏猷楊致和八人俱授庶吉士

大清兵除夕襲南雄守將棄城去

大清順治七年春正月韶州復破王懼走梧州李元胤留守肇慶黃士俊耄不視事數爲臺省論列辭歸而卒　先是魯可藻遣人渡江偵南北情勢堵胤錫聞之因請令可藻總督浙直會兵出楚至是可藻帥師下梧州曹志建憾可藻嘗嚴禁剽掠縱兵劫之殺其中軍趙王　二月劉湘客丁時魁金堡蒙正發以失李元胤援並辭職王報許適陳邦傳遣兵入衛吳貞毓郭之奇萬翺程源乃合諸給事御史張孝起等疏劾五虎把持朝政罔上行私罪王謂袁彭年反正有功免議下湘客等獄欲置之死堡又以語觸忌與時魁並謫戍湘客正發贖配追贓瞿式耜七疏論救不納　王再召朱天麟天麟疏言年來百爾構爭盡壞實事昔宋高航海猶有退步今則何地可退當奮然自將文武諸臣盡擐甲冑臣亦抽峒

丁擇土豪募水手經略嶺北湖南爲六軍倡若徒責票擬以爲主持政本今政本安在乎　督師大學士呂大器至思南得疾次都勻而卒諡文肅

大清兵圍廣州王命陳邦傳與高必正東援時李赤心已死養子來亨代領其衆推必正爲主邦傳故與李元胤有隙意在修怨又憾必正等之擾其境也陰令部將連結土司會來亨等調兵土司遂相讎殺夏五月必正怒而歸邦傳駐清遠馬吉翔駐三水俱不敢進廣州城守久元胤弟建捷拒戰甚力　六月文安之謁王安之敦雅操素淡宦情遭國變絕意用世至是見國勢愈危慨然思起扶之乃就職時嚴起恆爲首輔讓安之而自處其下　金堡等之下獄也嚴起恆跪王舟力救吳貞毓等并惡之乃請召還王化澄而合攻起恆給事中雷德復劾其二十餘罪比之嚴嵩王不悅奪德復官起恆力求罷王輓留之不得放舟竟去會高必正入朝

貞毓欲藉其力以傾起恆言朝事壞於五虎主之者起恆也公入見請除君側奸數言決矣必正許之有爲起恆解者謂必正曰五虎攻嚴公嚴公反力救五虎此長者奈何以爲奸必正見王乃力言起恆虛公可任請手敕邀與俱還張孝起清眞介直不與流俗伍爲劉湘客黨所疾必正湘客鄉人也尤疾之怒罵於朝王爲解乃已　武康伯胡執恭者陳邦傳中軍也守泗城州與雲南接欲自結孫可望堵胤錫之擅封可望也執恭詗知之言於邦傳先矯詔封可望秦王曰藉其力可制李赤心也邦傳乃鑄金章曰秦王之寶塡所給空敕令執恭齎行可望大喜郊迎亡何楊畏知等至可望駭不受曰我已封秦王矣畏知曰此僞也執恭亦曰彼亦僞也所封實景國公敕印故在可望怒辭敕使下畏知及執恭獄而遣使至梧州問故求眞封廷臣始知矯詔事瞿式耜疏請斬執恭不納馬吉翔請封可望澂江王使者言非秦不敢復命文安之嚴

起恆又持不可兵部侍郎楊鼎和助之且請卻所獻白金玉帶高必正召使者言本朝無異姓封王例我破京師偪死先帝滔天大罪蒙恩宥赦亦止公爵爾張氏竊據一隅罪固減等封上公足矣安敢冀王爵自今當與我同心報國洗去賊名毋欺朝廷孱弱我兩家士馬足相當也又致書可望辭義嚴正使者唯唯退議遂寢可望不得封益怒　秋九月孫可望親帥兵襲貴州匡國公皮熊走清浪追執之奪其兵遣白文選攻遵義忠國公王祥自刎死降其衆二十餘萬盡得遵義重慶張先璧馬進忠皆歸於可望又使劉文秀大敗武大定兵長驅至嘉定大定袁韜皆降李乾德驅家人及其弟御史升德俱赴水死熊後亦死節

大清兵破全州趙印選居桂林胡一青守榕江與王永祚皆懼不出兵

大兵遂入嚴關冬十月一青永祚入桂林分饟榕江無戍兵

大兵益深入十一月甲寅留守大學士臨桂侯瞿式耜檄印選出不肯行再趣之則盡室逃一青及諸將楊國棟蒲纓馬養麟亦逃去永祚迎降城中無一兵式耜端坐府中家人亦散總兵官戚良勛請式耜上馬速走式耜堅不聽叱退之俄總督侍郎張同敞自靈川至見式耜式耜曰我爲留守當死此子無城守責盍去諸同敞正色曰昔人恥獨爲君子公顧不許同敞共死乎乃相對飲酒一老兵侍式耜召中軍徐高付以敕印屬馳送王是夕與同敞秉燭危坐乙卯黎明

大清數騎至式耜曰吾兩人待死久矣遂與偕行王聞報大懼徙潯州再徙南寧式耜同敞既被執踞坐於地諭之降不從令爲僧亦不從乃幽之民舍雖異室聲息相聞兩人日賦詩倡和閱四十餘日將就刑天大雷電空中震擊者三遂整衣冠並死同敞屍植立首墮躍而前人皆辟易贈式耜粵國公諡文忠同敞江陵伯諡文

烈時廣州已破
大兵日偪雲南又爲孫可望所據不可往文安之念川中諸鎮兵尙
彊欲結之共獎王室乃自請督師加諸鎮封爵王從之加安之吏
兵二部尙書總督川湖諸處軍務賜劍便宜從事進諸將王光興
郝永忠劉體仁袁宗第李來亨王友進塔天寶馬雲翔郝珍李復
榮譚弘譚詣譚文黨守素等公侯爵卽令安之齎敕印行
大清兵由灌陽至平樂征西將軍朱旻如固守城破旻如殺其妻子
自刎死焦璉方往禦鎮峽關聞之遂走梧州　初嚴起恆等持孫
可望封朱天麟及王化澄獨謂宜許及王走南寧見事急乃遣編
修劉蒞封可望冀王可望仍不受楊畏知曰秦冀等爾假何如真
可望不聽李定國等勸可望遣畏知終其事可望許之
大清順治八年春可望知王播遷先遣部將賀九儀張勝張明志等
帥勁卒五千迎王至南寧直上嚴起恆舟怒目攘臂問王封是秦

非秦起恆曰君遠迎主上功甚偉明廷自有隆恩若專問此事是挾封非迎主上也九儀怒格殺之投屍於江遂殺給事中劉堯珍吳霖張載述追殺兵部尚書楊鼎和於崑崙關皆以阻封議故吳貞毓以奉使獲免乃真封可望秦王畏知旋至痛哭自刎語多侵可望王遂留畏知命與貞毓並爲東閣大學士朱天麟力請王赴雲南諸臣以起恆被殺故皆不可

大清兵連克肇慶高州梧州柳州諸府巡撫廣西侍郎魯可藻爲僧去李元胤李建捷自肇慶走南寧尋請出靈山收高雷兵復擾廣東郡縣　中左所被兵故大學士曾櫻自縊死　劉文秀還雲南留白文選守嘉定劉鎮國守雅州三月

大清兵克嘉定文選鎮國挾曹勛走范文光仰藥死巡撫川北都御史詹天顏松潘副將朱化龍相繼死之李占春于大海皆降樊一蘅時已謝事避山中　文安之之督師也孫可望聞而惡之又素

銜前阻封議遣兵伺於都勻邀止安之奪王光興等敕印　孫可
望自雲南遷貴陽議移王自近挾以作威先是可望欲設六部翰
林等官慮人議其僭乃以范鑛馬兆羲任僎萬年策爲吏戶禮兵
尙書並加行營之號後又以程源代年策而僎最寵與方于宣屢
勸進于宣嘗官中書者也可望令待王入黔議之其將掌塘報者
曹延生慕大學士吳貞毓言不可移黔時
大清兵南征勢日迫王召諸臣議有請走海濱就李元胤者有議入
安南避難者有議泛海抵閩依鄭成功者惟馬吉翔龐天壽結可
望堅主赴黔貞毓因前阻封議且入延生言不敢決元胤疏請出
海王不欲就可望而以海濱遠再下廷議終不決　兵部侍郎傅
鼎銓至廣信張村爲守將所執繫南昌獄諭之降不從令作書招
揭重熙亦不從秋八月朔乃就刑　先是浙東多結山寨魯王兵
部侍郎王翊等爲之主遙應海外累年不下會

大清兵謀取舟山先廓清山寨以絶其援於是諸寨皆破至是翊被執死之

大清兵下舟山張名振以蛟門天險足相拒乃留蕩湖伯阮進守橫水洋自與兵部侍郎張煌言奉魯王擣吳淞以牽制

大兵而屬大學士張肯堂安洋將軍劉世勛左都督張名揚城守已

大兵乘天霧集螺頭門進急用火攻反風失勢敗死城中兵六千居民萬餘堅守十餘日世勛開門詐降擊殺千人

大兵攻愈急會別將爲內應九月丙子城破肯堂令四妾一子婦一女孫先死乃賦詩自經禮部尚書吳鍾巒聞舟山被兵急自補陀山至入孔廟積薪左廡下抱孔子木主自焚死世勛名揚及吏部侍郎朱永佑通政使鄭遵儉給事中董志寧兵部郎中朱養時戶部主事林瑛江用楫禮部主事董元蘇兆人兵部主事朱萬年顧珍李開國工部主事顧中堯工部所正戴仲明定西侯參謀顧明

楫諸生林世英並死之先是
大兵抵城下世勛議分兵送宮眷出元妃陳氏不可乃止至是貴嬪張氏義陽王妃杜氏投井而死錦衣衛指揮王朝相太監劉朝用巨石覆之自刎其旁兵部尚書李向中方居喪大帥召之不赴發兵捕之以衰絰見大帥呵之曰聘汝不至捕即至何也向中曰前則辭官今就戮爾遂死名振抵上海聞變遽還未至城已陷名揚名振弟也　川陝總督尚書樊一蘅卒文武將吏並亡　宣國公焦璉兵潰過潯州陳邦傳素與有隙誘殺之斬其首令其子持以降
大清潯州遂失　楊畏知既留輔政孫可望闢之怒使人召至貴陽面責數之畏知大憤除頭上冠擊可望遂被殺贈少保謚文烈
朱天麟奉命經略左右兩江土司以爲勤王之助兵未集冬
大清兵偪南寧王倉皇出走天麟扶病從之亡何趙印選胡一青殿

後軍戰敗奔還請王速行急由水道走土司抵瀨湍印選一青報
大兵益近相距止百里上下失色皆散去已次羅江土司追騎相距
止一舍會日晡引去乃稍安次龍英抵廣南歲已暮
大清順治九年春二月孫可望遣兵迎王入安隆所改爲安龍府奉
王居之宮室卑陋服御粗惡守護將悖逆無人臣禮王不堪其憂
馬吉翔掌戎政龐天壽督勇衞營諂事可望謀禪代惡吳貞毓不
附己令其黨冷孟銋吳象元方祚亨交章彈擊吉翔遂遣門生郭
璘說主事胡士瑞擁戴秦王士瑞怒叱退之他日吉翔遣璘求郎
中古其品畫堯舜禪受圖以獻可望其品拒不從吉翔譖於可望
杖殺其品而可望以朝事盡委吉翔天壽於是士瑞與給事中徐
極員外郎林青陽蔡縯主事張鐫連章發其奸謀王大怒吉翔天
壽求救於太后乃免　孫可望留文安之數月乃令入湖廣安之
遠客他鄉無所歸復赴貴州將謁王於安龍可望坐以罪戍之畢

節衛　魯王至中左所尋居金門鄭成功禮待頗恭時士大夫避
地者多依成功成功素重僉都御史徐孚遠凡大事必諮之　魯
王大學士沈宸荃艤舟南石山遭風沒於海　孫可望使李定國
馮雙禮由黎平出靖州馬進忠由鎮遠出沅州會於武岡以圖桂
林劉文秀張先璧由永寧出敘州白文選由遵義出重慶會於嘉
定以圖成都可望言於王封定國西寧王文秀南康王　夏四月
朱天麟抵廣南病劇不能入覲尋卒於西坂村贈少保謚文清
五月李定國進攻靖沅武岡俱下之　揭重熙約廣信曹大鎬並
進張自盛掠邵武戰敗被執重熙走依大鎬百丈磜適大鎬軍還
鉛山惟空營在
大清兵偵得之帥衆至射重熙中項執至建寧下之獄重熙日呼高
皇帝祈死久之被殺顏色不改江右兵遂盡　六月
大清兵自雷州進抵廉州遣將攻欽州靈山南陽伯李元胤爲土兵

所執送軍前說之降終不屈與弟安肅伯建捷俱被殺瓊州遂失
巡撫高雷廉瓊都御史張孝起走避龍門島島破被執不食死
李定國由西延大埠疾趨而進
大清兵遇於全州不利秋七月定國薄桂林驅象攻城遂克之分兵
攻廣西郡縣梧州柳州相繼復　孫可望獲叛將陳邦傅父子去
其皮傳屍至安龍御史李如月劾可望不請旨擅殺勛鎮罪同莽
操而請加邦傅惡謚以懲不忠王知可望必怒留其疏召如月入
諭以謚本褒忠無惡謚理小臣妄言亂制杖四十除名意將解可
望而可望大怒遣人至王所執如月至朝門外抑使跪如月向闕
叩頭大呼太祖高皇帝極口大罵其人遂剔其皮斷手足及首實
草皮內紉之懸於通衢　冬十月孫可望遣劉文秀等入四川進
據成都
大清兵退守保寧　十一月辛未李定國遇

大清兵於衡州大戰竟日定國敗走會主帥遇伏殞定國乃得收兵退屯武岡　任僎方于宣勸孫可望設內閣九卿科道官改印文爲八疊盡易其舊立太廟定朝儀擬改國號曰後明日夕謀篡位

王聞憂懼知李定國與可望有隙密謂中官張福祿全爲國曰聞李定國已定廣西軍聲大振欲下一密敕令統兵入衞若等能密圖乎二人言徐極林青陽張鑴蔡縯胡士瑞曾疏劾馬吉翔龐天壽宜可與謀王即令告之極等許諾引以告吳貞毓貞毓曰主上憂危正我輩報國之秋諸君中誰能充此使者青陽請行乃令陽乞假歸葬而使員外郎蔣乾昌撰予定國敕主事朱東旦書之福祿等持入用寶青陽於歲盡間道馳至定國所定國接敕感泣許以迎王

大清順治十年春張名振會張煌言之師入長江趨丹陽掠丹徒登金山遙祭孝陵題詩慟哭而去　李定國既連復楚粵諸郡舊將

胡一青趙應選曹志建馬寶等皆相率歸之兵力益彊不復奉孫
可望約束可望忿甚會定國敗於衡州可望將以爲罪而殺之召
赴沅州議事定國辭不行二月帥馬進忠等至永州度龍虎關入
廣西據柳州三月可望自帥兵追定國由靖州進次寶慶
大清兵偵知之自永州迎擊可望大敗遁還貴州盡殺明宗室之在
黔者　魯王自去監國號遣使間道奉表於王　夏李定國與馬
寶由懷集至廣東攻圍肇慶
大清兵自廣州來救敗之泗會河口定國移兵攻平樂克之又攻克
高州雷州廉州諸府　鄭成功縱橫海上所至索百姓饟浙閩兩
廣沿海郡縣無不被其害
大清方用師粤中五月封成功海澄公遣使招撫之屢
賜敕諭成功亦上表終不肯薙髮　夏林青陽久未還王將擇使往
促吳貞毓以翰林孔目周官對都督鄭允元曰馬吉翔晨夕在側

假他事出之外庶有濟王乃令吉翔奉使祭先王及王太后陵於
梧州南寧而遣周官詰定國吉翔微知青陽密敕事遣人至定國
營偵之主事劉議新者道遇吉翔意其必預謀也告以兩使齎敕
狀吉翔驚駭啓報可望可望大怒並疑吉翔預謀遣其將鄭國赴
南寧逮之會張鐫胡士瑞及李元開以王親試徐極蔡縯朱東旦
及御史林鍾以久次皆予美官龐天壽及吉翔弟都督雄飛忌甚
與郭璘方謀陷之而鍾縯極鐫士瑞亦知事洩倉皇劾吉翔天壽
表裏爲奸王見事急卽下廷臣議罪天壽懼與雄飛馳貴陽告可
望初青陽還至南寧爲守將常榮所留密遣親信劉吉告之王王
喜改青陽給事中諭貞毓再撰敕鑄屏翰親臣金印令吉還付青
陽至廉州官與青陽遇偕至高州以賜定國定國拜受命
大淸順治十一年春三月鄭國挾吉翔至安龍與諸臣面質密敕事
貞毓謝不知國怒因挾貞毓直入王所居文華殿迫脅王索主謀

者王懼不敢正言謂必外人假敕寶爲之國遂努目出與天壽至朝房械貞毓並鄭允元林鍾蔡縯蔣乾昌李元開徐極張鑴胡士瑞朱東旦及太僕寺少卿趙賡禹御史周允吉朱議㶀員外郎任斗墟主事易士佳繫私室又入宮禽張福祿全爲國而出其黨冷孟銋蒲纓宋德亮朱企鋘等迫王速具主名王悲憤而退翊日國等嚴刑拷掠獨貞毓以大臣免衆不勝楚大呼二祖列宗且大罵時日已暮風雷忽震烈縯厲聲曰今日縯等直承此獄稍見臣子報國苦衷由是衆皆自承國又問曰主上知否縯大聲曰未經奏明乃復收繫以欺君誤國盜寶矯詔爲罪報可望可望請王親裁王不勝憤下廷議吏部侍郎張佐辰及纓德亮孟銋企鋘蔣御曦等謂國曰此輩盡當處死儻留一人將爲後患於是御曦執筆佐辰擬旨以鑴福祿爲國爲首罪淩遲餘爲從罪斬王以貞毓大臣言於可望罪絞吉翔以福祿等內侍謂王后知情將廢之令主事

蕭尹歷陳古廢后事后泣訴於王乃已諸人就刑神色不變各賦
詩大罵而死其家人合瘞於安龍北關之馬場已而青陽逮至亦
被殺獨周官走免可望憾定國益甚然以其將兵在外不敢輕樹
敵仍厚養其妻子於雲南定國亦防可望襲之益思據地自固
夏四月張名振會張煌言師入長江掠瓜州侵儀真名振還屯南
田煌言駐舟山　冬十月李定國克高明進圍新會　是年定西
侯張名振卒遺言以所部付張煌言悉以後事屬之
大清順治十二年春王在安龍塗葦䈝以處日食蔬粟守將文吏承
孫可望意更相陵偪　三月李定國自新會敗走
大清兵追擊之定國復敗自賓州走南寧廣東高雷廉等三府三州
十八縣及廣西橫州等二州四縣復失　夏四月孫可望遣劉文
秀等攻常德
大清兵設伏邀擊之文秀大敗遁還貴州　鄭成功發水陸師應李

定國於廣東　冬十二月李定國在南寧孫可望聞其勢不振遣
將關有才等襲之定國用客金維新計
大清順治十三年春二月趨田州出有才軍後猝乘之有才跳身逃
軍士悉降定國疾走安龍可望偵知之遣白文選促王移貴陽就
己太后聞之哭從官皆哭文選心動因以情告王曰姑遲行俟西
府至西府定國也遂以輿徒不集報可望陰留俟定國數日定國
至共奉王由安南衞走雲南可望復遣兵邀之定國已抵曲靖時
守滇者爲劉文秀王尚禮王自奇賀九儀文秀素怨可望遂私迓
定國三月迎王入雲南居可望署中封定國晉王文秀蜀王文選
尚禮等授爵有差以維新爲吏部侍郎沐天波任職如故使文選
還貴州慰可望可望奪文選兵然以妻子在雲南未敢公爲逆也
定國捕馬吉翔及其家人令部將靳統武收繫將殺之吉翔日
媚統武定國客詰統武吉翔復媚之因相與譽吉翔於定國而微

爲辨冤定國召吉翔吉翔入謁卽叩頭言王再造功千古無兩吉
翔幸望見顏色死且不朽他是非何足辨也定國乃大喜吉翔曰
詔定國客令說定國薦己入內閣遂與定國客蟠結盡握中外權
寵天壽亦復用事定國與文秀時詣吉翔天壽家光祿寺少卿高
勣御史鄔昌期合疏言二王功高望重不當往來權佞之門恐滋
奸弊復蹈秦王故轍疏上定國文秀遂不入朝吉翔激王怒命各
杖一百五十除名維新走告定國曰勣等誠有罪但不可有殺諫
官名定國卽偕文秀入救乃復官　贈吳貞毓少師太子太師諡
文忠蔭子錦衣世千戶張鐫等贈卹有差已建廟於馬場勒碑大
書十八先生成仁處以旌其忠
大清順治十四年夏使張虎送孫可望妻子還貴州虎可望私人也
至卽勸可望內犯方于宣等復贊之秋七月可望發兵反詔削其
王爵時廷臣大半仕於可望者而王尙禮龔彝等許爲內應定國

兵不過數千劉文秀所留鎮兵亦少然人心不直可望諸將馬進忠馬惟興馬寶以同姓相密又與白文選交皆密謀助定國而可望不知也八月留馮雙禮守貴州令文選爲大將軍統諸將前行自率大軍隨其後定國文秀亦自將拒之九月至三岔文選輕騎奔定國軍具言人心內向可一戰定也定國大喜請封文選爲鞏昌王可望聞變欲還寶止之乃令寶與張勝間道襲雲南而身與定國決戰寶陰告定國使得爲備旣交兵惟興開陳以迎文選合軍反攻可望在高阜見之大驚曰諸將皆叛乎遂走定國率諸營乘其後可望大敗奔還定國令文秀追之張勝至雲南尙禮已爲沐天波所拘不得發勝聞可望敗馳還至渾水塘遇定國兵爲寶所禽誅冬十月可望至貴州雙禮詠之言追兵將至可望遂挈妻子赴長沙

大軍前降雙禮盡掩其子女輜重王封雙禮慶陽王進忠漢陽王惟

興寶等封國公其黨附可望者皆降級誅張虎尙禮自縊定國性忼直與人無私曲事王盡禮然於計慮亦疏

大清順治十五年春二月

大兵分蜀楚粵三路入貴州李定國使總兵官劉正國楊武等守三坡紅關諸險要以防四川使馬進忠守貴州會馬吉翔用事舊人失職多怨望王自奇關有才等相率叛而劉文秀時已病死定國自將擊之

大兵自鎮遠入貴陽定國不及援初定國所收孫可望諸軍謂之新軍而己所部謂之舊軍賞賚獨渥以故新軍不附及

大兵至盡退守進忠遁去夏五月貴州破六月

大兵至三坡正國拒戰大敗自水西奔回雲南　初李定國既敗孫可望兵自以爲無他患武備盡弛高勳與兵部郎中金簡進諫曰今内難雖除外憂方大伺我者頓刃待兩虎之斃而我酣歌漏舟

之中熟寢爇薪之上能旦夕安耶二王老於兵事胡泄泄如此定國愬之王前頗激王擬杖勳以解之朝士多爭不可移時未能決而三路敗書至定國始逡巡引謝勳觔獲免　秋七月丙申朔命李定國爲招討大元帥賜黃鉞　鄭成功以歲用兵無功與魯王兵部侍郎張煌言謀大舉取南京推煌言爲監軍舟次羊山暴風作沒八千人義陽王溺焉遂還軍舟山治船　冬十月

大清三路兵俱集會於平越之楊老堡戒期入雲南李定國與馮雙禮等守盤江扼雞公背圖復貴州遣白文選將四萬人守七星關抵生界立營以牽蜀師十一月蜀師出遵義由水西趨天生橋十二月入烏撒文選懼棄關走霑益粵兵至盤江定國據險沈船粵兵不得渡泗城土知府岑繼祿請從下流潛師宵濟以入安龍定國使懷仁侯吳子聖拒之大敗定國由盤江回師拒戰爲

大兵所擊破其象陣又連敗於羅炎涼水井撤岩諸將皆走定國撤

營遁歸王將出奔行人任國璽獨請死守章下廷議定國等言國璽議是但前途尚寬今暫移蹕捲土重來再圖恢復未晚也王遂走永昌過阮江土知府那嵩與子燾迎謁供奉甚謹設宴皆金銀器宴畢悉以獻曰此行上供者少聊以佐屈乏耳

大清順治十六年春正月癸巳朔王次永平乙未

大兵入雲南公侯伯文武吏多迎降丙申王至永昌下詔罪己李定國還黃鉞待罪自請削秩不許王乃走騰越　初白文選自霑益追及李定國定國留之斷後二月

大兵出雲南丙子至大理之玉龍關文選戰敗

大兵抵永昌辛巳過潞江先是定國伏兵磨盤山

大兵窮追二千里不見一兵以爲定國去已遠及過潞江前驅遇伏不利有洩定國謀者乃分精甲先蹂伏卒定國出兵大戰不能勝泰安伯竇名望總兵官王璽俱戰死定國走至銅壁關結營王聞

報又走南甸時隨行兵尚四千人夜疾馳迷道互相驚擾羣臣妻子不相顧叛卒乘機剽掠貴人宮嬪亦多失去戊子抵木囊河是爲緬境使沐天波宣諭緬人聞黔國公來猶下馬羅拜勒從官盡棄兵杖始啓關天波不可馬吉翔卽傳令棄之晦日至蠻莫土官思綿迎入城三月緬人以四舟來迎從官自覓舟隨行者六百四十餘人陸行者故岷王子而下九百餘人期會於緬甸時緬絶貢職已八十年傳語述萬曆時事并出神宗璽書索今篆合之以爲僞天波出己印與先所頒文檄相比無差始信至井亘緬人禁勿進夏四月天波等謀奉王走戶臘二河吉翔阻之而止五月甲子緬復以舟來迎乙丑發井亘行三日至阿瓦阿瓦者緬酋所居城也又五日至赭硜陸行者緬人悉掠爲奴多自殺惟岷王子八十餘人流入暹羅緬人於赭硜置草屋居王遣兵防之緬人忌外兵之迎王者吉翔遂與守關官敕言王已航海入閩由是內外隔絶

王之走緬甸也昆明諸生薛大觀太息曰不能背城戰君臣同死社稷顧欲走蠻邦以苟活不重可羞耶與其子之翰合家赴水死

磨盤山之戰李定國期白文選前後夾擊文選自玉龍關敗後由沙木河出右甸鎮康道遠不及與戰至是聞文選在木邦定國移兵南島與之會見文選而相尤文選不悅及議所向定國曰緬小邦也猝見大軍必驚懼懼而思逞必拒戰戰則是與彼為讎也何以託我主不如擇近境險要地修軍實招潰散兩軍相為掎角緬外憚吾軍不敢無禮於主上矣且雲南瘴暑敵騎不能久駐及其弊也吾結連諸土司以為後圖文選曰主上望援久矣若俱在外則在內者何所恃不如我入護主王任外事遂行由錫箔磨盤入甸定國知文選之不和也亦移屯孟艮　初督師大學士文安之走川東依劉體仁以居高必正李來亨等久竄廣西賓橫南寧間必正死其衆食且盡且畏

大清兵偪帥衆走川東分據川湖間耕田自給川中舊將王光興譚宏等附之衆猶數十萬及王奔永昌安之帥體仁來亨袁宗第等十六營由水道襲重慶會譚宏譚詣殺譚文諸將不服安之欲討宏詣宏詣懼帥所部降於
大兵諸鎮遂散時王已入緬甸地盡失安之不久鬱鬱而卒其後總督侍郎洪育鼇被執不屈死大學士郭之奇棲泊海濱崎嶇漢夷雜居之地歷十餘年交阯人執之以獻乃被殺　延平王鄭成功會張煌言師入長江時
大清兵於金焦間以鐵鎖橫江成功遣善泅水者斷之煌言遂破瓜州江上屯守者皆敗進圍江寧成功亦下鎮江煌言請以步卒赴之已成功以水師至而
大兵城守已具會煌言得蕪湖降書成功以其地江楚要害令煌言往扼煌言憂成功年少欲與共下江寧而後發辭之不得乃往蕪

湖分軍四出所至禁止抄掠父老多持牛酒犒師連下徽州寧國
太平池州四府廣德無爲當塗蕪湖等二十七州縣初煌言貽成
功書謂宜遣兵分取句容丹陽諸縣遏蘇常援兵成功旣累捷謂
城可旦夕下但命八十三營牽連立屯不聽煌言言而
大兵援江寧者迭至破其前屯成功倉猝移帳質明軍竈未就
大兵傾城而出諸營瓦解成功中軍總兵官甘輝被禽死軍遂大潰
成功幷撤鎮江之師而去煌言聞敗趨銅陵與
大兵遇軍亦潰變服夜行以賂解散諸蹤跡者從建德祁門山中出
天台以入海樹纛鳴角故部漸集乃遣使告敗於王且引咎王賜
敕慰問加煌言兵部尙書天台海上有長亭鄉者多田而苦潮煌
言募民築塘捍之遂爲永利　緬俗以中秋日大會羣蠻令沐天
波偕諸酋椎髻跣足以臣禮見天波不得已從之泣告衆曰我所
以屈辱者懼驚憂主上耳否則彼將無狀我罪益大任國璽與禮

部侍郎楊在抗疏劾之時龐天壽已死馬吉翔復與司禮太監李國泰表裏爲奸國璽集宋末大臣賢奸事爲一書進之王吉翔深恨之王覽止一日國泰即竊去　冬十月戊子朔頒曆於緬　李定國以孟艮不附滅之據其城號召諸土司兵那嵩起兵應之十一月

大清兵破沅江嵩登樓自焚合家皆死其士民亦多巷戰死

大清順治十七年春三月李定國部將賀九儀欲出降定國杖殺之白文選抵擁會江使人先諭緬使者被殺文選怒因渡江擊之大敗緬衆緬人僞約和而陰召兵兵既集以巨礮擊文選營文選不能支乃還見定國定國曰惜也前不用吾言今讎怨已結在彼者危矣秋九月定國與文選俱發自孟艮分道入緬定國由左文選由右期以冬會於洞武道乏糧士馬死亡大半　時諸臣困乏有三日不舉火者馬吉翔擁厚貲不顧爲請於王王無以應乃擲

國寶於地吉翔取而碎之以給諸臣都督同知鄧凱獨泣不受
冬李定國至洞武見沿江多船議遣別將分兵渡江赴赭硜迎王
而自攻阿瓦以制緬使不得出兵爭靳統武曰我兵少分之力愈
弱不如全軍攻緬緬破必送主上至軍以求和乃進師敗緬兵於
瑞羊堡定國抵南噶喇江爲浮橋以濟使人諭曰苟送上出我則
罷兵緬酋不聽
大清順治十八年春二月定國進屯洞坥離緬城八十里白文選屯
象髮離緬城百十里緬城三面阻江一面通陸自文選兵至後緬
人弁鑿之引水爲湖留隄三匝置木城其上守之及兩軍未偪乃
更外立木城出兵以守明日兵復前更立木城如是數四漸偪定
國營先是王從官資用盡竭沐天波與錦衣指揮趙明鑑謀竊太
子以出爲馬吉翔等所阻定國以三十餘疏迎王俱不達至是文
選復密遣人告王言不敢速進者恐有他害必得緬人送出爲上

策王即以書答之文選乃陰造浮橋將濟師迎王爲緬人所覺事不果　夏五月御史任國璽疏論時事三不可解中言禍急然眉當思出險馬吉翔不悅即令國璽獻出險策國璽忿然曰時事至此猶抑言官使不言耶　緬酋大出兵與李定國戰驅象爲前隊定國戰不利白文選赴之兩軍合擊大敗緬兵緬仍入城以守定國優禮所俘緬目令還諭送王出緬酋計曰彼兵疲食盡無奈我何不如留以爲市終不肯出王定國謀渡江向赭硜前洞武船皆已藏匿使部卒入山伐木造船其下飢疲自相攻殺定國計益窮緬酋弟莽猛白弒兄自立秋七月欲盡殺王文武諸臣遣人來言曰蠻俗貴詛盟請與天朝諸公飲呪水黔國公沐天波疑有變欲不行王彊之馬吉翔李國泰邀諸臣盡往至則緬人以兵圍之令諸臣以次出外出輒殺之凡殺四十二人天波楊在高勣鄔昌期任國璽金簡吏部侍郎鄧士廉華亭侯王維恭將軍魏豹及吉

翔國泰蒲纓馬雄飛等皆與焉惟鄧凱以傷足不行獲免緬人復以兵圍王居其左右被殺及自縊者不可勝紀惟王與宮眷二十五人存晉王李定國聞之八月以十六舟渡江擊緬爲所敗覆其五舟乃與白文選俱引還洞武至黑門坎文選軍在後其下勸之降定國覺之使其子嗣興隨文選以觀去向文選部下勒兵將戰定國遽召嗣興還曰吾昔同事者數十人今皆盡矣存者我與文選耳何忍更相殘且彼既背主他出欲自爲計念已絕矣吾所以使爾隨之者冀其生悔心或爲并力今大誼已乖任彼所之吾自盡吾事耳遂率所部東向九龍江而進　鄭成功以中左所單弱謀取臺灣張煌言遺客輓成功謂入臺則中左金門兩島不可守是孤天下之望也成功不聽遂取臺灣入居之魯王及諸遺臣亦至明年五月成功卒十一月魯王薨又二年煌言散軍居南田之懸嶴初有司係累煌言家我

大清令煌言父以書諭煌言而安撫使及江浙文武吏亦數以書招之煌言卒不從其年九月被執戮於杭州故參軍羅子木侍者楊冠玉從之死妻子亦被戮　冬十一月

大清兵臨緬白文選自木邦降李定國東走景線

大兵趨緬城平西大將軍吳三桂先遣人傳諭緬酋令執送王出十二月丙午朔

大兵至戊申緬酋以王獻軍前明年夏四月王及太子死於雲南馬太后與王后自滇入燕道中同時扼吭死五月定國至孟臘三桂遣兵追之時定國已病乃表於上帝自述生平所爲且祈速死會王崩問至定國慟哭發喪六月卒於軍未幾靳統武亦死李嗣興等降

明紀卷第六十

元和陳稽亭先生鶴以嘉慶丙辰進士用爲工部主事十數年不補官操行脩潔志趣恬退當時有工部三君子之目先生其一也中年假歸杜門著書平生熟於史尤留意前明治亂得失因以編年體爲明紀一書纂輯至崇禎初而先生歿其孫艮叔孝廉克家續成之書中莊烈下每卷有補纂者是也艮叔舟車所歷輒挾以自隨後參張忠武軍事殉難丹陽其書不可復問賴寡妻弱子力爲護持旋歸吳興吳平齋封君所謀刻之而未果時豐順丁公撫吳　奏開江蘇書局遂以是書付局繕刻年餘工竣予念先生之歿已六十餘年遺書不泯卒賴數公之力用顯於世豈非先生心得之處有不可磨滅者在歟夫事不近則言不切古人云同言而信信其所親故周人論治必引殷商漢人告君多援秦政先生之惓惓於明事也猶是意也且以編年與紀傳相輔而二百七十餘年之事約之止數十卷尤使學者易爲力則雖私家著述亦乙部不可無之書矣予與艮叔爲鄉舉

同歲生讀自序中尚有攷異若干卷謀續刊之底稿淩雜繕副不易
姑俟諸異日同治辛未秋九月永康應寶時謹跋

西元二〇一六年六月一日重製一版

明紀 冊四

（清 陳鶴撰
清陳克家續成）

平裝四冊基本定價叁仟捌佰元正
（郵運匯費另加）

發行人 張敏君
發行處 中華書局
臺北市內湖區舊宗路二段一八一巷八號五樓（5FL., No. 8, Lane 181, JIOU-TZUNG Rd., Sec 2, NEI HU, TAIPEI, 11494, TAIWAN）
客服電話：886-2-87978396
公司傳真：886-2-87978909
匯款帳戶：華南商業銀行西湖分行
179100026931
印　　刷：維中科技有限公司
海瑞印刷品有限公司

No. N1031-4

國家圖書館出版品預行編目(CIP)資料

明紀 / (清)陳鶴撰 ; (清)陳克家續成. -- 重製一
版. -- 臺北市 : 中華書局, 2020.04
冊 ; 公分
ISBN 978-986-5512-08-8(全套 : 平裝)

1.明史

626.02 109003713